地区研究丛书·中东系列

刘东·主编

# Colonial Effects
## The Making of National Identity in Jordan

# 殖民的影响

## 约旦民族认同的塑造

### Joseph A. Massad

〔美〕约瑟夫·A.马萨德——著 ｜ 江琪——译

上海人民出版社

# 展开地区研究的三根主轴

首先要说明的是，这套丛书是在一种并存着刺激与困扰的张力中产生的。它既是以在中国尚属"新兴"的学科来命名，那么顾名思义，当然是顺应了"地区研究"在中国的发展，而这项研究在中国的应运而生，则又肯定是顺应了全球化的迅猛势头。——正是在这种方兴未艾的势头中，中国不光是被动卷进了全球化的进程，还进而要主动成为更大规模的"全球性存在"。就此而言，收进这套丛书中的著作，虽然将视线聚焦在了地球上的某一"地区"，但那都要隶属于环球视界中的特定"视域"。

不过，正如罗兰·罗伯逊所指出的，经常要与"全球化"（globalization）相伴生的，竟又是所谓的"全球在地化"（glocalization）。这不光从文化上喻指着，一旦遭遇到"麦当劳化"的夷平，就会激发与强化地方的认同：还更从经济上喻指着，由跨国生产与流通带来的重新洗牌，无论在一个社会的内部还是外部，都会造成新的失衡、落差、不公与愤懑。——正因为这样，反倒是全球化的这一波高潮中，人们才大概是不无意外地看到了，这个世界竟又以原以为"过了时"的民族国家为框架，利用着人类最基本的自卫本能，而煽起了民族主义的普遍排外逆流。

其次又要说明的是，这套丛书也是在一种"学科自觉"的批判意识中产生的。这种批判意识的头一层含义是，正是成为"全球性存在"的迫切要求，才使我们眼下更加警觉地意识到，再像传统学科那样去瓜分豆剖，把知识限定得"井水不犯河水"，就会对亟欲掌握的外部世界，继续造成"盲人摸象"式的误解。正因为这样，我们想借这套丛书引进的，就不光是一些孤零零的研究结论，还更是一整套获致这类结论的研究方法。这样的方法告诉我们，如果不能相对集中优势研究资源，来对一个相对独立的地理区域，几乎是"无所不用其极"地调动各门学科，并且尽量促成彼此间的科际整合，我们就无从对于任何复杂的外部区域，获得相对完整而融汇的有用知识。——不言而喻，也正是在这样的理解中，"地区研究"既将会属于人文学科，也将会属于社会科学，却还可能更溢出了上述学科，此正乃这种研究方法的"题中应有之义"。

接下来，这种批判意识的第二层含义又是，尽管"地区研究"的初始宗旨，当然在于有关外部世界的"有用知识"，而一俟这种知识落熟敲定，当然也可以服务于人类的实践目的，包括作为出资人的国家的发展目标，不过与此同时，既然它意欲的东西堪称"知识"，那么，它从萌生到发育到落熟的过程，就必须独立于和区隔开浅近的功用。无论如何，越是能争取到和维护住这样的独立性，学术研究的成果就越是客观和可靠，越足以令读者信服，从而也才能更有效地服务于社会。——不言而喻，又是在这样的理解中，率先在中国顶尖大学中建立起来的"地区研究"，虽则在研究的国别、项目和内容上，当然也可以部分地与"智库"之类的机构重叠；然而，它在知识的兴趣、理想的宗旨、研究的广度、思考的深度、论证的独立上，又必须跟对策性的"智库"拉开距离，否则也就找不到本学科的生存理由了。

正是基于上述的权衡，我在清华大学地区研究院的第一次理事会上，就向各位同行当面提出了这样的考虑——我们的"地区研究"应当围绕着

"三根主轴"：第一，本土的历史经验与文化价值；第二，在地的语言训练与田野调查；第三，与国际"地区研究"的即时对话。毋庸置疑，这"三根主轴"对我们是缺一不可的。比如，一旦缺少了对于本国文化的了解与认同，从而无法建立起自身的文化主体性，那么，就不仅缺乏学力去同外部"地区"进行文明对话，甚至还有可能被其他文化给简单地"归化"。再如，一旦缺乏对于国际"地区研究"的广阔视野，那么，就会沦入以往那种"土对土"的简陋局面，即先在本国学会了某一个"小语种"，再到相应的"地区"去进行综述性的报道，以至于这种类似新闻分析的雏形报告，由于缺乏相应的学术资源、知识厚度与论证质量，在整个大学体系中总是处于边缘地带，很难"登堂入室"地获得广泛的认可。

关于这种所谓"小语种"的学科设置，究竟给我们的知识生产带来了哪些被动，我上次在为"西方日本研究丛书"作序时，就已经以"日本研究"为例讲过一回了：

> 从知识生产的脉络来分析，我们在这方面的盲点与被动，至少在相当大的程度上，是由长期政治挂帅的部颁教育内容所引起的。正如五十年代的外语教学，曾经一边倒地拥抱"老大哥"一样，自从六十年代中苏分裂以来，它又不假思索地倒向了据说代表着全球化的英语，认定了这才是"走遍天下都不怕"的"国际普通话"。由此，国内从事日本研究的学者，以及从事所有其他非英语国家研究的学者，就基本上只能来自被称作"小语种"的相关冷门专业，从而只属于某些学外语出身的小圈子，其经费来源不是来自国内政府，就是来自被研究国度的官方或财团。[1]

---

[1] 刘东：《序"西方日本研究丛书"》。

有鉴于此，为了能让我们蓄势待发的"地区研究"，真正能摆脱以往那种被动的局面，既不再是过去那种边边角角的、聊备一格的国别史，也不会是当下这种单纯对策性、工具性的咨询机构，也为了能够让它所获得的学术成果，最终能被纳入到公认的学术主流，进而成为人们必备和必读的文化修养之一，我才提出再来创办一套"地区研究丛书"。当然，如果从学科划分的角度来看，我以往主编的"海外中国研究丛书"和"西方日本研究丛书"，也都属于海外，特别是美国的"地区研究"，具体而言，是属于"地区研究"中的"东亚研究"。于是，如果从这个角度来看，本套丛书亦正乃以往努力的延续。另外，考虑到美国的"地区研究"虽说无所不包，甚至还包括哈佛设立的"美国文明"项目，也即还要包括用来反观自身的"本国研究"，可毕竟它那些最富成果也最具功力的领域，还要首推其中的"东亚研究""中东研究"和"拉美研究"。既然如此，我们这次就先行推出两个"子系列"，即"地区研究·中东系列"和"地区研究·拉美系列"。——如果再算上我以往主编的两套"东亚研究"，那么或许也可以说，这大概是美国"地区研究"的主要精华所在了。

最后，尽管在前文中已经述及了，但行文至此还是要再次强调：在我们规划与期望中的，既有中国特色又有全球关怀的"地区研究"，必须围绕缺一不可的"三根主轴"，即第一，本土的历史经验与文化价值；第二，在地的语言训练与田野调查；第三，与国际"地区研究"的即时对话。从这个意义来讲，我们在这套丛书中引进的，就属于对于那"第三根主轴"的打造，也就是说，它既会形成学术对话的基础，也将构成理论创新的对手。也就是说，一旦真正展开了这种学理形态的对话，那么，"前两根主轴"也势必要被充分调动起来，既要求本土经验与价值的参与，也要求在地调查的核实与验证。由此一来，也就逻辑地意味着，对于既具有强大主体性又具有亲切体验性的，因而真正够格的"地区研究家"来说，无论这些著作写得多么匠心独运、论证绵密、学殖深厚、选点巧妙，也都不可能被他们不假思索地"照单全收"了，否则，人类知识就无从继续谋求增长了，而学术事业也将就此停滞不前了。

不过话说回来，不会去"照单全收"，并不意味着不能"择优吸收"。恰恰相反，至少从我个人的角度来看，从这套书逐渐开始的、逐字逐句和恭恭敬敬的迻译，恰恰意味着在起步阶段的、心怀诚敬和踏踏实实的奠基。也就是说，从这里一砖一瓦缓缓堆积起来的，也正是这个学科之标准、资格与威望的基础——当然与此同时，也将会是我们今后再跟国际同行去进行平等对话的基础。

刘东

2019 年 8 月 28 日于青岛海之韵

# 目 录

# 致　谢

　　这本书最初是一篇论文。我很享受以意想不到的方式思考、研究和撰写这本书。当我踏上这段思想之旅时，我以为自己已经知道了我所提出的许多问题的答案。在写作的过程中，我意识到我只了解其中少数几个问题的答案，而且了解得也还不够。我从这项专题研究中学到了很多东西，不仅是关于民族主义和约旦的，而且还关于受两者支配的我自己。正是通过这项研究，我才明白自己是如何成为巴勒斯坦约旦人的。我希望这本书能够解释约旦人民如何以"我们"的方式看待"我们自己"。

　　自这项研究开始以来，我得到了许多同事、朋友和家人的帮助及指导。首先，我要感谢我的教授兼导师莉萨·安德森（Lisa Anderson），感谢她相信并支持这项研究，尽管最初她对该研究运用的非正统方法论感到担忧。她对我的信任坚定了我继续并最终完成这项研究的决心。虽然我不是蒂莫西·米切尔（Timothy Mitchell）的学生，但他给了我很多时间和关注。他仔细阅读了论文的章节，关注了其中的历史材料以及我的理论方法，使我重新思考了我最初提出的一些论点。他的帮助使最终版本更加丰富。我感谢他的支持和智力投入。

　　我从爱德华·萨义德（Edward Said）那里学到了很多关于文化、代表和帝国的知识。我在大学一年级时开始阅读爱德华·萨义德的作品。8年后我才见到他。他的作品对我的思维逻辑领悟力和工作影响最大。他在课堂内外给予我的帮助和支持超出了他的职责范围。无论是职业上还是个人方面，我都对他深表感激。

我的母亲对我的生活产生了并将继续产生最大的影响。我从她身上学到了很多，包括知识和教育的重要性、男女之间和贫富之间的不平等、承诺和尊重，以及最重要的，关于爱。如果没有她个人和经济上的牺牲（以及我父亲和姐妹们的牺牲），我永远无法继续我的大学教育。

我从父亲那里学会了热爱语言。虽然他在学校学习了英语和法语，但他自学了意大利语，意大利语说得和阿拉伯语一样流利。当我和姐姐们还是孩子的时候，我的母亲和父亲（他们都是1948年的巴勒斯坦难民，为了躲避犹太复国主义势力的进攻，他们和家人一起逃离了巴勒斯坦城市雅法，并在此过程中失去了所有财物）总是告诉我们："除了教育，我们没有财富可以留给你们。即使我们有钱可以留给你们，你们也会花光。然而，教育将永远伴随着你们。"许多因失去国家和家园而变得身无分文的巴勒斯坦难民都认同这句名言。

我的母亲一直梦想着上大学，但这个梦想至今未实现。为了弥补自己的遗憾，她竭尽全力确保她的孩子们能去上学。我父亲总是为孩子们的学业成就感到自豪。和我母亲一样，他也没有机会接受大学教育。

1994年和1995年，我在安曼逗留期间，以及1996年和1997年的后续访问期间，我得到了姐姐苏西、鲁拉和拉尼亚以及侄子和侄女萨默、迪娜和纳丁的关爱和支持。我感谢他们的耐心和爱。

穆罕默德·阿尤布（Muhammad Ayyub）和吉哈德·叶海亚（Jihad Yahya）的智力投入和友谊让我在许多不同时刻保持理智。即使在我离开安曼之后，吉哈德也帮助我获得了我需要但没有的文件。我从萨拉姆·阿里夫·鲁拜伊（Salam Arif Al-Rubayi）那获得的深厚友谊支撑着我度过了那段时期。他们三人都给了我急需的陪伴，他们与我的家人一起组成了一个支持系统，没有这个系统，安曼会是一个更加孤独的地方。感谢他们所有人。

在研究工作中，我得到了安曼许多人的帮助。我要感谢约旦大学战略研究中心的奈赫莱·阿布–卡拉夫（Nahlah Abu-Khalaf）和卡米莉亚·哈塔尔（Camelia Hattar）协助联络，并在制度约束的情况下提供了专业支持。我还要感谢约旦大学图书馆手稿中心的努凡·胡穆德（Nufan al-Humud）博士为我的研究提供的帮助。约旦大学图书馆微缩胶片中心的阿卜杜拉·达姆达姆（Abdullah Damdam）不知疲倦地工作。他帮我找到了很多本来不可能找到的报纸。他的帮助真是堪称模范。我非常感谢他。马克·林奇（Marc Lynch）让我的研究经历不那么孤单，他当时也在安曼进行自己的研究。我们分享了研究过程中的点点滴滴，以及从约旦大学出发的多次巴士旅程。

我要感谢马安·阿布·努瓦尔（Ma'n Abu Nuwwar）博士与我分享他的回忆和研究材料，以及约旦阿拉伯军队总部（al-Qiyadah al-'Amah）的马鲁夫·巴希特（Ma'ruf al-Bakhit）博士帮助我进入军队精神指导部（Maktabat Al-Tawjih Al-Ma'nawi）的图书馆。

马纳维图书馆（Maktabat al-Tawjih al-Ma'nawi）的管理员拉娜·威廉·齐亚达特（Rana William Ziyadat）慷慨地抽出时间，并向我提供了图书馆的额外书籍。哈尼·胡拉尼（Hani Hurani）也慷慨地贡献了自己的时间和新约旦研究中心的出版物。我的远房亲戚尼内特·阿尔比德（Ninette 'Arbid）和阿敏·巴顺（Amin Batshun）在个人和专业方面都对我非常大方。他们不仅在公司免费为我复印了数千份材料，而且还给予我充满爱和支持的微笑。我将永远感激他们。

非常感谢穆尼斯·拉扎兹（Mu'nis al-Razzaz）和苏海尔·塔尔（Suhayr

Al-Tall），我与他们开展了许多内容丰富且生动的交谈。苏海尔在许多方面都是一名榜样。她敏锐的才智、对正义的坚定以及代表约旦妇女和她自己作为一名约旦妇女的政治积极性都令人鼓舞。感谢她的友谊和慷慨。

我还要感谢女性希望与教育俱乐部（Nadi Sahibat Al-A'mal wa All-Mihan）的布塔伊娜·贾达纳（Buthayna Jardanah）抽出时间帮助我使用俱乐部的图书馆。感谢约旦妇女联盟为我提供的文件和会议论文。里卡多·博科（Riccardo Bocco）是我的朋友和同事。他的支持和批判性见解帮助我改进了手稿的许多部分。感谢他给予我的所有支持。

在纽约写作期间，我得到了许多朋友的帮助，但并非所有人都住在那个城市。来自华盛顿特区的拉米丝·贾拉尔（Lamis Jarrar）、拉娜·谢基姆（Lana Shekim）和努尔·巴拉卡特（Nour Barakat）给了我很多爱和支持。我们的长途电话账单证明了这一点。何塞·基罗加（José Quiroga）从一开始就支持我的博士生涯。他充满爱的支持、友谊和建议一直是鼓励我的源泉。他帮助我从华盛顿特区搬到纽约，缓解了我在这个曾经使我敬畏的城市中的过渡期间的困难。库罗斯·埃斯梅利（Kouross Esmaeli）给了我很多爱和支持。他的政治立场与我相差无几，但他可能不知道这一点。无论是个人还是政治方面，埃拉·哈比巴·肖哈特（Ella Habiba Shohat）和玛格达·诺瓦希（Magda al-Nowaihi）都是支持和友谊的重要来源。阿里·拉兹基（Ali Razki）和苏珊·斯科特–克尔（Susan Scott-Kerr）给了我很多爱和支持，以及美味的食物。我感谢他们所有人。

自从我在新墨西哥大学上学的第一年起，许多人改变了我理解世界的方式。马科斯·帕兹（Marcos Paz）、丽莎·马丁内斯（Liza Martinez）、洛里·鲁道夫（Lori Rudolph）和玛德琳·阿隆（Madeline Aron）教了我很多关于"美国"的知识。菲利普·法拉（Philip Farah）是第一个教我什么是政治和智力生活的人。尽管自"最初时刻"以来，我们在政治和思想上存在许多分歧，但我仍然感激他向我介绍了一个我知之甚少的世界。贝丝·凯莫维茨（Beth Kaimowitz）是我认识的逻辑最清晰的人，她对正义的追求也最为热忱。从她那里，我不仅学会了如何回答某些问题，还学会了如何重新表述这些问题，以及如何询问这些问题所采用的术语。因为认识了他们所有人，我变得更加富有。

内维尔·霍德（Neville Hoad）的友谊、爱和智力参与使这本书的写作和思考成为兼具挑战性和愉悦的活动。他聪敏的头脑和智慧让我时刻保持思考。这本书的每一个字都体现了他的智慧。他慷慨地阅读和重读了比我（或他）记得的更多的章节版本。如果没有他的洞察力，这本书看起来会大不相同。

特别感谢哥伦比亚大学出版社的凯特·维滕贝格（Kate Wittenberg）和彼得·迪莫克（Peter Dimock），他们的支持对本书的出版至关重要。玛乔丽·韦克斯勒（Marjorie Wexler）高度不干涉主义的编辑审稿使出版过程很愉快。我感谢她所做的一切努力。我还要感谢原稿的匿名读者有见地的评论。

我在约旦的研究由哥伦比亚大学政治学系提供的奖学金和哥伦比亚大学中东研究所提供的数笔暑期旅行补助金资助。感谢两家机构对我的研究项目的信任。第一章的早期版本发表于由里卡多·博科（Riccardo Bocco）编辑的《约旦哈希姆王国：社会身份、发展政策和国家建设，1946—1996》，该书2001年由卡尔达拉（Karthala）在巴黎出版，由CERMOC在安曼和贝鲁特出版。

# 绪 论

这本书旨在研究约旦这一既典型又非典型的后殖民民族国家的民族认同和民族文化。近来关于民族主义的研究将民族描述为是"被创造"[1]或"被想象"[2]的概念，这一概念是由制造民族主义政治话语或受其影响的知识分子和 / 或政治精英构建的。[3]在这项研究中，我更感兴趣的是**制度**是否在殖民和后殖民民族认同和文化的产生中发挥了作用。更确切地说，我研究了法律和军事这两个关键的国家制度是否促进了民族的产生。这些制度是否有助于将人确定为"国民"？它们在构成"民族文化"的思想和实践的产生中发挥了作用吗？在提出这些及其他相关问题时，我所提出的不是研究民族主义的一个大体或概括性的理论模型，而是一种普遍和可归纳的研究模式。

法律和军队是殖民国家在殖民地建立的核心制度。它们取代了已有的司法和军事结构，或被引进原本没有此类结构的社会。作为为殖民国家服务的欧洲制度，法律和军队都保留了其殖民主义印记。然而，正如弗朗茨·法农（Frantz Fanon）所表明的那样，一旦实现民族独立，新的民族国家精英将取代他们的殖民统治者，管理曾经用来控制他们的制度。[4]此外，正如帕沙·查特吉（Partha Chatterjee）所言，后殖民国家"扩大了而不是改变了殖民的法律和行政、法院、官僚机构、警察、军队和政府的各种技术服务的基本制度安排"[5]。因此，殖民制度和认识论被采用并适应了当地

的国情。法律和军队不再为欧洲殖民主义服务，而是为民族独立或其国家
代表服务。

要通过这些殖民制度研究民族认同和文化，我们必须首先理解这些制
度在后殖民民族国家内部治理中所起的大体作用及其在殖民统治下的创立。
作为背景，我将讨论有关法律、军事和规训的问题，以及民族主义意识形
态及其与文化传统和现代性问题的关系的主要理论贡献。我还将简要介绍
约旦从 1921 年至今的历史。

## 法律、军事和规训

在对近代西欧国家权力的转型的研究中，米歇尔·福柯（Michel
Foucault）谈到了现代政府的发展。福柯认为，西欧国家的统治最初是基
于建立主权本身的法律。任何违法行为都是对君主权力的冒犯，必须通过
公开的肉刑予以纠正，并以此作为公共景象。随着刑罚改革的出现，规训
逐渐成为一种"在深度和细节上"管理人的艺术。其目标"不是为了更少
地惩罚，而是为了更好地惩罚；惩罚的严厉程度可能会减弱，但目的是提
高惩罚的广泛性和必要性；将惩罚的权力更深地嵌入社会主体"[6]。福柯认
为："处罚的作用点不在于表现为［公开处决的景象］，而在于身体、时间、
日常的动作和活动；也包括灵魂，甚至是习惯。作为行为准则，身体和灵
魂构成了现在建议进行惩罚性干预的要素。"[7]这不会导致"寻求社会契约
的根本利益的法律主体的复原，而是导致服从的主体的复原，即服从习惯、
规则、命令，以及在他周围及其自身不断施行的权威，那些他必须允许在

其身体内部自动运行的事物的个体的复原"[8]。根据福柯的观点，规训并不一定取代之前的权力模式，"它渗透在其他的权力模式中，有时削弱它们的力量，但作为它们之间的中介，将它们联系在一起，扩展了它们，最重要的是，可以把权力的影响带到最细微和最不相关的因素中。它确保了权力关系的无穷尽分配"[9]。

出现在 18 世纪的政府将成为构成国家职能的新形式。[10] 福柯将现代"治理术"描述为构成"主权—规训—政府"三边关系的要素。[11] 福柯强调："如果说司法制度确实对于代表一种主要以演绎和死亡为中心的权力是有用的，尽管它以无穷尽的方式表现出来，它也与新的权力方式完全不协调。新权力方式的运行不是由权力而是由技术、不是由法律而是由规范、不是由惩罚而是由控制来保证的。这种方式在各个层面和形式上的运用都超越了国家及其机构。"[12] 福柯坚持认为，现代的权力不一定是通过**压制**个体的方式来实现控制的，而是通过将他们首先**塑造**为受权力支配的主体。

福柯似乎在回应安东尼奥·葛兰西（Antonio Gramsci）的霸权观念。与福柯以镇压为代价而过度强调生产不同，葛兰西将现代国家控制人的技术描述为强制和霸权。霸权是"统治集团在整个社会中行使的权力……另一方面是通过国家和'司法'政府行使的'直接统治'或命令"。对葛兰西而言，霸权的中心功能是产生"广大人民对占主导地位的基本群体强加给社会生活的总体方向的'自然'共识"。至于强制性权力，葛兰西将其描述为一种国家机器，它"合法"地将"规训强加于那些主动或被动没有'共识'的群体。然而，这种国家机器是为整个社会设计的，当无法出现自然共识时，它可以在危机时刻发挥指导和引领作用"[13]。

尽管福柯认为生产性的规训权已经"渗透"了压制性的司法权，但他以某种方式表明生产性的规训确实已经**超越**了压制性的法治。因此，福柯低估了法律在国家镇压组织中的重要性。尼科斯·普兰查斯（Nicos

Poulantzas）正确地指出，福柯的方法将国家的镇压机构视为"仅仅是规训机构的组成部分，通过规范化来促成压制的内化。"[14] 尽管如福柯所说，规训权对司法权的渗透已经将法律重构为一系列生产性和规范化的策略，但法律也是由压制性的技术构成的，旨在惩罚那些仍然不遵守规范的人。我们甚至可以认为，作为控制技术的生产和压制是彼此完全融合的。规训和司法生产意味着规训和司法压制。为了生产新的，旧的必须被压制。规范化个体的产生需要其他"反常"个体的出现，这些个体的反常必须被压制和掩盖，以展示正常的本质。

在本书中，我研究了民族国家的镇压机构，尤其是作为司法机构的组成部分的法律和军队，是否确实属于规训机构的一部分。司法机构本身是否具有生产和镇压的双重功能？韦伯认为，现代国家垄断了强制和身体暴力的**合法**手段，而且这种强制能力是以"法理"的方式组织的。我论证了民族国家是如何也获得了对**合法规训手段**的垄断，然后通过法律制度和军事力量在整个社会表面将其普遍化的。使教育制度化的学校和媒体，尽管仍然服从于国家的司法权力，但也成为加强民众规范化的首选规训渠道。我认为葛兰西最初的主张对民族国家是有效的。如果学校和媒体对民族国家的主体是无效的，那么霸权的方式将被使用，在这种情况下，将使用强制的手段。我认为福柯的规训概念，或为了规范和控制民众而产生的一套惯例、规则、习惯和命令，是维持持续不断地再现国家霸权及其民族主义意识形态的核心。我将借助福柯关于规训制度的**生产性**的重要理论贡献。

但是，不同于福柯的观点，在本书研究中，我与普兰查斯的想法一致。我展示了民族国家是如何通过规训—司法结合的形式来进行治理的，这种形式兼具**生产性**和**压制性**、塑造性和破坏性。在我们考察是什么构成民族认同和民族文化的过程中，这些压制性和生产性的机制被证明是携手共进的，它们摧毁了已存在的事物并形成了新的事物。更重要的是，通过对民族的时间和空间的控制，它们将新的事物塑造成以前存在的样子。这不仅在法律和军队的范围内实现，而且通过这些机构产生的文化生产过程外溢到社会和其他国家机构的方式来实现。正是这些文化产物增强了司法和军事原本的战略部署。

但是，法律和军队并不总是政治精英的奴役手段。它们不只是落实这些精英做出的决定，这些机构还发展出独立的势头，其产生的结果不一定是国家精英所预想的，甚至还超出了他们的直接控制范围。法律和军队发挥了指定的压制性作用，并通过发挥其部署者最初没有设想的**生产性**作用，证明其超出了政治精英的控制。他们对"国民"和"民族文化"设定了新的界限。他们开始构成和生产他们寻求规训和／或压制的主体和类别。而且，产生这些主体的策略在军事和法律领域之外产生了一系列过程，并将其产物带到了民族文化领域。我研究的正是这些系列产物及其压制的相互关联的影响。

## 传统与现代

民族主义是意识形态。但是，正如路易·阿尔都塞（Louis Althusser）强调的那样，"意识形态始终存在于一种机器及其实践中……这种存在是物质性的"[15]。反殖民民族主义最明显的思想基础之一是现代化与传统的结合。反殖民民族主义的双重目标之一是实现西方意义上的技术现代化，其另一个目标是主张传统民族文化。[16]正如查特吉所认为的那样，民族主义为了实现其双重目标，将世界划分为两个领域，即"物质领域和精神领域。物质领域是包含经济、治国方略、科学技术在内的外在领域，在这个领域中西方国家证明了自己的优势，东方国家则不再抵抗……另一方面，精神领域则是带有文化身份'本质'烙印的'内在'领域。因此，在物质领域对西方技能模仿得越成功，就越需要保持自己精神文化的独特性"[17]。

就像在亚洲其他地区一样，在阿拉伯世界的东部，民族认同不仅是东西方在概念上界定类别进行谈判的场所，而且也是性别化公民身份的重要基本手段。男女各自对国家的责任已成为在殖民的世界中建立民族的基石，就像过去以及继续会在欧洲国家发生的那样。[18]我研究了民族认同在定义民族主义的机构时如何体现男子气概的。男子气概的类别本身被嵌入一种时间模式，其目的是欧洲的现代性；也被嵌入一种地理文化图式，其核心是以乡村和沙漠为代价的城市化；还被嵌入由资产阶级经济学组织的阶级模式，这种模式取代了以前的财产和所有权规则。在研究民族主义哲学中的男子气概时，我的目的不是描述以男性为基础的民族主义的发展，而是要展示男子气概和女性气质如何在民族国家的形态中存在的，也就是男子气概和女性气质是如何民族化的。

根据自由主义意识形态，殖民国家建立了公共和私人的二元关系。查特吉认为，民族主义者"在一个由截然不同的物质构成的领域中运作——精神与物质、内部与外部、本质与非本质之间的领域。对于这一有争议的领域，民族主义宣称拥有主权，它曾以为自己真正的共同体与私人的/公共的差异所构成的领域既不会共同扩展，也不会有重合之处的"[19]。这有一定的道理。然而，当描述司法领域时，它被证明是非常不准确的。在法律上，物质/精神、外部/内部、现代/传统、男性/女性的区别被分为公共和私人领域。在法律领域，现代性和现代欧洲法规可以裁定治国方略和经济事务，而宗教和地方"传统"可以裁定性、家庭关系和文化事务。以约旦为例，欧洲法律法规将管辖公共领域（现代城市居民的所在地），而宗教法律（伊斯兰教和基督教）和贝都因习惯法（至 1976 年）将管辖私人领域（构成国家"内在""传统"和"精神"本质部分的妇女和贝都因人的所在地）。

本尼迪克特·安德森（Benedict Anderson）认为，亚洲和非洲的民族主义知识分子通过模仿欧美已经存在的"模块化"的民族主义形式，"想象"了自己的民族。查特吉批判了安德森的论点，他认为，如果"世界其他国家的民族主义必须从某些'模块化'形式中选择他们想象中的共同体……他们还有什么可想象的？"[20] 的确，对于查特吉来说，由于民族主义者采用欧洲的"物质"模式，因此在精神领域，它们可以发挥想象力："民族主义在这里发起了它最有力、最具创造力和历史意义的计划：塑造一种'现代'民族文化，但这种文化不是西方的。如果这个民族是一个想象的共同体，那么它就应运而生。在这个真正的、必不可少的领域中，即使国家处于殖民统治之下，民族也已经拥有主权。在传统的历史中，民族主义的故事始于对政治权力的争夺，完全错失了这一历史性计划的动力。"[21]

尽管有一些保留意见，我在这一点上同意查特吉的观点。民族主义者是民族文化或查特吉所说的"精神"建设的代理人，这个领域几乎没有"主权"或独立于生产性的殖民阴谋。殖民国家实际上通过其机构在民族文化的生产中发挥了作用。殖民地的经济关系、军事、殖民地的学校、法律，实际上压制了一系列文化物质，并产生了另一种文化物质。民族主义者后来将殖民地文化产物作为"传统"，没有提及其殖民地压制和生产的系谱。从压制现有的文化习俗到制作"传统民族"菜肴、音乐、衣服、装饰、旗帜等，殖民地机构是中心。查特吉认为，民族主义的尝试是将这些产品同时打扮成传统的和现代的，而不使它们牵涉西方的现代项目。这一观点是正确的。民族主义者这样做是为了展现自己的权威，这种权威最初彰显为他们拒绝殖民主义以种族／文化等级的认识论禁锢他们。但是，在实施该项目时，民族主义者将欧洲与现有的性别、宗教和审美（简称"文化"）规范结合在一起，这并不会导致文化融合；相反，这是一个使欧洲规范扬弃传统规范的过程。新的文化规范是用传统服装打扮的现代发明，以满足民族主义对它所代表的民族文化的要求。但是，这种新文化并没有那么传统，而是传统化了。[22]

在这方面，军事尤其重要。殖民地国家在对士兵进行战争艺术教育时，还向他们介绍了一种了解世界的新方式，即一种新的认识论，这种认识论是现代殖民秩序和民族国家的基础。这种认识论在反殖民民族主义者的权力设想上几乎没有变化。反殖民民族主义斗争是根据"东方人"和非洲人的机构来质疑欧洲人和非欧洲人的殖民等级制度的，但它没有质疑殖民统治的认识论。传统的军事社会学和政治学方法仅限于其"普力夺"（praetorian）角色、其在现代国家形成中的角色，或与国家、政治社会和市民社会有关的"政治"。[23] 例如，塞缪尔·亨廷顿（Samuel P. Huntington）将"有限意义上的"普力夺主义定义为"军事干预政治"。[24] 他在拉丁美洲、亚洲和非洲的国家中发现了这种"现象"。阿尔弗雷德·斯捷潘（Alfred Stepan）则试图揭示军事力量在威权主义和民主制下所发挥的不同作用，以及其与其他国家机构和整个社会的关系。[25] 这些方法无法解释的是军队的生产性作用：军队如何产生政治，而不是与政治有何关系或"其"政治实际上是什么。什么样的镇压手段是军方身份和实践生产力的基础？通过将自己构造成强迫和规训的机器，军队压制了现有的存在形式，并产生了一种新的渗透到整个社会的公民—国民。在现代民族国家的背景下，这些军事化的公民—国民通过各种机制（媒体、官方宣传、学校、家庭、军事征召、歌曲、音乐），向整个社会传授被认定为"民族"的新文化和传统。正如蒂莫西·米切尔（Timothy Mitchell）所说的那样，作为国家机关的军队的确与其他国家机构和社会本身一样具有广泛的渗透性。[26] 社会与军队之间、公民与军队领域之间的这种渗透性，促进了军队内部开始的社会规范化。在这里，我不仅指军队的规训职能对中小学校、大学、医院、体育俱乐部和家庭的适用性，而且还指对于整个社会，军队中的公民（作为保卫国家的民族主义者）的特定规范化的适用性。

## 历史时刻

对法律机构和军事机构等国家机关在塑造后殖民民族认同中的作用的考察揭示了民族认同是一种非本质的、由多种机制和话语决定的产物，而这些机制和话语也受民族认同的影响。这也表明它是一个动态的实体。它的自我和他者根据不同的历史时刻而变化。

在分析资产阶级革命和霸权的实现方式时，安东尼奥·葛兰西确定了"力量关系"的三个历史性时刻，其决议决定了政治斗争的结果。一是经济结构的"客观、独立于人的意志"；二是"政治力量的关系"；三是"军事力量的关系"。[27] 在研究印度的民族主义思想时，帕沙·查特吉对葛兰西的理论进行了改写，提出了三个发展时刻：分离期（与后启蒙运动思想相遇的时刻）、策略期（运动时刻）和完成期（"民族主义思想获得充分发展的时刻"）。[28] 当我研究国家机构在民族身份产生中的作用时，我选择了另一组定义该认同的历史时刻。像查特吉一样，我没有提出上升进化阶段的目的论模型。我认为这些时刻是变革性的时刻，这些时刻有时但不一定总是在历史上是不连续的。

第一是殖民时刻。这是殖民主义在被殖民的领土／国家建立国家框架的时刻，它取代了现有的国家结构或建立了一个以前不存在的国家结构。[29] 这个最早的时刻确立了殖民地领土／国家的政治、司法、行政和军事结构，有效地使其成为一个民族国家（制定了有关国籍、治理和公民身份的法律，划定了边界和地图，实行官僚主义的划分及领土和人口分类法，确定征募和／或诱使被殖民者进入殖民地的军事结构）。此刻与殖民遭遇之前的存在是明显不连续的。

第二是反殖民时刻。此时，反殖民统治的斗争变得普遍且占支配地位，并最终实现了民族独立。这也是被殖民者采用行政殖民框架建立其独立民族国家的时刻。被殖民者的民族主义代表将监督殖民国家的机构，这些机构现在为后殖民独立国家服务。这一时刻与先前的时刻不连续，因为它推翻了现有殖民统治的话语和物质结构。现在，民族国家及其机器由反殖民民族主义者掌控，并为民族利益而不是殖民主义服务。但是，就治理手段而言，有着几乎完整的制度连续性。治理的殖民结构在"断裂"中毫发无损地继续存在。

第三是国家扩张和收缩的时刻。在这里，我主要指的是通过兼并或失去领土或各人口部分的结合和／或剥夺公民权利，民族国家的领土和人口扩张和收缩（包括印度、印度尼西亚、约旦、以色列、沙特阿拉伯、南北也门、摩洛哥、巴基斯坦、埃塞俄比亚）。但是，这一刻还包括将赋予公民—国民的权利扩大到迄今被剥夺了这些权利的群体（妇女、某些族裔群体和阶级）。结果，实际上，这可能是一系列历史时刻，发生了一些扩张和收缩。

第四是内部破裂时刻，通常以内战或革命为特征，要求对民族国家本身进行身份认同的重新定义或从中分离出来（许多后殖民民族国家经历过，但不一定全部都经历过）。

尽管按时间顺序排列，殖民时刻排在第一，但接下来的三个时刻不一定按照时间顺序排列。一个国家的扩张和／或收缩可以在脱离殖民主义独立之前或之后发生。内战和革命也可以在殖民或后殖民统治下发生。因此，除了殖民时刻外，其余三个时刻没有遵循系统的年代顺序，但是所有这些仍然是民族认同的核心定义时刻。在该研究的过程中，我将在这些历史时刻的背景下确定法律、军事、政治权利和文化话语的转变。

构成民族认同的自我和与之对立的他者也会根据历史时刻而变化。殖民时刻和反殖民时刻之间的时期通常以反殖民者的民族自我构成为特征，但这种模式会发生变化，尤其是在殖民主义结束之后。殖民地分而治之的政策在殖民时刻可以而且确实会奏效，并在此之后会继续发展（印度就是一个例子），它们中的大多数是在后殖民时期阐明的，不再被外部殖民者围困的民族自我结构现在组织起来反对内部的他者（族裔团体、该国不同地理区域的团体、宗教团体、种族团体、语言团体、政治团体），如柬埔寨、斯里兰卡、卢旺达、布隆迪、苏丹、埃塞俄比亚、尼日利亚、印度尼西亚、伊拉克、约旦、巴基斯坦、印度、黎巴嫩等。

## 约旦的历史时刻

粗略地阅读最近有关约旦的著作，诸如《约旦性格》[30]《马穆鲁克时期约旦东部的政治历史》[31] 和《历史上的约旦：从石器时代到建立酋长国》[32]。本书的目的是讲述约旦如何获得石器时代或马穆鲁克时期的历史的故事，以及约旦人如何拥有特定的民族"性格"。

　　在 1921 年之前，没有任何领土、人民或民族主义运动被指定为或称自己为外约旦。第一次世界大战后，外约旦王国是一个民族国家，于 1921 年由英国人和最近抵达的汉志埃米尔阿卜杜拉（Amir Abdullah）建立。这是外约旦的殖民时刻，即创始时期。英国取代了奥斯曼帝国留下的少数几个现存的国家结构，以及奥斯曼帝国统治结束和英国统治初期之后的区域间统治时期，区域主义者在 1920 年至 1921 年建立的小型、短暂的地区政府。统治的头十年以英国和埃米尔试图建立政府机构、军队、警察部队和官僚机构为特征，随后制定了法律，并于 1927 年开始颁布法令。外约旦的第一部宪法于 1928 年建立，被称为"有机法"，同时还涉及许多其他法律，管理着新国家生活的各个方面。此外，外约旦通过兼并南部从马安（Ma'an）到亚喀巴（Aqaba）的地区，在人口和地理上进行了扩张，该地区以前是汉志（Hijaz）的一部分。在第一个十年中，官僚警卫以及军队和警察的体制框架发生了几次变化。此外，爆发了针对反对侵略性国家机构和反对民族国家的几次民众起义。他们中的一些人瞄准了官僚主义和政治机构，它的人员全部来自该国新指定边界以外。他们全都被英国军事力量和 / 或汉志埃米尔的意愿和外交手段所击败。正如我们将看到的，正是国家的体制机构，特别是司法和军事机构，对在新划定的边界内生产和压制身份和文化习俗是有害的。在此期间，约旦的本土主义者自我得到发展，反对各种各样的非本民族他者（英国人、埃米尔，以及汉志、叙利亚、巴勒斯坦、伊拉克官僚和政治人物）。

　　20 世纪 30 年代，通过压制和吸纳当地精英及招募和征服迄今都难以控制的贝都因人，国家的权力被迅速巩固。通过不同的方式，那些精英对 20 世纪 20 年代后期至 30 年代中期无代表性的国家的抵抗被压制或抵消了，而贝都因人几乎构成了新生国家人口的一半。20 世纪 30 年代下半叶发动的声援反抗英国和犹太复国主义计划的邻国巴勒斯坦人的反殖民起义也被粉碎了。20世纪40年代，该国发生了重大变化。外约旦的商人阶层在战争年代是有利可图的，他们中的大多数来自叙利亚和巴勒斯坦。外约旦主要是贝都因军队，即阿拉伯军团，通过代表英国政府干预伊拉克和叙利亚，在国际上扮演了重要角色。通过融入国家结构来对贝都因人进行自我规训，他们在国内也发挥了重要作用。1946年，外约旦从一个受委任统治的酋长国转变成一个独立的王国，其统治者埃米尔宣布自己为国王。但是，独立是名义上的，因为该国的军队继续由英国军官领导，该国继续依靠大量的英国补贴生存。第一次世界大战后，英国议员发明了该国的名字"外约旦"，后来这个名字又被改为约旦哈希姆王国。这并没有伴随着民众的反殖民起义，而是第二次世界大战后国际变化和埃米尔及其政客施加的当地外交压力的结果。这个新独立的国家在这十年间经历了更为彻底的变革。它的领土范围已扩大到包括巴勒斯坦中部，即犹太复国主义者没有征服的最大的一块巴勒斯坦土地。人数也增加了两倍多，包含了由巴勒斯坦中部（已更名为西岸）的原住民组成的大量巴勒斯坦人和被驱逐出巴勒斯坦后成为以色列人的避难者。这是约旦第二次在地理上和人口上进行扩张。1925年和1948年至1950年的扩张是该国历史上的重要时刻，该国的物理边界和人口结构发生了不利于其民族认同和文化的转变。

　　20世纪50年代，更为根本的转变发生了。阿卜杜拉在1951年被暗杀。他的儿子塔拉勒（Talal）登基后不久，该国由摄政王统治，直到塔拉勒的儿子侯赛因（Husayn）于1953年成年后登基。该国已开始通过吸纳和操纵，有时甚至是强制性手段，将巴勒斯坦人口和领土约旦化。20世纪50年代中期，反殖民势力主导了该国，要求脱离英国完全独立以及进行民主改革。受到第三世界更广泛的反殖民愤怒以及周边阿拉伯国家反殖民胜利的影响，该运动获得了巨大的动力，以至于年轻的侯赛因国王曾一度被这股热情所感染。约旦的反殖民时刻随之而来，并于1956年3月驱逐了英国陆军司令约翰·巴戈特·格拉布（John Bagot Glubb）将军。在格拉布离开和军队"阿拉伯化"之后，反殖民势头并未减弱。民主改革以及约旦在国际政治中的调整是反殖民民族主义运动议程上的重要议题。国王以及他的家人和朋友担心这种潮流会席卷君主制。在英国人和美国人的支持下，1957 年发生了一场宫廷政变，结束了自由主义实验，释放了政治压制的浪潮，该国在接下来的 30 年里一直生活在这种压制下。约旦的反殖民时刻也对其民族身份和民族文化产生了许多影响。正是在这个历史性时刻，约旦人的自我与殖民的英国人他者完全相反。

20 世纪 60 年代，约旦发生了更多变化和变革。尽管巴勒斯坦—约旦人现在跻身政府和国家经济精英阶层，但生活在难民营中的巴勒斯坦穷人仍在努力以结束其流亡生活。1967 年与以色列的战争使约旦丢失了约旦河西岸，其人口和地理版图被迫缩减。1964 年巴勒斯坦解放组织（Palestine Liberation Organization，PLO）以及 1967 年战争之后巴勒斯坦游击运动的崛起对约旦政府的主张提出了挑战，即约旦河西岸和它吸纳的巴勒斯坦人现在是约旦人，只有约旦政府才能为他们发声。此外，游击队开始侵犯该国的主权。包括巴勒斯坦人在内的约旦军队与包括约旦人在内的巴勒斯坦游击队之间爆发了内战。这一时期该国的内乱证明，对民族的重新定义至关重要。包括巴勒斯坦—约旦精英在内的该国的许多精英都支持该国的政权。游击队被击败，内战之前就已经存在的一项重大的约旦化运动在此后全面展开。约旦的他者不再是外部的英国殖民主义者，他者来自内部，即巴勒斯坦—约旦人。商人阶层中几乎没有外约旦人，在面对强大的官僚机构时丧失了政治力量，而定居的外约旦人是官僚机构的中流砥柱。自阿拉伯化以来，外约旦人手中的军队仍是该国政权可支配的主要力量。针对巴勒斯坦—约旦人（占人口一半以上）的歧视性政策日益制度化：巴勒斯坦—约旦人在政府中的代表人数减少，在公共部门中的就业人数减少，学术机会减少，获得公共资金的机会减少。私营部门是巴勒斯坦人权力的支柱，该领域的就业环境有利于巴勒斯坦人。

但是，该国通过公民的规范化实现了权利的宪法扩张。妇女于1974年获得投票权，自1929年以来一直生活在贝都因习惯法和准军事／警察统治之下的贝都因人在1976年这些法律被废除后得以规范化，最终在政治和公民权利层面上，贝都因人和妇女在法律上与男性城市居民实现了平等。来自该国在海湾国家的劳务移民的汇款、阿拉伯海湾国家和美国的国外援助以及在70年代末急剧增长的土地投机活动收益的增加使该国稳定了下来，经济情况也开始改善。

20世纪80年代发生了更多转变。80年代中期，约旦的经济开始在崩溃边缘徘徊。约旦河西岸的巴勒斯坦起义不仅质疑以色列的占领，而且也质疑了约旦河西岸的约旦主义，这一区域的巴勒斯坦主义比以往任何时候都更加坚定。随着巴解组织逐渐被公认为反抗的巴勒斯坦人的唯一政治代表，约旦国王"脱离"西岸，实际上放弃了这一法律上的领土。这一地区的约旦人很快被剥夺了国籍，这与阿卜杜拉在近40年前强制性地将其民族化时一样。通过这种收缩，约旦的扩张时刻已经回到原位。此外，随着1989年自由化时期的开始，统治安排本身将发生变化，导致议会选举和自由扩张，但仍然像自1957年宫廷政变以来一样受到限制。

20世纪90年代迎来了一个新的自由时代，在身份问题上出现了被压抑的挫败感。外约旦的排他主义者开始煽动建立一个只有外约旦人的约旦，并将自内战以来不断增加并被政权变得更加合法的反巴勒斯坦的挫败感带入了政治战场。其中一些本质主义主张也质疑王室本身的约旦主义。

本书旨在描述和分析构成一个民族的人民和领土在1921年开始接受这一民族身份认同，并在几十年之内开始鼓吹基于它的政治权利的过程。本书试图回答的主要问题是，1921年在英国人和汉志埃米尔统治下的人民和领土是如何成为约旦的。

　　但是，本书不仅涉及源于积极生产和压制身份和习俗的殖民和后殖民国家机构的约旦民族身份和文化在历史上是如何偶然形成的，而且还涉及民族身份和文化总体上是如何产生的。约旦的案例特别说明了这些过程，因为按其最近的宪法，约旦是一个民族国家，其缔造者在宪法上留下了清晰的标记，这些标记在其他后殖民背景下鲜为人知。尽管约旦在后殖民世界中并不是唯一的案例，但它是不常见的情况之一："外来者"构想出其边界和身份；独立后，他们很好地领导了国家军队；在现有记忆中扎根于该国新边界之外的人们，一直在统治并继续统治该国；在其人民中，大多数人记忆中的地理"起源"位于民族国家的边界之外（这不仅指巴勒斯坦—约旦人，而且还指叙利亚—约旦人、汉志—约旦人、埃及—约旦人、伊拉克—约旦人、黎巴嫩—约旦人、土耳其—约旦人、切尔克斯—约旦人、库尔德—约旦人、车臣—约旦人和亚美尼亚—约旦人）；该国非常依赖外国资金来支持资源贫乏的经济；邻近的强国（历史上的强国如以色列、沙特阿拉伯、纳赛尔时期的埃及）对其身份提出主张，强大的民族主义运动（即巴勒斯坦解放组织）对其部分（西岸和巴勒斯坦约旦人）提出主张。在众多因素的背景下，约旦的民族主义话语比其他后殖民民族国家的民族主义话语更难以使其所主张的术语和本质变得稳定。尽管约旦的民族身份没有像其他民族身份那样"被想象"或"被发明"，但其最近的排他主义捍卫者的继续斗争比世界其他地方的同行更加艰苦。约旦的这一特征使其更清楚地说明了民族化进程，而这一过程在其他地方更好地被掩盖了，约旦的案例却可以揭露这种掩饰。

　　本书无意于讲述民族身份产生的整个故事，也不暗示法律和军事是与民族身份和民族文化的产生相关的唯一因素。由于在民族主义的最新研究中未对这些制度进行任何考察，因此本书对辩论的贡献在于证明法律和军事是国家生产的**核心**，并产生渗透到其他国家制度和整个社会对国家文化的定义中的话语。

前两章探讨了民族认同和民族文化的司法生产。我将研究国籍法、选举法和民法，将法律本身划分为三个独立的领域：欧洲法规、宗教法规和贝都因人习惯法。第三章和第四章考察了军队对民族认同和民族文化的生产。我考察了英国人在组织抵抗民族国家秩序的人民方面的作用，通过压制性和生产性技术，约旦人不仅转变为服从的公民，而且还转变为新秩序的捍卫者。我还研究了殖民遗产对反殖民民族主义者的影响。第四章还介绍了冗长但必需的军事政治以及军事与政权之间的政治外交历史。第五章讨论了巴勒斯坦—约旦人与外约旦人之间关系的司法、军事和政治方面，及其对约旦民族认同和民族文化的生产性和压制性影响。这很重要，因为它揭示了殖民国家和后殖民国家使用的规训策略如何通过发现其自身和他者来建立民族认同。这一章还包括外交史，特别是巴勒斯坦解放组织及其与约旦国家和政权的关系。最后，我将探讨约旦当前的民族主义话语及其日益排他的和本质主义的主张。在这五章中，讨论不仅集中在法律和军事上，而且集中在这两项机制在其规章制度之外产生并扩散到其他国家制度和整个社会的关于民族认同的重要论述上。这些讨论（例如音乐、美食、体育、旅游、考古）与我们对法律和军事的考察并非没有直接联系。相反，它们是法律和军事所产生的不同过程的结果，尽管这些过程超出了其制度界限。

在整本书中，读者会注意到我确定了人的地理起源以及宗教和种族背景。这是有意为之的。当代约旦民族主义坚持一系列本质主义的标记，这些标记在地理、种族以及有时是宗教方面都是恒定不变的，并且宣称"构成"约旦的身份，因此我对人们背景的确认意在检验这种主张。构成当今约旦民族身份和约旦民族文化的要素，以及拥护约旦身份本质主义特征的个人背景，在地理、种族和宗教上比当代约旦民族主义的捍卫者所想的要复杂得多。因此，关注人们各种各样的"起源"本身就是反对本质主义民族认同概念的论点。

　　当适用于不同的国情时，这种探究方法将不会产生与约旦具体情况相同的结果。由于每个国家的情况各不相同，因此我提出的探究方法将在每种情况下得出不同的结果。它的优势在于提出了一套新的问题，而这些问题是现行方法尚未提出的，并解释了迄今尚未得到充分解释的具体结果。这并不是说约旦（乃至每个国家）的案例是如此具体，以至于我们无法用它来说明其他案例。这种探究模式并不是要在一个模式的旗帜下使所有民族国家"标准化"，它的目的确实是要提出重要的问题，即民族国家一般如何将其模式在另一个没有这种模式的国家中推行。约旦的案例实际上是可以推广的，因为约旦从英国殖民主义那里继承下来的殖民制度和哲学遗产是亚洲和非洲的许多国家所共有的。具体的是这些机构在每个国家范围内已经产生（或将产生）的结果。那么，接下来的研究不是对民族主义运动的研究，也不是对殖民世界中民族主义思想的研究。这是关于国家、殖民地和后殖民地区如何参与民族认同的研究，以及它在民族认同和文化的产生中所起的作用，民族主义思想将其作为客观本质。

## 注释

1. 参见 Ernest Gellner, *Nations and Nationalism* (Ithaca, NY: Cornell University Press, 1983)。

2. 参见 Benedict Anderson, *Imaged Communities, and Reflections on the Origin and Spread of Nationalism* (London: Verso, 1991)，最初出版于 1983 年。

3. 参见 Partha Chatterjee, *Nationalist Thought and the Colonial World: A Derivative Discourse* (Minneapolis: University of Minnesota Press, 1993), pp. 1—35，他在该书中对这些方法提出了批评。

4. Frantz Fanon, *The Wretched of the Earth* (New York: Grove Press, 1968), pp. 148—205.

5. 关于印度的案例，参见 Partha Chatterjee, *The Nation and Its Fragments: Colonial and Postcolonial Histories* (Princeton, NJ: Princeton University Press,1993), p. 15。

6. Michel Foucault, *Discipline and Punish: The Birth of the Prison*, translated by Alan Sheridan (New York: Vintage Books, 1979), p. 82.

7. Ibid., p. 128.

8. Ibid., pp. 128—129.

9. Ibid., p. 216.

10. Michel Foucault, "Governmentality," in The Foucault Effect: Studies in Governmentality, with Two Lectures by and an Interview with Michel Foucault, edited by Graham Burchell, Colin Gordon, and Peter Miller (Chicago: University of Chicago Press, 1991), pp. 87—104.

11. Foucault, "Governmentality," p. 102.

12. Michel Foucault, The History of Sexuality, vol. I: An Introduction, translated by Robert Hurley (New York: Vintage Books, 1980), p. 89.

13. Antonio Gramsci, "The Intellectuals," in Selections from the Prison Notebooks, edited and translated by Quintin Hoare and Geoffrey Nowell Smith (New York: International, 1971), p. 12.

14. Nicos Poulantzas, State, Power, Socialism, translated by Patrick Camiller (London: NLB, 1978), p. 77.

15. Louis Althusser, "Ideology and Ideological State Apparatuses (Notes Toward an Investigation)," in Lenin and Philosophy and Other Essays (New York: Monthly Review Press, 1971), p. 165.

16. 参见 Joseph Massad, "Conceiving the Masculine: Gender and Palestinian Nationalism," Middle East Journal 49, no. 3 (summer 1995): 467—483。

17. Chatterjee, The Nation, p. 6.

18. 参见 Andrew Parker, Mary Russo, Doris Summer, and Patricia Yaeger, eds., Nationalisms and Sexualities (New York: Routledge, 1992)。另见 George Mosse, Nationalism and Sexuality: Respectability and Abnormal Sexuality in Modern Europe (New York: Howard Fertig, 1985)。

19. Chatterjee, The Nation, p. 10.

20. Ibid., p. 5.

21. Ibid., p. 6.

22. 参见 Abdulla Laroui, The Crisis of the Arab Intellectual: Traditionalism or Historicism? (Berkeley: University of California Press, 1976)。

23. 例如，参见 Abraham F. Lowenthal and J. Samuel Fitch, eds., Armies and Politics in Latin America, revised edition (New York: Holmer and Meier, 1986)。另见 Anthony Giddens, The Nation-State and Violence, vol. 2 of A Contemporary Critique of Historical Materialism (Berkeley: University of California Press, 1987)，以及 Charles Tilly, Coercion, Capital and European States, AD 990—1992 (Cambridge, MA: Blackwell, 1992)。

24. Samuel P. Huntington, Political Order in Changing Societies (New Haven: Yale University Press, 1968), p. 195.

25. Alfred Stepan, Rethinking Military Politics: Brazil and the Southern Cone (Princeton, NJ: Princeton University Press, 1988).

26. Timothy Mitchell, "The Limits of the State: Beyond Statist Approaches and Their Critics," American Political Science Review 85, no. 1 (March, 1991).

27. Antonio Gramsci, "The Modern Prince," in Selections, pp. 180—185.

28. Chatterjee, Nationalist Thought, pp. 50—52.

29. 这并不一定意味着新的有殖民规划的国家结构扩大官僚机构，例如法国殖民主义在突尼斯所做的那样；它可以像意大利殖民主义在利比亚所做的那样轻易地摧毁现有的制度。关于突尼斯和利比亚的案例，参见 Lisa Anderson, The State and Social Transformation in Tunisia and Libya, 1830—1980 (Princeton, NJ: Princeton University Press, 1986)。

30. Sulayman Nusayrat, Al-Shakhsiyyah al-Urduniyyah, Bayna al-Bu'd al-Watani wa al-Bu'd

*al-Qawmi* (Amman: Manshurat Wizarat al-Thaqafah, 1997).

31. Yusuf Darwish Ghawanmah, *Al-Tarikh al-Siyasi Li-Sharqiyy al-Urdunn Fi al-'Asr al-Mamlukiyy: Al-Mamalik al-Bahriyyah* (Amman: Dar al-Fikr lil-Nashr wa al-Tawzi', 1982).

32. Mahmud'Ubaydat, *al-Urdunn Fi al-Tarikh: Min al-'Asr al-Hajariyy Hatta Qi-yam al-Imarah*, part I (Tripoli, Lebanon: Jarrus Bars, 1992).

# 第一章 民族的法典化：法律和约旦民族认同的表达

对殖民主义和反殖民主义类型的民族主义话语进行理论化是非常普遍的，其目的是产生超越时空的、被民族主体内在化的本质——民族认同。[1]但是，这种观点没有考虑这些认同如何在民族国家的法律中被编纂，并且通常忽略了司法在其民族主义构成中的重要性。本章将探讨民族认同的司法层面，论证民族主义话语与司法话语相辅相成，同时又保持一定的分离性，并试图展示法律是如何产生法理化的民族主体的。与以民族认同为前提的民族主义话语不同，后者一成不变的本质仅仅是效果，而民族国家的法律话语将表现出通过法律所部署、改变和废除的非本质主义民族认同。法律话语声称法律主体的地位是前话语的（prediscursive），并且与民族主义话语相似，但不同于后者，法律话语认为民族认同是法律的效力，而不是其先例。所有的后殖民民族认同都以民族国家的法律为基础。本章将说明，虽然法律通过将公民**询唤**（interpellate）为主体来确保民族主义的规则，但同时也揭示了国籍是一种由法律塑造和改造的假想之物。[2]此外，本章将论证法律不仅是政治的压制性体现，而且还起着重要的生产和调节的作用：它产生并调节认同。

制定法律并通过执法实施法律的重要性，对于理解现代国家如何对其下级机构、官僚机构、军队和政治机构（行政机关、立法机关和司法机关）进行内部运作，以及如何对国家统治的领土和该领土上的人民进行外部控制至关重要。但是，正如路易·阿尔都塞所指出的那样，法律既是"镇压性国家机器"又是"意识形态国家机器"的一部分。[3] 阿尔都塞的与众不同之处是与安东尼奥·葛兰西所谓的"市民社会"和"政治社会"大致相对应的一种变体。葛兰西的市民社会是通过他所谓的**霸权**非强制性地产生大众同意的地方。[4] 在以民族的名义（即民族国家本身）讨论国家时，重要的是要明白如何将法律制度作为一种镇压和意识形态的手段（或者，正如葛兰西所说的那样，通过霸权和强制手段产生规范），以及更广泛地控制时间（不仅是现在和将来的时间，过去的时间同样重要）、空间（不仅要确定领土为国家领土还是外国领土，而且要在法律上具有管辖权）和人民（作为规范化的国家司法的主体）。在这方面，雅克·德里达（Jacques Derrida）指出，"制定法律的创立和辩护时刻意味着一种执行力……不在法律意义上为武力、驯服工具和奴役服务，不处于主导力量之外，而是从法律的意义上，它将与人们所谓的武力、权力或暴力保持一种更内在的、更复杂的关系"[5]。因此，在讨论民族主义话语如何形成民族身份以及如何将这些身份编纂为法律时，法律具备的将民族国家的时空体系化和界定国民主体性质的能力至关重要。根据德里达的观点，司法始终是国家项目的内部而不是外部表现。民族国家的真正法律编纂行为是国有化的基础时刻的一部分。此外，法律编纂是将主体确定为国民的生产性行为。

通过法令，民族国家的法律确定并限制了民族的时间、空间和主体。但是，法律不仅将时间确定为民族的时间，将空间确定为民族的空间以及将主体询唤为公民，而且对这些类别（正如我们稍后在检验约旦国籍法时将看到的）的定义连贯性至关重要的是法律将时间确定为非民族的时间（外国时期、殖民地时期和后殖民地时期），将空间确定为非民族的空间（被殖民、被占领的空间），并进行询唤，然后确定主体为非公民（外国人）的能力。分享德里达的理解，即"同一性或非同一性都不是自然的，而是司法表述的效果"[6]，在这种情况下是必要的。于是，法律在一个民族国家中对它询唤为双体的所有类别进行了根本的区分。它不是在确定，只是在区分。但是，双体的两个组成部分具有不对称的效价，这在法律对它们对应的权利和义务的枚举中得以体现。为了适应法律制定本身的这种不对称性，通过不同的法律类别对两个司法主体（公民和外国人）进行了标记。正如福柯教给我们的那样，司法权力在其意识形态上的作用不仅是压制和惩罚，它也生产接受其施加的权力的司法主体。作为一种生产能力，法律的意识形态手段不仅是国家建筑师的关注对象，而且也是国籍建筑师的重要关注对象。

在外约旦的案例中，由国家推动的民族主义话语的第一种表现，是在国家转变为法治国家的过程中得以体现的。这是通过在 1927 年至 1928 年制定一系列法律，最终在 1928 年形成外约旦组织法（al-Qanun al-Asasi 或基本／基础法）[7]来实现的。在法外社会领域，这发生在 20 世纪 20 年代初的几次外约旦起义之前，起义主张反对非本地性的托管–哈希姆国家的排外主义。而且，托管–哈希姆国家颁布这些法律的时间恰逢反殖民民族主义运动高度动员，该运动的认同仍在变化之中，但它所反对的（即英国殖民主义）是明确的。然而，直到几十年后，成熟的约旦民族主义才以对话的方式表达自己（尽管一些约旦民族主义者将 20 世纪 20 年代的起义描述为民族主义的时刻），并与有关国籍的法律论述相结合。

对法律在民族建设中的作用的研究至关重要的是民族认同和民族主义建设的问题，它们在民族主义话语和民族国家法律中的构成是不同的。尽管民族认同和民族主义建设的具体内容可能会根据制定它们的论述而有所不同，但它们是通过类似的行动构成的。民族认同是通过民族主义话语的询唤和国籍法的明确法令而构成的，民族主义建设是通过询唤和操演相结合而产生的。所谓民族认同，是指民族主义思想设定的具有一定特征和标

志（领土起源、父系或母系祖先的起源、宗教、种族、性别、阶级、语言）
的集合，这些特征和标志具有某种民族认同的前提，认同是由民族主义思
想本身定义的。民族主义建设是指为实现民族主义目标而执行一系列行为
和实践的能力和意愿，这些（能力、行为、实践和目标）是由民族主义话
语和民族国家的法律所定义的。公民是指在民族主义话语及其必然的结
果——国籍法——中被认为是询唤单向运作中的"公民"的人。在这种询
唤的过程中，公民是民族主义话语的对象和法律的主体。但是，民族主义
者是指被民族主义话语确认为民族的一部分，且被民族主义话语认为具有
上述能力的人，并将遵守民族主义话语设定的标准。因此，民族主义者既
充当客体（被询唤）又充当主体（执行者）。民族国家的法律本身就是基于
这种对话性的话语识别，以询唤作为执行者的民族主义者。在这方面，霍
米·巴巴（Homi Bhabha）[8] 说：

> 人民不仅仅是历史事件或政治集体的组成部分。他们也是一种
> 复杂的社会性参照的修辞策略，具有代表性的主张引发了意指和话语
> 处理过程中的危机。这样，我们就拥有了一个有争议的文化领域，在
> 这里，人民必须在双倍时间内被考虑；人民是民族主义教育学的历史
> "客体"，给予话语基于预先赋予或构成历史渊源或事件的权力；人民
> 也是意指过程的"主体"，必须消除民族的任何先前的或原始的存在，
> 以证明人民伟大生存的原则是维护国民生活的连续过程，并象征着重
> 复和繁殖的过程。

尽管其缔造者即英国人和哈希姆家族犹豫不决，外约旦在 1921 年作为
一个国家成立了，并通过一系列法律的制定被永久化，最终于 1928 年颁布了
《组织法》（Organic Law），该法授权外约旦对其领土和时间的要求，并控制

国家所统治的主体。本章仅涉及 1928 年与《组织法》一起制定的《国籍法》（Nationality Law）[9]，及其在当前的修正、废止和重新制定的法律历程。《国籍法》的重要性不仅体现在它对谁是国民和谁不是国民做了基本规定，而且还体现在对重组民族的时间、空间和有形边界起着持续不断的作用。《国籍法》意识到其"人民"的生产力。"但是这人民不存在……在此声明之前，并非如此。"[10] 但是，询唤的行为实际上是一种生殖行为，将人民作为民族孕育出来。然而，在接下来的 80 年中，被询唤为约旦人的人民在这部法律的变革历程中经历了许多变化。这种变化的发生与在空间上重新定义约旦和在时间上重新定义约旦性有关。在这种情况下，法律的作用并不一定涉及正义的问题，而是涉及合法性和司法性的自指问题。正如德里达所说的那样，"在法律的建立或其机构中，正义问题已经提出并得到了暴力解决，也就是说，被掩盖、被模仿、被压制了。这里最好的范例是民族国家的建立或宪法的建立性行为，该行为确立了法语中所说的**法治国家**（l'état de droit）"[11]。


## 司法后殖民的萌芽时期


由于反殖民民族主义源于欧洲启蒙运动和后启蒙浪漫主义思想，因此在从欧洲国家法律衍生而来的现已独立的前殖民地中划定独立国地位的法律也是如此。在这方面，约旦《国籍法》几乎不是例外。如后所述，约旦的奥斯曼帝国和英国殖民遗产不仅定义了其法律制度，而且还定义了从一开始到现在控制约旦国籍的法律认识论。

尽管大多数法律专家和政治历史学家将约旦《国籍法》追溯到奥

斯曼帝国时期和将约旦与昔日统治者割裂开来的《洛桑条约》（Treaty of Lausanne），令人惊讶的是，他们没有将 20 世纪 20 年代至今的约旦《国籍法》与英国的法律联系起来；尤其令人吃惊的是，《洛桑条约》本身关于国籍的条款受到《英国国籍法》的高度影响。[12] 外约旦的居民的确在 1924年之前受到管辖，1924 年是《洛桑条约》（于 1923 年在奥斯曼帝国和同盟国之间缔结）的生效日期，其依据是 1869 年《奥斯曼国籍法》（Ottoman Nationality Law），[13] 该法本身就是 1839 年玫瑰园御诏（Gülhane）和 1856年胡马雍谕令（Hatt-i Humayun）的巅峰之作，作为坦齐马特（Tanzimat）改革的一部分，试图将奥斯曼法律西化。坦齐马特时期制定的奥斯曼法律受到法国和意大利法律和司法惯例的影响，并从中获得借鉴。[14]《洛桑条约》第 30 条规定："惯常居住在根据本条约的规定从土耳其脱离的领土上的土耳其人，在当地法律规定的条件下，实际上将成为该领土被移交至的国家的国民。"[15] 应该强调的是，《洛桑条约》为那些希望保留土耳其公民身份的人（18 岁以上）提供了选择权，也为那些选择另一国籍的人提供了选择权，这些人有权在条约生效之日起两年内重新申请土耳其国籍。与居住地的大多数人民属于不同"种族"的人也有选择权，他们可根据该国法律，申请其多数人民与自己属于同一"种族"的国家的国籍。[16]

至于《英国国籍法》（British Nationality Law）（其中大部分被一字不差地改写为《外约旦国籍法》），它在建立英国委任统治和创立外约旦时就已存在，它的现代形式出现于 1844 年，并于 1870 年被详细阐述，[17] 在 1914年的《英国国籍和外国人地位法》[18] 中形成，在 1918 年被修改。[19] 正如即将进行的比较所表明的那样，几乎所有构成约旦法律上的民族主体性的东西都被逐字逐句地从这些英国法律中删除。这种修订行动成功地掩饰了自己，迄今为止还没有被约旦民族主义者揭露。尽管人们很容易接受伊斯兰奥斯曼司法实践和西方化的奥斯曼坦齐马特的影响，因为奥斯曼人在文化上并不被视为传统意义上的"他者"，英国殖民者污染约旦人法律国籍构成的"原罪"却很容易从法律和民族主义记忆的谱系中被抹去。

有趣的是，英国殖民官员甚至根本不确定是否应该建立一个单独的外约旦国籍。1922 年，几名英国殖民官员之间的来往信件讨论了授予"外约旦"人民独立国籍的选择，或者像温斯顿·丘吉尔（Winston Churchill）所坚持的那样，简单地将其视为"外约旦巴勒斯坦人"。此事最终以有利于"独立的外约旦国籍"的方式解决。[20] 事实上，早在一年前即 1921 年 4 月英国议会辩论期间，该领土的名称就已经被讨论过。中东委员会前助理秘书戴维·克莱普顿（David Ormsby-Gore）先生建议将该国的名称改为"贝尔卡"（Belka）。有人向他解释说："贝尔卡仅是一个地区的名称。目前，整个领土被正式称为外约旦。"[21] 即使是埃米尔阿卜杜拉也不确定该领土应该使用哪个名称——是用一个民族名称，约旦东部（Sharq al-Urdunn），还是用更具包容性的阿拉伯民族主义名称。在 1921 年成立政府后，他将其命名为阿拉伯东部地区（Mintaqat Al-Sharq Al-'Arabi）政府，该名称与"约旦东部"一直使用到 20 世纪 20 年代后期。

1928 年的《国籍法》并不是在法律上对约旦人进行界定的第一次尝试。第一次尝试是一年前颁布的《外国人法》（Law of Foreigners）。[22] 继1914 年《英国国籍法》之后，1927 年法律对约旦人的定义与 1928 年的法律相似，并将外国人定义为"不是约旦人的所有人"。但是，法律坚持将许多"外国人"排除在外，即为外约旦委任统治政府服务的人，为陛下（英国国王）的海军、陆军或空军服务的任何个人，或受雇于英国政治、殖民或领事机构的任何人，以及其他非名誉领事雇员。尽管《外国人法》不适用于那些被排除在外的人，但目前尚不清楚与国民有关的法律是否适用，或者实际上，被排除在外的人是否可以成为外约旦国家的司法主体。实际上，英国政府对此事非常关注，并且在 1928 年英国政府与埃米尔之间的协定中就此问题作出了规定。该协定第 9 条称："未经英国国王陛下同意，不得将外国人带到外约旦法庭。"该条进一步规定，埃米尔承诺"接受并实施英国陛下在司法事务中可能认为必要的合理规定，以维护外国人的利益"。[23]此外，根据协议条款，"未经英国公使同意，不得将外国人带到外约旦法院受审"[24]。这与 1914 年的《英国国籍法》大不相同，后者在其第 18 条中规定"外国人应以与英国本土出生的公民相同的方式受到审判"。

国籍法的本质主义 / 反本质主义特征是这类法律的核心。该法律在重写和重新叙述民族方面的奥威尔式工具将被证明对于该法律在每次重写和重新叙述中以无缝连续、不间断的方式表现（在时间和空间上）民族的能力至关重要。这样做"不是通过压制所有差异，而是通过以这样一种方式使它们重新焕发活力，使'我们自己'和'外国人'之间的象征性差异胜出，并且是无法简化的"。[25]这种呈现是司法民族主义话语与大众民族主义话语共生关系的结果。然而，对法律本身中普遍存在的关于国籍问题的断裂的任何质疑，在大众民族主义话语中都被解读为颠覆性的企图，以使民族本身破裂，实际上是叛国行为。

## 民族的时间

民族主义对时序性（temporality）（混淆为历史性）的痴迷更多地与为自己及其主体建立集体记忆有关，而不是将自己铭记在历史中（这是次要的）。这种集体记忆的重要性对于将人们询唤为具有同一性的主体的项目至关重要。在人们中间唤起同一性就是假设它不是不言而喻的；这是为了对抗一种明显的差异，民族主义"揭示"同一性是"人民"的组织原则，而他们直到最近才认为彼此之间没有联系、不完全相同——简而言之，是不同的。

民族的时间是双倍的。然而，这种双倍的时间是共时的。民族对保护过去传承下来的传统民族文化的承诺，以及将技术现代化项目作为未来要实现的当下的目标，将民族置于一个共时的时间连续体上，即民族同时生活在其传统的过去、当下以及未经调和的未来现代性中。民族的主体以不同的方式被询唤，以显示民族的这些不同的时序性——传统和现代性。[26] 在反殖民的环境中，民族的时间则涉及部署一种反记忆，这种反记忆不仅挑战它承认的明显差异，而且重要的是挑战殖民者对其主体认同的积极否认。

民族主义运动试图"找回""民族"的记忆，这种记忆被弗洛伊德类比为一个人的童年记忆。"这通常是童年记忆的起源方式。与成熟时期的有意识记忆不同，它们不是在经历和随后重复的那一刻被固定的，而是仅在童年已经过去的后期才被引出；在这个过程中，它们被改变和伪造，并为后来的趋势服务，所以一般来说，它们不能与幻想场景截然不同。"弗洛伊德[27]继续解释民族如何书写他们的历史：

> 原本开始不断记录当下的历史，如今也回首往昔，汇聚传统与传说，解读风俗习惯中存留的古代痕迹，从而创造出一段过去的历史。这段早期历史不可避免地应该是当前信仰和愿望的表达，而不是过去的真实写照。因为许多东西已经从民族的记忆中消失了，而另一些则被扭曲了，并且为了适应当代的观念，过去的一些遗迹被错误地解释。此外，人们写历史的动机不是客观的好奇心，而是希望影响同时代的人，鼓励和启发他们，或者**在他们面前举起一面镜子**。

这正是像镜子一样的历史记忆通过统一其片断化的自我来确认民族主

体的过程。正是通过这面民族认同的镜子，"公民"被想象成一个类别，它将所有不同的经历同化为一个整体。记忆/反记忆是民族主义的重要工具。识别公民或外国人的时间被纳入识别公民和外国人的核心项目。

在1921年之前，成为外约旦的地区由几个奥斯曼地区管辖，包括叙利亚南部、巴勒斯坦和汉志北部地区（所有这些地区都像外约旦一样被划分为省和其他分区）。约旦的大部分官方历史[28]都回顾性地考察了建国前时期，仿佛约旦国家的建立是不可避免的。约旦建国前的人口被描述为高度"分裂""目无法纪的"、没有"中央"权威，并且饱受内讧的困扰，历史学家认为，只有哈希姆家族的埃米尔阿卜杜拉才能纠正这种状况，他在人口和领土上"统一"了"国家"。然而，英国人将成为外约旦的领土和人民描述为无法管治的。由于奥斯曼帝国在有效地管理（后来的）外约旦方面无能为力及不感兴趣，英国人总结道，"人民"不习惯服从中央权威。建立一个可治理的国家应该使"人民"变得可控，并确保实现特定的殖民政治和经济目标。对于治理术（governmentality），我认为福柯的定义是可使用的："由制度、程序、分析和反思、计算和策略形成的整体，允许行使这种非常具体但复杂的权力形式，其目标人群，主要知识形式是政治经济学，其基本的技术手段是保障安全。"[29]

在奥斯曼帝国衰落的日子里，对该地区控制权的争夺十分激烈。奥斯曼帝国撤军后，成为外约旦的地区是1918年阿卜杜拉的兄弟费萨尔（Faysal）接管叙利亚的集结待命地区。根据1916年英国和法国的《赛克斯—皮科协定》，法国人很快将费萨尔驱逐出叙利亚。他的阿拉伯民族主义支持者撤退到后来成为外约旦的地区。奥斯曼帝国统治的结束使该地区没有能够压制阿拉伯民族主义者或控制贸易路线的帝国权威。因此，英国人选择任命费萨尔的兄弟阿卜杜拉为新实体外约旦的统治者，希望在费萨尔失去叙利亚后安抚阿拉伯民族主义者，并防止可能出现的对直接殖民统治的反对。尽管阿卜杜拉与人民中的各个部落和家庭结成了联盟，但他和英国人意识到（出于各种原因，并非所有这些双方都认同）有必要"统一"该地区并为其提供一个新的作为一个独立国家的政治身份。英国当时非常在意确保巴勒斯坦犹太复国主义计划的安全，他们认为外约旦的附庸政权（在阿拉伯民族主义的旗帜下使自己合法化）的存在使得那里不会出现对该计划的反对意见。尽管已经有很多专著分析了犹太复国主义与哈希姆家族的关系以及哈希姆家族在国家建设方面的努力，却鲜有涉及在外约旦国家建立时启动的民族计划。[30]

　　然而，对于英国人和哈希姆家族来说，（最初有矛盾看法的）外约旦国家的创建涉及同时创建一个民族来组成这个国家。与大多数其他在民族主义运动或民族认同感之前形成的民族国家不同，外约旦没有经历过这样的转变。事实上，在民族国家建立之前，没有国家、领土、人民或民族主义运动被称为外约旦或外约旦人。结果，外约旦国家（尽管一开始是矛盾的）实施了许多政策，其中一些政策旨在培养民族意识，另一些则在无意中引起了不受欢迎的民族主义反应。例如，一方面，作为统治者的英国人和哈希姆家族，加之以官僚机构和由外约旦地区以外的人（巴勒斯坦人、叙利亚人、汉志人、伊拉克人和英国人）组成的军队，在国家第一个十年的数个时刻，不知不觉中引发了对新统治者及其国家结构的强烈排外主义反应；另一方面，有意将外约旦打造为一个在法律上、领土上和人口统计学上都被定义为具有民族认同感的民族国家的行为，创造了成为外约旦的人民的团结感，尽管这种团结是成为新国家及其法律的主体的注定结果。

　　新的外约旦国家在成立后的第一个十年中面临着多次起义，其中最重要的是 1923 年的阿德旺（al-Adwan）叛乱。谢赫苏丹阿德旺不仅是一位部落首领，而且还是外约旦北部巴卡（Balqa）大部分地区的统治者，其中包括如巴尼·哈桑、巴尼·哈米达（Bani Hamidah）、达贾（Da'jah）、巴尔卡维耶（al-Balqawiyyah）和阿贾玛（al-Ajarmah）在内的其他部落。阿卜杜拉的到来以及他与被视为阿德旺的传统竞争对手巴尼·萨克尔（Bani Sakhr）部落建立的密切联盟激怒了谢赫苏丹。然而，同样重要的是阿德旺对政府官僚机构配备外来人员而排斥受过教育的当地人的愤怒。应该指出的是，一些当地人已经在奥斯曼政府中占据了官僚职位。一些独立民族主义领导人（在被法国击败后逃离叙利亚的反奥斯曼泛叙利亚民族主义独立党的成员）在该国的存在没有受到反对，但他们从邻近地区引入雇佣军雇员，其唯一目的是获得经济利益，这一行为激怒了外约旦的许多人。阿德旺并不是唯一感到失望的人。一些受过教育的人与他共同努力。其中最著名的是约旦最重要的诗人穆斯塔法·瓦赫巴·塔尔（Mustafa Wahbah Al-Tal），他创造了"约旦属于约旦人"（"Al-Urdunn Lil Urduniyyin"）的口号，作为一种反对外人篡夺的本土主义权利的主张。政府首先通过重组内阁做出回应，并在此过程中任命了外约旦的阿里·胡尔奇（Ali al-Khulqi）为教育大臣，以此作为满足叛军要求的一种姿态。新内阁提出了一项大臣级计划，其中包括"优先任命该地区的合格成员［Abna' al-Mintaqah］，而不是其他人，担任［政府］职位"[31]。然而，这并没有安抚阿德旺和他在当地知识分子中的支持者。政府不想显得软弱，逮捕了包括塔尔在内的当地知名知识分子，并指责他们密谋推翻政府。包括空军在内的英国军队被用来平息叛乱，叛乱很快被平息。[32]苏丹阿德旺和他的支持者逃往叙利亚，那些被抓起来的人被送进了监狱。[33]阿德旺和新国家下的知识分子所经历的共同命运产生了一种反对外部篡夺者的本土团结感和一种旨在赋予本土外约旦人统治自己的合法权利的目标统一感。几十年后，这一本土主义将被约旦民族主义者用作一种新型的排外的民族主义。

外约旦是作为一个政治实体建立起来的，它开创了一个新的时序性（后奥斯曼帝国、阿拉伯和独立的），包括特定的地理（边界不断变化）和

人口（组成不断变化），但约旦身份的司法确立直到 1928 年《国籍法》的
颁布才出现，在该法中，那些成为约旦人的人通过司法法令被询唤、转化
和生产。《国籍法》与外约旦的《组织法》同时颁布，该组织法通过边界划
分将新国家的分布区域确定为"外约旦"。[34] 这种新的司法话语确立了国家
的地理规范，并通过追溯适用 1923 年的法律建立了国民和外国人的二元体
系。因此，根据这种司法话语，虽然约旦国籍是通过 1928 年建立的新法律
话语产生的，但司法权力可以以适用于过去的方式制定，不仅对现在和将
来的约旦人确立管辖权，而且同样重要的是，对过去被视为约旦人的人也
确立了管辖权。1923 年至 1924 年这段时期很重要，因为当时《洛桑条约》
被签署（1923 年 7 月 22 日）并生效（1924 年 8 月 30 日）。在土耳其与盟
国签订的这项条约中，土耳其放弃了对外约旦的控制，适用于该国的奥斯
曼国籍法（1869 年颁布）不再有效。这一时期也恰逢许多叙利亚阿拉伯民
族主义者被驱逐出境，他们是该政权执政头两年的副手，[35] 驱逐发生在战
后人口流动和定居点消减之后。[36]

　　重要的是要强调，将人们询唤为"约旦人"或"外国人"是通过法律
像镜子一样具有的反射功能来完成的。如果法律民族主体要服从产生他们
的法律，他们必须将他们在法律中的产生本身视为镜像反射，并通过司法
复制来建立他们的可再现性。在这个复制的过程中，一个国民承认所有其
他国民都是法律镜面反射的复制品，并在此基础上承认那些在法律上反映
的人的异域性，误认（méconnaissance）在逻辑上是不可能的。在这种镜子
一般的认同经济中，识别被确立为辨别国民和外国人的基础，是民族国家
形态中法律存在（这是唯一允许的存在）的基础。

　　这些司法倡议的政治背景是外约旦本地人对代表性的煽动，他们也呼
吁建立宪法结构和结束英国的委任统治，但不要求结束最近成立的民族国
家。该国第一个民族主义政党（尽管属于民族类）是泛叙利亚独立党，其

成员于 1924 年被英国人和埃米尔清洗并从外约旦流放，而人民党（Hizb al-Sha'b）成立于 1927 年，是第一个外约旦政党。党的创始人大多是外约旦人，其中一些人在阿德旺起义期间被政府监禁。他们的计划包括主张国家独立和人民平等。[37] 该党呼吁政府将其纳入与英国的会谈，并成立一个有代表性和负责任的议会。1928 年 2 月，外约旦—英国协议达成，尽管在 1928 年 4 月、5 月和 6 月发生了大规模示威，政府仍拒绝重新评估其立场，该党决定召开国民大会（Mu'tamar Watani'Am），代表国家并为它发声。大会于 1928 年 7 月在安曼市中心的哈姆丹咖啡馆召开，该国 150 多名知名人士和谢赫出席了会议。大会发布了《约旦国家宪章》（Al-Mithaq Al-Watani Al-Urduni），将外约旦确定为"一个独立的阿拉伯主权国家"，并要求建立一个立宪政体。该宪章还拒绝了英国委任统治的原则，除非它意味着"为国家利益提供真诚的技术援助"。与允许犹太复国主义者在该国购买土地的立法相反，该宪章还宣称"任何不基于正义和普遍福利以及人民真正需要的特殊立法在此被视为无效"。因此，大会确认英国人和哈希姆家族在法律上创立了民族国家。它只质疑新民族国家的治理安排，而不质疑其模式。宪章被提交给埃米尔，埃米尔又将其提交给英国人。英国拒绝了所有要求，并声称该国人民"尚未证明他们有能力学习如何管理［国家］"。与此同时，一些法律被颁布，以限制政治活动。1927 年 9 月，《预防犯罪法》颁布，允许政府逮捕任何它认为对安全构成威胁的人，《集体惩罚法》和《流放和驱逐法》分别于 1928 年 8 月和 10 月颁布。这些法律被用来骚扰和镇压民族主义反对派（1932 年还被用于驱逐巴尼·阿蒂亚［Bani 'Atiyyah］部落的成员），[38] 但它们也被用来在作为同一民族国家同一法律的主体的反对派之间培养一种民族团结感。政府采取行动关闭了一些报纸（包括《伊斯兰教法》《阿拉伯之声》《约旦》和穆斯塔法·瓦赫巴·塔尔的《消息报》）。反对派坚持不懈，派出更多代表团与英国高级专员交谈。他们反对选举法和限制人民自由的新独裁法。当他们没有得到任何让步时，人民党及其支持者抵制了 1929 年的选举，并于 1929 年 3 月召开了第二次全国代表大会。这一次，他们向国际联盟而不是英国提出了自己的要求。大约在同一时间，党内的裂痕变得明显，因为一些成员决定参加被抵制的选举。这导致 1929 年 4 月出现了一个新的民族主义政党，自称全国代表大会执行委员会党（the Party of Executive Committee of the National Congress，ECNC）。

新政党能够吸引人民党成员和全国代表大会成员。ECNC 的要求证明了它是最具民族主义色彩的。其成员包括外约旦人以及叙利亚人、伊拉克人和巴勒斯坦人，他们承诺其任务是实现《约旦国家宪章》中提出的要求。ECNC 一直存在到 1934 年。它出版了一份报纸（Al-Mithaq），不久后被压制，而其领导人，包括苏比·阿布·加尼玛（Subhi Abu Ghanimah）和阿迪尔·阿兹玛（'Adil Al-'Azmah），在包括向犹太复国主义者出售土地在内的许多问题上，他们站在反对委任统治政府和埃米尔的最前沿。在他们的指导下，又召开了三届代表大会（1929 年 5 月、1932 年 3 月和 1933 年 6 月）。ECNC 试图通过和平与“合法”手段改变治理体系。它在该国人民中的煽动不仅遭到委任统治当局和埃米尔的反对，而且遭到支持埃米尔的大地主（但不一定是英国人）的反对。为了反对民族主义者，地主于 1930 年 6 月成立了自己的政党自由温和党（Al-Hizb Al-Hurr Al-Mu'tadil），但该党并没有持续多久。其他地主，包括基督徒和切尔克斯人以及贝都因部落领导人，于 1933 年 3 月成立了自己的政党，他们将其称为约旦团结党（Hizb al-Tadamun al-Urduni）。该党呼吁“捍卫外约旦儿童的生命，实现他们的权利……以及现代教育的传播”[39]。他们排外性的约旦民族主义与 ECNC 包容性的约旦阿拉伯民族主义形成鲜明对比。约旦团结党在其创始宪章第 36 条中规定，该党的成员资格仅限于 1922 年之前在外约旦定居的人。[40] 这个政党也没有持续多久，因为它只代表其成员，几乎没有受欢迎的追随者。然而，它关于谁是真正的约旦人的主张在几十年后得到了约旦民族主义者的支持。外约旦仅存在于 1922 年之前的几个月，并且当时不包括该国南部三分之一的领土（1925 年被兼并），这一事实并没有出现在这些排他主义民族主义者的盘算中。对他们来说，1921 年用于创建外约旦的司法程序及其在 1925 年的扩张将被挪用到他们的民族主义话语中，并抹去它们的司法谱系。

当这些政党未能击败 ECNC（其受欢迎程度源于其与第一届全国代表大会的关系）时，他们中的许多成员组成了一个声称与 ECNC 具有相同血统的竞争政党（即来自全国代表大会，他们将其改名为约旦国民大会）。他们于 1933 年 8 月成立的新对手党被称为约旦国民大会执行委员会党。他们试图使国民大会党及其自 1929 年最初中断以来举行的代表大会合法化。国民大会党继续开展活动，反对新首相易卜拉欣·哈希姆（Ibrahim Hashim）（巴勒斯坦血统，埃米尔的盟友）针对反对派采取的严厉措施。党的领导人很快就分散了，有些开始了流亡生活。到 1934 年底，这两个党都不复存在。[41]

所有这些政党的重要性，无论它们是否反殖民，都在于它们接受民族国家的模式作为其政治组织的空间限制。与呼吁统一整个大叙利亚的泛叙利亚民族主义者独立党人不同，这些政党试图在现有模式（即民族国家）内与殖民存在或维护委任统治的现有殖民安排作斗争。这些政治发展表明，1921 年外约旦国家的司法和政治体制在其最初成立不到 10 年后就已经在社会中内化。

## 民族空间

作为该国第一部宪法的《组织法》确定了约旦的领土。这是通过划界来实现的，领土包括在新民族国家中的那些被约旦化的地区和那些没有被询唤为外国的地区。领土作为一个可塑的实体，依法扩张和收缩。尽管（外）约旦在 1925 年和 1948 年扩张了，但在 1988 年缩小了（1965 年与沙特阿拉伯也有一些小的边界调整[42]）。这些扩张和收缩是以 1923 年的核心领土为基础的，它在 1928 年被确定为约旦的领土，绝不会对民族化的工程构成威胁。这个核心没有受到随后收缩的影响。它有助于确保民族的领土作为本质上的民族空间。在这个新的象征经济中，"国家的'外部边界'必须变成'内部边界'，或者——这相当于同一件事——外部边界必须不断被想象为内部集体人格的投射和保护，我们每个人都在自己的内心深处有这样的人格，它使我们能够居住在国家的空间中，这是我们一直——并将永远是——称为'家'的地方"[43]。

然而，民族国家不仅对通过划定边界和对其进行必要的制图将领土国有化感兴趣，而且对在内部重新分配领土感兴趣。这个重新规划的过程涉及引入新的分类法和新的土地概念；它标志着与先前空间概念的认识论决裂。这是通过广泛的调查、人口普查、土地登记、私有化、财产转让、没收和非公有化过程产生的，这些过程始于 20 年代末并一直持续到 50 年代初。民族空间的这种微观安排，虽然是殖民者改变该国的阶级关系的计划，但通过将其置于托管国家官员的系统管理之下并使其服从于新的民族国家的法律，从而使该空间国有化。通过将公共财产转化为资产阶级财产的形式，将民族国家的内部空间国有化的过程[44]是划定与外国空间相关的边界同时使该空间服从法律的同一过程的一部分。1939 年至 1956 年担任阿拉伯军团（约旦军队）负责人的约翰·巴戈特·格拉布观察到，"法律和秩序的建立导致富者越来越富，穷人越来越穷……公共安全的建立剥夺了农民以暴力威胁高利贷者的权力"。[45]简而言之，将空间国有化并使其在法律上可管理是同一个过程。

根据迈克尔·菲施巴赫（Michael Fischbach）的说法，外约旦的英国—哈希姆土地计划（从 20 年代后期开始实施）设法做到的是，"在该国实施英国对法律和私有财产的概念化，并减少或消除土著社会土地所有权的各个方面，例如以未分割的共同所有权持有土地"[46]。这种对土地的宏观和微观管理产生了具有全国凝聚力的空间，同时消除了以前的破裂。同样重要的是通过这种激进的空间重组来重构约旦人口之间的社会联系。民族国家试图将身份辖域化，因此对跨越新建立的民族领土的亲属关系怀有敌意。正如弗雷德里克·恩格斯（Frederick Engels）所解释的那样："国家与旧的氏族组织的区别首先在于其臣民在领土基础上的划分。正如我们所看到的，由血缘纽带形成和结合在一起的旧氏族团体已经变得不充分，主要是因为它们预先假定氏族成员被绑定到一个特定的地方，而这种情况很久以前就不再是这样了。领土还在，但人们已经变得流动起来。因此，以领土划分为起点，引入了公民在其居住地行使公共权利和义务的制度，而不考虑氏族或部落。这种根据定居地组织国家公民的做法对所有国家都是通用的。"[47]

在一个居民拥有跨越虚构国界（巴勒斯坦、叙利亚、伊拉克、埃及、黎巴嫩、汉志、亚美尼亚和高加索）的部落和家庭联系的国家，身份的重组必须被领土化。正是通过这种新的空间认识论，外约旦国家试图在法律上定义约旦国籍。[48]血缘关系必须被领土连续性和居住地所取代。恩格斯补充说："现在只有住所才是决定性的，而不是世系团体的成员。不是人民，而是领土现在被分割了：居民在政治上只是领土的附属物。"[49]在外约旦的案例中，与其他民族国家一样，新的法律定义的民族空间成为一个无缝的整体，没有内部破裂。唯一存在的裂痕是由法律创造的新裂痕，即那些确保新的司法二元体系的裂痕——也就是说，裂隙位于边界，确保民族空间的离散性并将其与外国侵占隔离开来。

　　然而，这需要与法外的大众民族主义形成对比。正如 20 世纪 30 年代初期的约旦团结党及其当代扩展所证明的那样，约旦排他主义民族主义者拒绝将居住地标准作为建立约旦身份的基础，取而代之的是起源地的概念。只有那些能够声称民族空间是他们起源地的人才能称约旦人是一种身份。1921 年或 1922 年之前的某些历史时刻是否作为此定义的起始点，这一点尚不清楚。一个额外的维度是，约旦在泛阿拉伯民族主义中的作用，这使其成为一个统一的阿拉伯民族的一部分，无论是在人口上还是地理上，尽管不是在法律上（阿拉伯联盟作为国家支持的泛阿拉伯民族主义的主要官方机构，对成员国的内部事务没有司法权）。

## 民族领土和父子关系

　　自 19 世纪以来，英国的国籍法就将父子关系确立为国家地位的来源。在英国的典型案例中，正如弗朗西斯卡·克鲁格（Francesca Klug）所证明的那样，"女性只能代表她们的丈夫繁殖英国民族。她们不能凭自己的权利将国籍传给子女"[50]。事实上，在国外结婚的英国妇女失去了英国国籍，她们的孩子也是如此。另一方面，英国男人和非英国妻子的孩子将自动成为英国人，非英国妻子也是如此。其中一些法律在 1981 年和 1985 年发生了变化，当时英国妇女获得了将其公民身份转移给在国外出生的子女的权利。[51] 它是传输到殖民地的前英国模型。

　　作为英国法律的仿制品，外约旦《国籍法》坚持相同的认识论。[52] 一方面，法律将个人询唤为约旦人（如第 1 条和第 6 条），据此"所有于 1924

年 8 月 6 日常居在约旦的奥斯曼帝国的臣民都被视为获得了外约旦（约旦东部）的国籍，其中'常居在约旦东部'包括在 1924 年 8 月 6 日之前在约旦东部常居 12 个月的任何人"（第 1 条），由此，任何人，"无论他出生在哪里"，其父亲在外约旦出生或在该人出生时已入籍，均被视为约旦人（第 6a 条）。值得注意的是，法律在第 20 条中定义的外约旦领土是 1928 年的国家领土，该法律在考虑国籍申请时具有追溯力。在这一奥威尔式的变动之后，1925 年 6 月被兼并的马安和亚喀巴以及它们之间的地区（以前是汉志王国的一部分）被 1928 年的法律认定在 1923 年属于外约旦，1923 年即法律适用的最初时刻，因此，其人口被定义为生活在外约旦领土内，而当时这些人实际上是居住在汉志领土上的汉志人。除了约旦边界的领土划分外，法律从不解决这个问题，其中包含马安和亚喀巴的问题也是实事求是地处理。在此过程中，司法民族主义话语提供了民族国家及其人民的起源解释，其询唤被视为既成事实。

　　法律主张约旦国籍可以通过两个程序的组合来建立：一是询唤，这是一个单一的过程，国家将其自己的主体作为司法国民进行询唤；二是选择，它作为一个对话过程，在这个过程中，国家在法律上将主体作为国民或外国人进行询唤，并且这些主体必须在这两种法律身份之间"做出选择"——因此，赋予司法主体有限的代理权，尽管他们的两种选择都是由已经去除该二元组成之外的任何内容的国家强加的。这一策略在法律的几条条款中得到了体现（见第 2、3 和 5 条）。这些条款规定，每个依法获得约旦国籍的人在成年后都可以"选择"另一个国籍（第 2 条和第 3 条）。对于出生在外约旦的奥斯曼人，结合《洛桑条约》，法律规定他们成年后可以选择成为约旦人（第 5 条）。[53] 该法的一个重要特点是期限规定。该法律中包含的所有截止日期都在其颁布之前至少两年。这似乎是法律对其创造既成事实的能力的坚持。

根据奥斯曼和英国国籍法，[54] 约旦国籍通过两种主要方式进行询唤：父子关系或血统（juis sanguinis），以及（居住在外约旦的）领土或属地（jus soli）。至于父子关系，有趣的是，如果父亲是约旦人，父亲的约旦国籍是通过入籍或"出生"确立的，这是将主体询唤为约旦人的两个标准之一，尤其是因为法律的其余部分没有表明出生在约旦对建立约旦国籍有任何影响。唯一的例外是第 5 条，即在约旦出生必须辅以其他标准才能确定约旦国籍（必须是成年的奥斯曼人，在 1926 年 8 月 6 日之前提交书面请求以成为约旦人，并且得到首相的批准）。事实上，1954 年《国籍法》[55] 第 9 条取代了 1928 年的法律，坚持这一标准并明确指出"约旦人［男性］的孩子是约旦人，无论他们出生在哪里"。

但是，对于无法确定父子关系的情况，法律制订了应变计划。1963 年，《国籍法》被修订，以适用于"出生在约旦哈希姆王国，其母亲持有约旦国籍，父亲国籍不明或无国籍，或父亲身份未合法确定的人"，以及那些"出生在约旦哈希姆王国、父母不详的人。[56] 除非另有证明，否则王国的私生子（Laqit）被认为是在约旦出生的"[57]。请注意如何将入籍父亲的缺席简单等同于父亲的缺席。似乎父子关系必须是一个司法类别才能拥有国家机构。正如英国法律规定的那样，[58] 在没有这种入籍的父亲身份的情况下，妇女和领土（出生）可以作为替代（尽管是次要的）父亲成为国籍的代理人。领土必须辅以父子关系，后者总是可以作为入籍标准，而领土可以在父亲缺席的情况下独立履行其作为国家代理人的职能。至于女性，这是唯一一次她们的母亲身份可以与领土（出生）一起替代父亲身份的机会，并且在这种替代角色中，两者都被赋予了司法代理权。然而，由于法律赋予领土在没有入籍父亲的情况下替代父亲的独立作用，因此尚不清楚为什么首先赋予女性为替代父亲角色的偶然代理权。在外约旦出生的孩子在其父亲没有入籍时，无论孩子是否有入籍的母亲，都可以诉诸领土的替代父亲身份。那么，女性／母亲被授予作为替代父亲的临时代理，这种情况充其量是补充性的，最坏的情况是无偿的。

除父子关系外，该法律的执行标准是外约旦领土内的居住地，这种居住地必须满足与作为民族国家的外约旦的建立直接相关的某些时间规范。在这里，居住地是受时间限制的。因此，它存在于法律创造的"民族空间"中，法律规定的特定"民族时间"是确立国籍的先决条件。然而，国籍的确立可以通过国家对国籍法的直接询唤来实现，或者通过询唤和新的法律构成的选择相结合，主体（本身是一种新的法律拟制）"选择"她或他在这个民族空间中的地位，即作为"外部人"或"内部人"，即一个国民。[59]选择前者的人实际上必须在 12 个月内迁出民族国家的地理边界（第 4 条）。

## 非国民入籍

虽然父子关系和居住地确立了国籍，但它们也确立了非国籍，即外来性。然而，居住作为一种动态变化的条件，也可以成为外国人转变为国民的催化剂。法律中质疑本质主义的国籍概念并将其开放以包括以前的外国人的是关于入籍或 tajnis（字面意思是入籍）的部分，法律概述了其条件。必须指出的是，入籍不一定取决于主体的选择（尽管在特定情况下也会如此），它也可以通过法律的直接询唤来强加。与法律的其他方面一致，入籍确认了法律的观点，即国籍不是固有本质；相反，它是一个可以取得或失去、强加或撤回的法律范畴。

第 7 条规定了规范的健康和能力，规定只有非"残疾"的申请人才能申请入籍，前提是他们满足以下条件：申请前在该国居住两年，品格良好，有意居住在该国，并了解阿拉伯语。如果案件是被认为具有符合"公共利益"的特殊情况，并且得到埃米尔殿下的批准，那么第一个条件，即居住，实际上可以由首相免除。根据 1928 年的法律，入籍公民在生活的各个方面都将被视为约旦人（第 9 条）。这些条件是从 1914 年英国法律中逐字取消的（变化很小）。[60]

'ajz（残疾、无能力或无能）一词是指已婚妇女、未成年人、疯子、白痴或任何在法律面前没有能力的人。该术语及其定义也完全是从英国法律中借用的。[61]'ajz 一词在 1954[62] 年被"（法律）能力丧失"这一术语所取代，它指的是未成年人、疯子、白痴或任何没有法律能力的人。尽管已婚妇女被排除在这一类别之外，但与该法律相关的她们的法律地位并没有改变（见后面的详细内容）。

在以色列建国和约旦在战争结束后接管巴勒斯坦中部之后，阿卜杜拉国王签署了 1928 年《国籍法》的附录。1949 年的附录[63] 申明，"在应用本法时，外约旦或约旦哈希姆王国管理的西部领土的所有常住居民并持有巴勒斯坦国籍的人，均被视为已经获得约旦国籍并享有所有约旦人拥有的权利和义务"（第 2 条）。[64] 然而，目前尚不清楚这些新约旦人是作为本地约旦人还是作为入籍的约旦人被询唤，特别是因为巴勒斯坦领土尚未合法地并入约旦，因此在其人口大规模入籍时不被视为约旦的领土。目前还不清楚巴勒斯坦人被约旦化的方式是否存在差异——例如，"西岸"本地人是否被视为约旦本地人，而来自成为以色列领土的巴勒斯坦地区的巴勒斯坦难民，无论现在居住在西岸还是东岸，会算作入籍吗？还是说所有巴勒斯坦人都属于同一类别，是属于本地人还是入籍者？这一点很重要，因为直到一年后，即 1950 年 4 月，巴勒斯坦中部才被兼并，而且成为以色列的巴勒斯坦部分从未在约旦的主权之下，也从未正式宣称为约旦的领土。入籍和本地人之间的区别也很重要，因为《国籍法》对每个类别都有不同的规定（更多关于巴勒斯坦方面的内容见第五章）。

这些法律于 1954 年进行了修订。约旦《国籍法》取代了所有以前与国籍问题有关的法律，强调约旦人是根据 1928 年《国籍法》和 1949 年附录成为约旦人的人。除了增加新的入籍规定外，该法律还增加了一项旨在包括和排除不同类别人的标准。一方面，该法律第 3 条希望包括那些在 1949 年法律颁布后抵达该国的巴勒斯坦人（在 1948 年 5 月 15 日之前拥有巴勒斯坦国籍，无论是来自以色列还是他们逃往或被驱逐的邻近阿拉伯国家），同时取消该法律对战前居住在约旦管辖下的巴勒斯坦地区的犹太人的适用。必须指出的是，1949 年的附录并未将犹太人排除在外。由于外约旦没有任何犹太人口，1954 年将犹太人排除在外是为了阻挠犹太复国主义者在约旦殖民定居以及犹太复国主义者在 20 世纪 50 年代对该国犹太人拥有的土地提出的要求。

然而，1954 年法律的新特点是入籍的新条件和引入了一个新的重要法律类别，即阿拉伯类别。[65] 这是在复兴党和埃及总统贾迈勒·阿卜杜勒·纳赛尔（Jamal 'Abd al-Nasir）领导的日益受欢迎的统一阿拉伯民族主义的背景下完成的。根据该法律，在约旦居住并连续居住 15 年的阿拉伯人有权获得约旦国籍，前提是"他"按照本国法律放弃原有国籍（第 4 条）。这与非阿拉伯人的入籍形成对比，即除了具有法律能力外，他们还必须满足常住 4 年的条件，没有被判犯罪（违反"荣誉或道德"）、打算在该国居住、了解阿拉伯语（阅读和写作[66]），以及良好的声誉（第 12 条）。该条款于 1963 年修订，规定非阿拉伯申请人必须"心智健全，没有导致他成为社会负担的身体畸形"，并且"他有合法的谋生方式，前提是他不能在一些约旦人拥有的技能上与约旦人竞争（Muzahamat）"。与 1928 年的法律相比，这些更严格的新入籍条件是为了回应 50 年代中期日益高涨的反英情绪，即反对侯赛因国王与英国支持的《巴格达条约》以及英国军官在约旦阿拉伯军队中的存在（见第四章）。此外，阿拉伯国民的问题与约旦在 1953 年与其他成员国就这些国家公民的民族身份问题签署的阿拉伯联盟协议有关。[67]

　　"阿拉伯"一词在 1952 年约旦宪法中首次用于定义国家的超民族身份："约旦哈希姆王国是一个独立的阿拉伯国家。"[68]宪法还定义了国家的文化、宗教和语言特征："伊斯兰教是国教，阿拉伯语是官方语言。"[69]这种对国家身份的定义不同于 1946 年宪法中详细阐述的定义，那时约旦被简单地定义为"一个独立的主权国家，以伊斯兰教为宗教"[70]，阿拉伯语为其官方语言。[71]1928 年的《组织法》也仅在领土上定义外约旦，在其国家定义中没有提及种族渊源。[72]然而，《组织法》确实规定国教是伊斯兰教[73]，国家的官方语言是阿拉伯语。[74]1952 年宪法对国家阿拉伯身份的认同是对阿拉伯民族主义高潮的回应，其思想得到了约旦国王塔拉勒的支持，1952 年自由宪法是在他的短暂统治下颁布的。请注意，宪法中定义的不是约旦民族，而是约旦国家。尚不清楚后者是否可简化为前者，或者后者是否能以换喻的方式来代表前者。然而，1952 年宪法规定，阿拉伯语、阿拉伯人和伊斯兰教的这种特权不能用来排除非阿拉伯人、非穆斯林或非阿拉伯穆斯林在名义上享有平等的权利和义务："约旦人在法律面前一律平等，他们在权利或义务上不会被区别对待，即使他们可能在种族、语言或宗教上有所不同。"[75]这符合 1946 年宪法（禁止基于"出身、语言或宗教"[76]的歧视）和 1928 年《组织法》（禁止基于"种族、语言或宗教"[77]的歧视），尽管伊斯兰教作为国教和阿拉伯语作为国家的官方语言享有受特别优待的定义权力，但两部宪法都平等对待非穆斯林和非阿拉伯语人士。在这部宪法的叙述中，非阿拉伯的切尔克斯和车臣穆斯林、阿拉伯基督徒和非阿拉伯非穆斯林的亚美尼亚人（基督徒）在法律面前是平等的公民。更重要的是，由于《国籍法》没有提及种族或宗教，他们在约旦国家的成员资格表面上与穆斯林阿拉伯约旦人处于相同的法律地位，但在非约旦人的入籍问题上，阿拉伯语仍受特别优待，相比于讲阿拉伯语的人，不讲阿拉伯语的非约旦人（但不是非穆斯林）处于不利地位。在这里，获得公民身份和国籍之间的界限再次变得模糊，进一步表明这两个类别被法律混为一谈。

回到《国籍法》，应该指出的是，阿拉伯人必须在该国居住满15年才有资格获得约旦国籍，而非阿拉伯人仅需要在该国居住4年就能满足法律要求的资格标准。但是，如果国王陛下选择将约旦国籍授予任何他认为有价值的人，则所有这些法律细节都可以被克服。第5条规定，"国王陛下应根据内阁会议的委托，向任何在书面申请中选择约旦国籍的外国人授予约旦国籍，前提是他在申请时放弃可能持有的任何其他国籍"[78]。1963年，在政府镇压和害怕泛阿拉伯民族主义渗透的气氛加剧的情况下，该法律被修改了。修订后的法律继续授予在该国居住15年的阿拉伯居民获得约旦国籍的权利。但是，它加了条件，即"他有良好的声誉并行为端正，没有因任何荣誉或道德犯罪而被定罪""他有合法的谋生方式""他有健全的头脑，没有使他成为社会负担的残疾"，并且"他在治安官面前宣誓效忠国王陛下"[79]——最后一个条件对于确保新公民的政治忠诚至关重要（贝都因人早在1928年[80]就必须服从类似的标准）。在这里，要成为约旦人，阿拉伯人必须宣誓效忠的对象不是作为新家园的约旦，而是国王，因为两者合二为一。

根据国籍法的反本质主义立场，外国人不仅可以在满足某些行为标准的情况下成为国民，而且国籍本身作为一种拒绝与任何其他国籍共存的警惕身份变得更加具有可塑性。直到1987年，约旦《国籍法》仍规定居住在约旦的人只能是约旦人或外国人，但新的国际经济和政治秩序改变了这一声明。1987年的《国籍法》修正案允许约旦人生活在最初建立民族国家本质的二元社会中，即拥有双重国籍，既是外国人又是本国国民。新的类别不是指外国—本国公民或本国—外国公民；相反，当法律授予一个人双重国籍时，它承认了这种新的后现代身份的变色龙似的性质；拥有双重国籍指的是在约旦是约旦人，当其在第二个国家时，是拥有那个国家国籍的国民。在约旦时，适用于约旦双重国籍者的是约旦法律，而不是"外国人法"。自 1984 年以来，法律的这一变化一直在被讨论，因为约旦寻求让其外籍公民在该国投资，其疲软的经济需要大量外国资本注入来维持。为了促进这一点并吸引外籍投资者，约旦政府在安曼为约旦外籍人士（主要是居住在波斯湾国家的人）组织了年度会议。这些会议于 1985 年夏天开始召开，此后持续了几年，结果证明是失败的，尽管外籍人士的要求之一（即双重国籍）最终在 1987 年得以实现。[81] 这是司法生产性的又一个例子。

与之前《国籍法》中所有入籍约旦人在"生活的各个方面"一律平等的法律规定不同，1987 年颁布的法律修正案在约旦历史上首次在该法律中引入了对入籍约旦人公民权利的限制。1987 年法律的第 6 条规定，"通过入籍获得约旦国籍的人在所有方面都被视为约旦人，但他不能担任大臣会议指定的政治、外交和公共职位，并且他在获得约旦国籍至少 10 年后才能成为国会议员。直到他获得约旦国籍至少 5 年之后他也无权提名自己进入市政部门、村委会或职业工会，"这些规定的有趣之处在于，这是它们第一次被列为国籍法而不是选举法的一部分。根据 1960 年的选举法，[82] 与现行《国籍法》相矛盾的是，一个人必须是（男性）约旦人，如果入籍，必须成为约旦人至少 5 年才有资格竞选进入议会。在 1986 年的选举法中，一个入籍公民必须成为约旦人至少 10 年，才能有资格竞选进入议会。[83] 1987 年的《国籍法》修正案只是简单地吸收了前一年选举法的一些规定，从而消除了两部法律之间存在的矛盾。需要说明的是，该法律是在约旦受欢迎的民族主义话语及其日益排他性的主张居支配地位时颁布的。

约旦民族国家在人口和领土上的司法扩张发生在 1949 年，这在约旦历

史上并不是一个独特的时刻。1969 年发生了类似的人口扩张，居住在 1930
年并入外约旦的北部领土上的"北部部落"成员也变成了"约旦人"。[84]


## 失去国籍：法律给予和法律剥夺


　　与《国籍法》的反本质主义认识论相一致，约旦国籍可以获得，也可
以失去。与英国法律一样，丧失国籍的条件被列为选择获得外国国籍（尽
管一个人返回外约旦并在那里居住一年，就可以恢复其国籍——见第 14
条）。所有约旦人（阿拉伯人和非阿拉伯人）都有权放弃自己的国籍并获得
另一个国家的国籍，如果阿拉伯约旦人选择的新国籍为非阿拉伯的，他们
只有得到内阁会议的批准才可以这样做。如果他们想要获得的新国籍是阿
拉伯的，则不需要此类批准（参见 1954 年法律第 15、16 和 17 条）。导致
丧失国籍的另一个条件是未经约旦政府许可参加外国的民事、军事或皇室
服务，并在约旦政府要求其退出该服务时拒绝，或服务敌对国家。1958 年，
该条款又增加了一个条件，即约旦人"如果犯下或试图犯下被认为对国家
安全或安保构成危险的行为"，则会失去"他的"国籍。[85] 这部分是在政府
1957 年反民主政变后立即添加的，当时制定了戒严令并中止了宪法。[86] 请
注意该修正案的执行方面，即对国家的政治忠诚是获得国籍的一个条件。
在这种情况下，公民身份和国籍被混为一谈。就法律而言，两者相互交织，
以至于一个人在不符合一项条件的情况下也不会符合另一项条件。法律规
定，公民身份和国籍构成了一个无法分解的认同二联体。这种国籍条件旨
在规避约旦 1952 年的宪法。尽管 1952 年宪法赋予约旦人的大多数权利都

受到"依法"这一警告的限制，但宪法第 9 条明确且坚定地规定"不允许将约旦人驱逐出王国"。由于宪法规定所有国籍问题遵从《国籍法》，先前的修正案通过剥夺约旦人的国籍作为驱逐出境的先决条件来规避这一点。必须指出，宪法反对驱逐公民的承诺是一项新的创新，以对抗 1928 年的《流放和驱逐法》。[87] 该法律规定，"如果立法会确信任何人的行为危及约旦东部（Nizam）的安全和秩序，或试图挑起约旦东部人民与政府之间或人民与托管国家之间的敌意，则允许立法会下令在其认为合适的期限内，将此类人从约旦河东驱逐到行政会议决定的地方"。[88] 与 1957 年的修正案不同，1928 年的法律没有寻求剥夺可驱逐出境的公民的国籍，因为《组织法》没有 1952 年宪法的自由条款。然而，在同类案件中，在国王阿卜杜拉二世的支持下，约旦阿卜杜·拉乌夫·拉瓦比德（'Abd al-Ra'uf al-Rawabdah）政府违反宪法，于 1999 年秋季将 4 名巴勒斯坦约旦伊斯兰主义者驱逐到卡塔尔。这 4 人正以违反宪法为由起诉使他们流亡的政府。

虽然之前的法律最终在 1987 年得到修订，允许约旦人拥有双重国籍，但 1988 年约旦与约旦河西岸脱离，使居住在王国该地区的超过 100 万约旦人失去了国籍（见第五章）。[89] 民族国家的这种突然收缩被官方描述为对巴勒斯坦民族主义的推动。侯赛因国王向居住在所谓东岸的巴勒斯坦血统的约旦人保证，他们对岸同胞的命运不会降临到他们身上。[90]

## 妇女和儿童

这些关于谁是约旦人的规定适用于所有成年男性和成年未婚女性，尽管法律中使用了阳性代词。然而，该法律对已婚妇女和未成年有不同的规定，他们在法律标题下被归为一类，即《已婚妇女和未成年的入籍》（见国籍法第三章）。这一类别也是从英国法律中逐字借用的。[91]

已婚妇女唯一可以接受的国民身份——无论是婚前约旦国籍还是外国国籍——是她们丈夫的国籍，无论其丈夫的国籍是什么。1928年的法律明确规定了这一点。与英国《国籍法》的说法相呼应，[92] 规定"约旦人的妻子是约旦人，外国人的妻子是外国人"。根据该法律，"通过婚姻获得约旦国籍的妇女有权在丈夫去世或婚姻破裂后两年内放弃国籍"。此外，"通过婚姻失去约旦国籍的妇女有权重新获得它……在她丈夫去世或婚姻破裂后两年内"（第8条）。这种明确剥夺已婚约旦妇女的国籍和与约旦人结婚的外国妇女（无论她们的选择如何）的相应入籍的情况，在1961年[93]和1963年的修正案中有所改变。[94] 这些新的修正案规定，约旦人的妻子是约旦人，外国人的妻子是外国人，但"与非约旦人[95]结婚的约旦妇女可以保留其国籍，直到她根据她丈夫国家的法律获得那国的国籍"，"与约旦人结婚的外国妇女如果愿意，可以保留其国籍，在这种情况下，她必须在结婚之日起1年内[96]以书面形式向内政大臣声明她希望这样做，并且此后将按照《外国人法》及其相关规定被对待"。1963年增加了一个新的部分，规定"约旦人的丈夫获得他国国籍或因特殊情况获得他国国籍的，可以保留其约旦国籍"。修订这些法律是为了纠正那些在国外结婚但一夜之间发现自己无国籍的约旦妇女的状况，因为她们无法立即加入丈夫的国籍。由于这项修正案，妇女免受无国籍状态的影响，不再完全追随或完全依赖她们的丈夫。

经过该国妇女的多次游说，1987年的修正案[97]终于允许约旦妇女在与非约旦人结婚后保留其国籍，或拥有双重国籍，即原国籍和丈夫的国籍。此外，"其丈夫获得另一个国家国籍的约旦妇女可以保留其约旦国籍"。至于与约旦人结婚的外国妇女，尽管约旦法律不再自动使她们入籍，她们获得约旦国籍的条件更加严格。如果这些外国妇女是阿拉伯国籍，那么在该国居住 3 年后，她们就有资格获得约旦国籍。如果她们持有非阿拉伯的外国国籍，则有 5 年的居住要求。除了获得约旦国籍外，这些外国妇女还可以保留自己的国籍。[98] 似乎这项新法律赋予了已婚约旦妇女更多的权利，作为独立公民，而不是作为男性的追随者（或受抚养人），并认为约旦男性通过婚姻招募新国民的权利本身并不是充分条件。当在约旦境内居住时，现在男子的权利具有传递国籍的代理功能。法律还通过说明（1954 年法律的第 11 条）处理了国籍的繁衍问题，即如果外国寡妇或离婚者与约旦人结婚，"她在婚前的孩子不会仅因为这种婚姻而获得约旦国籍"。

参照英国的法律[99]，1954 年法律的第 10 条规定，约旦男子的子女会因为他丧失了国籍而被取消国籍（"如果某人失去了他的约旦国籍，他的未成年子女也将失去该国籍，尽管他们有权在达到法定年龄后的两年内提交申请后重获该国籍"），而 1963 年的法律允许儿童在达到法定年龄之前保留其约旦国籍，届时他们将不得不做出选择（对第 10 条的修正），从而使之前的条款失去了法律效力。1987 年的法律赋予儿童（以及已婚妇女）保留约旦国籍的权利，无论他们的父亲的国籍情况如何。第 10 条被废除并改写如下："其约旦父亲获得外国国籍的未成年男孩可以保留其约旦国籍。"[100]这里的"男孩"表面上是"无性别"的普遍指代。

在 1987 年发生变化之前，约旦的司法权不仅剥夺了在国外结婚的妇女和其政治观点对国家（而非民族）构成危险的公民的国籍，它还可以单方面取消所有人口的国籍而不受惩罚，就像它一开始使他们入籍一样，西岸居民的情况就是这样。出于政治目的剥夺在国外结婚的妇女（根据法律定义），政治反对派和其他人口群体的国籍实际上违反了联合国《世界人权宣言》第 15 条。1987 年之后，与外国人结婚的妇女以及儿童不能再根据早先的标准被剥夺国籍，而政治对手（男人或女人）和许多巴勒斯坦约旦人

（男人、女人和儿童）可以被法律剥夺国籍。

司法民族是一个弹性实体，扩张和收缩的同时保持最重要的领土核心（1925 年的外约旦）和人口核心（那些在 1928 年被询唤的人及其后代，除非他们在政治上对国家不忠，或者她们是在司法民族之外结婚的女性）。因此，民族主义主张所依据的本体论概念似乎在大众民族主义话语和司法民族主义话语中有不同的理解。在大众民族主义话语中，民族的时间是无限的——它一直存在，也将永远存在；它是一个永恒的时间。而在司法民族主义话语中，民族的时间是有限的——至少就民族的一部分而言，它有开头和结尾。虽然法律规定领土和人民在 1923 年成为约旦的，但它还规定约旦的领土和人民在 1988 年不再属于约旦了（就像西岸的领土和人民的情况一样）。法律中领土作为民族领土的概念是短暂的，大众民族主义的领土概念则是永久的和固定的——约旦今天以它一直存在的方式存在。虽然法律告诉我们 1923 年的约旦和约旦人与 2000 年的约旦和约旦人不同，但大众民族主义并不承认这种断裂。

那么，大众国民与司法国民之间的这种共生关系在哪里呢？我认为，正是在每一次询唤、每一次重述民族（历史）故事的创始时刻，司法国民和大众国民得以重合。今天质疑 1988 年使约旦河西岸脱离国籍的合宪性的约旦民族主义者（包括约旦伊斯兰主义者）并不依赖在司法上将中巴勒斯坦（西岸）确定为约旦之前的约旦民族主义思想（因为之前没有提出此类主张）；相反，他们在 1949 年至 1950 年期间接受了民族的法律认同，如今他们的宪法主张也以此为基础。事实上，他们的民族主义主张得到民族土地和人民的司法宪法的保障。那么，扩张的领土和人口司法认同是否包含在大众民族主义话语中？甚至这个结论也被证明是草率的。约旦的大众民族主义源于 20 世纪 20 年代。然而，那时的排外主义动员正在抗议该民族将那些来自被认定为约旦人的领土以外的人包含在内的人口扩张。那么，司法领土扩张是否被大众民族主义的话语所包含而排除了居民？也许如此！然而，要确定是否是这种情况，我们必须确定这些相交和包含的时刻。

正是在民族主义对这些时刻的重述中，出现了交集。虽然每一个民族询唤的发生时刻都确保了大众民族主义随后所提出的主张，这些主张锚定了民族的政治和普及概念，但每一次对民族故事的重述实际上都变成了一个扬弃（融合和超越）的时刻，其中，新建立的约旦身份在一个无休止的过程中扬弃了其前身，新的约旦身份从而被重新铭刻为一直存在的、如今天一样的身份。哈希姆家族基于反奥斯曼阿拉伯民族主义情绪建立了外约旦，但通过法律，托管—哈希姆国家通过在外约旦的政治体上刻上新的地方民族主义来破坏这种情绪。为了回应20世纪50年代阿拉伯民族主义对哈希姆国家的阿拉伯民族主义资历的攻击，新的法律被颁布，以限制阿拉伯人获得约旦国籍（1954年和1963年的法律）。约旦大众民族主义在1970年内战之后的70年代和80年代成熟起来，将这些时刻当作民族主义时刻来逐一讲述，而没有直接参考这些法律。

这些法律的影响是今天稳定约旦民族主义主张的支柱。委任统治下和独立后的哈希姆国家通过司法权产生了约旦性，大众民族主义的话语则通过意识形态国家机器（学校、媒体、军队、政府官僚机构）和社会机构（家庭、商业协会、劳工和专业协会、社会和体育俱乐部、政党、文学）发展了自己的独立动力。在意指的政治经济学中，约旦有许多大众政治和司法方面的指称。正如本书的其余部分将展示的那样，作为权宜之计，约旦国家的民族主义话语和约旦民族主义者的话语在这些所指对象之间频繁变换，应用一个或另一个。重要的是不仅要确定用哪一个指称、不用哪一个指称，而且正如我们将在本书的其余部分中看到的那样，当约旦的多个指称对象以无法解开的方式相互交织时，还需要确定约旦的含义不再被应用这一指称的人所控制的时刻。

## 注释

1. 参见 Benedict Anderson, *Imagined Communities: Reflections on the Origin and Spread of Nationalism* (London: Verso, 1991); Partha Chatterjee, *Nationalist Thought and the Colonial World, A Derivative Discourse* (Minneapolis: University of Minnesota Press, 1993)。另见 Ernest Gellner, *Nations and Nationalism* (Ithaca, NY: Cornell University Press, 1983)，以及 Eric Hobsbawm, *Nations and Nationalism Before 1780: Programme, Myth, Reality* (Cambridge: Cambridge University Press, 1990)。

2. 在本章中，我用的是路易·阿尔都塞的"询唤"概念。阿尔都塞从法国议会程序中借用了这个概念，在该程序中，通过打招呼来核实议员出席的行为被称为询唤。对于阿尔都塞来说，询唤是指识别某人并使他们主观化的行为："它将个人转变为主体。"这种打招呼的操作，称为询唤，是意识形态"行动"和"发挥作用"的方式。参见 Louis Althusser, "Ideology and Ideological State Apparatuses (Notes Toward an Investigation)," in *Lenin and Philosophy and Other Essays* (New York: Monthly Review Press, 1971), p. 174。

3. Louis Althusser, "Ideology," p. 143, note.

4. Antonio Gramsci, "State and Civil Society, Observations on Certain Aspects of the Structure of Political Parties in the Period of Organic Crisis," in *Selections from the Prison Notebooks of Antonio Gramsci*, edited and translated by Quintin Hoare and Geoffrey Nowell Smith (New York: International, 1971), pp. 206—275.

5. Jacques Derrida, "Force of Law: The Mystical Foundation of Authority," in *Cardozo Law Review* 11, nos. 5—6 (1990): 941；原著中都重点表述了。

6. Jacques Derrida "Devant la Loi," in *Kafka and the Contemporary Critical Performance: Centenary Readings*, edited by Ulan Udoff (Bloomington: Indiana University Press, 1987), p. 145.

7. *The Organic Law of Transjordan*，发表于 *Al-Jaridah al-Rasmiyyah*（*Official Gazette*），#188（April 24, 1928）。在本书的其余部分，我将把"Al-Jaridah al-Rasmiyyah"称为 *Official Gazette*（《官方公报》）。

8. Homi Bhabha, "DissemiNation: Time, Narrative, and the Margins of the Modern Nation," in *Nation and Narration*, edited by Homi Bhabha (New York: Routledge, 1990), p. 297.

9. *The Nationality Law of Transjordan*，发表于《官方公报》第 193 号（1928 年 6 月 1 日）。

10. Jacques Derrida, "Declarations of Independence," in *New Political Science*, no. 15 (summer, 1986), p. 10.

11. Jacques Derrida, "Force of Law," p. 963.

12. 例如，参见 Jabir Ibrahim al-Rawi, *Sharh Ahkam al-Jinsiyyah Fil-Qanun al-Urduni, Dirasah Muqarinah* (Amman: Al-Dar al-'Arabiyyah Lil-Tawzi' wa al-Nashr, 1984), pp. 83—89，以及 Hasan al-Hiddawi, *Al-Jinsiyyah wa Ahkamuha Fi al-Qanun al-Urduni* (Amman: Dar Majdalawi lil-Nashr wa al-Tawzi', 1993), pp. 71—75。

13. 《奥斯曼国籍法》自 1869 年 1 月 19 日最初颁布以来一直有效，直到 1923 年《洛桑条约》签署。该条约将昔日的奥斯曼领土割让给盟国，在签署后一年内生效。

14. 关于坦齐马特和欧洲法律的影响，见 Stanford Shaw and Ezel Kural Shaw, *History of the Ottoman Empire and Modern Turkey*, vol. II, *Reform, Revolution and Republic: The Rise of Modern Turkey, 1808—1975* (Cambridge: Cambridge University Press, 1977), pp. 118—119。

15. 见协约国（英国、法国、意大利、日本、希腊、罗马尼亚和塞尔维亚-克罗地亚-斯洛文尼亚王国）与土耳其于 1923 年 7 月 24 日签署的《洛桑条约》，转载于 *The Treaties of Peace 1919—1923*, vol. II (New York: Carnegie Endowment for International Peace, 1924), p.969。

16. 见《洛桑条约》第 32 条和第 33 条，第 238 页。

17. *The Statutes*, 2nd revised edition, vol. XII, from the Session of the Thirty-First and Thirty-Second to the Session of the Thirty-Fourth and Thirty-Fifth Years of Queen Victoria, A.D. 1868—1871 (London: 1896), pp. 679—686.

18. *The Statutes Revised*, Great Britain, vol. 23, nos. 2, 3 GEO V to 6, 7 GEO V, 1912—1916 (London: Wymans & Sons, 1929), pp. 282—297.

19. *The Statutes Revised*, Great Britain, vol. 24, nos. 6, 7 GEO V to 10, 11 GEO V, 1917—1920 (London: Wymans & Sons, 1929), pp. 366—367.

20. Letter from John Shuckburgh, assistant secretary to the Colonial Office to the undersecretary of state at the Foreign Office, FO371/6372 (May 18, 1922), p. 26, and Despatch no. 280 from Acting High Commissioner of Palestine W. H. Deedes to Winston Churchill, the secretary of state for the colonies, FO371/ 6372 (April 28, 1922), p. 27, and Foreign Office to the undersecretary of state, Colonial Office, FO371/6372 (June 9, 1922), p. 29.

21. "Official Designation of Trans Jordania," FO371/6372 (April 28, 1921), p. 41.

22.《外国人法》(Qanun al-Ajanib) 于 1927 年 7 月 3 日签署，并在《官方公报》第 162 号（1927 年 8 月 1 日）上发布。

23.《不列颠国王陛下与外约旦埃米尔殿下之间的协议》，耶路撒冷（1928 年 2 月 20 日），1929 年 10 月 31 日交换批准书，第 9 条。

24. CO 831/41/7 #77058，代理高级专员巴特希尔致国务卿奥姆斯比·戈尔，1937 年 10 月 14 日，Ref. TS/37/33，被引于 Abla Amawi, *State and Class in Transjordan: A Study of State Autonomy, doctoral dissertation* (Washington, DC: Georgetown University, 1993), p. 238。

25. Etienne Balibar, "The Nation Form," in *Race, Nation, Class, Ambiguous Identities*, edited by Etienne Balibar and Immanuel Wallerstein (London: Verso, 1991), p. 94.

26. 在这方面，女性作为私人家庭领域的居民，贝都因人作为非城市沙漠的居民，通过他们的空间位置来表示一个时间位置——传统的位置。然而，被视为公共领域居民的男性和城市人，通过他们的空间位置，标志着现代性的时间位置。在第二章中有更多关于这方面的内容。

27. Sigmund Freud, "Leonardo da Vinci and a Memory of His Childhood," in *The Standard Edition of the Complete Psychological Works of Sigmund Freud* (London: Hogarth Press, 1953—1974), vol. XI, pp. 83—84，最初于 1927 年出版。

28. 参见 Munib Madi and Sulayman Musa, *Tarikh al-Urdunn Fi al-Qarn al-'Ishrin* (Amman: Maktabat al-Muhtasib, 1959)；另见 'Ali Mahafzah, *Tarikh al-Urdunn al-Mu'asir, 'Ahd al-Imarah, 1921—1946* (Amman: Markaz al-Kutub al-Urduni, 1973), Sulayman Musa, *Ta'sis al-Imarah al-Urduniyyah, 1921—1925, Dirasah Watha'iqiyyah* (Amman: Maktabat al-Muhtasib, 1971), Sulayman Musa, *Imarat Sharq al-Urdunn, 1921—1946, Nash'atuha wa Tatawwuruha fi Rub'i Qarn* (Amman: Lajnat Tarikh al-Urdunn, 1990)。以及 Kamal Salibi, *The Modern History of Jordan* (New York: I. B. Tauris, 1998), pp. 49, 91。英国官员以及王储（后来的国王）阿卜杜拉在他的著作中也表达了这些观点。

29. Michel Foucault, "Governmentality," p. 102.

30. 关于英国与哈希姆家族的关系，参见 'Abdullah al-Tall, *Karithat Filastin, Mud-hakkarrat 'Abdullah al-Tall, Qa'id Ma'rakat al-Quds*, part I (Cairo: Dar al-Qalam, 1959), Avi Shlaim, *Collusion Across the Jordan* (London: Oxford University Press, 1989), Mary Wilson, *King Abdullah, Britain and the Making of Jordan* (Cambridge: Cambridge University Press, 1989), John Bagot Glubb, *A Soldier with the Arabs* (London: Hodder and Stoughton, 1957)。有关解决民族问题的最近两次尝试，请参见 Linda Layne, *Home and Homeland: The Dialogics of National and Tribal Identities in Jordan* (Princeton, NJ:

Princeton University Press, 1994)，和 Schirin Fathi, *Jordan: An Invented Nation?* (Hamburg: Deutsches Orient-Institut, 1994)。

31. 国王阿卜杜拉在他的回忆录即 Al-Mudhakkarat 中引用，收录于 'Abdullah Ibn al-Husayn, *Al-Athar al-Kamilah Lil Malik 'Abdullah*, 3rd edition (Beirut: Al-Dar al-Muttahidah Lil-Nashr, 1985), p. 175。

32. 参见 Kamil Mahmud Khillah, *Al-Tatawwur al-Siyasi Li-Sharq al-Urdunn, Maris 1921—Maris 1948* (Tripoli, Libya: Al-Munsha'ah al-'Ammah Lil-Nashr wa al- Tawzi' wa al-I'lan, 1983), pp. 126—128。

33. Munib Madi and Sulayman Musa, *Tarikh al-Urdunn*, pp. 210—220.

34. 尽管两国政府于 1933 年 5 月建立了关系，但与沙特阿拉伯的初步边界划分直到 1965 年才获得批准（见下文）。此外，1931 年 10 月两国政府签署协议后，才批准与叙利亚的边界划定。尽管两国于 1928 年 4 月与伊拉克就边界问题达成一致，但最终在 1932 年夏天划定了边界。参见 Ali Mahafza, *Tarikh al-Urdunn al-Mu'asir, 'Ahd al-Imarah, 1921—1946* (Amman: Markaz al-Kutub al-Urduni, 1973), pp. 62, 112, 119—121。另见 Riccardo Bocco and Tareq Tell, "Frontières, Tribus et Etat(s) en Jordanie Orientale à l'Époque du Mandat," in *Maghreb-Machrek*, no. 147, January-February, 1995, pp. 26—47。

35. 见 Kamil Mahmud Khillah, *Al-Tatawwur*, pp. 274—277。

36. 1923 年 8 月 /9 月是阿德旺起义的日子。此外，1923 年底召开了科威特会议，其中沙特和约旦政府试图划定边界，最终在 1925 年 11 月的 Hida' 协议中达成一致，强调汉志和东约旦部落（'Asha'ir）如果没有"由两国政府签发并由寻求进入其领土的政府领事证明"的适当文件，则不能"作为武装团体"跨越两国之间的边界。参见 Madi and Musa, *Tarikh al-Urdunn*, pp. 221, 254。

37. Khillah, *Al-Tatawwur*, p. 277; Musa and Madi, *Tarikh al-Urdunn*, pp. 321—323.

38. 约翰·巴戈特·格拉布将部落的许多不同分支驱逐到汉志，在他发现他们与哈希姆政府密谋对沙特人发动袭击后，他们被判有罪。里卡多·博科说，"巴尼·阿蒂亚的这些部分的成员在沙漠巡逻队（DPF）的贝都因士兵（jundi）的护送下与家人一起被驱逐到汉志"。Bocco, *Etat et tribus bedouines en Jordanie, 1920—1990, Les Huwaytat: Territoire, changement économique, identité politique*, doctoral dissertation, Institut d'Etudes Politiques de Paris, 1996, pp. 143, 170n—171n.

39. 引自 Khillah, *Al-Tatawwur*。

40. 关于该党的成员资格，见 Madi and Musa, *Tarikh al-Urdunn*, pp.326—328。

41. 关于所有这些政党的历史，见 Khillah, *Al-Tatawwur*, pp. 277—287，以及 Madi and Musa, *Tarikh al-Urdunn*, pp. 321—334。

42. 1965 年，沙特和约旦政府签署了边界矫正和划界协议，出于约旦人的利益，将亚喀巴周边地区从 6 公里扩大到 25 公里，并在其他地区进行了其他边界调整。该协议于 1965 年 8 月 9 日签署。最终划界在 1967 年 1 月 29 日结束，双方聘请了一家日本勘测公司完成边境哨所的安置。见 *Official Gazette*, no. 1868, August 26, 1965。也参见 Sulayman Musa, *Tarikh al-Urdunn Fi al-Qarn al- 'Ishrin, 1958—1995*, vol. II (Amman: Maktabat al-Muhtasib, 1996), pp. 92—94。1990 年，在图拜克山（Jabal Tubayq）地区周围又与沙特进行了一次边界矫正。

43. Balibar, "The Nation Form," p. 95.

44. 参见 Michael Fischbach, "British Land Policy in Transjordan," in *Village, Steppe and State: The Social Origins of Modern Jordan*, edited by Eugene Rogan and Tareq Tell (London: British Academic Press, 1994)。根据菲施巴赫的研究，外约旦三分之二的村庄土地是公有（musha'）土地，p. 83, note。

45. John Bagot Glubb, *Britain and the Arabs: A Study of Fifty Years 1908—1958* (London: Hodder and Stoughton, 1959), pp. 173—174.

46. Fischbach, "British Land Policy," p. 105.

47. Frederick Engels, *The Origin of the Family, Private Property and the State* (Peking: Foreign

Language Press, 1978), p. 206.

48. 关于现代空间概念，参见 Neil Smith, *Uneven Development, Nature, Capital and the Production of Space* (Cambridge, MA: Basil Blackwell, 1984)。另见 Edward Soja, *Postmodern Geographies: The Reassertion of Space in Critical Social Theory* (London: Verso, 1989)。

49. Engels, *The Origin*, p. 138.

50. Francesca Klug, "'Oh to Be in England': The British Case Study," in *Nira Yuval-Davis and Floya Anthias*, eds., *Woman-Nation-State* (London: Macmillan, 1989), p. 21.

51. Ibid.

52. 关于遵循法国和英国例子的约旦法律的其他方面，请参阅 E. Theodore Mogannam, "Developments in the Legal System of Jordan," *Middle East Journal 6*, no. 2 (spring 1952): 194—206。

53. 如果国家臣民达到法定年龄（根据第 18 条定义为 18 岁）和他 / 她选择的时间（1926 年 8 月 6 日），则建立代理，在这种情况下，她 / 他可以根据第 1 条的询唤保持约旦国籍，选择另一个国籍（第 2 条和第 3 条），或选择约旦国籍，如第 5 条。虽然第 2 条和第 5 条明确针对的是昔日的奥斯曼人，不清楚第 3 条是否也这样，因为它提到了种族（这条是从《洛桑条约》中逐字删除的——见前文）。因为约旦在很大程度上是"种族"同质的，所以不清楚这里的种族是否与阿拉伯人、土耳其人等意义上的民族归属混为一谈。

54. 参见 *British Nationality and Status of Aliens Law of 1914*, article 1, pp. 285—286。

55. 1954 年第 6 号法律，《约旦国籍法》，发表于《官方公报》第 1171 号（1954 年 2 月 16 日）。

56. 1963 年第 7 号法律第 4 条和第 5 条，《约旦国籍法修正案》，1963 年 3 月 7 日签署。

57. 同上。

58. 然而，法律在 20 世纪 80 年代发生了重大变化。参见 "The Women, Immigration and Nationality Group," in *Worlds Apart, Women Under Immigration and Nationality Law*, edited by Jacqueline Bhabha, Francesca Klug, and Sue Shutter, (London: Pluto Press, 1985), 以及 Ann Dummett and Andrew Nicol, *Subjects, Citizens, Aliens and Others, Nationality and Immigration Law* (London: Weidenfeld and Nicholson, 1990)。

59. 根据《外国人法》第 18 条，外国人是指"任何非约旦人"。

60. 1914 年《英国国籍和外国人地位法》第 2 条，第 287 页，声明如下："（a）他已经按照本节要求的方式在陛下的领土上居住了不少于五年的时间……（b）他品行良好，并有足够的英语知识；（c）如果他的申请获得批准，他打算居住在陛下的领土上，或者进入或继续为王室服务。"

61. 见 1914 年《英国国籍和外国人地位法》第 27 条，第 296 页，其中指出，"'残疾'一词是指已婚妇女、未成年人、疯子或白痴的状态"。

62. 1954 年第 6 号法律第 2 条。

63.《国籍法增编》，1949 年第 56 号法，发表于《官方公报》（1949 年 12 月 20 日）。

64. 英国对巴勒斯坦的托管第 7 条（1923 年 9 月 29 日生效）规定 1925 年以巴勒斯坦民族令的形式颁布《国籍法》，并于当年 8 月 1 日生效。见 *A Survey of Palestine: Prepared in December 1945 and January 1946 for the Information of the Anglo-American Committee of Inquiry*, vol. I (Washington, DC: Institute for Palestine Studies, 1991), pp. 5—6, 206。

65. 本法第 2 条引入了与本法文本相关的两个新术语的两个新定义。这些词是阿拉伯人和侨居国外者（Mughtarib），根据该法律，阿拉伯人"是指任何其父亲为阿拉伯血统且［父亲］拥有阿拉伯联盟国籍之一的人"。就本法而言，"'Mughtarib'一词是指所有出生在约旦哈希姆王国或巴勒斯坦被篡夺地区并移居国外或逃离该国的阿拉伯人，该术语还指那个人的孩子，不管他们出生在哪里"。

66. 1963 年修正案增加了读写部分。原文只要求"阿拉伯语知识"，没有任何说明。

67. 见 Hasan al-Hiddawi, *Al-Jinsiyyah*, pp. 44—46。

68. 1952 年约旦宪法第 1 条，发表于《官方公报》第 1093 号（1952 年 1 月 8 日）。

69. 1952 年宪法第 2 条。

70. 1946 年宪法于 11 月 28 日由立法会通过，发表于《官方公报》第 886 号（1947 年 2 月 1 日）。

71. 1946 年宪法第 15 条。

72.《外约旦组织法》，发表于《官方公报》第 188 号（1928 年 4 月 24 日），第 1 条。

73.《组织法》第 10 条。

74.《组织法》第 15 条。

75. 1952 年宪法第 6-1 条。

76. 1946 年宪法第 6 条。

77.《组织法》第 5 条。

78. 具有讽刺意味的是，与第 4 条相矛盾的是，第 13 条规定，"如果申请人是阿拉伯人，或者如果存在会导致一般公共利益的特殊情况，部长理事会有权放弃要求居住 4 年的条件"。然而，关键是与非阿拉伯人不同，阿拉伯人必须在该国居住 15 年，而不是 4 年！

79. 1954 年法律第 13 条第 4 款试图限制那些对获得约旦国籍的特权不忠诚的外国人获得约旦国籍："通过入籍获得约旦国籍，然后通过获得另一个外国国籍而自行选择失去该国籍的人，不会获得国籍证书。"

80. 申请外约旦国籍的规定要求，贝都因申请者必须以书面形式向埃米尔阿卜杜拉、他的后代和继承人宣誓效忠。见《官方公报》第 228 号，1929 年 5 月 16 日，引于 Bocco, *Etat ettribes*, pp. 144—145。

81. 参见 Mazin Salamah, "Al-Fashal Yulahiq Mu'tamarat al-Mughtaribin," in *Al-Urdunn al-Jadid*, no. 10 (spring 1988), pp. 70—73。

82. Qanun al-Intikhab al-Mu'aqqat Li Majlis al-Nuwwab, no. 24, 1960, *Official Gazette*, no. 1494 (June 11, 1960), article 17-A. 哈桑·哈达维（Hasan al-Haddawi）断言，1987 年《国籍法》修正案首次对入籍公民进行了限制，这是错误的，因为 1960 年的选举法已经这样做了。新的内容是将这些限制纳入《国籍法》本身；见 Al-Haddawi, *Al-Jinsiyyah*, pp. 152—154。

83. Qanun al-Intikhabat Li Majlis al-Nuwwab, no. 22, 1986, *Official Gazette*, no. 3398 (May 17, 1986), article 18-A.

84. The Temporary Law no. 18 for the Year 1969, the *Law Amending the Jordanian Nationality Law*, 于 1969 年 5 月 21 日签署。

85. 该修正案是由 1958 年第 50 号法律添加的，《约旦国籍法修正案》第 2 条，于 1958 年 12 月 21 日由侯赛因国王签署。

86. 失去国籍的另一个条件涉及通过第 6 条获得国籍的约旦人。法律规定，如果他们出生并在约旦境外居住，他们可以在达到法定年龄的一年内申请放弃约旦国籍。根据法律，失去国籍的约旦人不会被视为免除与"他"还是国民时可能采取的行动有关的责任。

87.《流放和驱逐法》，发表于《官方公报》第 206 号（1928 年 10 月 15 日）。尽管行政和立法委员会的许多成员反对，但英国人还是强行实施了这项法律。见 Abla Amawi, *State and Class in Transjordan: A Study of State Autonomy*, p. 340。

88.《流放和驱逐法》，第 3-1 条。

89. 约旦国王于 1988 年 7 月 31 日通过皇家法令宣布切断约旦与西岸的所有法律和行政联系（Fakk al-Irtibat，字面意思是"解除关系"），从而使 1950 年他的祖父国王阿卜杜拉将巴勒斯坦中部并入约旦的决定无效。请注意，该法令从未在《官方公报》上公布（尽管有相应的规定），这剥夺了它的法律地位。约旦所有具有约束力的法律都必须在《官方公报》上公布。

90. 关于约旦河西岸人的剥夺国籍以及约旦高等法院对此类剥夺国籍的看法，见 Ibrahim Bakr, *Dirasah Qanuniyyah'an A'mal al-Siyadah wa Qararat Naz' al-Jinsiyyah al-Urduniyyah wa Sahb Jawazat al-Safar al-'Adiyyah* (Amman: Maktabat al-Ra'y, 1995)。

91. 1914 年《英国国籍和外国人地位法》，第 291 页。《英国国籍法》对《洛桑条约》的影响无处不在。根据英国法律，该条约第 36 条规定："就本节规定而言，已婚妇女的地位由其丈夫的地位管辖，以及 18 岁以下儿童的地位由其父母的地位管辖。"见《和平条约》，第 970 页。

92. 1914 年《英国国籍和外国人地位法》，第 10 条，第 291 页："英国臣民的妻子应视为英国臣民，外国人的妻子应视为外国人。"

93. 修正 1961 年 1 月 30 日签署的《约旦国籍法》的第 3 号法律。

94. 修正 1963 年 3 月 7 日签署的《约旦国籍法》的第 7 号法律。

95. 1963 年修订的"或与非约旦人结婚的人"。

96. 1963 年修改为两年。

97. 1987 年第 22 号法律，修订《约旦国籍法》的法律，于 1987 年 7 月 27 日签署。

98. 1992 年的第 4 号决定于 1992 年 5 月 21 日由法律解释特别办公室（Diwan）发布。

99. 1914 年《英国国籍和外国人地位法》，第 12 条，第 292 页。

100. 1963 年法律第 13 条。

# 第二章　不同的空间　不同的时间：约旦民族主义中的法律和地理

　　反殖民民族主义是围绕现代化和传统的二联体构建的。这些既被视为生活在民族国家模式中的共时时间，也被视为构成民族线性历史的历时时间。在约旦的情况中，与所有其他民族主义一样，代表这两种时序性的民族主体是基于将空间视为地理的考虑而由民族主义构想的。妇女（资产阶级民族主义将其构建为居住在家庭空间的人）和贝都因人（居住在非城市沙漠的人）被认为居住在不同于男性和城市人（居住在民族的现代时期）的民族时期（传统文化时期）。这种认识论将民族主体锚定在空间化和时间化的本质上，然后渗透到民族国家政策的各个方面。

　　本章将讨论司法民族主义的另一个维度。在约旦，与城市男子不同，妇女和贝都因男子在法律上具有双重身份，贝都因妇女则有三重身份。在民法典中，所有女性表面上都被视为与所有男性平等，而在《个人身份法》中，她们所有人（在权利和义务方面）都与所有男性不平等。所有贝都因人在民法典中表面上是平等的，但在部落法的应用中却有不同。贝都因妇女在民法上与男子平等，在《个人身份法》上与男子不平等，在适用于她们的部落法方面与城市人口不同。约旦法律的三个领域（公民、个人身份和部落）不仅反映了民族不同主体的空间维度，更重要的是反映了构成这些主体的空间与时间的融合。在阅读这些法律的同时，本章还将研究约旦国家建构的政治历史和哲学，因为它与刚刚概述的司法历史和哲学相交又相异。该研究表明，有抵抗力的反殖民民族主义的最初基础是建立一个民族自我来对抗殖民他者，它对民族自我的构成有着非常复杂的解释，这影响了其计划的各个方面。正是在这种情况下，作为私人家庭领域居民的女性和作为非城市沙漠居民的贝都因人，通过他们的空间位置，象征着一个传统的时间位置，而被视为公共领域居民的男性和城市人，通过他们的空间位置，标志着现代性的时间位置。

## 不同类型的公民：妇女和贝都因人

早在约旦被视为一个国家理念之前，它的司法西化之旅始于 19 世纪中叶的奥斯曼帝国时代。坦齐马特之后奥斯曼帝国法律的分裂是规范奥斯曼帝国现代化至关重要的部分，而不是保持其"传统"文化身份的部分。前者指的是经济领域（但不一定是财产的所有方面），或者马克思所说的"市民社会"，受后拿破仑时代的法国和意大利法律结构的改编版本管辖。后者是指社会领域，受伊斯兰教法和基督教教义启发的各种法律管辖。当外约旦于 1921 年成立时，这两个法律领域得以维持。事实上，直到 1947 年，1917 年颁布的第一部经编纂的奥斯曼家庭法一直适用于约旦，即在英国正式独立一年后、奥斯曼帝国统治结束 28 年后，颁布了《临时家庭权利法》（Temporary Family Rights Law）。[1] 这反过来又被 1951 年的《家庭权利法》（The Law of Family Rights）[2] 所取代，后者最终被 1976 年的《个人身份法》（Personal Status Law）所取代。[3]80 年代初以来一直在制定的一项新法律项目被搁置，转而支持其他几个项目，其中最新的项目仍在起草中。[4] 截至目前，最新的项目已被冻结，尚未提交议会进行辩论。

至于游牧的贝都因人，他们与一些同样声称拥有部落遗产的农村和城市人口不同，早在 1924 年 10 月，他们就受一套新的法律管辖，当时托管—哈希姆国家颁布《部落法庭法》，该法被 1936 年的《部落法庭法》取代。[5] 英国政府在阿拉伯军团首领弗雷德里克·G. 皮克（Frederick G. Peake）的建议下，迫使阿卜杜拉于 1924 年夏天接受废除由谢里夫沙基尔·本·扎伊德（Shakir Bin Zayd）领导的半独立部落行政部（Niyabat al-'Asha'ir），[6] 并早在 1924 年 10 月就颁布了控制贝都因人的新法律。[7] 部落行政代表和副代表的职位实际上自 1921 年 4 月 4 日成立第一届外约旦部级管理以来就已确定，1923 年 2 月 1 日废除了由艾哈迈德·马尤德（Ahmad Maryud）担任的代表职位，1926 年 6 月 26 日，也就是部落行政机构本身被废除两年后，代表的位置（由沙基尔担任）被完全取消。[8] 在这种情况下，皮克自豪地坚称："如果没有英国人进入外约旦和法国人进入叙利亚，毫无疑问，这两个国家……很快就会恢复到部落统治和贫困的状态。"为了完成这项重要任务，皮克开始了工作："我的政策是从定居的或村庄里的阿拉伯人那里组建一支军队，这将逐渐能够遏制贝都因人，并允许阿拉伯政府统治这个国家，而不必担心部落首领的干预。"[9]

此外，1923 年底科威特会议召开，伊本·萨乌德（Ibn Sa'ud）和外约旦政府试图划定边界，最终在 1925 年 11 月的边界协议中达成一致，该协议强调在没有适当文件的情况下，汉志和外约旦部落（'asha'ir）不能跨越两国之间的边界。[10] 对贝都因人而言，问题不仅在于他们的事务将按照不同的规则运行，而且他们需要属地化，在这方面他们需要特殊的监督和控制。为实现这一目标，政府于 1929 年颁布了《贝都因人监督法》（the Law of Supervising the Bedouins，官方英译文为《贝都因人控制法》[ the Bedouin

Control Law］），并于 1936 年再次更新。[11] 这些将贝都因人作为一个独立的国民和公民类别来管理的法律被视为过渡性的，促进了贝都因人在法律民族国家框架内的整合。约旦政府认为这是在 1976 年实现的。那一年，政府颁布了一项取消包括《贝都因人监督法》在内的所有先前部族法的法律，从而将贝都因人作为平等的而不再是不同种类的公民—国民引入了民族国家的世界。[12]

至于妇女，与我们的主题相关的关键宪法条款是 1952 年宪法的第 6 条，其中规定"约旦人在法律面前一律平等，他们在权利或义务上不会受歧视，即使他们在种族、语言或宗教上有所不同"[13]。尽管它具有特定的限定条件并且没有提及性别，但该条款被认为是约旦女权主义法律学者的出发点。事实上，1946 年的宪法和 1928 年的组织法都坚持了基于上述标准的所有公民—国民平等的这一规定。[14] 当然，民族主义对资产阶级平等的承诺在这样的宣言中事关重大——这种平等必须可以扩展，以包括最初被认为是边缘的，但现在正成为核心的民族主义。然后，在民法领域，女性最终被接纳为平等的公民，或者至少可能是平等的，同时通过《个人身份法》的编纂来维持她们传统的"不平等"角色。

在这种宪法叙事中，女权主义学者认为，所有公民在公民生活的各个方面都被认为是平等的。例如，这种平等应该扩展到担任公职（遵循第 22-1 条、第 42 条和第 75-1 条），因为这方面的所有规定都适用于所有约旦人。尽管其用的是阳性形式，宪法中使用的"约旦人"一词被这些学者视为无性别普遍性的指代。然而，这种对宪法的解读有些具有欺骗性。虽然宪法中没有关于谁可以担任公职的性别规定，但约旦从 1923[15] 年到 1974 年，在某些情况下直到 1982 年颁布的选举法，都不允许妇女投票或竞选国家或地方公职。尽管早在 1955 年就提出了改变这一异常现象的修正案，在约旦妇女活动家的不懈努力下，直到 1974 年作为皇家法令发布的修正案才

授予女性投票权。同样，1955 年的《市政法》（第 29 号法）不允许女性竞
选市政公职或在市政选举中投票，这种情况直到 1982 年颁布了将女性纳入
其中的修正案（第 22 号法）时才有所改变。[16] 事实上，如果所谓"无性别"
的约旦人在宪法中将两性都包括在内，这些法律就会被判定为违宪。约旦
法院从未注意到此类案件的事实证明了这一点。然而，女性能够在民法典
所体现的公民身份领域内提出一些要求的事实并不一定与将她们置于传统
和现代双重轴心的民族主义格言相矛盾。尽管女性可以，并且在某些情况
下应该按照民族主义标准进行现代化改造，但她们在私人领域的"传统"
角色必须通过应用《个人身份法》予以保留。因此，现代后殖民民族国家
可以忠于其创始公理。

　　事实上，完整的国民公民的概念经历了漫长的修正和变化的过程，因
此在谁被认为是完全合格的公民—国民方面发生了相当大的变化。1923 年
的法律只允许 20 岁以上的男性投票，并且只有 30 岁以上、没有犯罪记录、
会说和阅读阿拉伯语的男性才能参加议会竞选活动。唯一被免除需要阿拉
伯语识字条件的人是贝都因部落的首领们。1928 年的法律又进行了一些修
改。[17] 法律将贝都因人定义为属于法律所列游牧部落之一的人。这些部落又
分为两种地理类型：北贝都因人和南贝都因人。[18] 法律对贝都因人和哈达里
人（定居的人口）有不同的规定。第 7 条明确规定，"每一个年满 18 岁的
约旦人（非贝都因人）[约旦人和非贝都因人都用的阳性]都有权在初选中
投票……"关于贝都因人代表，第 16 条规定，"应选举两名代表贝都因人
的成员。埃米尔殿下将在《官方公报》上发布法令，任命北贝都因人和南
贝都因人两个官方委员会，每个委员会由 10 名部落首领［mashayikh］组
成，每个委员会选举 1 名成员"。一项特别法规管理这些委员会的工作。[19]
到 1947 年，即独立一年后，约旦立法者对法律中指定身份的含义变得
更加明确。1947 年的选举法将贝都因人定义为"游牧部落的每个男性成

员"[20]。贝都因人代表的"选举"遵循与1928年法律相同的程序。[21] 至于哈达里人，所有超过18岁的约旦哈达里男子都有投票权，除非他们正在服刑、被判处死刑、被法院取消赎回权、被法院宣布破产或疯了。[22] 请注意，正常公民的范围不包括在法律上被宣布为无财产的罪犯、疯子和失败的资本家。

50年代中期的民主开放促进了许多女权主义者的工作，她们试图改变选举法，以允许妇女投票和竞选公职。经过多次鼓动和组织——数以千计的妇女签名和按下指纹的一些请愿书被提交给议会——1955年10月3日，在议会的推动下做出了一项大臣级决定，允许接受过初等教育的妇女投票（该条件不适用于男性）。[23] 但是，随着国王解散议会和自由主义时期做出的所有议会决定被专政取消，授予识字妇女投票权的决定被废除。

不久之后，1960年的选举法颁布了。该法律规定，只有20岁以上的约旦男性才能投票，只有30岁以上的约旦人才能竞选公职。[24] 这些规定在该国历史上首次包含贝都因人，因为法律没有提及单独的贝都因人的"选举"或任命。情况确实如此，因为政府认为其对贝都因人的定居政策已于1960年基本完成。[25] 该法律还规定，约旦阿拉伯军队的所有成员，包括军官和军人，都不能投票。[26] 有趣的是，很大一部分贝都因人在军队服役。因此，对于贝都因人来说，几乎没有什么改变，因为在他们终于被允许投票的时候，在军队服役的人依然不能投票。不过，贝都因人融入国家法律公民身份的进程才刚刚开始，至少部分"现代化"，尽管事实上他们一直处于国家的特殊"监督"之下，直到1976年他们才完全融入民族国家。

在60年代中期，随着王国政治生活的部分重新开放，侯赛因国王致信首相，要求研究授予妇女投票权的问题。[27] 这没有产生任何结果。8年后，即1974年3月5日，国王又致函首相颁布一项皇家法令，其中一项修正案附于1960年的选举法中，授予所有成年女性投票权。[28] 该修正案将1960

年法律的第 2-a 条中的约旦人的定义，即 "每个男性"，替换为 "每个人，无论男性还是女性"。这一修正案的时机对约旦的国际形象至关重要，因为 "联合国妇女十年" 世界大会将于 1975 年在墨西哥城举行，约旦正计划派代表参加。此外，1982 年《市政法》修订，最终允许妇女竞选公职。最后，1986 年约旦颁布了新的选举法（1989 年进行了一些修正），将有投票权的男性和女性公民的年龄改为 19 岁，[29] 并维持所有现役军人不能投票的主张。

## 贝都因人和国家公民

在奥斯曼帝国时代，政府对外约旦地区的贝都因人几乎没有控制权。在行政上，自 19 世纪中叶以来，该地区被划分为阿吉隆地区（最初创建于 1851 年，是今巴勒斯坦纳布卢斯的一部分）、北部城镇兰姆沙及其周边地区（与今天叙利亚的哈乌兰相连），以及约旦河谷地区（以前属于巴勒斯坦，现在属于以色列提比里亚的一部分）。后来，整个阿吉隆地区被并入哈乌兰，以萨尔特为中心的拜勒加地区于 1882 年至 1905 年成为纳布卢斯的一部分，后来并入卡拉克（今约旦南部）。卡拉克是与奥斯曼帝国中央当局联系最少的地区，直到 1894 年被军事收复，之后便处于大马士革省长的管辖之下。[30]

根据部落行政部门（Niyabat al-'Asha'ir）的估计，1922 年游牧贝都因人几乎占外约旦人口的一半（46%），总人口 225 350 人中有 102 120 名游牧贝都因人。这一估计包括 1921 年至 1925 年外约旦边界内的所有游牧贝都因人，因此不包括从马安到亚喀巴的地区，该地区于 1925 年被兼并，其中包括约旦主要的部落之一胡维塔特（Huwaytat）。[31] 由于政府的定居运动主要通过阿拉伯军团，同时也通过限制贝都因人在国内和国际上的流动性，该国保持游牧生活方式的贝都因人的比例在 1943 年下降到 35.3%（120 000人），尽管如果将马安到亚喀巴地区的贝都因人包括在内，1922 年贝都因人的百分比会更高。1946 年的人口普查（由于对贝都因人的分类混乱，提供的一些数字相互矛盾），贝都因人占总人口的百分比为 23%（99 261 人）。[32]

至于管理贝都因人，1929 年的《贝都因人监督法》实际上是一项戒严令，因为该法令的主要执行者正是外约旦阿拉伯军团的首领。法律规定成立一个委员会，该委员会由阿拉伯军团首领、沙基尔·本·扎伊德（埃米尔阿卜杜拉的汉志的堂兄弟，他被认为了解贝都因人的事情）和由埃米尔阿卜杜拉从也被认为了解游牧部落传统的非游牧部落的首领中"选举"出来的第三人组成。只要埃米尔政令指定，"被选举的"领导人的职位就会保持不变。[33] 该委员会的职责是监督贝都因人并对其行动进行全面"监视"；必要时决定贝都因人应该定居的地方，对反抗者处以惩罚（包括罚款和监禁）；听取贝都因人根据《部落法庭法》提出的申诉；在愿意时，无条件地撤回在部落法庭审理的任何案件；调查任何安全漏洞并对犯罪方实施惩罚，包括扣押和没收财产。[34] 阿拉伯军团的首领被指定为委员会做出的所有决定的执行者，他是该委员会的成员。[35] 这项法律是在英国军官约翰·巴戈特·格拉布到来的前一年颁布的，他被认为是安抚贝都因部落的最重要的权威，过去 10 年中在邻国伊拉克出色地执行这项工作。在这些法律约束的帮助下，格拉布能够将征兵作为控制贝都因部落的首选方法，并将他们整合到民族国家的范围内。他的策略在许多法律的帮助下被证明是最成功的。

格拉布通过军队整合贝都因人方面取得巨大进展（见第三章），并且在 1936 年颁布了一项新的贝都因人监管法，取代了旧法。该法律最重要的特点是取消了三人委员会，将 1929 年法律中的所有权力授予了当时皮克帕夏或他授予权力的任何人担任的陆军总司令。在这种情况下，格拉布帕夏将在 1939 年接替皮克成为阿拉伯军团的领袖。[36] 这是由谢里夫沙基尔·本·扎伊德之死造成的。在 1934 年 12 月去世之前，沙基尔与皮克和格拉布一直是所有与贝都因人有关的法律的主要执行者，此后英国人及其当地官员接管了与贝都因人有关的所有权力。事实上，在沙基尔死后的 5 年里，部落法院审理的案件中有 50%—60% 是由格拉布本人解决的，没有任何一件求助于安曼。[37] 该法律另一个重要的特点是 1929 年哪些部落被认为是贝都因人，与哪些部落在 1936 年被认为是贝都因人之间的差异——因为有些部落被从名单中删除，有些则被添加上去。这主要是由于无知的管理者使用随意的分类系统来确定谁是贝都因人、谁不是贝都因人。[38] 事实上，1936 年颁布的《部落法庭法》指定陆军参谋长为包括游牧部落在内的整个地区的省长，即非城市和非农村沙漠地区。[39] 这种情况一直持续到 1958 年，即在格拉布被驱逐和随后军队"阿拉伯化"两年后，一项将警察与阿拉伯军团分开的新法律颁布。[40] 尽管政府在 1956 年 7 月 14 日（也就是两年前）就做出了将警察与军队分开的决定，但在将民族主义者赶出内阁和军队的宫廷政变后，政府撤销了这一决定（见第四章）。[41] 新法第 4 条规定，新的公安局长不再对军队首脑负责，而是对内政大臣负责，其中，以前由国防大臣行使的对国内公共安全问题（即警察工作）的权力现在都属于内政大臣的职权范围，同样，以前由军队首长行使的警察权力以此移交给公安局长（Mudir al-Amn al-'Am）。新法第 2 条规定，公共安全是指监督贝都因人、部落法庭等。就这样，从 1958 年到 1976 年，贝都因人不再生活在军队掌控着他们生活的戒严令之下；相反，他们生活在警察的不断监督和监视下，就好像他们是犯罪嫌疑人一样。

在居民拥有跨越被发明的国界（至巴勒斯坦、叙利亚、伊拉克、埃及、黎巴嫩、汉志、亚美尼亚和高加索）的部落和家庭联系的国家，身份的重组必须被领土化，特别是在贝都因人几乎不尊重民族-国家管辖权的情况下。此外，内部重组和空间划分为国家行政单位，如省（muhafazat）、区（alwiyah）、乡（aqdiyah）和城市，有助于在民族国家内部使游牧贝都因人定居。他们的流动性不仅在国际层面受到限制，而且在国内层面也同样重要。正是通过这种新的空间认识论，外约旦国家试图在法律上定义约旦的公民身份。血缘关系必须被领土连续性和居住地所取代。

这一系列法律旨在实现几件事。一方面，就贝都因人而言，贝都因人的法律可能会屈从于非贝都因人的解释。它可以在必要时被组织、控制、部署、撤销，而整个机构仍处于非贝都因民族国家及其总体司法命令的管辖之下，这与贝都因人的传统毫无关系，同时又声称代表它。此外，《贝都因人监督法》将贝都因人归入民族国家的空间，以防止他们成为随意跨越民族国家边界的国际实体，同时将其归入的内部空间国有化。这是通过规定定居地点、强制定居或军队雇佣来实现的。后者服务于多个目的，让贝都因人警察自己与民族国家法律保持一致——将贝都因人在或多或少定居的环境中领土化，例如军营（它可以是流动的，但其最高当局在地理上固定在军队总部"al-Qiyadah al-'Amah"所在的首都）或全国各地的城镇。此外，这项法律旨在通过将贝都因人的忠诚从部落转移到军队，并最终转移到军队应该保护的民族国家，从而将贝都因人国有化。

约旦民族国家所遵循的法律和政策有助于摧毁贝都因人的经济，将其转变为完全依赖国家的经济。对贝都因人生活方式的刑事定罪以及对抵制国家支持的定居政策的贝都因人施加的法律制裁，防止了贝都因人的袭击和国际过境，并使抵抗者的牧群被没收——这与 20 世纪 20 年代末和 30 年代初期的干旱一起导致贝都因人的牧群大量死亡——国家为贝都因人提供的替代经济活动主要通过军队，但也通过农业定居和雇佣劳动（主要与英资伊拉克石油公司合作[42]）。因此，不仅是贝都因人从一个地理区域迁移到另一个地理区域，使他们从传统领域进入以民族国家司法统治为特征的现代领域，而且同样重要的是，通过国有化、土地法、重新划分领土、划定内部省级边界以及标志着民族国家边界的外部边界，民族国家内部的所有空间都发生了转变。

此外，国家对贝都因人领导层的吸纳与民族国家经济中的普通民众的整合密切相关。虽然后者被招募到阿拉伯军团的沙漠巡逻队，但领导层被纳入国家结构，即立法委员会和部落法庭。与根据1928年选举法选举代表的其他人口不同，贝都因人的指定席位由埃米尔阿卜杜拉任命，为少数族裔和宗教少数群体设置了特殊配额。正如阿布拉·阿玛维（Abla Amawi）所观察到的，这种不以比例代表制为基础的选举制度使社会的某些部门比其他部门受益，并确保"一个易控制的立法机构"。[43] 约旦基督徒和切尔克斯人获得的席位比例远远高于他们人数的比例，而占人口23.4%的贝都因人仅获得12.5%的席位。[44] 尽管如此，这意味着这些任命是由埃米尔根据谢赫对他和国家的忠诚做出的，而不是基于民众的意愿。因此，被任命的谢赫只对埃米尔负责，不对他们选区的选民负责。事实上，部落谢赫很早就被国家通过其他方式收编了，即国家对他们农业活动的援助，这远远高于其他部族耕种所获得的微薄援助。例如，向巴尼·萨克尔的最高谢赫米斯卡尔·法伊兹（Mithqal al-Fayiz）提供贷款，以帮助他耕种其大量土地。向法伊兹提供贷款的原因是帮助他度过从游牧生活到定居生活的过渡期，并"恢复"他在部落中的地位。[45] 此外，国家每年向部落谢赫支付240巴勒斯坦镑的工资，以建立国家对其部落的控制。谢赫还被期望通过确保他们的部落成员"在损失或减少工资的痛苦中"的良好行为来维持公共秩序。[46] 此外，虽然许多部落谢赫（或哈尼·胡拉尼称之为封建部落贵族［al-aristuqratiyyah al-qabaliyyah al-iqta'iyyah］）由于国家于1933年启动的土地结算过程而增加了他们的土地所有权，[47] 但他们还是在部落中获得了更多声望和权力，因为他们可以进入国家机构，特别是被招募到武装部队。[48]
此外，正如已经提到的，部落谢赫与在司法事务中赋予他们权力的国家官员一起在部落法庭任职。

独立后的几十年里，贝都因人的地位没有发生任何法律变化。事实上，在 1960 年选举法没有变化的情况下，贝都因人获得了像哈达里人一样的投票权，以前的法律一直有效，直到 70 年代，贝都因人的地位开始在法律上和宫廷民族主义的流行话语中发生变化。这些变化是在 1970 年约旦军队与巴勒斯坦游击队之间的内战之后发生的，内战以后者在 1970 年黑色九月大屠杀中失败，并于 1971 年 7 月最终失败并被驱逐出该国而告终。1971 年 7 月 31 日，在最终驱逐巴勒斯坦游击队几天后，根据皇家法令成立了部落领袖委员会（Majlis Shuyukh al-'Asha'ir），这绝非巧合。侯赛因国王指定他的兄弟穆罕默德王子为委员会主席。该委员会包括 12—15 名部落首领，所有这些人都将根据委员会主席的推荐由皇家法令任命（见第 2 条和第 5 条）。[49]法律强调，被任命的委员会成员必须是约旦人、部落首领或属于法律所列部落的显赫部落人物，并且不得因犯罪或重罪而没有资格担任公职（第 6-a、b、c 条）。成立该委员会的官方目的是"提高贝都因人的生活水平，实施旨在支持巴迪亚［沙漠］人民定居计划的发展、农业、卫生和教育项目，并为他们提供他们应得的、国家有义务提供给他们的良好生活，以便他们能够在这个陷入困境的国家发挥推动进步和建设的作用"[50]。1973 年，该委员会颁布了一项法令（nizam）以统一部落传统，即 Tawhid al-'Adat al-'Asha'iriyyah，该国所有游牧和定居部落或氏族都将受相同的法令管辖，所有不同的传统都将在法律面前实现全国统一。[51] 这当然是新政府政策的一部分，即在 1970 年内战对该国构成挑战之后，将外约旦人口统一为一个民族身份。贝都因人和哈达里人等外约旦人口之间的先前分歧证明国家和王室的民族主义计划适得其反。政府于 1973 年 5 月决定取消部落领袖委员会法，[52] 取而代之的是该国部落与王室之间的法外谅解。这个新的谅解后来被称为《宫廷公约》（Mahdar al-Qasr），它于 1974 年 8 月 18 日签署。国王的部落事务顾问穆罕默德·哈希姆（Muhammad Hashim）、约旦武装部队总司令哈比斯·马贾利（Habis al-Majali）将军、内政大臣艾哈迈德·塔拉纳（Ahmad Tarawnah）、公安局长（警察）少将安瓦尔·穆罕默德（Anwar Muhammad），以及约旦所有省的省长和所有警察部门的负责人代表国家参加了会议。至于部落方面，艾哈迈德·乌韦迪·阿巴迪（Ahmad 'Uwaydi al-'Abbadi）表示，部落首领以及熟悉部落法律和传统的经验丰富的杰出部落人物代表部落出席。[53] 公约的官方目的是这样描述的："基于皇室的愿望，要在受人尊敬的约旦人民的所有部门中将常规的部落传统具体化，将他们置于［以］清晰的构想为特征的框架中，那些关心对这个亲爱的家庭［即约旦人民］重要的事情的人……正在开会研究部落公约［a'raf］的所有重要部分，并决定其中哪些对公共福利有益，修改需要修改的内容，并研究需要审查的内容，以便部落公约能够与时俱进［muwakabat al-zaman］，并根据当前的需要前进。"[54] 在场的人希望这会形成"约旦家庭的凝聚力"。

　　这部公约最有趣的方面是那些涉及豁免警察和武装部队成员受部落法或其执行者追究的条款。因此，根据上级的命令，可能采取行动捍卫国家安全或国家经济利益，或"强加国家权威"，并因此可能对部落成员使用武器的人，在他们从军队或警察部门获释后，部落法律或其执行者不得追究他们的责任，也不应对他们或他们的家人实行部落仇杀。此外，武装部队的部落成员不得参与或干预部落事务和争端。[55] 这样的规定明确界定了部落习惯法的适用范围。尽管国家会推行国家认可的部落法，其执行人是国家代表，但该法律的适用范围不能涵盖国家本身或其代表，即使（或特别是）如果他们是部落成员。这一点对于现代民族国家划定传统与现代边界的能力至关重要。尽管现代民族国家可以而且应该将"传统"的权威结构和习俗纳入其中，但它们总是已经被归入现代国家法律的最高权威之下，始终服从于这些权威。很明显，这不是传统与现代的交汇，而是传统被现代包容，在这个过程中，传统根据现代的治理标准被重新定义。

贝都因人生活的这些变化正在法律领域发生，与此同时，国家发展的规划者正在制订定居计划以结束贝都因人的游牧生活方式。自从阿拉伯联盟召开了几次讨论贝都因人定居和发展的问题的会议（1949 年在贝鲁特，1950 年在开罗，1952 年在大马士革）以来，这一直在实施中。为这种发展话语作出贡献的其他国际组织包括联合国教科文组织（UNESCO）、世界卫生组织、联合国粮食及农业组织和国际劳工组织。[56] 这些组织创建了一支由阿拉伯和欧洲"发展"专家组成的团队，他们制订了"发展"贝都因人的计划。正如里卡多·博科（Riccardo Bocco）在开创性研究中指出的那样，两个群体共享相同的认识论和哲学："人与人之间的偏见是互相增强的。"[57] 目标是使贝都因人规范化，并将他们带入现代公民—国民的生活。

1976 年，政府颁布了一项法律，取消了在此之前一直有效的所有与贝都因人有关的法律，包括《贝都因人监督法》和《部落法庭法》。[58] 然而，尽管政府在 1976 年决定消除约旦男性之间的所有法律区别，作为统一所有外约旦人口的最后行动（其中所有男性约旦人，无论是有贝都因还是哈达里背景，都将受到同等对待，所有约旦女性，无论是有贝都因还是哈达里背景，都将受到同等对待——从而维持不平等的性别标准），不具有法律地位的《宫廷公约》仍然有效。

在政治方面，自 50 年代以来，民众对贝都因人特殊地位的反对就很明显了，因为政府越来越依赖阿拉伯军团主要的贝都因士兵和警察来大规模镇压反对派。到 50 年代中期，民族主义和左翼的要求变得如此强烈，以至于政府承认加入了英国支持的反苏《巴格达条约》，国王驱逐了格拉布将军，并开始了将约旦武装部队阿拉伯化的进程。正是在这种背景下，许多贝都因人变得政治化，他们加入民族主义和左翼政党，并开始呼吁废除给予贝都因人的特殊地位，将其视为英国分裂"统一的"人民的分而治之的战略的体现。非贝都因人反对派也呼吁废除贝都因人的特殊地位，因为他们认为这是贝都因人与社会其他人保持隔离、不受政治变革影响的原因，他们仍是英国和哈希姆政权忠诚的镇压工具。1957年宫廷政变后，这些声音再次被压制，直到1970年内战前夕，当时军队的贝都因人团被用来对付平民和巴勒斯坦游击队。

然而，在同一时期，国家于1956年和1958年新成立的警察机构中出现了新的声音，要求使警察独立于军队。早在1959年，贝都因警察长就提议修改1936年的《贝都因人监督法》，该法增加了警察的权力，将贝都因罪犯的监禁从1年增加到5年，并将罚款从40巴勒斯坦镑增加到200约旦第纳尔，与适用于哈达里人的刑法相称。[59]此外，内政部本身在1962年向所有行政长官和警察部门负责人发出命令，要求他们提供必要的建议，以符合当时情况的方式"组织贝都因人的传统［'adat］"，尤其是在谋杀问题上。[60]1964年，卡拉克市警察局长（以及该市立法委员会）建议召开该国部落谢赫和法官会议，以"制定符合当前条件的新传统"，他补充说，贝都因人的习俗就像民法典，因为它们需要与该国发生的一般变化相称的变化。[61]其他人对在法律上适用于游牧贝都因人的部落法律被具有"部落"背景的非游牧村庄和城市人用来解决他们的冲突（这种做法已经存在了几十年）表示担忧。基于此，建议修订部落法，使其适用于所有部落（游牧部落和定居部落，这意味着所有外约旦阿拉伯人的起源可追溯到1921年后边界内的国家，但他们在实际指定这些边界之前就居住在那里了），并且所有与打劫有关的法律都将无效，因为它们在打劫消失的当前时期无关紧要。[62]该国一公安局长于1966年提出了一项类似的建议，对事实上使用部落法律来解决与游牧贝都因人和非游牧哈达里人有关的冲突提出了类似的看法。[63] 他进一步建议"建立"一系列贝都因人传统，作为新部落法的基础，并修订 1936 年的《贝都因人监督法》。此外，他建议改变这些法律中的用词——例如，"打劫"，一个民族国家时代过时的术语，应该替换为更合适的"违反安全"或"al-ikhlal bil-amn"。这些辩论变得如此激烈，以至于 1966 年约旦政府建议建立一个单独的贝都因省。该建议包括 22 篇文章，具体说明了预期的省长的权力。尚不清楚为什么这项建议会夭折。[64] 然而，在几个月内，内政大臣向该国所有省长发出指令，就部落传统和程序与各自地区的所有知名部落人物进行磋商，以"寻找并制定适用于未来生活条件的新部落法"[65]。

在内战之后，以及 1948 年后具有公民身份的巴勒斯坦约旦人与 1948 年之前具有公民身份的约旦人（不考虑地理起源）之间的分歧越来越大——人们普遍（错误地）理解为"约旦人对阵巴勒斯坦人"——政府更清楚地看到了在"一个约旦家庭"（al-usrah al-urduniyyah al-wahidah）的新保护伞下统一人口的好处。正是在这种背景下，政府首先寻求通过 1971 年的新理事会和 1973 年的法令统一所有约旦部落的"传统"，最终通过与王室达成协议（Mahdar）来巩固它。一旦达成共识，就不再需要制定针对贝都因人的法律，这导致政府在 1976 年取消了所有与之有关的法律，尽管许多只希望修改这些法律的部落领导人反对这样做。

1976 年法律颁布后不久，大批部落首领开会抗议政府废除部落法的决定。1976 年 6 月 9 日，在法律取消后的两周内，为了平息部落首领的不满，侯赛因国王访问了贝都因警察总部（该国唯一仅存的贝都因军队）。国王为政府的决定辩护说："我们是阿拉伯人，我们不会忽视从高贵而英勇的祖先那里继承来的宝贵传统或值得称赞的特质。我们取消了《贝都因人监督法》，以便将来可以在普通民事法庭上对罪犯进行惩罚，而普通民事法庭又会发布严厉的惩罚和裁决，只有罪犯会因犯罪而受到惩罚，而不针对集体。无论如何，我们珍视并引以为豪的传统习俗将继续存在，我们将继续对它们心存感激，不会避开它们。"[66] 很明显，国王和政府正在选择性地区分他们认为适当的贝都因传统（"我们珍视的"）——值得被认定为"阿拉伯的"并因此得以保存，以及其他保护被国家视为"犯罪"的贝都因实践的传统。为了让国家在入籍但仍然不同的人口中实现其司法观念的规范化，它不能允许贝都因杀人凶手仅被判一年监禁（根据部落法，凶手的家人要对受害家庭进行物质赔偿，如果该犯罪行为不是为了对最初的谋杀进行的复仇谋杀），而当一个哈达里凶手因类似的罪行而没有被判死刑时，可能会被判处长达 15 年的监禁。但是，尽管取消了所有部落法，国家仍保留了部落文化的某些残留部分和象征，例如贝都因警察部门（Mudiriyyat Shurtat al-Badiyah）。

## 民族部落主义还是部落民族主义：辩论

自 20 世纪 20 年代出现了一些贝都因部落对哈希姆政权的最后一次不满以来，贝都因人和该政权一直和平共处，合作共存，在政权生存以及贝都因人的社会经济和文化利益等重要问题上相互依赖。这种关系不仅仅是像 1941 年在伊拉克和叙利亚发生的那样，利用贝都因人在国际冒险中击垮大英帝国的敌人，更重要的是他们粉碎了大英帝国和哈希姆政权的内部敌人。此类服务是在 20 世纪 30 年代后期提供的，当时巴勒斯坦游击队及其外约旦支持者被格拉布的贝都因沙漠巡逻队追捕并击垮。独立后，在格拉布的领导下，同一支军队将被用来镇压 20 世纪 50 年代的民众示威，在此过程中杀死了数十名公民。此外，在格拉布被驱逐和 1957 年的宫廷政变之后，军队中的贝都因人团作为宫廷戒严的执行者继续部署在该国。最后，在 1970 年内战和 1971 年夏天，政府严重依赖贝都因人镇压巴勒斯坦游击队。正是这最后一件事动摇了哈希姆政权的基础，该政权自 1957 年以来通过大规模的内部镇压以及美国的军事和财政支持一直保持稳定。

这种情况引起了贝都因人的不满，他们感到在政府面临危险时被利用，而在政府感到安全时被忽视。事实上，贝都因背景的人并不像人们普遍认为的那样在政治上保持沉默。1974 年 2 月，第 40 装甲旅的贝都因人成员在扎尔卡（Zarqa）发动了有限的军事叛变，这是一支直到最近才在叙利亚前线服役的精锐部队。叛乱是由生活成本上升和通货膨胀飙升造成的经济压力引发的。政府增加了文职雇员的工资以应对这种情况，却忽略了为军队做同样的事情。为应对这次有限的叛乱，当时身在国外的国王本人立即回国，并及时拉平了平民的工资增长，从而平息了这一事件。[67] 这个错误从未重演："1975 年至 1981 年间，军队的薪水多次提高，仅 1980 年就有两次加薪。"[68] 伴随着贝都因人对国家的不满，哈达里人也明白，政府利用贝都因人作为镇压社会其他人的工具的能力源于他们在该国不同的司法地位，这使他们免受"现代"社会的影响，因此他们开始呼吁政府将贝都因人融入（规范化）国民生活。[69]

然而，这与一个相反的趋势相吻合，即社会本身的文化部落化程度增加。有定居背景的约旦人认为自己属于部落，但他们并不认为自己是贝都因人。切尔克斯人和车臣人与贝都因人在文化上的相似之处较少，他们决定从部落关系中获利，并于 1979 年成立了切尔克斯—车臣部落委员会，以代表他们在约旦社会中的利益。这是将切尔克斯和车臣家庭描绘成"部落"的第二次尝试。上一次尝试是在 1969 年建立切尔克斯部落委员会，"主要是由于时代的政治不安全感"。该委员会只是偶尔开会，然后自行解散。然而，新的委员会更具包容性，其中还包含车臣人。[70]

至于贝都因部落，在 1976 年取消部落法后，国王的解释并没有完全平息他们的愤怒。他们一直压抑即将爆发的情绪，直到 1979 年 10 月在安曼街头，部落领袖和前贝都因军官举行示威活动，抵制他们认为的穆达尔·巴德兰（Mudar Badran）首相的政府（而非君主制）及其经济政策造成的错误。[71]贝都因人抱怨的经济压力与通货膨胀和日益扩大的工资—物价差距有关。他们呼吁"约旦人的约旦"，这包括贝都因人和非贝都因人，明确排除作为约旦民族内外来实体存在并需要对他们的经济压力负责的巴勒斯坦人。应该记住，这是约旦自独立以来最重要的经济繁荣年。[72]这种情况在 1983 年 7 月升级为巴德兰政府与该国北部的巴尼·哈桑部落之间的对抗。部落成员与安全人员发生冲突，安全人员阻止他们在一些部落土地上使用围栏。这场对抗使数十名巴尼·哈桑部落的男子被捕和关监禁。[73]

政府于 1976 年发起的去部落化新举措最终波及约旦报纸，并有可能失控。这是在 1984 年 3 月议会补选的背景下进行的，部落主义问题作为拉选票的操作标准，引起了政治评论员和报纸专栏作家的强烈敌意。[74]这导致约旦最大的报纸《观点报》（*Al-Ra'y*）的编辑要求并获得政府发布的命令，禁止在约旦报纸上刊登有关处理刑事案件的所有部落行为的广告（这些行为包括，例如，犯罪者的部落支付给受害方的钱，以换取前者的部落放弃对后者的起诉）。马哈茂德·凯伊德（Mahmud al-Kayid）（约旦部落背景）谴责部落主义的"原始主义"和部落主义对国家主权的挑战，给人的印象是"我们不是生活在这个世纪"，[75]"面对幼稚和无知/前伊斯兰［jahili］热情"。阿卜杜勒·拉蒂夫·苏巴伊（'Abd al-Latif al- Subayhi）表达了他的震惊，这导致他提出了一个问题："这是我们的社会在 20 世纪末想要的吗？"[76]这引发了回应和反驳，其中突出的是加桑·塔尔（Ghassan al-Tall）

的回应（塔尔的出身是约旦的定居者，是约旦大学硕士学位的学生，正在撰写关于部落法律传统方面的论文）和侯赛因·塔哈·马哈丁（Hussayn Taha Mahadin）的反驳（马哈丁是拥有部落血统的约旦人）。塔尔对反部落主义者的攻击反应迅速。他坚持认为约旦的部落主义对于该国的任何民族主义意识都是必不可少的，并提出了反问："约旦社会能承受不成为一个部落主义［'asha'iriyyan］社会的后果么？"[77]马哈丁反驳说，塔尔将作为"血统"的部落主义和作为"角色"的部落主义进行了混淆。他抨击塔尔在部落主义时代和民族主义时代之间进行了时间混淆，指出"加桑的社会学错误是他将'部落主义'称为'民族归属感和民族主义自豪感'。因为他借用了当代的民族主义概念并将其附加到较早的时期，而没有意识到这个概念［和部落主义］［之间］的进化差异"。撇开塔尔混乱和令人混乱的说法不谈，现代约旦的民族主义和部落主义共时共存的事实似乎没有引起马哈丁的注意，因为对他来说，它们根本不在同时代存在。相反，部落主义存在于一个异时时代，尽管人们居住在同一个民族空间中。对"进化"的强调不是偶然的，它是很明显的主题。塔尔暴露出的时间混乱导致马哈丁认为前者的研究是不科学的。[78]

辩论变得如此激烈，以至于议会参议院（Majlis al-A'yan，字面意思是任命委员会，因为该议院的成员不是选举而是任命的）开始审议如何在政府各部门废除部落法律和习俗的残余。报纸专栏谴责政府行政部门中剩余的部落传统，并强烈呼吁消除该国所有部落主义的残留部分。拥有巴勒斯坦定居者血统的阿卜杜拉·哈提卜（'Abdullah al-Khatib）博士在发行量大的《观点报》上发表的文章《我们为取消行政部落主义鼓掌》强调，部落思维和行政思维是"矛盾的"。[79]然而，他对行政机构内部部落主义的制度化表示遗憾，强调随着教育的增加，人们通常会期望部落主义减少，但他惊讶的是，在约旦，"情况正好相反：更多的教育意味着部落习俗更加根深蒂固"。他进一步呼吁颁布法律，惩罚部落主义思想以及政府行政机构中的裙带关系，他将其描述为"流行病"或"waba'"。尽管 1976 年取消了部落法律，但参议院辩论本身以及废除所有部落法律习俗残余的投票使情况更加恶化。前任和未来首相、现任参议员扎伊德·里法伊（Zayd al-Rifa'i）（叙利亚—巴勒斯坦血统）呼吁政府"实际，而不仅仅是在理论上"废除部落法律。[80] 里法伊和许多其他人认为这些法律与约旦的进化之路（或"tatawwur"[81]）和进步（或"taqaddum"）相矛盾，更不用说该国的"现代法律和立法"。里法伊坚持认为，这种情况导致"我们国家的法律、社会和文化现实与那些部落法律之间的差距非常大……这就是促使政府废除它们的原因"。里法伊强调，构成约旦社会"肉体"一部分的部落与"部落习俗"之间存在差异。而"我们给予部落爱和尊重，我们憎恶和谴责［部落主义］习俗"。司法大臣艾哈迈德·塔拉纳（来自约旦定居部落）更具选择性。虽然他谴责"给公民带来负担的部落传统"，但他支持其他没有带来负担的部落传统。议员朱玛·哈马德（Jum'ah Hammad）（巴勒斯坦贝都因人）强调了部落法和部落传统之间的区别，谴责前者并支持后者。参议院通过了一项决议，废除所有剩余的部落主义习俗，并以哈伊尔·苏鲁尔（Hayil al-Surrur）（约旦贝都因人）的一反对票结束了辩论。支持部落传统的苏鲁尔声称，只有在设计出"替代方案"的情况下，他才会反对部落法，因为该国的民法无法处理部落问题。马尔万·穆阿什舍（Marwan Mu'ashsher）是一名有定居部落血统的基督教约旦人，也是约旦英语报纸《约旦时报》的专栏作家（他于 1995 年成为该国第一任驻以色列大使），他担心约旦政府"对部落习俗的隐性支持在约旦很常见，不仅贝都因人，甚至许多受过教育的城市居民也遵守它们"。在约旦最近的转型背景下，他认为部落习俗的"幸存"是反常的，并将其与沙特阿拉伯等邻国进行了比较，根据他的说法，那些国家则相反。他宣称："我们已经从一个沙漠部落联盟发展成为一个拥有法律和宪法的现代国家。如果部落主义在社会事务的竞争中仍然占有一席之地，那么在我们对国家的法律概念化中当然应该否认它有任何这样的地位。约旦人不能受双重的、往往相互矛盾的法律管辖。"他将部落隶属关系描述为反对民族隶属关系，并强调说："我希望看到人们为自己是约旦人而感到自豪，而不仅仅是因为他们的姓氏。"他认为，这"是反对部落主义的主要论据"。他的呼吁是呼吁所有公民，"即使不是生而平等，也应该根据法律，唯一的法律，被平等对待"[82]。

局势变得如此激烈，以至于侯赛因国王亲自给首相艾哈迈德·乌拜达特（Ahmad 'Ubaydat）发了一封信，该信被刊载在所有日报上。国王惩罚了那些诋毁部落传统的人，并声称对自己的"部落"（哈希姆部落）遗产感到自豪，这些遗产正是先知穆罕默德本人的产物。[83]他补充说，关于"部落、氏族、习俗和传统"的任何言论也反映了国王及其家人。国王继续攻击约旦媒体，因为它们允许对部落主义进行此类攻击，并威胁要关闭那些没有停止这种"不负责任"行为的报纸。

约旦支持变革的信息大臣莱拉·沙拉夫（Layla Sharaf）（已故首相阿卜杜勒·哈米德·沙拉夫的妻子，来自黎巴嫩德鲁兹，婚前曾在黎巴嫩担任电视播音员[84]）辞职以示抗议。[85]她拒绝在当地媒体上发表国王的信，并提交了辞呈。国王于1月28日接受了她的辞职，就在她的信出现在报纸上的同一天。然而，在向首相艾哈迈德·乌拜达特（他也曾担任穆卡巴拉的负责人）提交辞职信之前，沙拉夫将其副本转发给了当地和国际媒体。[86]她的信从未在约旦发表。在信中，沙拉夫解释了她的立场：

> 以我所有的理想主义和质朴，我认为我有幸奉行一项基于在与公民有关的所有问题上启发公民的信息政策，摆脱对他的思考权和言论自由的日常干预。我属于阿卜杜勒·哈米德·沙拉夫［她已故的丈

夫和前首相］的流派，该流派尊重约旦人和阿拉伯人的思想，并相信新闻自由，只要这种自由不危害民族安全。我试图取得我们所能取得的任何小成就，这对当地媒体及其外部声誉产生了积极影响。但经过良好的初步反应后，政府甚至开始对最简单的自由形式表现出不耐烦，与首相的所有坦诚交流都消失了，使我无法继续从事这项工作。[87]

　　鉴于这些事态发展，沙拉夫之后评论说："我们是一个尚未决定身份的民族。"[88] 沙拉夫似乎不明白，质疑约旦民族对国民部落起源的构建概念确实构成了对"国家安全"的危害。她对作为一个积极项目的公民"启蒙"的评价似乎忽略了民族主义二联体的另一部分——"传统"。正如"传统"被民族主义传统化一样，欧洲的"开明"现代性也被神话化为最终的解放计划，这是现代欧洲历史和政治实践的非民主结果，它不仅针对欧洲人，更重要的是针对世界上其他的国家。沙拉夫似乎不加批判地将现代化项目内在化了。

　　国家最初将贝都因人与国家政治分开的努力（1923 年至 1976 年）以及随后将他们融入其中的尝试（1976 年至今）现在结合起来产生了一项新战略。侯赛因国王将约旦文化确定为部落文化的承诺依赖于这两种策略来实现其目标，即通过使贝都因人定居而使国家部落化（甚至贝都因化），因为贝都因人被视为约旦实质、地道的文化和传统的载体，而贝都因人和哈达里人的新部落化／贝都因化过程是基于国家对贝都因部落文化实际情况的重构。因此，使贝都因人定居的过程是由国家为他们重新定义他们的文化同时继续将其识别为贝都因人的过程构成的，它通过将新文化识别为真正的"约旦文化"而将其设置为整个社会的规范。在这方面，希林·法蒂（Schirin Fathi）观察到，"通过强调部落的集体性并将个人部落身份整合到广泛的部落遗产类别中——正如政府的政策一样——部落主义可以作为共同历史的源泉和民族象征"[89]。

政府的定居项目在 20 世纪 70 年代（内战之后）继续进行，并被纳入其 1970 年至 1973 年的三年计划和 1975 年至 1980 年的五年计划。[90]事实上，贝都因人定居的过程是国家使他们国有化的过程的一部分。保罗·朱雷迪尼（Paul Jureidini）和 R.D. 麦克劳林（R. D. McLaurin）认为这是通过三个独立的过程完成的，即定居、教育和交流，[91]后两者是定居过程本身的一部分。正是由于定居，人们才能获得教育和媒体（尤其是电视）。"贝都因人"使用电视机、晶体管收音机、录音机，以及最近的录像机和卫星电视天线（如哈达里社区），使这一点变得十分明显。[92]事实上，阿拉伯语中表示定居的词是 Tawtin，字面意思是"定居"或"给予家园"，这无疑帮助贝都因人将约旦视为家园（watan）而不是部落土地（dirah）。事实上，发生的事情是将 watan 和 dirah 混为一谈。20 世纪 70 年代的流行歌曲《我们的约旦家园》（*Diritna al-Urduniyyah*）就是这种混合的最好证明。部落成员（Rab'）和人（sha'b）的概念也发生了类似的混淆，正如 20 世纪 70 年代和 80 年代许多"贝都因"歌曲所证明的那样。

因此，法律不仅影响了贝都因人在该国的法律和政治地位，而且在此过程中，它还产生了与其新定义一致的其他文化产品。这种法律话语产生的一个重要文化领域是音乐和歌曲。歌曲实际上已成为国家用来使约旦文化贝都因化的核心工具之一。在 20 世纪 70 年代早期到中期，一位失败的亚美尼亚裔黎巴嫩歌手萨米拉·陶菲克（Samirah Tawfiq）采用了一种新的"贝都因"类型的歌曲作为她的标志，在约旦推广自己。她随后的成功和她的"贝都因"流派（许多人追随她的脚步）的成功使她垂死的职业生涯复苏，并使她不仅在约旦，而且在整个阿拉伯世界成为典型的"贝都因"歌手。她华丽、艳丽的连衣裙，据说灵感来自贝都因人的风格，尽管它们与任何部落的贝都因妇女所穿的衣服毫无相似之处，却增添了她的"贝都因"光环。除了《我们的约旦家园》之外，她的歌曲还包括《红色头巾的约旦》（*Urdunn al-Qufiyyah al-Hamra*），以及更多由约旦新文化形象的建筑师为她创作的"传统"歌曲。这一时期的其他歌曲包含了对年轻国王的赞美和对安曼市的颂扬。相对较少的外约旦人可以将他们的出身追溯到安曼，因此这个城市不得不集中于新约旦民族主义的意识。为国王和安曼演唱歌曲的不仅是约旦歌手（如萨尔瓦·阿斯［Salwa al-ʻAs］，拥有巴勒斯坦血统，约旦最早的广播歌手；[93] 西哈姆·萨法迪［Siham al-Safadi］，拥有巴勒斯坦血统的约旦人；阿卜杜·穆萨［ʻAbduh Musa］，拥有吉卜赛血统的约旦人，演奏阿拉伯鼓，并在贝都因人的帐篷［Bayt Shaʻr］中穿着贝都因人的服饰，在贝都因的氛围中唱歌），也有外国歌手，其中突出的是黎巴嫩的法鲁兹和叙利亚—埃及人纳贾特·萨吉拉（Najat al-Saghirah）。

法鲁兹和她的拉赫巴尼公司将约旦人与他们新近宣称的纳巴泰血统联系起来，甚至在 70 年代后期制作了一部非常受欢迎的百老汇风格的音乐剧，名为《佩特拉》（*Petra*）。《佩特拉》的叙事混合了历史和小说，讲述了纳巴泰反抗罗马的"反帝国主义"斗争的故事，其中的英雄正是佩特拉的国王和王后。音乐剧包括关于牺牲一切的国王的歌曲（表面上是佩特拉，但明显提到了约旦国王侯赛因），当音乐剧在约旦演出时，这些歌曲赢得了观众震耳欲聋的掌声。《佩特拉》除了歌颂纳巴泰原始约旦人的历史外，还赞美了最近发明的约旦国菜曼萨夫（mansaf）。据说早在 2 000 年前，原始约旦人就在吃曼萨夫。约旦人和他们的国家象征似乎一直存在。今天，约旦人和他们的国王、王后延续了几千年的鲜活传统。《佩特拉》继续定期在约旦电视台播出。作为约旦所有事物的代名词，约旦国家官方通讯社采用了"佩特拉"这个名字。

# 国际框架中的约旦文化

根据民族国家的标准重新定义贝都因文化并将其呈现为约旦典型的活态文化，不仅对国内消费而且在对外关系领域都变得越来越重要。卡尔·马克思在这方面有一个有趣的见解。他强调，"市民社会包括在生产力发展的一定阶段内个人的全部物质交往。它涵盖了特定阶段的整个商业和工业生活，并在此范围内超越了国家和民族，但另一方面，它必须再次在对外关系中以民族的身份表现自己，并在内部将自己组织为国家"[94]。然而，马克思的观点忽略了市民社会除了在内部将自己组织为国家之外，还需在内部和对外关系中宣称自己是一个民族的重要性，并非只有前殖民地国家需要这样做，这同样适用于正处于殖民下的国家。马克思在这里的见解的重要性在于理解，民族的内里始终是由国家权力——他所研究的实体——强制执行和推动的（虽然，与马克思相反，从不限于国家权力），事实上，它应该被理解为主要的国家项目，而在国际体系中，市民社会以国籍为标志。马克思的欧洲历史例子使他得出结论："城乡之间的对抗始于从野蛮到文明、从部落到国家、从地方到民族的转变。"[95] 我们的案例展示了部落和民族国家如何在概念一致性和制度共存方面相互依赖——无论是在司法还是司法以外的实践中。正如约旦的例子所表明的那样，部落的存在和消亡是由民族国家的司法权及其强制性机构制定的。经适当修改后，在这方面，约旦的例子与许多以前被殖民的非洲国家的部落的殖民发明没有太大区别。[96]

尽管20世纪70年代是在内部将贝都因文化作为约旦性基础的10年，但20世纪80年代除了延续同样的趋势外，还成为在国际上确立这种身份的10年。这一战略旨在实现多个目标：蔑视以色列关于"约旦就是巴勒斯坦"的说法，[97] 将约旦区分为现代阿拉伯世界中"古老"阿拉伯文化的自豪载体，并为游客展示一个拥有古老活态"传统"文化的现代国家国际营销形象。

约旦政府继续英国向欧洲游客推销贝都因人的托管政策（见第三章），发起了类似的活动，但采取了重要而谨慎的方式。约旦，一个拥有现代化基础设施可以容纳欧洲游客的现代国家，可以将贝都因人作为他们"传统"环境中古老、高贵但仍然鲜活的文化的代表。20世纪70年代加强并持续到现在的旅游活动将贝都因人和佩特拉视为现代约旦的真正代表。[98]佩特拉周围环绕着古老的"原始阿拉伯部落"的东方神秘主义（特别是对于以色列人，他们将约旦想象成佩特拉和侯赛因国王——后两者与对吞噬犹太复国主义意识形态的考古学没有多大意义的不必要的人、地方和文化相关联——兴趣在于死城和友好的君主[99]），许多现代约旦民族主义者声称他们来自这些部落，而约旦的贝都因人可以将游客带入一个不同的时代，一个佩特拉纪念碑大概由长相相似的贝都因人建成的古老时代。在机械复制的新时代，正如沃尔特·本杰明（Walter Benjamin）所表明的那样，真品和原件不再支配复制品。[100]"真正的"佩特拉本身就还原为最令人惊叹的建筑结构，即法老的宝库或伊希斯神庙（Khaznat Fir'awn），过去和现在都在约旦的邮票、钞票、旅游海报和旅游小册子中以约旦的形象再现。它与其他考古遗迹一起代表了这个国家过去的传统。正如本尼迪克特·安德森所说，"纪念性考古学与旅游业的联系越来越紧密，让国家成为全面但也是地方性的、传统的守护者"[101]。佩特拉确实已成为代表约旦在国内和国际上的标志。除了约旦的官方通讯社，约旦各行各业的许多公司都采用了"佩特拉"这个名字。然而，使用佩特拉作为约旦民族国家的标志并不是独立后民族主义的发明，而是殖民主义的发明。是英国托管当局将佩特拉变成了今天的国家奇观。后殖民时代的约旦只是在延续殖民传统，而不是民族传统。[102]

至于贝都因人，无论是约旦旅游部和私人旅游办公室，都将其盛装打扮作为约旦的代名词。琳达·莱恩（Linda Layne）报告说，这种描绘使贝都因人成为"约旦唯一的人群"。[103] 她用一些旅游部的小册子举例，上面有贝都因人和佩特拉的突出图示。尽管有一种将贝都因人，或者更确切地说是他们的拟像作为约旦异国情调的部分进行营销的趋势，莱恩将贝都因人的代表能力夸大为拟像。在他们与现代约旦人和现代约旦并置方面，约旦政府非常谨慎地将贝都因人拟像作为约旦文化异国情调的代表。这是在实际操作中完成的，贝都因人的拟像出现在佩特拉和杰拉什等旅游景点，以及旅馆里，他们提供咖啡、赶马和骆驼，或充当沙漠向导。[104] 这些贝都因拟像与现代约旦人一起被提供给来访的游客，充当他们的多语种现代导游、酒店经理和员工。此外，游客可以看到在安曼和其他城市的公共场所开展日常生活的"真正的"约旦人。此外，华盛顿特区约旦信息局出版的旅游出版物向美国人推销约旦，例如仔细地展示约旦的现代部门、设施、工业、街道和酒店，以及现代的约旦男女，包括科学家、建筑师、厨师、表演者、计算机操作员、农民、艺术家等。[105] 该局发行的杂志《约旦》（*Jordan*）也可在全球所有皇家约旦航空公司（ALIA）的航班上找到。

这还不是全部。1970 年内战后，带有贝都因主题的广播和电视歌曲以及肥皂剧充斥着约旦的无线电波。约旦的第一个广播电台于 1950 年在约旦河西岸城镇拉马拉成立，随后安曼广播电台"这里是安曼"（Huna'Amman）和耶路撒冷电台均成立于 1959 年，早期普及贝都因歌曲和主题的尝试并未取得积极成果。传统的贝都因音乐流派，例如不同的 Ahazij——Shruqi、Hjayni 和 Hda'（它们的口语发音）——无法与那个时期流行的埃及、伊拉克和黎巴嫩歌曲相抗衡，约旦的城镇居民无法理解这些歌曲中的一些惯用语和方言专用词，更不用说在约旦之外了。因此，政府计划了一项新策略，即重新编曲（由陶菲克·巴沙等黎巴嫩作曲家）并改变歌曲的词句和方言。直到 20 世纪 70 年代，这种策略被证明更为成功，尽管只是在有限的意义上。那时，传统的贝都因的歌唱形式已经完全被放弃，转而采用一种发明的半西化音乐流派，拥有"可理解"的口音和城市人口可以理解的词语，并且可以出口到阿拉伯世界的其他地区。这种新流派作为贝都因歌曲和音乐被出售给城市和贝都因人，并相应地出口到国外。此外，歌曲的歌词大多是城市口音，发音略有变化（qaf变成了ga音），并使用了一些城市人熟悉的"贝都因方言"词，使歌曲具有"正宗的贝都因"特色。[106]20世纪50年代末和60年代初，当时由瓦斯菲·塔尔（Wasfi al-Tall）（由萨拉赫·阿布·扎伊德继任）领导的广播电台寻求民间作词家拉希德·扎伊德·基拉尼（Rashid Zayd al-Kilani）的帮助，用都市化的"贝都因"方言改写歌曲。[107]1964年，政府成立了该国历史上第一个信息部，1966年成立的文化艺术部（Dai'rat al-Thaqafah wa al-Funun）是该部的部门之一。该部门承担了约旦文化的"研究"工作，并被委托编写和出版了许多关于约旦文化的书籍以及文化期刊《思想》（Afkar）。[108]1972年，为庆祝建国50周年，该部门出版了《我们五十年的文化》的文集。[109]1968年，约旦建立了第一家电视台，因此不仅提供歌曲，还提供肥皂剧（tamthiliyyat、musal-salat），这是一种新的、更有效的媒体。

肥皂剧作品，例如由约旦民族主义者穆斯林贝都因人艾哈迈德·乌韦迪·埃巴迪（Ahmad 'Uwaydi al-'Abbadi）撰写的《爱与战争时代的骑士》（Wadha wa Ibn 'Ajlan），以及由约旦基督教定居部落出身的鲁克斯·扎伊德·乌宰济（Ruks Za'id al-'Uzayzi）撰写的《尼米尔·阿德万》（Nimr al-'Adwan），被制作用于广播和电视，出口到其他阿拉伯地区，创设了约旦肥皂剧流派。从伊拉克到摩洛哥，此类宣传约旦贝都因身份的节目在整个阿拉伯世界播放。拥有定居和贝都因血统的外约旦人（基督徒或穆斯林）积极宣传约旦贝都因形象的事实证明了将所有约旦人贝都因化的包容性项目是一种将他们国有化的形式，以对抗在1970年内战期间在战场上被击败的巴勒斯坦民族威胁。该政权在1970年的军事胜利现在得到巩固约旦民族认同的和平战略的支持。

从这个意义上说，贝都因人将约旦鲜活的文化历史传承至今，不仅被外国游客（主要是欧洲和美国游客）和其他阿拉伯人看到，同时也被现代约旦人自己看到。尽管从表面上看，贝都因人和现代约旦人生活在一个共时的时间和一个同源的民族空间中，但实际上他们并非如此。贝都因人是作为远离城市现代性的沙漠帐篷居民而产生的，他们生活在过去的、传统的、另一个异时的时间里。他们的地理位置虽然被国有化了，但象征着这个国家过去的历史，这与现代约旦人的城市位置形成鲜明对比，现代国家总是地处城市。进化的含义是，在某些时候，所有今天被确定为约旦人的人在成为现代城市成年人之前，在他们进化的童年中一定像贝都因人一样生活。因此，现代约旦人和现代欧洲人、欧美人，"只有当他比贝都因人活得更久，也就是说，如果他经历过可能与他们共享的时间"并达到他们发现现代性的水平时，才有能力观察贝都因人并生活于他们的时代。[110] 重要的是，要强调现代约旦人与现代欧洲人共享的西方殖民认识论。正如约翰尼斯·费边（Johannes Fabian）所观察到的，"使用原始、野蛮（但也包括部落、传统、第三世界或任何流行的委婉说法）等术语的话语不会思考、观察或批判性地研究'原始'；它从原始的角度思考、观察和研究。原始本质上是一个时间概念，是西方思想的一个范畴，而不是一个对象"[111]。正如费边所断言，这种对时间的使用的明确目的是将那些被观察的人与观察者的时间拉开距离，否认同时代的时间（coeval time）。[112] 与这种认识论一致，现代约旦人看待他们自己并向欧洲人展示的自我是通过否定传统而构成的，这种否定是对据说构成了他们起源的贝都因人自我的否定，同时收回了那个传统和那个作为活生生过去的自我！这种双重操作是现代约旦背景下民族认同发生的过程。现代性扬弃了大多数约旦人的传统（其中传统被纳入现代性而不是被现代性所取代），这样传统成分可以投射到活着的贝都因人身上，贝都因人赋予了这种投射的物理表现和实质性。欧洲人和现代约旦人可以将高贵原始的贝都因人视为原始约旦人（佩特拉的建造者？），并将他们与现代约旦人进行比较——两者之间的时间距离可以衡量现代约旦人相比于他们在世的祖先所取得的文明程度。大多数贝都因血统的约旦人已被国家定居，现在居住在城市和农村中心，不再居住在非城市的"沙漠"中，这一事实对这种神话再现并不重要，更不用说贝都因人传统的大部分内容都是由国家发明的。

那些仍然生活在沙漠中并具有部分游牧生活方式的贝都因人可以被包装为旅游景点。那些阻碍"进化""进步"和"现代性"的人，如佩特拉的比杜尔（Bidul）贝都因人，被征用、重新安置和/或被纳入现代旅游项目。由于民族国家的现代—传统、游牧—定居和贝都因—哈达里的矛盾计划，比杜尔的故事在这种背景下很有趣。

目前尚不清楚比杜尔贝都因人在佩特拉地区生活了多久。虽然有些说法声称他们是从西奈半岛来到该地区的新人，但书面证据表明他们至少在20世纪都住在佩特拉。他们的口述历史断言，穆斯林贝都因人追赶他们的祖先到佩特拉避难。然而，他们皈依了伊斯兰教，因此他们的名字是来自巴达拉的宗教"交换者"，如"为了交换"。其他人则断言，比杜尔这个名字的词源来自他们的祖先巴德尔（Badl），他是纳巴泰国王（Nabt）的儿子之一，因此比杜尔的意思是巴德尔的人民。自20世纪60年代中期以来，政府一直试图将他们驱逐出佩特拉，迫使他们在以前耕种过的城市以外的地方耕种。这是在根据古物部（由英国在委任统治期间设立）的建议颁布的新法律宣布佩特拉和其他国家纪念碑和遗址为国家公园之后完成的。

比杜尔人曾经住在佩特拉的洞穴中，在过去的一个世纪里一直与来访的游客共存，游客将他们视为景点的一部分，一种"活的博物馆"。最近，附近定居的拉亚斯纳（Layathnah）部落，其成员居住在邻近的穆萨谷

（Wadi Musa）镇，通过拥有游客用来到达佩特拉遗址的大部分马，已经更加融入佩特拉的旅游经济。[113] 尽管现在他们经营马业并拥有大量马匹，比杜尔人是这一行业经营企业的新来者。许多人担任导游，出租他们的洞穴，并出售在洞穴中发现的考古物品，例如纳巴泰的陶罐碎片。他们甚至与佩特拉酒店（Forum Petra Hotel）签约，在佩特拉的 al-Dayr（一座曾被拜占庭僧侣用作修道院的纳巴泰陵墓）中为游客提供一餐曼萨夫，他们的驴则将葡萄酒和啤酒运送到现场。[114] 70 年代初，政府从佩特拉驱逐比杜尔人的运动遭到了激烈的武装抵抗。最后，20 世纪 80 年代初期，政府在佩特拉附近为他们建立了一个定居点，让他们在 1985 年之前搬迁，否则将面临强行驱逐。[115] 到 1985 年，政府的决定迫使他们搬迁到新家。比杜尔人除了服从别无选择，他们通过声称佩特拉是他们和纳巴泰人的直系祖先来抵抗政府，但无济于事。[116] 这样做，他们将自己与现代约旦民族主义者区分开来，后者声称佩特拉和纳巴泰属于所有外约旦人。目前和在他们被迫定居之后，比杜尔人越来越多地通过教育和媒体融入全国。他们的一些成员在安曼的职业学校专门学习酒店管理，希望他们能够管理佩特拉的旅游经济，其大资本投资者来自佩特拉以外，而且越来越多地来自约旦以外。比杜尔人的故事展示了约旦国家在定义和重新定义约旦的民族和贝都因认同方面持续的司法和强制能力。

## 公共领域和私人领域之间的女性

《个人身份法》将妇女作为家庭领域的不平等居民，照顾她们作为妻子、母亲、看护人、杂务主管和离婚者的角色，通过对宗教传统的某种解读来规范这些活动，其余法律则控制着妇女融入公共生活、市民社会的生活——国家公民的生活。女性在法律中的双重地位与男性的地位相似。男人也有双重身份，一个是市民社会的一部分，他们在名义上与其他公民——国民平等，另一个是私人领域的户主，享有法律赋予的不平等特权和权利。这里男女在私人和公共领域的地位差异并不是基于女性作为工人、选民、国民、公民等突然进入公共领域，而是早在现代民族主义出现在中东之前，女性一直是家庭外经济的一部分，尤其是在农业领域，以及在贸易和财产所有权方面。自奥斯曼坦齐马特时期以来的新事物是西方将现代性分配给"市民社会"领域，将传统分配给"私人领域"。事实上，正如尤尔根·哈贝马斯（Jürgen Habermas）所表明的那样，[117] 这种二分法的发明，取决于分配给它们的这些估值。因为，归根结底，私人与公共、工业城市与乡村，是划分社会空间的现代概念。在阿拉伯世界，哈达尔（Hadar）和定居的贝都因人的社会空间划分已经存在了几个世纪；然而，他们对现代之于传统的新含义是由于他们融入了民族国家的现代空间认识论。然而，我在本章的其余部分所展示的是，这个社会空间的划分与一种时间模式相称，甚至由其构成，没有这种模式，这些划分将失去其在现代公民—国民形成过程中的大部分功能意义和重要性。

　　将伊斯兰教法（Shari'ah）转化为法典是一种现代现象。正是奥斯曼帝国的坦齐马特迎来了伊斯兰教法的转变，Shari'ah 最初是"一个表示良好秩序的通用术语"，从"一系列先例、案例和一般原则，以及一系列完善的解释学和逻辑倒错性技术"转变为现代法典。[118] 也是奥斯曼帝国的坦齐马特将伊斯兰教法分为不同的部分，以前不为人知，例如"民事""刑事""商业"和"家庭"，而后者本身被认为是"民事"的一个子部分。第一个这样的转变是奥斯曼民法典，更为人所知的是《麦加拉法典》（*Majalla*），它于

19 世纪 70 年代颁布，是有史以来第一次对伊斯兰教法的编纂。至于后来被称为家庭事务的事情，奥斯曼帝国于 1917 年颁布了《家庭权利法》（Law of Family Rights），该法律直到 1947 年一直保留在约旦的书本上（土耳其于 1927 年通过采用和改编"世俗"瑞士法典来取代该法律）。在此期间，埃及法学家在后来成为家庭法的领域开始创新。1893 年，当时的埃及司法部长穆罕默德·卡德里帕夏（Muhammad Qadri）出版了他的《伊斯兰教法个人身份规定》（*Shari'ah Provisions on Personal Status*），该书包含 646 个关于婚姻、离婚、继承、礼物等的条款。他是第一个创造"个人身份"一词来指代家庭事务的人。[119]20 世纪 20 年代，更多的"个人身份"转变也随之而来。著名的埃及法学家阿卜杜勒·拉扎克·艾哈迈德·桑胡里（'Abd al-Razzaq Ahmad al-Sanhuri）成为许多阿拉伯国家民法典的设计者，并为关于个人身份法的辩论作出了贡献，力求使其适用于穆斯林和非穆斯林。[120]鉴于奥斯曼人依赖于哈乃斐学派对伊斯兰教法的解读和特权，桑胡里呼吁更多的折衷主义。伊斯兰教法的这些转变恰逢土耳其以及原奥斯曼各省民族国家的兴起。因此，编纂伊斯兰教法旨在促进现代民族国家的治理——"我们"通过这种方式变得现代，同时又保持传统。桑胡里在这件事上明确表示："我们的法律应该从伊斯兰教法的来源中得到最大程度的加强。我们应该努力使我们的法律与我们的旧法律传统相一致，通过将其视为一个不断发展的事物，而不是将其视为静态的创造，将我们国家（埃及）的现在与其过去联系起来。这就是历史方面。"[121]

因此，制定法律是为了以符合"我们的旧法律传统"这一传统观点的方式来解决妇女的法律地位问题。这当然不是中东或伊斯兰教独有的，而是更普遍的殖民世界的民族主义。在描绘第三世界民族主义和女权主义运动的历史时，库马里·贾亚瓦迪那（Kumari Jayawardena）[122]展示了在世纪之交访问西欧国家时，亚洲民族主义领导人"对一个社会的开放性感到震惊，这个社会允许一些男人和女人参与轻松的社交活动……面对足够发达和强大到可以压制他们的社会，以及使自己的社会现代化的需要，亚洲的许多改革者将西方社会中妇女的明显自由当作推动西方进步的关键"。[123]贾亚瓦迪那将改革者的目标确定为双重目标："在他们的国家建立一个稳定的、一夫一妻制的核心家庭系统，其中有受过教育和有就业能力的女性，例如与资本主义发展和资产阶级意识形态相关的女性；还要确保女性在家庭中保持传统的从属地位。"[124] 阿拉伯世界的此类人物包括卡西姆·艾敏（Qasim Amin）和穆罕默德·阿卜杜（Muhammad Abduh），自 19 世纪下半叶以来，他们将阿拉伯世界的女性地位视为阿拉伯人无法再"跟上"欧洲的主要原因之一。他们设计了新计划，在不违背"传统"的情况下使阿拉伯妇女"现代化"。事实上，这个项目的意图是阿拉伯妇女的新发明（效仿欧洲民族主义的例子），她们是传统的守护者，是民族道德生活及其后代道德生活的管理者。因此，虽然要在家庭中维持妇女的次要地位并重新赋予她们受传统启发的地位，但妇女作为传统的守护者和民族年轻一代的管理者，必须接受现代教育（扫盲、科学卫生、家庭经济、科学育儿、营养）以保护民族遗产（al-Turath）。这种对新型存在的呼吁，即民族公民的存在，以培养女性和男性为前提，为建设民族的未来做准备，尽管男女承担和执行的义务和权利不对称。为了使其有效，这些新标准必须被编入法律。

　　我要强调的是，桑胡里不仅是埃及民法典的缔造者，是伊拉克、叙利亚和利比亚民法典的设计师，还是科威特商业法典的创造者。约旦 1947 年和 1951 年 [125] 的《家庭法》以及 1976 年的《个人身份法》[126] 的灵感不仅来自奥斯曼人对 1917 年奥斯曼《家庭权利法》中哈乃斐传统的解读，还来自桑胡里对埃及法典以及后来的叙利亚和伊拉克法典的贡献——这三者都对约旦的法律产生了重大影响。

　　尽管第一部约旦家庭法直到 1947 年才颁布，但自国家成立以来，坚持政府和埃米尔阿卜杜拉对伊斯兰教法的看法这一需求一直很明确。埃米尔希望对性别关系施加某种现代法律观点，这与他对伊斯兰教法的解读一致，这使阿卜杜拉在外约旦成为一个国家后不久颁布了一项法令，即禁止"绑架女孩的习俗"（指当时在切尔克斯"移民"社区中盛行的、作为婚姻仪式的一部分的私奔）："法令［Al-Iradah al-Muta'ah］已颁布，禁止一些切尔克斯移民在签订婚约时从女孩的家中绑架她们。从现在开始，婚约将遵守受人尊敬的伊斯兰教法。"[127] 当然，这是人口正规化的一部分（因为人们遵守相同的习俗），这对于任何使人民入籍的项目都至关重要。

在 1947 年独立后颁布的第一部约旦家庭法（在 1951 年被类似的法律所取代，并于 1976 年更新）中，[128] 男女对国家和对作为国家主体的彼此之间的权利和义务存在差异。尽管这些法律即使在细节上明确地参考了 1917 年的《奥斯曼家庭权利法》，但安德森（J. N. D. Anderson）指出 1951 年的法律具备以下三个特征："它还包含了 1920 年和 1929 年埃及的一些更激烈的改革，连同它自己的一些修正甚至创新，同时它还包括一些不在奥斯曼或埃及立法范围内的主题。"[129] 在关于婚姻（al-Zawaj）或求婚（al-Khutbah）的部分中，大多数禁令都标明了对男性在婚姻中不成比例的权利的限制，并阐明了女性对其丈夫的权利和义务。鉴于婚约事实上赋予丈夫许多权利（和义务），妇女的权利必须在婚约中作为丈夫同意的条款和条件加以详细说明（第 19 条）——妇女有权规定丈夫不得强迫她离开签订婚约的城镇、她有权与他离婚、他不得在她之外再娶一个妻子，这三项权利都是不会在结婚时自动授予妻子的。如果出现了在没有这些规定的情况下签订婚约的情形，那么妇女在其签订婚约的城镇或城市自愿居住的宪法权利将被中止，其结束婚姻的权利将被放弃，而婚姻的结束首先应是在她的批准和同意下进行的。简而言之，在没有这些列出的保护条款的情况下签订婚约，女性就不再是正式公民，而是被引入了不同的法律存在领域。因此，名义上平等的公民身份条件适用于名义上对国家享有类似权利和义务的所有男性和所有未婚女性。在这点上，婚姻似乎不仅是一种国家许可、见证和监督的社会联系，而且还是一种侵犯妇女公民权的契约，它使妇女的法律地位分裂为公共领域内的有限法律公民权和在私人领域或家庭中不平等的司法居住权。国家为了提出这种性别化的公民计划而呼吁的话语是民族主义的话语，尤其是与"民族传统和习俗"相关的话语。法律本身也意识到了这种权利和义务的差异，它试图通过在婚约中规定一些条件，为妇女提供某种法律途径来使她们的地位平等，这带来了些改善但没有消除这种不平等。自 1917 年的《奥斯曼家庭权利法》（第 8 条）以来，妇女就可以使用这一途径，并且存在于约旦的所有三部法律（1947 年《家庭权利临时法》第 19 条、1951 年《家庭权利法》第 21 条和 1976 年《个人身份法》第 19 条中都有规定）中。

《家庭权利法》和《个人身份法》中公共和私人领域交叉的更重要的领域之一是已婚妇女在婚姻住宅之外工作的权利。鉴于 1947 年和 1951 年的法律规定，如果妻子搬出婚姻住宅，或者在她拥有婚姻住宅的情况下，她阻止丈夫进入，丈夫有权不再在经济上支持她，[130]1976 年的《个人身份法》将这些条件扩大到包括已婚妇女在未经丈夫许可或批准的情况下离开婚姻住宅寻找有薪工作。[131]20 世纪 80 年代初未生效的法律草案规定，丈夫对妻子外出打工的同意"可以是默示或明示的，即使未在婚约中记录"，从而使妇女在从事有薪工作方面有更大的自由。[132]需要注意的是，女性在签订婚约时，始终可以将婚后工作作为条件，在这种情况下，丈夫未来的反对将没有法律依据。1976 年的法律规定，如果妻子未经丈夫同意外出工作，丈夫有权拒绝提供经济支持，从而限制了妇女在国民经济相对繁荣时期工作的权利，而 20 世纪 80 年代初的法律草案则放宽了这一项规定，以应对不断恶化的经济和对第二份收入的需要。[133]此外，到 20 世纪 80 年代，许多约旦妇女（不包括已经工作并继续从事农业工作的农民妇女，她们在大多数情况下没有经济报酬）获得了较高的大学学位，并开始大量进入有薪劳动力市场。[134] 这种情况表明，由于双方签署了规范私人领域权利的合同，丈夫的权利可能会侵犯妻子在公共领域的权利，这证明了这些领域的渗透性，表明她们不是离散和独立的实体。由于这种情况，一种法律差异出现了。一方面，约旦 1952 年宪法规定"工作是所有公民的权利"，另一方面，《个人身份法》赋予男性否定已婚妇女宪法赋予的工作权利的法律权利。[135]

另一个例子是《护照法》，就已婚妇女而言，它与《个人身份法》相应。它规定，经丈夫批准后，妻子和未成年子女可获得护照。[136] 这与宪法相矛盾，其中第 9-2 条规定："不允许阻止约旦人居住在特定地区，也不得强迫他居住在特定地区，除非法律规定的情况。"这种以私权侵犯公共权利的行为确实是约旦所有已婚男女的地位的基础。国家修改《个人身份法》以使其与宪法和其他领域的法律（包括民法和劳动法）相称的能力确实很棒。然而，在不久的将来它会朝这个方向走多远仍然不确定。最后一次尝试是 1990 年由当时的王储哈桑发起的新法律草案。[137] 然而，该法律草案也被搁置，以支持尚未提交议会的更新的一份法律草案。

已婚男女权利之间的这种不一致不仅是私人领域及其侵犯公共领域的能力的特征，也是公共领域固有的歧视性法律的特征。[138] 无论是在国籍法（如我们在第一章中看到的）中，还是在劳动法、[139] 退休法、社会保障法、刑法[140] 等中，妇女受到系统性的区别于男子的对待，被给予的权利和特权较少。这样的例子包括对为保护被犯错误的女性亲属（妻子、女儿、姐妹、侄女、阿姨，表妹）玷污的名誉而犯下"荣誉"谋杀罪（或"激情"谋杀）的男性（而不是女性）的轻判。[141] 该刑法（Qanun al-'Uqubat）与《拿破仑法典》非常相似，实际上受到了后者的启发。在一些欧洲国家和美国的一些州，仍有许多此类法律。约旦国王阿卜杜拉二世最近试图从刑法中删除第 340 条（允许犯荣誉罪的男人减轻刑罚），这导致了与伊斯兰主义者和其他保守派议员的对抗。政府和妇女团体已经能够通过由王室成员领导的大规模示威活动，动员大量民众支持删除该条款。在撰写本书时，该条款仍保留在案。[142]

遵守这些受伊斯兰教法启发的现代化版本的《家庭法》和《个人身份法》的国家在其相应的妇女在法律中的双重地位方面并不是独一无二的。这确实也是非伊斯兰西方国家的特征。在《性契约》（*The Sexual Contract*）[143]中，卡罗尔·佩特曼（Carole Pateman）提出了一种新的方法来使契约理论家（洛克、卢梭、霍布斯等人）所说的西方社会的原始基本社会契约概念化。她表明，社会契约还有一个隐藏的部分，它存在于社会契约设定之前。佩特曼称这个隐藏的部分为性契约。性契约的公理正是在前契约领域存在的，而正是通过社会契约，它们才被隐藏在个人的普遍范畴之下。佩特曼认为，"女性不会作为原始契约的当事人出现在任何地方；这种契约是男人之间的契约"[144]。与从未质疑妇女拥有财产权的编纂和预先编纂的伊斯兰教法不同，佩特曼断言，在西方法律传统中，"经典理论家对男子气概和女子气质以及男人和女人的意义构建了父权制的解释。只有男性才具备签订契约所需的属性和能力，其中最重要的是人的财产所有权；也就是说，只有男人才是'个人'"[145]。对佩特曼来说，性差异就是自由和服从的区别。佩特曼援引卢梭的话说："社会契约使个人自愿服从国家和民法；自由变成服从，作为交换，被提供了保护。在这种解读中，日常生活中的实际契约也反映了原始契约，但现在它们涉及以服从换取保护；他们创造了我所谓的民事统治和民事从属。"[146]佩特曼继续说，西方社会中的女性"被纳入一个既属于市民社会又不属于市民社会的领域。私人领域是市民社会的一部分，但与'公民'领域相分离。私人／公共的二律背反是自然／公民和女性／男性的另一种表达。私人的、女性的领域（自然的）和公共的男性的领域（公民的）是对立的，但从彼此中获得意义，当与表征私人领域的自然服从相对立时，公共生活的公民自由的意义就变得清晰起来……成为'个人'、缔约者和公民自由的意义是通过女性在私人领域的服从来揭示的"[147]。

根据佩特曼的说法，只有创造政治生活的男性才能参与原始契约，"但政治小说也通过'个人'的语言与女性对话"[148]。佩特曼得出的结论是，如果女性只是像奴隶一样被排除在公民生活之外，或作为已婚妇女的法律身份占主导地位时，那么问题的性质将是不言而喻的；"但妇女已被纳入一个公民秩序，她们的自由在其中显然得到保障，这种保障随着每次用'个人'的语言重述社会契约的故事而更新。"[149] 请注意佩特曼在欧洲国家和美国所描述的有多少在伊斯兰教法现代化的过程中被伊斯兰国家采用，更不用说在许多法律领域——商业、劳动、刑事、民事、刑事等——大量引进西方法律。鉴于西方的先例，需要强调的是，约旦 1952 年的宪法对男女没有区别对待，正如第 6 条 "所有约旦人在法律面前一律平等，他们在权利或义务上没有被区别对待，即使他们在种族、语言或宗教上有所不同"。此外，《民法》第 43 条明确规定，"凡达到法定成年年龄并有全部精神能力且未被监禁的人，均完全有资格行使公民权利"，其中法定成年年龄被认为是 18 岁。最近，国家和市民社会于 1991 年订立了《约旦国家宪章》（它实际上是由超过 2 000 名涵盖市民社会的社会和政治领域的约旦人以及国家代表签署的）并开启了约旦新的、极其有限的自由化试验，"约旦人，无论男女，在法律面前一律平等，即使他们在种族、语言或宗教上有所不同，他们在权利和义务上也没有区别对待。他们应行使其宪法权利，遵守祖国的最高利益和国家行为的道德规范，以保证约旦社会能量的导向，释放其物质和精神能力，以实现其团结、进步和建设未来的目标"[150]。请注意，该宪章没有像宪法和大多数法律那样使用无性别个体的语言来描述所有约旦人的平等，但它在约旦历史上第一次规定男女在法律面前一律平等。这确实是国家和市民社会方面更明确的承诺。宪章中对性别平等的新承诺是由 4 名妇女参与编写的，她们是编写该宪章的委员会的成员。然而，该宪章不是一份法律文件，而是一份阐明民族公民身份大众话语方面的新承诺的文件，其历史和转变将在后面的章节中讨论。[151]

回到司法作为与民族和国家项目相关的性别关系的谈判场所，我们发现这种情况在西方国家的司法层面同样普遍。在凯瑟琳·麦金农（Catharine MacKinnon）的著作《迈向女性主义的国家理论》(*Toward a Feminist Theory of the State*) 中，[152] 她断言（在西方）国家在法理上是"男性"的，

> 这意味着它在法律与社会的关系上采取了男性权力的立场。这种立场在宪法审判中尤为鲜明，尽管它在立法的政策内容上是中立、合法的。其中立性的基础是普遍假设，即基于性别的适用于男性的条件也适用于女性，即社会中并不真正存在性别不平等的假设。[美国] 宪法……其解释假定社会在没有政府干预的情况下是自由和平等的；一般而言，其法律反映了这一点；政府需要而且应该只纠正政府以前的错误。这种姿态是禁欲宪法的结构性因素：例如，"国会不得制定任何剥夺演讲自由的法律"。那些拥有平等、自由、隐私和言论等自由权利的人在社会上使他们合法，不受政府干涉。在社会上尚未拥有这些自由的人不会被合法授予它们。[153]

在西方从中世纪法向自由法转变的过程中发生的事情是，性别作为一种地位类别"只是从法律存在中被假定出来，通过旨在不触及它的宪法结

构，将其压制为假定的前宪法社会秩序"。麦金农断言："韦伯式的对合法强制手段的垄断，被认为将国家区分为一个实体，实际上描述了男性在家庭、卧室、工作、街道和整个社会生活中对女性的权力。事实上，很难找到一个不受它限制和描述的地方。"[154] 麦金农的结论是："法治和人治是一回事，不可分割，既是官方的又是非官方的——官方的有限制，非官方的则没有。体现在法律中的国家权力作为男性权力存在于整个社会，同时整个社会中男性对女性的权力被组织为国家权力。"[155] 我们对约旦法律的讨论证实了麦金农在她的西方例子中所描述的大部分内容。

## 公共领域的女性

值得注意的是约旦政府成立头 20 年的主流话语。埃米尔阿卜杜拉在性别问题上相当保守。他相信他对伊斯兰教法的理解和他对性别的看法是一致的。他于 1920 年 11 月抵达当时最北端的汉志城市马安后（当时安曼开始从法国人手中解放叙利亚），在向叙利亚人民（即大叙利亚人民）发表的第一份宣言中，他说："殖民主义者来找你是为了夺走你的三大美德：信仰、自由和男子气概［al-dhukuriyyah］。他来奴役你，让你不再自由，殖民主义者夺走你的武器，让你不再是男性［dhukur］，他用他的力量吓唬你，让你忘记上帝正在伏击他［bil-mirsad］，这样你就不会忠诚了。"[156] 就像对大多数男性反殖民民族主义者一样，对于阿卜杜拉来说，男子气概是一种偶然的身份：一个男人被殖民就等于被强奸、被阉割，是一种将男子气概转变为女性气质、将男性转化为女性的行为。在这种话语中，被强奸和成为女人会导致不自由。因此，自由是稳定的男子气概和女性气质的条件。然而，阿卜杜拉的兴趣不仅在于性别认同的稳定性，还有随之而来的公共道德问题。为了维护公共道德，早在 1927 年，该国就颁布了禁止卖淫的法律。[157]

而在建国后的最初几年，大多数约旦妇女并没有在有薪劳动力市场工作，随着教育的扩大，特别是对女孩的教育，许多妇女进入有薪劳动力市场，成为女子学校的教师和学校管理人员。这种情况引起了对妇女在公共领域地位的担忧，相较于民众，这种担忧更多地来自埃米尔本人和该国的一些神职人员。1939 年底，埃米尔非常关注约旦媒体报道的该国的 "公共传统和道德"。[158] 随后有更多文章解释了 sufur（露出面孔或揭开面纱）的 "非伊斯兰" 性质，并引用一名埃及神职人员最近的声明。[159] 埃米尔回应他和其他人对女性越来越多地出现在公共场所的形象问题的日益关注，并向政府发出了一封正式信函，呼吁关注与 Tabarruj（自我装饰和化妆）相关的穆斯林女性的外表。[160] 在信中，阿卜杜拉命令教育大臣在所有女子学校开展检查活动，视察女教师的工作并确定她们有能力履行 "宗教和道德责任"。[161] 最后，阿卜杜拉颁布了一项皇家法令，禁止女性装饰和化妆。在他的法令中，阿卜杜拉引用了《古兰经》中的几节经文来支持他的观点。首相随后致函该国首席大法官（Qadi al-Qudah），敦促他遵守埃米尔的法令，其中包含对穆斯林妇女，尤其是教师公开露面的指示，因为埃米尔表达了很多对她们以及她们教给约旦穆斯林女孩的东西的关注。[162] 但这还不够。埃米尔坚持他的 "愿望"，即穆斯林妇女在她们的家外穿上黑袍（mula'ah，一种黑色的遮盖物，包裹着女人的身体而不是脸）。他给首相写了一封信，表达了他对几天前目睹的事情的愤怒——"属于" 该国主要家庭的妇女在公共场所揭开面纱并装扮自己，这违反了宗教和 "人类荣誉"。他要求颁布一项法律，强制该国所有穆斯林妇女根据 "宗教" 在公共场合穿黑袍。此外，他认为所有在公共场合露面和装饰的妇女都是背道者。阿卜杜拉在他的信中还坚持认为，男人在公共场所行走时不戴头巾（"hasr al-Ra's"）是"违背了民族［al-ummah］传承的传统美德"。[163] 请注意，阿卜杜拉对宗教和宗教传统的理解是如何导致他将黑袍强加于约旦穆斯林妇女身上的，这种服饰从来不是她们的宗教传统或任何其他传统的一部分。阿拉伯半岛、伊拉克、埃及和一些叙利亚城市的城市中产阶级女性通常穿着的黑袍，在大多数外约旦村庄和巴迪亚村都不为人知。由于约旦没有主要的城市中心，而且大部分人口中心都是农村城镇，人们有自己的着装方式，阿卜杜拉的愿望实际上是将约旦穆斯林妇女融入另一种传统——他的传统。虽然女性因不是民族宗教传统的适当监护人而受到惩罚，但男性却被提醒，头巾是"传统美德"的民族遗产的一部分。然而，从来没有法令来强迫男人们遮住他们的头。

阿卜杜拉早在 1939 年就曾对不戴面纱的女性感到震惊。在他小时候第一次离开阿拉伯半岛的旅行中，他的家人陪同他被流放到伊斯坦布尔的父亲在埃及停留，在那里，阿卜杜拉惊讶地看到埃及基督徒妇女不戴面纱。[164] 由于所有这些法令和官方信件，媒体开始讨论穆斯林女性着装规范（Hijab）的问题，[165] 还发表了对女教师如何对待女学生的建议。[166] 对控制女性在公共领域的存在没有任何讽刺意味的是，《半岛报》（*Al-Jazirah*）发表了一篇文章，谴责"约旦女孩"在其他阿拉伯女性"如饥似渴地阅读"（"yaltahimna al-safahat"）好书、参与本国"复兴"（"nahdah"）的时候，除了"抄"书上的情书和"阅读关于爱情的愚蠢小说"之外什么都不做。作者呼吁女性加入生活的斗争，因为"国家将用这两个群体（青年男女）的武器建造其光荣的纪念碑［sarh］"。[167] 其他文章是针对男性的。《你想成为男人吗？人生成功所需的要素》一文列出了男子气概的先决条件。[168] 在此期间值得注意的是对性别外表和行为的公开表现的某种焦虑。这种外表和行为不仅应该由国家根据其民族主义标准来规范，而且与对学校和女学生的关注一样，教育和媒体也应该培养这种新发明的"民族传统"。埃米尔关于妇女戴面纱或不装饰自己的敕令或法令从未在《官方公报》上发表过，这意味着这些规定从未获得法律效力，目前尚不清楚为什么会这样。尽管埃米尔感到震惊和恐惧，但约旦妇女继续公开露面，打扮自己。

阿卜杜拉对伊斯兰教的保守解释以及他对伊斯兰教的承诺在其他地方得到了证明。他的政府于1945年1月批准穆斯林兄弟会（al-Ikhwan al-Muslimun）作为第一个允许在该国合法存在的非政府政治团体。[169] 不久之后，在1945年2月，埃米尔在接受《半岛报》的采访时坚称，尽管伊斯兰世界存在关于穆斯林妇女应留在家中还是进入公共生活的争论，但他支持前一种观点，因为女性不能和与她们无关的男性混在一起，也不应该在公共场合打扮自己。虽然她们可以离开家去办事，但她们应该蒙着脸。[170] 与这种思维方式一致，伊斯兰研究教授和阿卜杜拉的门徒谢赫穆赫塔尔·马艾哈迈德·马哈茂德·尚吉提（al-Mukhtar Ahmad Mahmud al-Shanqiti）写了一首诗来批评和嘲笑装扮和揭开面纱的女人。[171] 阿卜杜拉对女性的立场的重要性体现在它被用作他的公共宗教信仰的标志。事实上，他对女性的立场至今仍被伊斯兰主义者和保守派引用为他的宗教信仰的主要证据。[172]

然而，到1948年11月，阿卜杜拉对女性的看法似乎略有动摇。在与耶路撒冷穆夫提的谈话中，他取笑了后者。约翰·巴戈特·格拉布报道了这个故事：

"看漂亮女人有错吗？"接着又假装无辜地询问陛下。

学识渊博的谢赫们拉长着脸，沉声回答："罪过，陛下，罪过。"

国王斜眼看了我一眼，眼中闪烁着邪恶的光芒。"我不明白你是怎么想的，"陛下说。《古兰经》说——'如果你看到一个女人，请移开视线！'显然，除非你已经开始观察，否则你无法移开视线！"……

这些观点让善良的谢赫们有些吃惊。然而，不容易被打败的穆夫提说，我们必须坚持所有女人都戴面纱，这样就不会出现看她们的问题，因为她们是完全不被看见的……

"这一切都很好，"陛下回答，对着众人眨了眨眼，"但是现在，她们不再戴面纱，而是去海里洗澡了。穆夫提，我们该怎么办？"……

但即使是穆夫提也是一个男人。"是这样吗？"他回答说，也同时眨了眨眼。"可惜我已经不是年轻人了！"[173]

1951 年，阿卜杜拉重申了他对穆斯林女性的看法，坚持认为她们不应在公共场所与男性混在一起，而且宗教当然不允许她们与男性在海中游泳（"al-nuzul ila al-sahil ma'al -rijal"）——一个他似乎痴迷的主题。他补充说，这与"阿拉伯人的勇气"（"al-muru'ah al-'Arabiyyah"）相违背，因为"女人的衣服就是她的盾牌，即使在她丈夫面前也是如此"（"an tatrah al-mar'ah dir'aha hatta 'inda zawjiha"）。[174] 后一种观点更让人联想到圣保罗关于女性的禁令，这一点于伊斯兰教来说很陌生，但对于阿卜杜拉的理解却并非如此。这些观点是在阿卜杜拉的儿子纳伊夫王子（当时是指定的继任者）签署 1951 年《家庭权利法》仅仅两周后表达的。[175]

## 妇女与政治

鉴于阿卜杜拉兼并了巴勒斯坦中部，以及被犹太复国主义势力驱逐的数十万巴勒斯坦难民的到来，约旦的政治局势发生了重大变化。巴勒斯坦人带来了半个世纪的政治组织和激进主义经验。巴勒斯坦妇女自 20 世纪 20 年代初就有政治组织，并参与了 20 世纪 30 年代的巴勒斯坦起义，她们将一种新的政治类型引入约旦的政治舞台。虽然王室在 40 年代中期成立了一些妇女组织，但这些组织的成员仍然有限，目标和视野也很有限。第一个组织成立于 1944 年 12 月 25 日，名为妇女团结社会协会（Jam'iyyat al-Tadamun al-Nisa'i al-Ijtima'iyyah）。它由阿卜杜拉的妻子米斯巴哈王妃（塔拉勒的母亲）领导，其目标是"关照儿童和住房，并关照其他社会事务，旨在提高穷人的［经济］水平并改善他们的情况"。[176] 另一个组织约旦妇女联盟协会（Jam'iyyat al-Ittihad al-Nisa'i al-Urduni）也由王妃领导。该协会的目标是开展慈善事业，改善约旦妇女的社会状况，提高妇女的教育水平，传播照顾孩子的"健康基础"以及为贫困妇女提供经济援助。这个协会和妇女团结社会协会一样，以安曼为基地，没有其他分支。它有 80—100 名成员。[177] 这两个群体的资产阶级构成反映了新兴的商人阶层，他们在第二次世界大战期间的财富增加了其在政治上的话语权和对王室的影响力。事实上，这一时期对工作和资产阶级妇女出现在公共领域的大部分关注是由于约旦商人阶层的财富增加，这一方面导致了阿卜杜拉与其他传统主义者之间的紧张关系，另一方面是商人阶层更加现代化了。大多数商人是叙利亚人，有一些是巴勒斯坦人，很少有外约旦本地人。[178]

1949 年，两个妇女协会合并，成立了约旦妇女哈希姆协会，该协会很快便解散。[179] 鉴于 1948 年的阿以战争和难民的到来，约旦红新月会由巴勒斯坦女难民与约旦妇女哈希姆协会合作成立，为难民提供服务。[180]1951 年颁布了《社会事务部法》，开创了该国第一个此类部委。该部的目的是组织和监督该国所有的志愿活动、社团和组织。1951 年至 1979 年间，该国（不包括西岸）有 340 多个社团从事多项活动，并以慈善社团总联盟为代表。其中，只有 22 个社团是妇女社团，其服务包括日托中心、营养中心、孤儿院、老年人服务、职业培训、扫盲运动、为智力障碍者开办学校，以及为贫困家庭和军人家属提供经济援助的项目。[181] 请注意，这些服务是女性在家庭"私人"领域提供的服务的延伸。因此，女性在公共领域的存在取决于她们提供的家庭"私人领域"服务。因此，妇女的私人地位可以公开化，而她们在公共领域的存在却被私有化，因为她们的家庭生活可以扩展到包括公共领域，她们的私人地位也可以如此，这在所有领域都保持不变——也就是说私人领域也不变。除了这些社团之外，还成立了一些女性俱乐部，主要面向中上层女性。其中最重要的是商业和职业女性俱乐部（Nadi Sahibat al-A'mal wa al-Mihan），该俱乐部成立于 1984 年，包括一个为女性提供建议的法律办公室以及一个女性研究中心。[182] 它还于 1992 年 5 月开始出版时事通讯。[183]

除了这些社团和俱乐部，在该国成立的两个更重要的妇女组织是存在于 1954 年至 1957 年授予妇女投票权的自由议会时期（尽管其包括妇女选举权的决议被 1957 年的宫廷政变推翻）的阿拉伯妇女联盟（al-Ittihad al-Nisa'i al-'Arabi）[184] 和存在于 1974 年至 1981 年的约旦妇女联合会（在皇家法令授予女性投票权的那一年成立）。妇女选举权法令在 1974 年 4 月颁布，而该联合会是由一些约旦妇女于 1974 年 11 月成立的，她们选举女权主义先驱艾米丽·比沙拉特（Emily Bisharat）为联合会主席，为 1975 年在墨西哥城举行的联合国妇女大会做准备。1981 年，社会事务部非法解散了该联合会，试图控制该国妇女的独立活动。[185] 然而，在联合会解散前不久，曾骚扰联合会数月的社会事务大臣、约旦首位女大臣伊阿姆·穆夫提（In'am al-Mufti）成立了一个由政府控制的约旦妇女全国联盟。[186] 与此同时，1978 年 4 月，政府首次邀请了 3 位女性（伊阿姆·穆夫提、维达·布鲁斯［Widad Bulus］和纳伊拉·拉什丹［Na'ilah al-Rashdan］）担任

第一届全国协商委员会的成员（共有 60 名成员），该委员会由政府于 1978
年 4 月成立，是在议会缺席的情况下代表社会的机构，与政府协商的权力
有限。[187] 这是自国家于 1921 年成立以来第一次有女性参与的官方管理机
构。1980 年 4 月成立的第二个协商委员会包括 4 名女性成员（维达·布鲁
斯、纳伊拉·拉什丹、阿达维耶·阿拉米［'Adawiyyah al-'Alami］和珍妮
特·穆夫提·达赫坎［Janette al-Mufti Dakhqan]），不包括已被任命为大臣
的前成员伊阿姆·穆夫提，她于 1979 年 12 月被任命为社会事务大臣。[188]
第三届协商委员会成立于 1982 年 4 月，其中包括 75 名成员中的 4 名妇女
（莱拉·沙拉夫［Layla Sharaf]、海法·马哈斯·巴希尔［Hayfa' Malhas
al-Bashir］、萨米亚·纳迪姆·扎鲁［Samyah Nadim al-Zaru］和伊达·穆特
拉克［'Iddah al-Mutlaq]）。[189] 至于女性在政党中担任领导职务，这仅始于
20 世纪 70 年代初，当时女性是瓦斯菲·塔尔和穆斯塔法·杜丁（Mustafa
Dudin）全国联盟的成员，女性在其中未能成功竞选领导职位。尽管如此，
该联盟的执行委员会仍包括 3 名女性，其中一人是瓦斯菲·塔尔的叙利亚
遗孀萨迪耶·贾比里·塔尔（Sa'diyyah al-Jabiri al-Tall）。联盟很快就解散
了。[190]70 年代的这些重大活动确实受到了国际社会对女性关注的激励，约
旦政府不能忽视这一点。除了选举权和政治任命之外，政府还在 1977 年
2 月设立了妇女事务部，以响应在墨西哥城联合国会议上提出的建议以及
1976 年 4 月人力资源会议专门讨论妇女问题的小组提出的建议。[191] 正是在
国家支持扩大妇女作为公民的公共角色的背景下，1976 年通过了《个人身
份法》，略微限制了丈夫对妻子的权利（与 1951 年的《家庭权利法》相比）
并维持妇女在家庭中的次要地位。到 20 世纪 80 年代初，新项目正在制定
中，以取代 1976 年的《个人身份法》，该法至今仍记录在案。

　　重要的是，20 世纪 50 年代中期的妇女运动得到了大规模的反帝国主
义约旦民族运动的大量支持，该运动争取民主权利、阿拉伯团结和结束

在该国的殖民存在。左翼和中间的政党（合法的和非法的）以及亲政府的政治家都支持并推动妇女的选举权和妇女竞选的权利。事实上，阿拉伯妇女联盟的许多成员都是政治家的妻子，例如穆尼夫·拉扎兹（Munif al-Razzaz，复兴党领导人之一）的妻子拉米亚·拉扎兹（Lamʻah al-Razzaz）、法尔汉·舒巴拉特（Farhan Shubaylat，1955 年任国防大臣）的妻子法丽达·舒巴拉特，以及恩库拉·甘玛（Nqula Ghanma）的妻子法丽达·甘玛（Fariah Ghanma，被任命为上议院议员）。此外，在 1951 年，共产党的政治纲领发表在其报纸《人民抵抗运动》（*Al-Muqawamah al-Shaʻbiyyah*）上，号召"努力将约旦妇女从保守锁链中解放出来，并在所有政治、经济和社会事务中将她们与男性等同起来"[192]。阿拉伯妇女联盟实际上会见了首席大法官的副手，要求结束一夫多妻制并限制穆斯林男子的离婚权。[193] 早在 1952 年，妇女觉醒联盟（Rabitat al-Yaqazah al-Nisaʼiyyah）就组织了要求选举权的示威活动，呼吁结束英国在该地区的殖民政策，并动员妇女庆祝国际妇女节。此类活动受到军方的限制，军方负责人约翰·巴戈特·格拉布下令解散联盟。该联盟继续在地下运作，并最终在 1967 年阿以战争后开始公开运作。[194]1970 年，联盟更名为阿拉伯妇女协会（Jamʻiyyat al-Nisaʼal-ʻArabiyyat）。

在妇女签署了许多请愿书并组织了许多要求妇女选举权的示威活动，导致议会投票授予妇女投票权后，大臣会议于 1955 年 10 月 2 日发布决定，批准议会投票授予受过教育的妇女投票权，但不去竞选。鉴于这一事态发展，妇女团体发起了一场广泛的运动，要求所有妇女都有选举权和妇女参加选举的权利。艾米丽·比沙拉特（阿拉伯妇女联盟的负责人）在《巴勒斯坦报》（*Filastin*）上写了一封公开信，标题是"我们想要我们的全部权利"[195]。阿拉伯妇女联盟在一次全体会议上要求妇女享有充分权利，并呼吁政府给予未受过教育的妇女投票权，并允许所有妇女参加选举。[196]1956

年 3 月 8 日，联盟在杰里科（约旦河西岸）组织了一场大规模示威（超过800 名妇女参加），要求平等的权利、妇女充分的选举权、妇女竞选议会的权利以及取消约旦—英国条约（维持英国对约旦的委任统治）。[197] 在约旦军队首领格拉布帕夏被驱逐后，妇女的激进主义有增无减。妇女要求加入国民警卫队，许多人自愿加入。[198] 阿拉伯妇女联盟就此向国防大臣发送了一份备忘录。[199] 然而，政府对民族运动的镇压措施并没有放过妇女。如前所述，除了解散妇女团体，攻击既有反殖民民族主义议程又有性别平等议程的妇女示威活动外，政府军还毫不犹豫地拘留妇女，解雇她们，甚至射杀她们，正如他们在 1955 年 12 月对拉杰·阿布·阿玛莎（Raja' Abu 'Ammashah）所做的那样，当时她在耶路撒冷的英国领事馆焚烧英国国旗以抗议《巴格达条约》。[200] 随着 1957 年民族运动的失败，妇女的政治活动与其他大众运动一样陷入停顿。

随着 60 年代巴勒斯坦民族运动的兴起及其大部分新分子在约旦的出现，妇女运动找到了新的支持来源。尽管如此，该运动的大多数团体只是呼吁妇女平等，他们将妇女纳入其团体以提供服务能力。尽管一些团体在其游击队中招募妇女，其目的是民族而非性别解放，因为领导权及其政治议程仍掌握在男子手中。[201] 尽管如此，巴勒斯坦民族运动为妇女运动提供了一个激进主义的舞台，从而推动了妇女运动。随着该运动在 1970 年和1971 年的最终失败导致其力量被驱逐出该国，妇女激进主义再次停止，直到 1974 年皇家法令授予妇女投票权后才再次复兴。

尽管该国独立的妇女团体解散了，但妇女仍然能够渗透到市民社会中的许多要塞，这些要塞此前一直对她们关闭。1960 年，妇女第一次参加劳工和专业工会并被选举为代表，例如牙医联盟。许多妇女在其他工会中效仿。主要的例子是律师联盟（自 1971 年起）、药剂师联盟（自 1977 年起）和农业工程师联盟（自 1984 年起），妇女在其中被选入董事会。[202] 此外，妇女还作为一些政府委员会的成员参与其中，包括教育委员会（自 1969 年以来）、卫生高级委员会（自 1977 年以来）、首都市议会（自 1980 年以来）和约旦大学董事会（自 1983 年起）。[203]

尽管妇女在 1974 年获得了投票权，但她们第一次有机会行使投票权是在 1984 年，因为以色列占领西岸导致议会自 1967 年起暂停，这阻止了生活在以色列占领下的约旦人参与这种全国性的权利行使。然而，直到 1989 年，妇女在被认为是约旦有史以来最自由的选举中竞选议会。然而，在全国 647 名候选人中，只有 12 名是女性，而且没有人赢得席位，但 48% 的选民是女性。[204] 直到 1993 年的选举，第一位约旦女性、车臣族裔女权主义活动家图扬·费萨尔（Tujan Faysal）赢得了该国历史上第一个也是唯一一个由女性占据的议会席位。尽管费萨尔获胜，但 1993 年的选举对女性来说是一次挫折。在全国的 534 名候选人中，只有 3 名是女性。[205]1997 年，由于大多数伊斯兰主义者和左翼反对派抵制不民主的选举，在 524 名参选候选人中有 17 名女性，无论是相对数量还是绝对数量都是迄今为止最多的。[206] 在竞选期间，代表约旦中部贝都因人的一名女性候选人维萨夫·卡阿布纳（Wisaf Ka'abnah）躲过了一次暗杀。此外，身份不明的枪手向她的竞选总部开枪。在一次采访中，卡阿布纳女士将实施这些犯罪行为的人描述为"一个意图阻止妇女参与政治生活并拒绝［妇女］在社会中的作用的团体……我是贝都因人……但是我有资格，我拥有大学法律学位，我从事法律工作"。她补充说，她进入政治生活的目的是"打破束缚贝都因妇女的枷锁，她们生活在男性占主导地位的保守社区"[207]。不仅没有一名妇女当选议员，而且唯一进入议会的约旦女子图扬·费萨尔也失去了席位。她指责政府选举舞弊。[208]

自建国以来，约旦妇女的司法和政治历史反映了民族主义意识形态（其构成要素包括阿拉伯主义和伊斯兰，以及特定的约旦性）。一方面，政治意识形态似乎导致并促成了以下事实：在国家干预最少的情况下，将妇女在私人领域的地位编纂为低级，并稳步扩大妇女在公共领域的存在，使妇女成为名义上平等的公民—国民，受到国家保护。另一方面，法律权利（其中最重要的是宪法权利和《个人身份法》）形成了许多女权主义者及其国家支持者所坚持的法律平等和权利扩大的意识形态，以及要求限制妇女权利及其在社会中的存在并将国家与家庭分离的传统化意识形态，这是世俗和穆斯林反女权主义者及其国家支持者所坚持的。女性作为私人领域中传统的监护人（作为国家永恒时间的监护人和守护者），作为"现代"母亲间歇性穿越公共领域［由于她们的国家职责，包括国家子孙后代的（再）生产，她们必须根据现代科学标准在识字、卫生、育儿和营养领域得到培养，以确保国家的未来］，这两者间的民族主义紧张关系只能通过法律编纂和定义，并通过争取妇女和男子对国家项目的支持来解决。然而，这些关于女性和男性在国家项目中的地位的表述所固有的法律和意识形态矛盾并没有导致停滞；相反，它们产生了一种动力，促使国家和社会不断改写民族主义理想，甚至民族本身的故事。通过声称拥有国家及其传统的衣钵，女权主义者及其国家支持者（声称性别歧视违反伊斯兰教传统）和反女权主义者及其国家支持者，无论是世俗的还是宗教的（他们声称拥有相同的民族和宗教传统）可以进行生产性干预，其最终的霸权（取决于谁占上风）将产生约旦公民—国民，并定义这个约旦公民—国民今天以及一直以来的样子。

就像贝都因人在民族主义话语中的地位跨越该话语的时态命令一样，女性在这种话语中也处于类似的位置。在 1994 年签署《约旦—以色列和平协定》时，双方都派出了年轻女孩（她们的祖父在 1967 年战争期间被杀），她们向两个国家的领导人献花束，开启了两国人民之间未来建立的兄弟情谊。以色列的德系犹太人总理伊扎克·拉宾（Yitzhak Rabin）由一位年轻的德系犹太人女孩利亚·约坦（Leah Yotan）陪同，她有着金色的头发和

"外邦人"的欧洲外貌，身着欧洲现代时装，象征着以色列矛盾的异教徒-欧洲的理想和认同，[209] 侯赛因国王由一位穿着"传统"约旦部落服装的年轻约旦女孩希巴·斯马迪（Hiba Smadi）陪同。这名约旦女孩的有趣之处不在于现代约旦的任何地方都没有女孩穿着这样的衣服，而是从来没有约旦女孩穿着这样的衣服。这名约旦女孩在签约仪式上所穿的时装是具有部落传统的成年女性的时装，而今天这种服装由并未屈服于西方现代性及西方在约旦的时尚产业的年长女性穿着——这当然不是青春期前女孩的裙子。然而，那些给女孩穿衣服的人是对的。支配着他们选择时尚的民族主义穿搭的灵感来自民族主义约旦人在当下保护约旦"传统"贝都因人的历史的自豪感，约旦妇女和约旦女孩，无论是部落还是非部落遗产，都将成为那种历史和传统的守护者，而男人将与她们一起生活在民族的未来。

## 注释

1. 见 1947 年第 26 号法律（Qanun Huquq al-'A'ilah al-Mu'aqqat），于 1947 年 6 月 29 日签署，并在《官方公报》第 915 号（1947 年 8 月 2 日）上发表。

2. Qanun Huquq al-'A'ilah, 1951 年第 92 号法律，发表在《官方公报》第 1081 号（1951 年 8 月 16 日）上。该法律取代了 1947 年的临时法律和 1917 年的《奥斯曼家庭权利法》（Qarar Huquq al-'A'ilah al-'Uthmani）。

3. "Qanun Mu'aqqat Raqam (61) Li-Sanat 1976, Qanun al-Ahwal al-Shakhsiyyah", *Official Gazette*, no. 2668（January 1, 1976）.

4. 参见 Khadijah al-Habashnah Abu-'Ali, "Qanun al-Ahwal al-Shakhsiyyah al-Urduni, Waraqat 'Amal", 1992 年 3 月 23 日至 25 日，在约旦妇女总会赞助的"法律与地区传播时代的约旦妇女"会议（Al-Mar'ah al-Urduniyyah fi Zill al-Qawanin wal Tashri'at al-Haliyyah）上发表。

5. 1924 年的法律本应在《官方公报》上公布，当时称为《阿拉伯东方》，但实际上从未公布过，尽管其修正案已经公布。例如，参见《官方公报》第 148 号（1927 年 1 月 15 日）、第 151 号（1927 年 3 月 1 日）和第 231 号（1929 年 7 月 1 日）中的法律修正案。有关 1924 年法律的文本，请参阅 Turath al-Badu al-Qada'iyy, *Nazariyyan wa 'Amaliyyan, by Muhammad Abu Hassan* (Amman: Da'irat al- Thaqafah wa al-Funun, 1987), pp. 463—466.

6. Uriel Dann, *Studies in the History of Transjordan, 1920—1949: The Making of a State* (Boulder, CO: Westview Press, 1984), p. 88.

7. Ibid., p.88.

8. 见 Sa'd Abu Dayyah and Abdul-Majid al-Nas'ah, *Tarikh al-Jaysh al-'Arabi fi'Ahd al-Imarah, 1921—1946, Dirasah'Ilmiyyah Tahliliyyah Watha'iqiyyah* (Amman: n.p., 1990), pp. 69, 81.

9. 引自 Major C. S. Jarvis, *Arab Command: The Biography of Lieutenant-Colonel F. G. Peake Pasha* (London: Hutchinson & Co., 1942), p. 61。

10. 见 Munib Madi and Sulayman Musa, *Tarikh al-Urdunn Fi al-Qarn al-'Ishrin, 1900—1959* (Amman: Maktabat al-Muhtasib, 1959), pp. 221, 253—255。

11. 该法已在《官方公报》第 230 号（1929 年 6 月 16 日）上公布。更新后的《贝都因人监督法》发表在《官方公报》第 516 号（1936 年 2 月 16 日）上。艾哈迈德·阿维迪·阿巴迪认为原始法律是用英语写成的，官方的阿拉伯语版本只是翻译，参见他的 Al-Qada' 'Ind al-'Asha'ir al-Urduniyyah, "Silsilat Man Hum al-Badu?" 的第 4 部分 (Amman: Dar al-Bashir Lil-Nashr wal-Tawzi', 1982), p. 127, note 4。

12. 见 Qanun Ilgha' al-Qawanin al-'Asha'iriyyah, Qanun Mu'aqqat Raqam (34) li Sanat 1976，发表于《官方公报》第 2629 号（1976 年 6 月 1 日），第 1299 页。

13. 1952 年宪法第 6 条，"Dustur al-Mamlakah al-Urduniyyah al-Hashimiyyah", *Official Gazette*, no. 1093 (January 8, 1952), p. 6。

14. 见 1946 年 11 月 28 日颁布并发表在《官方公报》的《约旦宪法》第 6 条，第 886 号（1947 年 2 月 1 日）和《外约旦基本法》第 5 条，《官方公报》第 188 号（1928 年 4 月 19 日）。

15. 见 "La'ihat Qanun Intikhab al-Nuwwab Fi Mintaqat al-Sharq al-'Arabi"，发表在《阿拉伯东方报》的附件中，第 52 号（1923），第 2、4、9 和 15 条。

16. 见 Emily Naffa', "Dawr al-Mar'ah al-Urduniyyah Fi al-Nidal al-Siyasi"，发表在 1992 年 3 月 23 日至 25 日在安曼举行的"法律与地区传播时代的约旦妇女"会议上。

17. "Qanun Intikhab A'da' al-Majlis al-Tashri'i" 最初是作为一项法律项目在《官方公报》第 195 号（1928 年 6 月 2 日）上发表，在《官方公报》第 199 号（1928 年 8 月 15 日）上被宣布为法律颁布。

18. 见 1928 年法律第 2 条。

19. 见 "Nizam Intikhab 'Udwayn Li-Yumaththila Badu al-Imarah", *Official Gazette*, no. 216 (January 28, 1929)。

20. 见 "Qanun Raqam (9) Li Sanat 1947, Qanun al-Intikhab li Majlis al-Nuwwab" 的第 2 条，在《官方公报》第 898 号（1947 年 4 月 16 日）上发表。

21. 见第 3、30、31、32 条。

22. 见第 3 条 B-F 小节。

23. 见 Suhayr Salti al-Tall, *Muqaddimah Hawl Wad'iyyat al-Mar'ah wa al-Harakah al-Nisa'iyyah Fi al-Urdunn* (Beirut: Al-Mu'assassah al-'Arabiyyah lil-Dirasat wal-Nashr, 1985), p. 116。

24. "Qanun al-Intikhab al-Mu'aqqat li Majlis al-Nuwwab"，1960 年第 24 号法律，发表在《官方公报》第 1494 号（1960 年 6 月 11 日）。参见第 2-a 和 3-1、17-A—E 条。第 17-A 条强调候选人应该成为约旦人至少 5 年后才能参选。

25. 参见 Paul A. Jureidini and R. D. McLaurin, *Jordan: The Impact of Social Change on the Role of the Tribes* (Washington, DC: Praeger, 1984), p. 15。

26. 见第 5 条。

27. 这封信的日期是 1966 年 4 月 21 日。

28. 见 Qanun 8 for the Year 1974, "Qanun Mu'addil li Qanun al-Intikhab li Majlis al-Nuwwab," *Official Gazette*, no. 2481 (April 1, 1974)。

29. 见 Law no. 22 for the Year 1986, "Qanun al-Intikhab li Majlis al-Nuwwab," *Official Gazette*, no. 3398 (May 17, 1986)。见第 2、3-a 和 5 条。该法律于 1989 年在该国几十年来第一次民主选举之前进行了两次修订——见《官方公报》第 3622 号（1989 年 4 月 16 日）和第 3638 号（1989 年 7 月

8 日）。

30. 见 Munib Madi and Sulayman Musa, *Tarikh al-Urdunn*, pp. 7—9。

31. 见 Sulayman Musa, *Ta'sis al-Imarah al-Urduniyyah, 1921—1925, Dirasah Watha'iqiyyah* (Amman: Maktabat al-Muhtasib, 1971), pp. 188—189。

32. 见 Hani Hurani, *Al-Tarkib al-Iqtisadi al-Ijtima'i Li Sharq al-Urdunn* (Beirut: Markaz al-Abhath, Munazzamat al-Tahrir al-Filastiniyyah, 1978), p. 67。关于该国的一般人口调查，见 A. Konikoff, *Transjordan: An Economic Survey* (Jerusalem: Economic Research Institute of the Jewish Agency for Palestine, 1946), pp. 16—19。

33. 见 "Qanun al-Ishraf 'ala al-Badu li Sanat 1929" 第 3 条，《官方公报》第 230 号（1929 年 6 月 16 日）。

34. 第 4 条 A-F。

35. 第 6 条。

36. 见 "Qanun al-Ishraf 'ala al-Badu", *Official Gazette*, no. 516（Feburary 16, 1936）。

37. 见 Ricardo Bocco and Tariq M. M. Tell, "Pax Britannica in the Steppe: British Policy and the Transjordan Bedouin," in *Village Steppe and State: The Social Origins of Modern Jordan*, edited by Eugene Rogan and Tariq Tell (London: British Academic Press, 1994), p. 120。

38. 见 Al-'Abbadi, Ahmad'Uwaydi, *Al-Qada''Ind al-'Asha'ir al-Urduniyyah*, no. 4 of "Silsilat Man Hum al-Badu," (Amman: Dar al-Bashir lil-Nashr wal-Tawzi', 1988), pp. 54—55。

39. 参见 "Qanun Mahakim al-'Asha'ir li Sanat 1936" 的第 2-B 条，《官方公报》第 516 号（1936 年 2 月 16 日）。

40. "Qanun al-Amn al-'Am al-Mu'aqqat", 1958 年第 29 号临时法，1958 年 6 月 16 日签署，《官方公报》第 1388 号，第 641—643 页。

41. "Qanun Mu'aqqat Bi Fasl al-Shurtah wa al-Darak 'an al-Jaysh al-'Arabi al-Urduni", 1956 年第 27 号临时法，1956 年 7 月 12 日签署，《官方公报》第 1285 号（1956 年 7 月 14 日），第 1763—1764 页。关于这项法律的废除，见《官方公报》第 1661 号（1957 年 5 月 16 日），第 429 页。

42. 切尔克斯人是伊拉克石油公司第二受欢迎的就业群体；参见 Seteney Shami, *Ethnicity and Leadership: The Circassians in Jordan,* doctoral dissertation, Department of Anthropology (Berkeley: University of California, 1982), p. 81。

43. 参见 Abla Amawi, *State and Class in Transjordan: A Study of State Autonomy, doctoral dissertation* (Washington, DC: Georgetown University, 1993), p. 369。

44. 占人口 6.9% 的基督徒获得了 18.7% 的席位，占人口 5.2% 的切尔克斯人获得了 12.5% 的席位。见 Ma'an Abu Nowar, *The History of the Hashemite Kingdom of Jordan, vol. 1, The Creation and Development of Transjordan: 1920—1929* (Oxford: The Middle East Center, Ithaca Press, 1989), p. 211。

45. CO 831/27/2 #37226, high commissioner to secretary of state, 20 October 1934, #TC/101/34, 引自 Amawi, *State and Class,* pp. 366—367。

46. CO 831/5/69421/31, high commissioner to L. S. Amery, 31 May 1929, 引自 Amawi, p. 367。

47. 参见 Hani Hurani, *Al-Tarkib al-Iqtisadi al-Ijtima'i Li Sharq al-Urdunn*, p. 138。

48. Ibid., p. 140.

49. 该委员会是通过颁布 1971 年第 52 号临时法《部落酋长委员会法》成立的，该法于 1972 年 7 月 31 日在第 4 号法的颁布后成为永久性法律。见第 52 号法律，《官方公报》第 2317 号（1971 年 8 月 16 日），第 1273 页，以及 1972 年第 4 号法律，《官方公报》第 2351 号（1972 年 3 月 16 日），第 457 页。委员会的运作受内部法规管辖；见《官方公报》第 2339 号（1971 年 12 月 30 日），第 2089 页。

50. Wizarat al-Thaqafah wa al-I'lam, *Al-Urdunn Fi Khamsin 'Am, 1921—1971* (Amman: Da'irat al-Matbu 'at wal-Nashr, 1972), pp. 49—50. 另见法律第 15 条。

51. 见 al-'Abbadi, *Al-Qada' 'Ind al-'Asha'ir*, pp. 61—64。

52. 参见 1973 年第 25 号法律，"Qanun Ilgha' Qanun Majlis Shuyukh al-'Asha'ir," *Official Gazette*, no. 2426 (June 16, 1973), p. 1119。

53. 见 al-'Abbadi, *Al-Qada' 'Ind al-'Asha'ir*, pp. 441—442。

54. Ibid., p. 441.

55. 见第 2 条和第 4 条。

56. 有关这些组织关于游牧人口定居的计划和方案的摘要，参见 Riccardo Bocco, *Etat et tribus bedouines en Jordanie, 1920—1990, Les Huwaytat: Territoire, changement économique, identité politique*, doctoral dissertation, Institut d'Etudes Politiques de Paris, 1996, pp. 211—225。

57. Ibid., p. 210.

58. 参见取消部落法的法律（Qanun Ilga' al-Qawanin al-'Asha'iriyyah），1976 年第 34 号临时法，1976 年 5 月 23 日签署，《官方公报》第 2629 号（1976 年 6 月 1 日），第 1299 页。

59. Bedouin Police Files, #MA/22/1102, September 5, 1961。该提案的日期是 1959 年 9 月 20 日，引自 'Abbadi, *Al-Qada' 'Ind al-'Asha'ir*, p. 112。阿巴迪于 1976 年担任警察杂志的编辑和公共关系警察总监，他可以查阅警方档案，这些档案不对公众开放。

60. Order #148, dated 1962, 引自 ibid., p.112。

61. Files of the Karak Police #12/8/1634, June 4, 1964，引自 ibid., p. 114。

62. Files of the Directorate of Public Security, #MA/22/700. July 7, 1962, 引自 al-'Abbadi, *Al-Qada' 'Ind al-'Asha'ir*, p. 112。1964 年，马安市警察局长提出了类似的呼吁，呼吁政府废除 1936 年的《贝都因人监督法》，因为它不符合当前情况，见 Files of the Ma'an Police, #MM/12/private/1562, November 16, 1964, 引自 ibid., p. 113。

63. Files of the Directorate of Public Security #MA/22/456, July 28, 1966，引自 ibid., p. 113。

64. Ibid., p. 113.

65. Files of the Ministry of Interior #214/12554, July 17, 1966，引自 ibid., p. 113。

66. 侯赛因国王 1976 年 6 月 9 日发表的讲话，ibid., p. 121。

67. 参见 Anne Sinai and Allen Pollak, eds., *The Hashemite Kingdom of Jordan and the West Bank: A Handbook* (New York: American Academic Association for Peace in the Middle East, 1977), p. 35。

68. 参见 Robert Satloff, *Troubles on the East Bank: Challenges to the Domestic Stability of Jordan* (New York: Praeger, 1986), p. 19。

69. 参见 al-'Abbadi, *Al-Qada' 'Ind al-'Asha'ir*, pp. 118—119。

70. Seteney Shami, *Ethnicity and Leadership*, pp. 122—123.

71. 参见 Robert Satloff, *Troubles*, p. 66。

72. Ibid.

73. Ibid. 请注意，约旦情报局前任主任穆达尔·巴德兰不是巴勒斯坦约旦人的朋友，事实上，巴勒斯坦约旦人认为巴德兰对他们怀有敌意。

74. 例如，《宪法》(*Al-Dustur*) 的编辑纳比尔·谢里夫（Nabil al-Sharif）在一篇含蓄的社论中呼吁对这一"历史时刻"进行"客观"评估，以便约旦人能够从这些"错误"中吸取教训；见 *Al-Dustur*（March 13, 1984）。

75. Mahmud al-Kayid, "Al-'Atwah wa al-Qanun," "Al-'Atwah and law," in *Al-Ra'y* (December 4, 1984), p. 1.

76. Abdul-Latif al-Subayhi, "Al-'Atwah wa al-Qanun," "Al-'Atwah and law," in *Al-Ra'y* (December

6, 1984), p. 2.

77. Ghassan al-Tall, "Hal Yastati' al-Mujtma' al-Urduni An La Yakun 'Asha'iriyyan?" "Can Jordanian society afford not to be tribalist?" *Al-Ra'y* (December 30, 1984).

78. Hussayn Taha Mahadin, "'Asha'iriyyat al-Nasab La 'Asha'iriyyat al-Dawr," "The tribalism of descent, not the tribalism of role," *Al-Ra'y* (January 13, 1985), p. 14. 另见 Ghazi Salih al-Zabn, "Haqa'iq La Budda Min Dhikriha Fi al-'Adat al-'Asha'iriyyah," or "Facts that must be mentioned about Tribal traditions," in *Al-Ra'y* (January 13, 1984), p. 15。扎本坚持认为 "约旦河两岸（东岸和西岸）的大多数人都是部落群体"，因此必须尊重他们的部落传统。叶海亚·萨利姆·阿克塔什建议用伊斯兰教法取代所有的土地法律，无论是部落的还是公民的，Yahya Salim al-Aqtash, "Al-Badil al-Amthal Lil A'raf al-'Asha'iriyyah", "The most ideal alternative to tribal conventions," in *Al-Ra'y* (January 27, 1985)。

79. 'Abdullah al-Khatib, "Nusaffiq Li-Ilgha' al-'Asha'iriyyah al-Idariyyah," in *Al-Ra'y* (January 24, 1985), last page.

80. 关于包括里法伊在内的不同参议员在参议院辩论期间表达的观点，见 *Al-Dustur* (January 8, 1985), p. 12。

81. "Tatawwur" 经常被错误地翻译为 "发展"（development）而不是 "进化"（evolution）。虽然 "tatawwur" 有时用于表述 "发展" 的意义，但在阿拉伯语中 "发展" 是 "Tanmiyah"。

82. Marwan Muasher, "Detribalization: Towards the Rule of One Law," *Jordan Times* (January 19, 1985).

83. *Al-Ra'y* (January 28, 1985), pp. 1, 20.

84. 有关沙拉夫的简短传记，参见 *Al-Mar'ah al-Urduniyyah, Ra'idat Fi May-dan al-'Amal*, compiled by 'Umar al-Burini and Hani al-Hindi (Amman: Ma-tabi' al-Safwah, 1994), pp. 63—65。

85. *Al-Ra'y*（January 29, 1985），另见 *Jordan Times*（January 29, 1985）。报纸宣布了沙拉夫的辞职，但没有发表任何评论。

86. 关于这些发展，见 Linda Layne, *Home and Homeland: The Dialogics of Tribal and National Identities in Jordan* (Princeton, NJ: Princeton University Press, 1994), pp. 103—105。

87. 引自 *Middle East International* (February 8, 1985), p. 11。

88. 引自 Arthur R. Day, *East Bank/West Bank: Jordan and the Prospects of Peace* (New York: Council on Foreign Relations, 1986), p. 35。

89. Schirin Fathi, *Jordan: An Invented Nation? Tribe-State Dynamics and the Formation of National Identity* (Hamburg: Deutsches Orient-Institut, 1994), p.210。

90. 关于约旦发起的定居项目和不同的发展项目的结果，参见 Kamal Abu Jaber, Fawzi Gharaibeh, and Allen Hill, eds., *The Badia of Jordan: The Process of Change* (Amman: University of Jordan Press, 1987), pp. 107—125。另见彼得·古布泽对卡拉克及其周边地区的重要研究，Peter Gubser, *Politics and Change in al-Karak, Jordan: A Study of a Small Arab Town and Its District* (New York: Oxford University Press, 1973)。

91. Paul Jureidini and R. D. McLaurin, *The Impact*, pp. 31—36.

92. Ibid., p. 35.

93. 萨尔瓦·阿斯的丈夫贾米尔·阿斯是巴勒斯坦人，来自耶路撒冷，是六七十年代约旦电台最重要的作曲家。

94. Karl Marx, *The German Ideology*, reproduced in Robert C. Tucker, ed., *The Marx-Engels Reader* (New York: Norton Press, 1978), p. 163.

95. Ibid., p. 176.

96. 关于西方发明的非洲 "部落主义"，参见 Nelson Kasfir, "Explaining Ethnic Political Participation,"

*World Politics* 31, no. 3 (1979): 365—388；另见 Terrence Ranger, "The Invention of Tradition in Colonial Africa," in *The Invention of Tradition*, edited by Eric Hobsbawm and Terrence Ranger (Cambridge: Cambridge University Press, 1983), pp. 211—262。

97. 关于以色列声称"约旦就是巴勒斯坦"（Jordan is Palestine），见 Sheila Ryan and Muhammad Hallaj, *Palestine Is, But Not in Jordan* (Belmont, MA: The Association of Arab- American University Graduates Press, 1983)。

98. 这种表现已经变得如此普遍，以至于一位巴勒斯坦学者选择了著名的佩特拉"卡兹纳"（Khaznah）的照片作为他关于约旦和巴勒斯坦人的书的封面。"巴勒斯坦人"的黑白哈达被叠加在代表本书主题的卡兹纳上，见 Yazid Yusuf Sayigh, *Al-Urdunn wa al-Filastiniyyun, Dirasah Fi Wihdat al-Masir Aw al-Sira' al-Hatmi* (London: Riyad al-Rayyis Press, 1987)。

99. 大多数以色列犹太人对佩特拉表达的迷恋被载入犹太复国主义神话，其中爱冒险的以色列犹太人乔装打扮（据说他们更喜欢伪装成贝都因人），冒着生命危险非法越过约旦和以色列之间的边界（1948 年至 1994 年之间）前往佩特拉的故事很普遍。据说许多人在旅途中丧生。在 1994 年约旦和以色列签署和平条约之后，人们可以看到这一神话转化为行动，随后大批以色列和美国犹太人涌入佩特拉。大多数人对访问安曼或该国任何其他"生活"城市不感兴趣，甚至对住在佩特拉的酒店不感兴趣，因为他们会在佩特拉参观几个小时，然后在一天结束时返回以色列。约旦政府非常担心缺少来自以色列游客的收入，因此制定了一项政策，即过境口岸每天只开放几个小时，以防止游客访问佩特拉后同一天返回，而不在该国消费。此外，一些以色列游客污损佩特拉的一些废墟并在上面写下诸如"这是属于以色列的"或"这是以色列的土地"等字样，经媒体报道后，这让以色列和约旦政府感到尴尬。约旦政府、佩特拉的餐馆老板和酒店经理对以色列游客自带食物和三明治的其他报道做出了负面反应，更不用说以色列游客偷窃酒店财产的报道了，以色列媒体也做了这些报道。土耳其曾报道过以色列游客偷窃酒店浴室水槽等物品的事。至于侯赛因国王在该国的受欢迎程度，以色列媒体一直在报道国王在以色列犹太人中如此受欢迎的故事，以至于他不需太多竞争就可以击败任何竞选总理的以色列候选人！

100. Walter Benjamin, "The Work of Art in the Age of Mechanical Reproduction," in Walter Benjamin, *Illuminations: Essays and Reflections*, edited by Hannah Arendt (New York: Schocken Books, 1969), pp. 217—251.

101. Benedict Anderson, *Imagined Communities*, p. 181.

102. 约旦在这方面并不是独一无二的，因为许多后殖民国家将采用这种殖民建造的"国家"遗址作为国家纪念碑。有关其他示例，见 Anderson, ibid., pp. 178—185。请注意，耶路撒冷是约旦的一部分，1950 年至 1967 年受约旦控制，在约旦的海报和其他形象中也很突出。圆顶清真寺最常被用作耶路撒冷的象征，耶路撒冷又是约旦的代表。然而，耶路撒冷扮演了与佩特拉不同的角色，因为它被融入该政权用来使自己合法化的宗教话语（见第四章）。

103. Linda Layne, *Home and Homeland*, p. 102.

104. 莱恩观察到，皇家约旦航空公司（ALIA）曾向乘客提供"一对用传统红白格子头饰制成的袋子包装的彩绘木制贝都因娃娃"（Layne, *Home and Homeland*, p. 103）。民族传统的发明已经制度化，以至于即使是像莱恩这样的观察者也没有意识到红白格子头饰根本不是民族传统。正如我们将在第三章中看到的，它是由约翰·格拉布作为"传统物品"创造出来的。

105. 参见 *Jordan*（Washington, DC: Jordan Information Bureau）。华盛顿特区的约旦信息局由约旦信息部管理。例如，请参阅 winter 1981/1982, spring/summer 1984, winter 1984/1985，以及 spring/summer 1986。

106. 关于贝都因人传统歌曲形式的历史及其面向广播听众的早期转变，参见 Tawfiq al-Nimri, "Al-Musiqa wa al-Ghina'," in Da'irat al-Thaqafah wa al-Funun (Jordanian Department of Culture and

Arts), *Thaqafatuna fi Khamsin 'Am* (Amman: Da'irat al-Thaqafah wa al-Funun, 1972), pp. 369—395，以及 Ahmad al-Muslih, *Malamih 'Ammah Lil-Hayah al-Thaqafiyyah Fi al-Urdunn (1953—1993)* (Amman: Manshurat Lajnat Tarikh al-Urdunn, 1995), pp. 57—61。

107. Hani al-'Amad, "Al-Fulklur Fi al-Diffah al-Sharqiyyah," in Da'irat al-Thaqafah wa al-Funun, *Thaqafatuna Fi Khamsin 'Am* (Amman: Da'irat al-Thaqafah wa al-Funun, 1972), p. 303.

108. 此类书籍包括鲁克斯·扎伊德·乌扎伊兹（Ruks Za'id al-Uzayzi）所著的关于约旦传统、方言和不寻常事件的三卷本词典。参见 *Qamus al-'Adat, al-Lahajat wa al-Awabid al-Urduniyyah* (Amman: Da'irat al-Thaqafah wa al- Funun, 1973—1974), vols. I, II, III。

109. Da'irat al-Thaqafah wa al-Funun, *Thaqafatuna fi Khamsin 'Am* (Amman: Da'irat al-Thaqafah wa al-Funun, 1972).

110. 这是约翰尼斯·费边（Johannes Fabian）对克洛德·列维-斯特劳斯（Claude Lévi-Strauss）的结构主义人类学的批判的改编版，见费边的经典著作：Johannes Fabian, *Time and the Other: How Anthropology Makes Its Object* (New York: Columbia University Press, 1983), p. 61。

111. Ibid., p. 18.

112. Ibid., pp. 25, 31.

113. 安曼开发商将 19 世纪的泰巴（Taybah）村开发成一个度假村，并将其改名为"很久以前的泰巴"（Taybat Zaman）的度假村，拉亚斯纳正在经历一种不同的转变。这座新的五星级酒店度假村拥有由 19 世纪的乡村住宅改建而成的豪华酒店客房，配备覆盖地板的巴尼·哈米达地毯和巴尼·哈米达被子（巴尼·哈米达是约旦北部的一个部落，泰巴以北约 300 公里），以及可播放 CNN、以色列卫星频道和包括约旦卫星频道在内的其他阿拉伯卫星频道的卫星电视。这家度假酒店标榜自己具有环保意识，并声称它没有扰乱该地区的生态。此外，它声称通过雇用许多拉亚斯纳人，使他们在经济上受益——然而，居住在该地区的大多数拉亚斯纳人并不认同其观点，他们的生活环境被彻底改变，最糟糕的是酒店花园餐厅的音乐和在半夜演奏的现场乐队。"很久以前的泰巴"度假村管理层在悬挂在大堂的海报上向客人保证，他们的"村庄"将把客人带到很久以前的过去。

114. John Shoup, "The Impact of Tourism on the Bedouin of Petra," *Middle East Journal* 39, no. 2 (spring 1985): 283.

115. 关于比杜尔的历史，参见 John Shoup, "The Impact of Tourism," pp. 277—291。另见 Ahmad 'Uwaydi al-'Abbadi, *Fi Rubu' al-Urdunn, Jawlat wa Mushahadat*, part 1 (Amman: Dar al-Fikr, 1987), p. 313。阿巴迪将比杜尔列为胡维塔特部落的一部分，见 Ahmad 'Uwaydi al-'Abbadi, *Al-'Asha'ir al-Urduniyyah, al-Ard wal Insan Wal Tarikh* (Amman: Al-Dar al-'Arabiyyah lil Nashr wal Tawzi', 1988), p. 633。

116. 见 Anna Ohannessian-Charpin, "Strategic Myths: Petra's B'doul," in *Middle East Report*, no. 196 (September/October 1995), pp. 24—25。请注意，虽然许多比杜尔人继续在佩特拉从事旅游业工作，但 1995 年政府再次采取行动，扰乱了他们的生活方式。由于构成佩特拉入口的峡谷通风不良，而拉亚斯纳和比杜尔所有并经营的马匹会穿过峡谷，据说马粪气味太难闻，旅游部禁止使用马，这导致许多比杜尔人破产。

117. 见 Jürgen Habermas, *The Structural Transformation of the Public Sphere: An Inquiry into a Category of Bourgeois Society*, translated by Thomas Burger (Cambridge, MA: MIT Press, 1991)。

118. Aziz al-Azmeh, *Islam and Modernities* (London: Verso, 1993), p. 12.

119. 见 Jamil Nasir, *The Islamic Law of Personal Status* (London: Graham and Trotman, 1986), p. 29。

120. 见 Enid Hill, "Islamic Law as a Source for the Development of a Comparative Jurisprudence: The modern Science of Codification (1): Theory and Practice in the Life and Work of 'Abd al-Razzaq

Ahmad al-Sanhuri (1895—1971)," in *Islamic Law: Social and Historical Contexts*, edited by Aziz al-Azmeh (London: Routledge, 1988), pp. 155, 164。

121. 桑胡里在 1938 年的一篇文章中写到这一点，引自 Hill, ibid., p. 165。

122. Kumari Jayawardena, *Feminism and Nationalism in the Third World* (London: Zed Press, 1986).

123. Ibid., pp. 11—12.

124. Ibid., p. 15.

125. 该法令发表于《官方公报》第 1081 号（1951 年 8 月 16 日）。

126. The Temporary Personal Status Law: #61, *Official Gazette*, no. 2668 (January 1, 1976).

127. 该法令发表于《官方公报》第 3 号（1923 年 6 月 11 日）。

128. Qanun Huquq al-'A'ilah al-Mu'aqqat（《家庭权利临时法》), no. 26 for the Year 1947, *Official Gazette*, no. 915 (August 2, 1947)。这是独立的阿拉伯国家颁布的第一部此类法律，不久之后叙利亚、伊拉克、突尼斯和摩洛哥也纷纷效仿约旦。

129. J. N. D. Anderson, "Recent Developments in Shari'a Law VIII: The Jordanian Law of Family Rights 1951," *Muslim World* 42 (1952): 190. 安德森通读每篇文章，追溯其在奥斯曼帝国和埃及法律以及哈乃斐传统中的法律基础，并确认了约旦的创新。

130. 见 1947 年《家庭权利临时法》第 62 条和 1951 年《家庭权利法》第 64 条。请注意，1951 年的法律赋予妇女以下权利：在丈夫殴打她、伤害她（口头）或伤害她的家人（口头）的情况下，无需丈夫同意就可以离开婚姻家庭。在这些情况下，她搬出婚房不能用来免除丈夫在经济上赡养妻子的义务。

131. 见 1976 年《个人身份法》第 68 条。

132. 见 Lynn Welchman, "The Development of Islamic Family Law in the Legal System of Jordan," in *International and Comparative Law Quarterly* 37, part 4 (October 1988): 876。另见 'A'ishah al-Faraj al-'Atiyyat, "Al-Mar'ah Fi Zill Qanun al-Ahwal al-Shakhsiyyah al-Urduni," paper available from the Office of Advisory Services for Women (Maktab al-Khadamat al-Istishariyyah lil-Mar'ah), Amman, 1984。此外，对于 1976 年法律的一些建议修正案，参见 Raja' Abu Nuwwar, "Al-Mar'ah al-Urduniyyah Fi Nihayat al-'Aqd al-Dawli Lil- Mar'ah," in *Al-Urdunn al-Jadid*, nos. 3—4 (spring/summer 1985), Nicosia, Cyprus, pp. 176—177。

133. 关于埃及政府对待已婚妇女方式的异同，见 Mervat Hatem, "The Enduring Alliance of Nationalism and Patriarchy in Muslim Personal Status Laws: The Case of Egypt," in *Feminist Issues* 6, no. 1 (spring 1986): 19—43。

134. 例如，根据官方统计数据，1979 年，约旦妇女占有薪劳动力的 7.7%，她们的人数在 1985 年增加到 12.5%，1993 年增加到 15%，引自 Suhayr al-Tall, "Dirasah Hawl Awda' al-Mar'ah al-Urduniyyah," paper presented at the Arab Institute for Human Rights in Tunis, 1994, p. 5。自 20 世纪 80 年代后期以来，约旦的失业率不断上升，受过教育的妇女一直是约旦人口中受影响最严重的群体。1991 年，女性失业率为 34.2%（男性为 14.5%）；90% 的失业女性的年龄在 20 岁至 40 岁之间，其中 70.2% 至少拥有大专学历。参见 al-Tall, pp. 9—10。

135.《约旦哈希姆王国宪法》第 23-1 条，《官方公报》第 1093 号（1952 年 1 月 8 日）。关于妇女的劳工权利，见《约旦劳工法》，最近一部于 1996 年颁布，见《官方公报》第 4113 号（1996 年 4 月 16 日）。

136. 第 2 号《护照法》第 12 条，《官方公报》第 2150 号（1969 年 2 月 16 日）。

137. 关于 1990 年的法律草案项目，见 Khadijah Habashnah Abu-'Ali, Center of Woman's Studies, untitled paper presented to the special panel The Jordanian Woman in the Shadow of Contemporary Laws and Legislations, Amman, March 1992。

138. 有关约旦法律中性别歧视的简要而全面的概述，参见 Fatimah Qassad, "Al-Mar'ah wa Ba'd al-Tashri'at," unpublished paper, Amman, n.d.。

139. 关于约旦妇女和劳动法，见 Asma' Khadir, "Al-Mar'ah al-'Amilah Fi al-Urdunn Waqi'an wa Tashri'an," unpublished paper, Amman, October 1983; 另见 Khalil Abu Kharmah, "Al-Mar'ah Fil Naqabat al-'Ummaliyyah," paper presented at the panel Working Women, sponsored by the Women's Committee in the Journalists Union, Amman, December 1987。

140. 见《刑法》( Qanun al-'Uqubat no. 16, 1960 ),《官方公报》第 1487 号（1960 年 5 月 1 日），特别是第 96、97、283、340 条。

141. 参见 al-Tall, "Dirasah Hawl," pp. 40—41。另见 Lama Abu-Odeh, *Crimes of Honor and the Construction of Gender in Arab Societies*, doctoral dissertation (Cambridge, MA: Harvard Law School, 1995)。

142. 见 "'Amman: Qanun Jara'im al-Sharaf fi Muwajahah Bayn al-Hukumah wa al-Islamiyyin," in *Al-Hayah*, 15 February 2000, pp. 1, 6。

143. Carole Pateman, *The Sexual Contract* (Stanford, CA: Stanford University Press, 1988).

144. Ibid., p. 5.

145. Ibid., pp. 5—6.

146. Ibid., p. 7.

147. Ibid., p. 11.

148. Ibid., p. 221.

149. Ibid., p. 222.

150.《约旦国家宪章》第 8 条，约旦信息部于 1991 年 12 月发布的文本。经过 14 个月的审议和大量新闻报道后，宪章于 1991 年 6 月 9 日签署，1990 年 12 月 31 日，约旦的日报（《观点》和《宪法》）发布了宪章草案。

151. Emily Naffa', "Dawr al-Mar'ah al-Urduniyyah Fi al-Nidal al-Siyasi," paper presented at the Jordanian Women in the Shadow of Contemporary Legislation conference held in Amman, March 23—25, 1992, p. 8.

152. Catharine Mackinnon, *Toward a Feminist Theory of the State* (Cambridge, MA: Harvard University Press, 1989).

153. Ibid., p. 163.

154. Ibid., p. 169.

155. Ibid., p. 170.

156. 阿卜杜拉在他的回忆录中写入了该宣言，该回忆录作为阿卜杜拉所有作品的一部分出版，见 *Al-Athar al-Kamilah Lil-Malik'Abdullah*, 3rd edition (Beirut: Al-Dar al-Muttahidah Lil-Nashr, 1985), p. 158。

157. 见 Qanun Man' Buyut al-Bagha' (The Law Banning Houses of Prostitution), *Official Gazette*, no. 165 (September 1, 1927)。

158. 见 Al-Jazirah, "Ghirat al-Amir al-Mu'azzam 'ala al-Taqalid wa al-Akhlaq al-'Ammah," (January 4, 1939)。

159. Al-Jazirah, "Ra'y 'Alim Dini Kabir Fi Mushkilat al-Mar'ah al-Muslimah wa Mas'alat Sufuriha" （一位重要的宗教学者对穆斯林妇女问题和她不戴头巾问题的看法）( February 1, 1940 )。

160. 据报道，阿卜杜拉对欧洲妇女的态度是一样的。詹姆斯·伦特（James Lunt）说："阿卜杜拉国王是一位恪守礼节的人，穿着短袖和短裙进入王室的欧洲女性会遭殃。"James Lunt, *Glubb Pasha: A Biography* (London: Harvill Press, 1984), p. 175.

161. Al-Jazirah, "Hirs Sumuw al-Amir al-Mu'azzam 'ala al-Akhlaq al-'Ammah wa al-Mazahir al-Islamiyyah"（埃米尔对公共道德和伊斯兰形象的热衷）（March 20, 1940）。请注意，这种对女教师公开露面的担忧并不是阿卜杜拉所特有的，而是一种普遍现象。3 年前，在美国马萨诸塞州的一个小镇，学校董事会发布了"女教师规则"，其中包括女教师"不得穿着鲜艳颜色的服装""不得染发"和"不得穿任何长度超过脚踝上方两英寸的裙子"，以及"不要与男人为伍""不抽烟""晚上 8 点到早上 6 点之间在家"。这些"规则"引自 Howard Zinn, *A People's History of the United States* (New York: Harper & Row, 1980), p. 330。

162. 埃米尔的法令、首相的信和法官的宣言均发表于 Al-Jazirah, "Al-Iradah al-Saniyyah Bi Man' al-Tabarruj," (March 27, 1940)。

163. Al-Jazirah, "Al-Raghbah al-Saniyyah Fi Ittikhadh al-Mula'ah Libasan Lil-Mar'ah al-Muslimah Kharij Baytiha"（穆斯林妇女在外出时穿黑袍的崇高愿望）(July 27, 1940)。

164. 见 *Al-Mudhakkarat*, p. 44。

165. 例如，参见 *Al-Jazirah*, August 7, 1940, p. 2, and August 24, 1940。这些文章由法蒂·穆斯塔法·穆夫提撰写。

166. 参见 "Man Yuthir Harakat al-Fasad Fil Madinah? Al-Tilmidhah Aw al-Mu'alli-mah?"（谁挑起城市腐败运动？女学生还是女教师）*Al-Jazirah* (August 17, 1940)。

167. *Al-Jazirah* (October 10, 1940).

168. *Al-Jazirah* (August 24, 1940).

169. 'Awni Jaddu' al-'Ubaydi, *Jama'at al-Ikhwan al-Muslimin Fi al-Urdunn was Fi-lastin 1945—1970, Safahat Tarikhiyyah* (Amman: n.p., 1991), pp. 40—41.

170. *Al-Jazirah* (February 6, 1945).

171. "Ayyatuha al-Mar'ah al-Mutabarrijah," *Al-Jazirah* (January 25, 1946). 在他的诗中，尚吉提表达了他的恐惧，因为有了这种打扮，男人无法分辨这些女人中谁是"处女"、谁是"'Awani"（字面意思是中年，但在他的诗中指非处女），也无法分辨"淫妇"（"adulteresses"）和可能被视为与她们相同的人。

172. 例如，见 Taysir Zibyan, *Al-Malik 'Abdullah Kama 'Araftahu* (King 'Abdullah as I Knew Him), 2nd edition (Amman: n.p., 1994), pp. 63—67。另见 'Awni Jaddu' al-'Ubaydi, *Jama'at al-Ikhwan al-Muslimin*, pp. 38—41。

173. John Bagot Glubb, *A Soldier with the Arabs* (London: Hodder and Stoughton, 1957), p. 214.

174. 1951 年 8 月 3 日对泰西尔·齐比亚农（Taysir Zibyanon）的采访，引自其作品，见 *Al-Malik 'Abdullah Kama 'Araftahu*，p. 67。

175. 该法律于 1951 年 7 月 17 日签署，见《官方公报》第 1081 号，1951 年 8 月 16 日。

176. Wizarat al-I'lam, *Al-Mar'ah al-Urduniyyah* (Amman: Ministry of Information's Department of Press and Publications, 1979), p. 20.

177. Ibid.

178. 关于商人阶层，参见 Abla Amawi, *State and Class in Transjordan*。

179. Wizarat al-I'lam, *Al-Mar'ah al-Urduniyyah*, p. 21. 尚不清楚为什么该协会解散了，也不清楚它是由谁主动解散的。

180. Ibid., p. 22.

181. 见 Suhayr al-Tall, *Muqaddimah*, pp. 122—123。

182. 妇女研究中心成立于 1990 年。该俱乐部为商界女性组织会议，设有一个咨询办公室，就女性问题向妇女提供法律建议，并发布了许多关于各种主题的信息手册，包括妇女和社会保障、妇女和劳动法、租赁法、退休法、公务员制度、个人身份法和离婚。

183. *Business and Professional Women Newsletter*, no. 1 (May 1992).

184. 约旦妇女联盟成立于 1954 年 6 月 17 日，当时有 100 多位约旦妇女参加了在安曼市中心的费城酒店举行的会议（酒店业主安托万·纳扎尔和他的妻子提供了酒店的大厅和会议服务）。出席者包括萨米哈·马贾利、法里达·舒巴伊拉特、艾米丽·比沙拉特、维达·布鲁斯、拉玛·拉扎兹、萨尔瓦·达贾尼、法伊鲁兹·萨阿德、扎哈·曼科和法丽达·甘玛。见 *Al-Difa'*（June 18, 1954），也见 *Filastin*（June 16, 1954）。有关妇女联盟内部后续发展的新闻报道，参见 *Al-Difa'*（June 22, 1954 and June 26, 1954）。关于其他城镇对联盟的支持，参见拉马拉妇女写给首相的信，*Al-Jihad* (December 3, 1954)。有关这一时期的历史，参见 Suha Kamil'Id, "Tarikh Nidal al-Mar'ah Fi al-Urdunn Fi Wajh al-Mukhattatat al-Suhyuniyyah"（约旦妇女反抗犹太复国主义阴谋的斗争史），unpublished paper. October 1983, Ministry of Social Development。

185. 关于联盟的历史，参见 Da'id Mu'adh, "Tajribat al-Ittihad al-Nisa'i (1974—1981)," in *Al-Urdunn al-Jadid* no. 7 (spring 1986): 59—64。

186. 见 al-Tall, *Muqaddimah*, pp. 125—165。有关对新的官方联盟的记录的评论，参见 Majidah al-Masri, "Al-Azmah al-Rahinah Lil-Harakah al-Nisa'iyyah fi al-Urdunn," in *Al-Urdunn al-Jadid*, no. 7 (spring 1986): 65—69。

187. 关于委员会所有成员的名单，参见 Sa'id Darwish, *Al-Marhalah al-Dimuqratiyyah al-Jadidah Fil Urdunn*、*Tafasil al-Munaqashat wa Hukumat al-Thiqah* (Beirut and Amman: Dana, a subsidiary of Al-Mu'assasah al-'Arabiyyah Lil Dirasat wa al-Nashr, 1990), pp. 160—161。

188. Ibid., p. 162.

189. Ibid., p. 164.

190. Al-Tall, *Muqaddimah*, pp. 117—118. 关于联盟，见第六章。

191. 见 *Al-Mar'ah al-Urduniyyah*, pp.147—154。关于这一时期妇女和妇女问题的媒体报道，见 Suhayr al-Tall, "Al-Siyasah al-I'lamiyyah wa Qadayah al-Mar'ah," in *Al-Urdunn al-Jadid*, no. 7 (spring 1986), pp. 70—73。

192. *Al-Muqawamah al-Sha'biyyah*, no. 10 (June 1951), 引自 Emily Naffa', "Dawr al-Mar'ah al-Urduniyyah Fi al-Nidal al-Siyasi," Paper presented at the Jordanian Women in the Shadow of Contemporary Legislation conference held in Amman, March 23—25, 1992, p. 3。另见 Suha Kamil'Id, "Tarikh Nidal al-Mar'ah Fi al-Urdunn Fi Wajh al-Mukhattatat al-Suhyuniyyah," October 1983, Ministry of Social Development, pp. 9—10。

193. *Al-Difa'* (November 30, 1954).

194. 妇女觉醒联盟的文件，引自 Emily Naffa', "Dawr al-Mar'ah," p. 4。

195. "Nuridu Haqqana Kamilan," *Filastin* (October 10, 1955).

196. *Filastin* (October 12, 1955).

197. *Al-Mithaq*, the Jordanian Socialist Party mouthpiece, 1956, 引自 Emily Naffa', "Dawr al-Mar'ah," p. 4。

198. 参见 *Filastin*（March 30, 1956, April 19, 1956）。大约在同一时间，侯赛因国王的母亲赞恩女王捐赠了一块金表，用于国民警卫队的抽奖活动（通过联盟）。参见 *Filastin*（March 19, 1956）。抽奖活动获得了 500 约旦第纳尔的收益。参见 *Filastin* (April 1, 1956)。

199. 参见 *Filastin*, April 12, 1956, and April 18, 1956。

200. 参见 "Raja'Abu'Ammashah ... Fi Damiral-Sha'b wa al-Watan," in *Al-Tali'ah*, a Amman weekly, no. 94 (January 1, 1956), Al-Urdunn al-Jadid reprinted, no. 7 (spring 1986), p. 160。另参见 Suhayr al-Tall, *Muqqadimah*, p. 113n。

201. Ibid., pp. 113—116。

202. 参见 Hayfa' al-Bashir and Hiyam Najib al-Shuraydah, "Al-Musharakah al-Siyasiyyah lil Mar'ah al-Urduniyyah wa Ittijahat al-Qita' al-Siyasi Nahwa 'Amaliha Fi Nafs al-Majal"（约旦妇女的政治参与及政界对妇女政治工作的指导），p. 6，该论文在 1985 年 5 月 14—16 日于安曼举办的"约旦妇女、现实和愿景全国会议"（al-Mu'tamar al-Watani lil Mar'ah al-Urduniyyah, Waqi' wa Tatallu'at）上发表。

203. Ibid.

204. 'Ablah Mahmud Abu'Ulbah, "Al-Mar'ah al-Urduniyyah wa al-Nidal al-Siyasi"（约旦妇女与政治斗争），p. 2，1992 年 3 月 23 日至 25 日在安曼举行的由约旦妇女总联合会主办的会议"当代立法阴影下的约旦妇女"上发表的论文。

205. 参见 *Intikhabat 1993: Dirasah Tahliliyyah wa Raqamiyyah*（1993 年选举：分析与数值研究）（Amman: Markaz al-Urdunn al-Jadid, February 1994）。

206. *Al-Hayah* (November 5, 1997), p. 7.

207. *Al-Hayah* (October 22, 1997), p. 4.

208. *Al-Hayah* (November 6, 1997), p. 1.

209. 犹太复国主义意识形态在中东问题上一直是矛盾的。一方面，它将欧洲犹太人描绘成历史上起源于中东（以对巴勒斯坦提出疑似殖民的主张），同时将他们描绘成现代外邦欧洲人，将外邦欧洲启蒙运动的成就带到荒凉的亚洲前哨（暗示犹太人居住在欧洲数千年，使他们摆脱中东根源，转而采用文明的外邦欧洲规范）。定居者殖民地建立后，这种关于身在中东但不属于中东的矛盾心理在以色列文化中继续存在。虽然现代犹太以色列人在生活方式和技术美学文化方面与外邦欧洲人没有区别，但犹太复国主义盗用巴勒斯坦阿拉伯食物（例如鹰嘴豆泥、沙拉三明治）和舞蹈（dabkah）、巴勒斯坦亚美尼亚陶器以及也门和其他阿拉伯珠宝制作（现在编码为"也门—犹太人"，就好像也门的犹太人生活在完全孤立的环境中一样），旨在为那些说希伯来语的外邦欧洲人带来"中东"风味。有关犹太复国主义和以色列文化形式的研究，参见 Joseph Massad, "The 'Post-Colonial' Colony: Time, Space and Bodies in Palestine/Israel," in *The Pre-Occupation of Post-Colonial Studies*, edited by Fawzia Afzal-Khan and Kalpana Seshadri-Crooks (Durham, NC: Duke University Press, 2000)。

# 第三章　文化融合主义还是殖民模仿者：约旦的贝都因人和民族认同的军事基础

军队是民族国家范围内最重要的同质民族主义机构。其存在的理由就是保卫民族国家。它的符号和意识形态充满了民族主义，没有民族主义就无法构想它们。它的旗帜、国歌、节日、音乐和凝聚力都是由国家定义的。作为一个机构，它致力于生产某种民族化的人，即与军事机构之外的民族主义者不同的民族主义者。他们的民族存在不仅取决于国家构成的存在，而且还取决于为捍卫该存在而采取的行动。这个民族主义机构的定义是保卫国家，保卫它的物理和想象的边界。但军队作为一个机构产生了一组性别化的民族主义代理人——即男性化的代理人。根据定义，它是一个暴力机构（一种"强制性的国家机器"，正如阿尔都塞所说的那样），依赖于体力、耐力和持久力等传统的男性特征。它的自我定义将身体虚弱和脆弱作为女性属性从其等级中排除。虽然军队可以在其队伍中容纳女性，但只有维护其男性特征的女性才能成为成员。

殖民背景下的男性行为总是被种族化的。在殖民地建立一种新的民族化男子气概的模式被证明是一项比欧洲同行更复杂的努力。正如钱德拉·塔尔帕德·莫汉蒂（Chandra Talpade Mohanty）所说，在欧洲民族主义话语中，始终是欧洲白人男子气概定义了国内的民族主义机构。在殖民地，白人殖民男子气概正是通过欧洲殖民主义成为规范的，在与当地人打交道时占据了至高无上的地位。[1] 在欧洲殖民第三世界的过程中，种族和性话语的交叉是帝国统治的征兆。殖民统治的机构、军队、司法和行政部门，一向以男性为主。"在殖民服务中的白人通过字面和象征性地代表帝国的权力来体现统治。"[2]

本章将探讨军队的生产性作用。尽管军队通常被视为一种压制性和强制性的机构，但其生产性作用尚未得到充分研究。继米歇尔·福柯在这方面的重要贡献之后，我将展示军队除了是一个镇压机构之外，还是一个生产性机构，它产生民族认同以及民族文化本身的核心内容。撇开强制能力不谈，军队的特点是纪律严明。正如蒂莫西·米切尔所说，"限制性的外部力量让位于内部生产力"。与福柯相呼应，米切尔正在研究现代权力技术的运作，特别是在埃及的殖民背景下，他说："规训在地方领域和机构内运作，进入特定的社会过程，将它们分解为不同功能的零件，重新排列，提高它们的效率和精度，并将它们重新组装成更高效和更强大的组合。这些权力产生了军队、学校和工厂以及现代民族国家的其他独特机构的有组织的权力。它们还在这样的机构内生产出现代个人，被构建为一个孤立的、受规训的、善于接受的和勤奋的政治主体。"[3]

本章还将研究白人殖民时期的男子气概如何在殖民领域，作为民族主义建设的矛盾模式被制度化，后来被认为是"反殖民主义"。我们将看看约翰·巴戈特·格拉布的身影，他在 1930 年至 1939 年间担任外约旦军队阿拉伯军团的二把手，并在 1939 年至 1956 年 3 月 2 日担任其首领，直到被驱逐出约旦为止。格拉布是民族主义融合建设中深受帝国文化影响、装扮成可靠的民族主义者的具体形象。他的融合变装与托马斯·爱德华·劳伦斯（T.E. Lawrence) 的文化专有变装有着本质上的不同，托马斯·爱德华·劳伦斯本人在外约旦的建立中发挥了创始作用。[4] 本书将侧重于格拉布自己与约旦武装部队历史有关的众多自传体著作。格拉布对约旦的某种贝都因化的投资将被证明在民族识别方面发挥了至关重要的作用，它唤起了民族文化边界和民族个性，这是已经被性别化了，而且已经融入了种族化和分类的帝国礼仪和美学观念。（虽然格拉布的个性标志着他的整个计划，但他并不是一个人表演。格拉布和所有殖民官员一样，是回到伦敦的指挥系统的一部分。他是帝国计划和政策的执行者，尽管他总是在其中留下他的个人印记。大英帝国有几名这样的官员，不仅在其阿拉伯领土上，而且在帝国的其他地区。）

尽管格拉布的计划一开始是一个军事计划，其既定目标是通过其最杰出的机构将贝都因人融入民族国家，从而确保新军事化的贝都因人不再威胁民族国家及其法律，这个进程已经超出了军队的范围，并蔓延到了平民的国民生活中。结果是发明了一种特定的约旦民族文化产品，从言行举止到民族菜肴（由英国强制性贸易关系生产）、民族服饰和音乐（分别模仿格拉布和英国文化形式的例子）——最近发布的、爆发式的排他主义约旦民族主义将其视为其本质的一部分（见第五章）。[5] 由于民族主义是通过仪式、实践和表演而存在，民族正是通过这些仪式、实践和表演而得以形成。正如阿尔都塞所解释的那样，"［一个主体的］信念的观念的存在是物质的，因为他的观念是他的物质行为，被插入物质实践中，受物质意识形态机器支配，从该物质意识形态机器衍生出该主体的想法"[6]。吃什么、玩什么运动和听什么音乐、穿什么、怎么说话、怎么走路，都成为充满特定含义的重要仪式。引入这些仪式并赋予其意义内容是格拉布变革政策的核心部分。创造新的民族标志，从旗帜到军装，成为使贝都因人和生活在约旦的每个人国有化的进程的一部分。

人们经常争辩说，外约旦的军事机构在 1921 年 3 月作为民族国家成立之前就存在。[7]这种说法依赖于自 1920 年以来英国在该地区训练的军事装备的存在。然而，应该强调的是，外约旦的大部分地区在以国家形式国有化之前也存在由英国人和埃米尔阿卜杜拉运作的行政和政府机构。第一次世界大战结束，奥斯曼帝国战败后，外约旦地区由新成立的以费萨尔国王为首的叙利亚王国统治。这种情况一直持续到 1920 年 7 月 24 日费萨尔的军队在梅萨伦被法国的帝国军队击败，导致他完全被驱逐出境。根据 1916 年殖民强国英法之间的《赛克斯—皮科协定》，位于巴勒斯坦和约旦河以东的叙利亚南部应由英国统治。然而，英国在该地区的存在即使不是完全没有，也是微乎其微（因为英国于 1919 年 12 月从该地区撤出，将其交给了费萨尔政府），这导致在该地区建立了许多地方政府，拥有自己的行政机构。这是在英国驻巴勒斯坦高级专员赫伯特·塞缪尔（Herbert Samuel）的帮助下完成的。他于 1920 年 8 月 21 日在索尔特召集了约旦河东地区的知名人士会议，并派遣了几名英国代表前往该地区，就政治、军事和行政事务向民众和政府"提供建议"。这些地方政府从 1920 年 8 月一直存在到 1921 年 4 月，当时阿卜杜拉和温斯顿·丘吉尔达成了一项协议，外约旦国家诞生，由阿卜杜拉作为其统治埃米尔，后者反过来对英国委任统治当局作出回应。这些顾问和军官包括弗雷德里克·G. 皮克（Frederick G. Peake）中校（当时借调到埃及军队担任骆驼军团指挥官）和亚历克·S. 柯克布莱德（Alec S. Kirkbride）上尉，他们将在未来几十年中在外约旦发挥非常重要的作用。皮克被派去重组费萨尔的叙利亚王国沦陷后留下的散乱的宪兵队。

　　C. 邓巴·布伦顿上尉（他曾驻扎在萨尔特，但后来作为英国代表移居安曼）在费萨尔失败后在该地区建立了军事后备部队以支持宪兵队。然而，很快，事件超出了英国的预料。谢里夫侯赛因的儿子、费萨尔的兄弟阿卜杜拉向叙利亚进军，宣布他的目的是恢复谢里夫王位。在数百名战士的陪同下，他靠近了距离安曼最近的最北端的汉志城市马安。英国随后邀请他在耶路撒冷与丘吉尔会面，这导致他被任命为新国家的埃米尔。阿卜杜拉向该国的预备役部队派遣了 750 人，而皮克已经将该部队扩充到了 750 人；因此，不包括警察在内的联合部队共有 1 500 人。警察和军队最终于 1923 年 10 月统一并被命名为阿拉伯军团。[8]皮克和英国特派代表 H. 圣约翰·菲尔比（H. St. John Philby）负责更名，皮克说："我向他建议，我正在培养的新部队的名称应该从'预备队'改为阿拉伯军团，菲尔比立刻同意了，奇怪的是，没有人注意到这种变化。"[9]这支新部队的阿拉伯名称实际上是 "al-Jaysh al-'Arabi"（阿拉伯军队），因为它的许多成员都是由汉志组织的阿拉伯军队进行的反奥斯曼阿拉伯起义中的退伍军人。皮克认为阿拉伯军队对这样一支小规模部队来说过于夸张，因此将其名称翻译成英文为 "the Arab Legion"（阿拉伯军团）。[10]

以皮克为首的阿拉伯军团由布伦顿的预备役部队、宪兵和阿卜杜拉的部队，以及一些留在该地区的费萨尔的撤退部队组成。这支部队由英国人指挥和资助，同时为阿卜杜拉服务，只要他的利益与英国人的利益一致。然而很快，阿拉伯军团就变成了一支纯粹的警察部队，因为它在 1922 年与入侵的亲沙特瓦哈比袭击者的战斗中表现不佳。瓦哈比派在英国皇家空军的干预下被击败，阿拉伯军团主要成为一支警察部队，参与预防犯罪、征税和逮捕罪犯，并负责移民和护照管制、汽车执照和交通控制。皇家空军（完全由英国控制）为军团的努力提供了帮助，皇家空军负责保卫该政权——20 世纪 20 年代曾多次被要求执行这项任务。1926 年 4 月 1 日，英国驻巴勒斯坦高级专员在皇家空军的指挥下成立了外约旦边界武装（Trans-Jordan Frontier Force, TJFF）。外约旦边界武装的主要任务是外约旦边境的军事防御，抵御部落袭击，尤其是在东部和南部。它还可以在被召唤时帮助阿拉伯军团。这支部队主要是从巴勒斯坦宪兵队招募的，并且故意主要配备了非外约旦人。[11]到 1927 年，阿拉伯军团的人数从 1 472 人减少到 1 000 人，《阿拉伯军团法》的颁布正式确定了阿拉伯军团仅限于警察职责的新安排。阿卜杜拉和他的阿拉伯民族主义者的行政人员并不看好外约旦边界武装，因为它对外约旦政府的权力构成了威胁，后者对这支部队没有任何权力，并将更多权力集中在英国人手中。1928 年英国和外约旦政府之间的协议有效地规范了安全安排。第 10 条规定，英国"可以在外约旦维持武装力量，并可以在外约旦筹集、组织和控制这种武装力量……保卫国家所必需的……［并且］埃米尔殿下同意，未经英国国王陛下许可，他不会在外约旦招募或维持任何军队，也不会允许招募或维持任何军队"[12]。其他规定包括埃米尔接受该国某些地区处于戒严状态（第 14 条）。

正是通过这样的法律机制，托管—哈希姆国家建立了对使用武力和武装胁迫的垄断。然而，要实现这种垄断，必须解决武装贝都因部落的问题。正是在这种情况下，从邻国伊拉克招募了一名名叫约翰·巴戈特·格拉布的英国军官，他在那里从事"安抚"以费萨尔国王为首的另一个托管—哈希姆国家的贝都因人的工作。作为卓越的贝都因专家，他在该地区享有盛誉，外约旦急需他的服务。1930 年，格拉布抵达安曼后，着手在阿拉伯军团内建立一支新势力。他称其为沙漠巡逻队（Quwwat al-Badiyah），并且只从贝都因人中招募其成员。这支新部队的任务是守卫与沙特人的边界，后者最近占领了汉志的哈希姆王国并兼并了它。（这个部队的作用后来扩大到包括守卫英国拥有的伊拉克石油公司穿过外约旦的管道。）为了应对邻国巴勒斯坦肆虐的反殖民叛乱，沙漠巡逻队于 1936 年扩大为沙漠机械化部队，作为英国控制下的雇佣军代理。它对英国在该地区的帝国政策的主要贡献包括在 20 世纪 30 年代后期制服外约旦境内的巴勒斯坦叛乱分子及其外约旦支持者、在 1941 年干预伊拉克反对民族主义的反英政变领导人，以及同年晚些时候干预叙利亚反对维希法国。沙漠机械化部队将成为独立后约旦武装部队的核心力量。由于其新的国际性质，阿拉伯军团于 1944 年更名为约旦阿拉伯军队（al-Jaysh al-'Arabi al-Urduni），以区别于其他阿拉伯军队。[13] 我们将在下一章中看到，在接下来的几十年里，它被多次命名和重命名。

# 贝都因人的选择

抵达外约旦后，皮克启动了保护村民免受贝都因人袭击的政策，并获得了政府资源的支持。他的传记作者坚称，皮克与阿拉伯东部的其他英国行政人员不同，没有"诗意和浪漫的气质"。这样一个典型的管理者"在各方面都同情游牧民族 11 世纪的观点，并将对其古老的阿拉伯权利和习俗的任何干涉视为最恶劣的破坏形式……毋庸置疑，这一观点得到了访问阿拉伯土地并随后将其经历写成一本书的旅行者的认同。他在乡下的时间不够长，无法了解双方的情况，而且由于他的向导和大篷车是由贝都因人提供的，所以他只能得到游牧民族的观点"[14]。贝都因人的吸引力还源于英国人的认知，即贝都因人同时体现原始主义和现代性，这是一种进化之谜。马克·赛克斯爵士（因《赛克斯—皮科协议》而闻名）总结道："贝都因人确实是全人类中最奇怪的。他的物质文明与布须曼人差不多，但他的大脑却与任何受过通识教育的英国人一样精心、被巧妙地开发。没有他无法遵循的合理论证，没有他无法立即掌握的情况，没有他无法理解的人；但他无法执行任何手动操作。"[15]

皮克不会拥有这些。1924 年夏天，英国通过他的影响力迫使阿卜杜拉接受废除由谢里夫沙基尔·本·扎伊德领导的半独立部落行政部（Niyabat al-'Asha'ir），在 1924 年 10 月颁布新法律来控制贝都因人。[16] 部落行政代表和副代表的职位实际上自 1921 年 4 月 4 日第一届外约旦政府成立以来就已确定；副代表（由艾哈迈德·马尤德担任）的职位于 1923 年 2 月 1 日被废除，在废除部落行政部两年后的 1926 年 6 月 26 日，代表（由沙基尔担任）的职位被完全废除。[17] 在这种情况下，皮克自豪地坚称："如果英国人没有进入外约旦，法国人没有进入叙利亚，毫无疑问，这两个国家……很快就会恢复到部落统治和贫困状态。"为了完成这项重要任务，皮克开始了工作："我的政策是从定居的或村庄的阿拉伯人那里组建一支军队，这将逐渐能够遏制贝都因人，并允许阿拉伯政府统治这个国家而不必担心部落首领的干预……建立由英国军队实施的英国统治和控制本来是容易的，但这会造成很多麻烦和费用。除此之外，我一直坚信英国直接统治的旧时代正在过去，或者说已经过去。随现代大众教育从西方传入的民族主义已经存在，并且是一股不可忽视的力量。"[18]

随着伊本·萨乌德的领土收益的增加，到 20 年代后期，这些收益已到达外约旦的南部和东部边界，跨界部落袭击获得了国际性。正是在这种情况下，约翰·巴戈特·格拉布被要求控制外约旦部落。[19] 皮克评论说，这项新政策"非常好，选择在我的指导下运行它的军官再好不过了"。然而，皮克似乎对如何执行部落治安策略感到不安：

> 然而不幸的是，这支新的沙漠部队是在正规阿拉伯军团完成其在该国定居地区建立公共安全的任务后成立的。因此，我们很快就看到英国政府提供资金来补贴部落——这是 surra［劳伦斯给贝都因人的钱袋，用于反抗奥斯曼帝国的阿拉伯起义期间帮助英国，劳伦斯从奥斯曼人那里了解到，他们用它付钱给部落，以防止后者攻击朝圣大篷车］的旧恶；给他们配备了机枪、无线电设备、堡垒和其他军国主义附属品的武装汽车，这是旧的阿拉伯军团所拒绝的，他们不得不在没有它们的情况下继续执行任务……渐渐地，我们看到沙漠游牧民变成了拥有现代武器和交通工具的士兵，而由城镇和村庄的居民组成的古老的阿拉伯军团大部分仍然只是警察。[20]

皮克认为，只要英国人仍然控制着国家，这样的转变是可以容忍的，但他担心这一政策的结果："未来，如果英国军官撤离来满足日益增长的独立需求。那么我们就会给部落谢赫一个扶手，他们可以用它再次统治定居的人民……我的政策始终是防止权力落入部落首领手中，因为如果发生这种情况，国家将无法繁荣。"[21] 皮克的政策得到了在外约旦担任了几个月的顾问的 T.E. 劳伦斯的支持。贾维斯报告说，劳伦斯"完全同意皮克的观点，即小国的未来取决于其培育者，他必须受到保护，免受沙漠邻居的影响"[22]。

由于皮克的政策，阿拉伯军团中的贝都因人非常少，军团中包括巴勒斯坦人、外约旦切尔克斯人、车臣人和土库曼人——几年前（在某些情况下是几十年）由奥斯曼人定居。最初，皮克还招募了数百名苏丹人和埃及人。这对外约旦的人口产生了影响，他们在此之前一直拒绝加入军团，将其视为新的压迫性征税力量。然而，正如贾维斯报告的那样，由于害怕被"外国人"监管，他们中的许多人加入了军团。军团军官包括阿拉伯伊拉克人和叙利亚人，他们是原奥斯曼帝国军官。在受过教育的外约旦城镇和乡村居民中的招聘将在稍后进行，尽管皮克很难找到兼具他所需要的智力和身体素质的人："在东方，这两个基本素质很少结合在一起，因为某种神秘方式的教育会对体质产生恶化的影响。"[23]

这并不是皮克面临的唯一问题。他的军团军官，其中大部分是阿拉伯民族主义者，已经撤退到约旦重新集结，具有与阿卜杜拉相同的意图——打算将法国人从叙利亚驱逐出境，现在正在削弱皮克在外约旦建立控制权的计划。这场灾难在 1924 年以他清洗军团军官和驱逐民族主义者而告终，这一决定最终得到了阿卜杜拉的支持，他对英国的过度实用主义激怒了民族主义者。[24]

到格拉布抵达该国时，"一半以上的官兵实际上不是［外］约旦人，而是来自伊拉克、沙特阿拉伯或叙利亚"[25]。然而，到 40 年代后期，沙漠机械化部队作为一支有效的英国雇佣军在国际上享有盛誉。但是，贝都因人的神秘感仍然没有消失。在巴勒斯坦战争后加入阿拉伯军团的彼得·扬评论道："贝都因人是最令人愉快的人，可以以普通的方式与之共事。他们与1915年和1945年的高地人没什么不同。他们精神抖擞，在信任的领导者的带领下，他们会在短时间内进行令人钦佩的战斗……在最坏的情况下，贝都因人可能是愚蠢的、阴沉的、一无是处的，但这种类型的人很少。最好的情况是，他们是开朗、积极和坚强的士兵，随时准备去任何地方、尝试任何事情。"[26]

抵达后，格拉布与居住在该国的英国人亚历克·柯克布莱德以及埃米尔阿卜杜拉建立了工作关系。三人都同意招募贝都因人加入阿拉伯军团的新政策。詹姆斯·伦特（James Lunt）表示，这是"一项基于三人共同哲学的深思熟虑的政策。根据柯克布莱德的说法，阿拉伯军团的目的是成为一支纯粹的专业力量，而不是一个国家机构"[27]。

格拉布不喜欢城镇阿拉伯人主要是出于种族和文化考虑。与种族纯洁和好战的贝都因人和村民相比，他认为城镇阿拉伯人是混血儿。这解释了他的论点，即"镇上的人很少有战斗精神"[28]。伦特在他撰写的格拉布传记中捍卫了后者对贝都因人的偏爱，称格拉布招募贝都因人只是为了将政治排除在军队之外。他引用了一封寄给P.J.瓦提基奥蒂斯（P.J. Vatikiotis）的信，其中格拉布没有提到贝都因人是比哈达里人更好的战士。在急于为格拉布辩护的过程中，伦特没有发现格拉布在其著作中多次提到贝都因人的军事优势。[29] 约旦武装部队的官方历史学家对此事有以下看法：

> 外约旦的贝都因人和平且成功地被招募到军团的行列中，完全归功于J.B.格拉布少校（后来的将军）个人的努力、领导能力和外交技巧。1941年，全贝都因沙漠机械化部队在伊拉克和叙利亚的后续战役中表现出的冲劲、进攻精神是对格拉布帕夏作为贝都因军队的领导

者和指挥官的英勇的致敬。然而，他后来试图区分贝都因和非贝都因（哈达里）人员的尝试并不成功。在阿拉伯军官看来，这些做法是非常不合理的，就像普卢默勋爵将外约旦边界武装嫁接到不情愿的外约旦政府的动机一样，值得怀疑。1956 年英国从约旦撤军前夕，10 个步兵团中有 5 个是贝都因人，3 个装甲团中有两个是贝都因人。人们可以充分欣赏和同情格拉布对贝都因人的真挚的忠诚，他们像［印度］部落的帕坦人，具有充沛的男子气概和许多令人钦佩的品质——包括令人愉快的幽默感。但是，冷酷的事实仍然存在，即土耳其军队从整个帝国招募了阿拉伯人，在所有战区雇用他们并取得了相当大的成功。[30]

　　格拉布在阿拉伯东部的政策确实不是独一无二的。它是在帝国其他地方实行的普遍的英国帝国分而治之政策的一部分。正如赛义德·阿里·艾德罗斯（Syed Ali El-Edroos）解释的那样，

　　　　毫无疑问，格拉布帕夏和在阿拉伯军团服役的英国军官，就像他们在印度军队服役的同胞一样，在所谓"军事"和"非军事"种族问题上夸大其词。同时，与贝都因人相比，他们夸大了费拉欣和哈达里的所谓专业可靠性。格拉布帕夏对受过教育的埃芬迪（军官）阶层的态度也让人难以理解。就像他在英属印度军队中的同胞一样，当他被要求与受过教育、挑剔且不过分恭顺的印度（就他而言是阿拉伯）军官一起服役时，他显得最不自在。阿拉伯起义的优秀军官全都来自所谓埃芬迪阶层，包括阿齐兹·阿里·马斯里（Aziz Ali el-Masri）、贾法尔·帕夏·艾斯卡里（Jafar Pasha el Askari）、努里·赛义德（Nuri as-Said）和莫鲁德·穆赫利斯（Maulud Mukhlis）等阿拉伯常客，没有人可以质疑他们的专业能力或勇气。英国人对受过教育的军官和官员阶

层根深蒂固的反感以及对单纯、不识字和天真的农民或贝都因人的偏爱，反映了英国人性格的弱点。[31]

尽管如此，格拉布坚持认为军团中不应该发生任何歧视。他无视真正的权力不平衡，这种不平衡明显表现在军团中缺乏高级阿拉伯军官而倾向于英国殖民军官，他说："在阿拉伯军团中，我们不容忍种族、宗教或阶级差异。英国军官不是一个阶层。在任何特定场合，无论种族如何，在场的高级军官都会指挥。英国军官向军阶比他们高的阿拉伯军官致敬。英国人和阿拉伯人之间的分歧并不是军队中唯一潜在的分歧来源。在约旦本身，有阿拉伯人和切尔克斯人、基督徒和穆斯林、市民、乡下人和部落人，以及彼此不友好的不同部落。后来，出现了东约旦人和西约旦人——或者，正如我们过去所说的，巴勒斯坦人和外约旦人。"[32]

不管是否存在歧视，格拉布的政策目标是拥有一支全贝都因人的军队："第一个沙漠机械化团是今天存在的约旦军队的起源，重要的是要注意它的主要组成是贝都因人。有来自定居区的技术人员和文员，但军官和普通士兵都是部落成员，仍然穿着沙漠巡逻队的制服，头发很长，在许多情况下都像贝都因人那样扎成发髻。"[33]

通过将贝都因人纳入卓越的压制性国家机器，格拉布确保不仅他们的自相残杀和国际袭击将被停止，而且他们的群体忠诚度将转移到民族国家，保证贝都因人将保护他们的国家免受任何威胁，尤其是因为他们蔑视可能产生反国家威胁的城市居民。此外，由于他们跨越新国界的亲属关系和部落关系，贝都因人被视为对民族国家的威胁。因此，通过领土化将他们国有化是国家建设的一部分。事实上，除了军事，英国政府还涉足经济激励，将贝都因人转变为农民："鼓励贝都因人种植的目的简单来说是（a）拓宽他们的经济基础，防止他们的全部生计都依赖于一种有点变化无常的资本

形式，并且（b）给予他们在该国不动产的固定股份，这不仅是一种经济保
险，也是一种社会锚定。"[34] 从这项政策中可以明显看出，英国人对资产阶
级财产形式在国家计划中的中心地位的强调。正如我们在第一章中看到的
那样，该政策是在外约旦的其余公共财产转变为私有财产时颁布的。

## 文化帝国主义与规训

　　研究约旦军队的重要性源于其在福柯意义上的规训功能。福柯认为规
训体制取代了司法体制，或者至少渗透了它们。在约旦的案例中，我们将
看到法律和军队实际上是如何同时被司法规训国家用作补充战略的工具。
尼科斯·普兰查斯认为，"法律组织了物理镇压的条件，指定了它的方式
并构建了行使它的手段。从这个意义上说，法律是有组织的公共暴力的准
则。"[35] 规训运作在殖民统治模式中的影响与政府化的司法方面一样彻底。
在这种情况下，我们考察作为帝国转喻的格拉布形象，因为帝国的规训统
治制度是通过建立阿拉伯军团实现的。毕竟，在将近 30 年的时间里，格拉
布非常出色地代表了帝国形象的化身。

　　格拉布于 1920 年 10 月抵达伊拉克，这是他在阿拉伯世界的第一站，
他对阿拉伯人知之甚少。为了纠正这种情况，他开始研究其他欧洲人写
过的关于阿拉伯人的文章，这些文章可以作为他与他们的第一手经验的中
介："［看到阿拉伯人］在我脑海中留下的印象很深刻，但如果不是命运把
许多书放在我手中，这种印象毫无疑问会在几个月内消失……我买了更多
的书，读了又读，一个新的迷人的世界向我敞开了大门。"[36] 他不仅对阿拉

伯人着迷，而且对撰写他们故事的欧洲探险家和东方学家更着迷。他对欧
洲人对于了解阿拉伯人的强烈欲望总是显而易见的。他告诉我们："我阅读
了在阿拉伯的探险家——伯克哈特、道蒂、布伦特和帕尔格雷夫——的作
品，并决心模仿他们。"[37] 在这方面，格拉布并不是独一无二的。正如爱德
华·萨义德所证明的那样，"从对东方的纯文本理解、表述或定义到将所有
这些在东方付诸实践的转变确实发生了，并且……东方主义与此有很大关
系"[38]。格拉布对东方探险家和殖民官员的模仿并没有被反殖民的阿拉伯
民族主义者忽视。事实上，格拉布被视为殖民官员链的一部分。《独立报》
（al-Istiqlal）这样评价他："格拉布先生是现代的利奇曼（Leachman），不同
的是，利奇曼声音大而暴力，而格拉布柔软而温和。然而他们的结局是一
样的。还有另一个区别，利奇曼用英国的钱为英国的事业服务，而格拉布
用伊拉克的钱为英国的事业服务。"[39]

　　格拉布实际上是在追随人道帝国主义（Humane Imperialism）政策的设
计师、上校罗伯特·格罗夫斯·桑德曼（Robert Groves Sandeman）爵士的
脚步。桑德曼19世纪后期在俾路支（他在那里担任首席专员）和阿富汗的
部落中的职业生涯令人印象深刻。桑德曼的策略可以简要地概括为三个词：
"同情、补贴和部落法"。桑德曼于1892年因疾病在信德边境去世。他的
传记于1895年出版，被殖民官员广泛阅读。[40] 在伊拉克期间，格拉布阅读
了传记和桑德曼的报告。1935年，格拉布在他的月度报告中评论了发表在
《近东和印度》杂志上纪念桑德曼诞辰100周年的一篇文章。格拉布强调贝
都因人和俾路支部落之间的相似之处，阐明了他自己的部落政策："确实，
我希望在好战部落的每个行政长官的办公室墙上用金色字母描绘以下原则：
（1）人道和同情；（2）轻税，高薪就业；（3）对谢赫的补贴；（4）遵守部
落法。"[41]

　　格拉布还借鉴了其他模型。尽管格拉布是劳伦斯纪念奖章的第一位获

得者，伦敦皇家亚洲协会在1936年授予他该奖章，但他与T.E. 劳伦斯截然不同。[42]与经常被拿来作比较的后者不同，格拉布与"阿拉伯人"相关的政治哲学在文化上不那么具有实用性，尽管同样是炫耀性的。格拉布更感兴趣的是，阿拉伯人居住在充满文化融合的"现代性"的社会结构中。格拉布是一位成熟的阿拉伯主义者，几乎没有时间理会未受过教育的欧洲中心主义言论（尽管欧洲中心主义遍及他的所有评价能力），他是一位文化相对主义者，其观点与一些当代西方社会科学家的观点并无二致。

在评论阿拉伯文化与外国文明之间的关系时，格拉布坚称他"没有建议［阿拉伯人］模仿英国人，而是相反"[43]。他很清楚现代主义的欧洲含义。在"穆斯林军队中传统与现代主义角色之间的冲突"的标题下，他写道："我无法避免这一种印象，即当我们使用现代主义这个词时，我们实际上是在形象化我们自己的特征……换言之，现代主义的意思是（像我们一样），我们的头衔似乎暗示穆斯林应该努力变得更像我们，而这个过程将不可避免地涉及冲突。"[44]在格拉布看来，"西方目前享有的优势主要在材料领域：机械、技术、制造和类似活动。然而，其他国家急于采用这些东西，因此从这个意义上说，现代化几乎不需要冲突……另一方面，西方在道德上并不享有任何公认的优越感；因此，试图将西方的道德标准引入其他国家很可能会招致反对。西方民主……也绝不是被普遍接受为处理每个国家事务的最佳方法"[45]。

格拉布将西方国家的法治描述为产生一种"机械化"的政府，这种政府对欧洲人来说运作良好，并且符合他们的"气质"。然而，他觉得这对阿拉伯人来说是相当令人厌恶的，因为他们"确实更喜欢跟随人而不是机器"[46]。他解释说，在他看来，阿拉伯人无法接受司法统治："我相信阿拉伯人喜欢被男人统治，而不是被法律或委员会统治；但与此同时，他们是最直言不讳和最民主的种族。"[47]为了避免他的评论被解释为反对殖民统治，始终是坚定的帝国主义者的格拉布在这里解释说，他反对的是"文化而不是……直接的政治影响，例如欧洲殖民或委任统治制度"[48]。事实上，他一直在歌颂 19 世纪的大英帝国，直到他生命的尽头。[49] 尽管如此，他反对将自由民主模式扩展到殖民地，并认为政党制度不适合非欧洲文化。他甚至对反殖民民族主义者所面临的困境表示赞赏："通过将西方现在流行的政党政治体系视为'现代'，我们迫使其他国家放弃他们个人忠诚的传统或接受存在的'向后'耻辱。"[50] 不像大多数东方主义者，他们的作品充满了"欧洲向东方传授自由的意义"的主题，[51] 格拉布小心翼翼地提醒他的同胞："英国很可能向阿拉伯人介绍了民主——而不是自由。"[52] 事实上，他渴望证明阿拉伯人的个人自由不一定来自政治自由："在过去的几个世纪里，我们来到幸福的英格兰，将我们的个人自由与我们国家的政治独立等同起来。在英国，很少有人意识到个人和国家的自由在多大程度上可以分开……在土耳其时代，阿拉伯人没有政治存在，但作为个人，他们与世界上任何人一样自由。诚然，他们的自由与土耳其人的慷慨毫无关系。这完全是因为政府无力控制他们。"[53] 在强调这一点时，格拉布断言阿拉伯人，尤其是贝都因人，永远不需要通过摆脱殖民统治来实现自由，因为两者是相互包容的。

然而，这种思维方式并没有阻止格拉布掉入进化论和现代化思维的陷阱。如果文化相对主义的论点不利于在阿拉伯世界教唆独裁统治，那么他毫不犹豫地使用现代化语言："在人类语言中，没有一个词比'自由'这个词更能引起人们的热情或更深刻的奉献。但不考虑当地情况，将一个国家的习俗完全转移到另一个国家总是有风险的。在一个民众对整个世界完全一无所知、每个人（甚至统治者）都缺乏经验的国家，实施在英国被视为最基本的人权可能会带来意想不到的结果。"[54]

有人会认为格拉布在这里是一名成熟的现代化主义者，从某种意义上说，一旦阿拉伯人的统治者更加"有经验"并且他们的群众不再"无知"，民主将在未来适合阿拉伯人。然而，这只是部分情况。对于格拉布来说，这些无知的群众并不一定需要西方教育。正如我们稍后将看到的，格拉布为他们设计了一个完全不同的教学计划。对他来说，如果民主真的降临到阿拉伯人身上，那将在几个世纪之后发生。鉴于 20 世纪 50 年代中期反对约旦加入亲西方的《巴格达条约》的反帝国主义示威，格拉布写道："几个世纪以来，阿拉伯人已经习惯于专制统治。突然间，专制消失了，他们陷入了无政府状态和暴民统治，甚至还差点过了民主的中间阶段。因为民主需要几代人——也许是几个世纪——来建立。"[55] 对格拉布来说，这既基于历史传统，也基于文化传统。在这种情况下，格拉布说："但我也认为，一般而言，阿拉伯人更喜欢一个由个人统治的政府。这部分是由于古老的无意识传统，部分是由于伊斯兰教。没有一个伊斯兰国家成功地由民选议会、议会或委员会治理。所遵循的原则始终是为每项负责的任务指定一个人。"[56]

格拉布嘲笑约旦在 20 世纪 50 年代采用部分议会制的短暂经历，称其"模仿英国民主……一个对这个国家的传统来说很陌生的系统"[57]。他更喜欢"传统的"独裁统治，不仅对约旦，对伊拉克也是如此："事实上，如果英国在与伊拉克的关系中受到任何指责，那可能是因为这样一个事实，它利用自己的影响力在那个国家建立了民主和政党政治制度。但这是由于错误的慈善事业，而不是邪恶的帝国主义。在我心中，毫不怀疑，不同的种族，由于他们具有不同的性情和数千年来不同的文化和传统，需要不同的政府制度。认为任何一种政府形式是全人类的理想都是一种危险的幻想。"[58]

显然，格拉布在治理领域的建议坚持支持地方独裁统治，他将其定义为"传统"。他坚持认为，"如果保留独裁或某种其他形式的专制宪法，伊斯兰国家的传统主义和现代主义之间就不会冲突……如果采用某种广泛基于当地传统的此类政府制度，则传统军事方法与现代军事方法之间就不会发生冲突"[59]。然而，为了避免发生意外，格拉布制定了特殊的战略，选择政党政治路线的非西方国家可以确保军队远离政治。此类策略不涉及法律；相反，根据他对殖民地法律结构的反感，他主张采取更严格的规训措施："我们的直接目标最好不要通过制定禁止军事干预的法律或规则来实现，而是通过产生一种反对这种干预的精神。"这将通过新传统的产生来实现，"使远离政治成为一种军事传统"[60]。格拉布没有意识到传统可以由现代性产生的矛盾观念，尽管他似乎无意识地意识到传统只是现代性的结果，而不是先于现代性的——他不得不依赖这个观念，尽管是无意识的，因为他的策略的逻辑是有效的。

作为一个职业的管理者，与大多数其他殖民官员相比，格拉布更能理解欧洲法律对阿拉伯世界的影响。他解释说："不仅……将欧洲法院强加于阿拉伯人会破坏法官的主动性，同时也将一套他们往往无法理解的完整法律体系强加于人。"[61]他对这些法律出台后贝都因人的行为发生的变化感到遗憾：生活在"身体暴力制度下的贝都因人……具有简单诚实和坦率开放的品质，这些品质如此吸引人，但当暴力被正义和法律取代时，它似乎就消失了"[62]。他甚至能够辨别出与阿拉伯人西化程度相关的阶级差异："受过教育的阶级通常获得欧洲法律学位，无疑会成为专业律师和法官。但他们因此与同胞相隔巨大的鸿沟。也许五分之四的流浪者或贝都因人来到这种类型的法庭，甚至无法理解整个程序是关于什么的。"[63]在回答"为什么……出台了如此不适合民众的法律？"这个问题时，格拉布说："在我看来，是因为在借鉴欧洲的想法时未能明确区分什么是合适的，什么是不合适的。我要再次提醒您甘地先生的那句话：'我应该利用本土制度，通过纠正他们已证明的缺陷来为他们服务。'"[64]格拉布引用了阿拉伯世界现有法律传统的例子：

阿拉伯已经存在两部精心设计的法典（没有增加第三部）——伊斯兰教法或宗教法，以及阿拉伯［贝都因人］习惯法。如果可以的话，让我们尝试接受甘地先生的建议并加以利用，同时逐渐纠正他们已证明的缺陷。如果我们引入一套全新的、已经制定好的法律，它们很可能完全不合适，肯定会因理解不完全而造成长期的不公正，并且很可能因居民的不合作而失效。但即使这些新法律是最好的，我也会更愿意从本土机构开始，通过在现有基础上建立的过程逐渐使它们接近新形式。[65]

格拉布因缺乏对当地情况的关注感到恼火。根据他的建议，在农村设立临时法庭，并放弃手续，让"居民"有机会诉诸法律，他说："我知道，无论是在伊拉克、叙利亚、巴勒斯坦，还是外约旦，都没有足够的适应性，也没有能够因地制宜。原因是所有的目光都集中在欧洲法院。"[66]

格拉布对司法规则的反感使他看不到这样一个事实：如果没有这样的规则，他就无法对贝都因人拥有权威。早在1924年，托管—哈希姆国家就建立了贝都因人法庭以及一个实施和审查与贝都因人相关的贝都因人法律的机构，此外，就在格拉布抵达约旦前，托管—哈希姆国家还在1929年颁布了《贝都因人监督法》。该法律有效地将与贝都因人有关的所有权力交予军队首长或其副手（在本案例中为格拉布），从而将所有外约旦贝都因人置于戒严令之下。正是这项法律为格拉布的整个职业生涯提供了授权，他却轻易遗忘了这一事实，就像他的殖民权威与其臣民的殖民地位之间的不对等一样。

然而，格拉布对将欧洲的东西强加于阿拉伯世界的做法的反感，不仅超出了法律法规、军事安排和政治意识形态的范围，还包括了日常实践。正如下面将要展示的，他对细节的专注和敏感，是他的变革富有成效和项目成功的核心。

## 作为认识论的文化变装

格拉布是一位喜欢打探别人隐私的唯美主义者，同时他也热衷于各种形式的自我宣传，尽管自我宣传的主题是他制造的贝都因人景象。他精心策划制造一类新的贝都因人，不仅如此，还是一类新的阿拉伯人，这类人后来被称为约旦人。他确切地知道新的阿拉伯士兵应该是什么样子，这种士兵（并且总是"他"）应该穿什么、应该如何行动、应该知道什么、应该将什么视为传统和文化、应该接受什么作为合适的现代性，最重要的是，他应该把谁当作朋友，把谁当作敌人；这就是新阿拉伯士兵的本质，与其说是与谁作战、如何作战，不如说是保护谁、保护什么以及如何作战。在这方面，格拉布的项目需要将贝都因人的身心塑造成新的东西。新的贝都因人开始拥有一种新的认识论。但同样重要的是他拥有一个新身体，由格拉布训练、供养、治疗、教育，并且给他衣服穿。这位新军人将成为新兴的约旦国家的标志和象征。他的身体将成为国家的身体。

格拉布对阿拉伯世界殖民文化和制度项目的所有错综复杂的问题都非常关注。他强烈反对在阿拉伯和伊斯兰军队中建立军官阶层，因为"它并不代表公民生活中的任何社会阶级划分，而只是对欧洲制度的模仿。而且我发现放弃这些限制不会削弱规训。这是因为阿拉伯人没有'阶级意识'。当然，在他们之间引入这些区别将是一个错误"[67]。格拉布解释说，这种欧洲军事分裂植根于欧洲前现代的过去，他的愤慨使他得出这样的结论："讽刺的是，这种制度近年来被伊斯兰军队采用，假设它是西方的，因此是'现代'和高效的。没有伊斯兰传统可以证明这种分裂是合理的。事实上，伊斯兰传统在这里更加'民主'。这个例子说明了伊斯兰军队盲目模仿我们的方法可能引起的反常现象。"[68]请注意格拉布对未经检查的模仿持怀疑态度的一贯性。"甘地"公式始终是他的指导原则。

军装问题对格拉布来说至关重要："有时乍一看这只是表面问题，但经过深思熟虑就会发现事实并非如此。换装，意味着穿着者已经放弃了对过去的感情依赖。这是一次公开的信仰告白：他寻求被欧洲化。"[69]格拉布描述了皮克手下士兵的着装情况："阿拉伯军团的参谋人员当时穿着蓝色巡逻夹克、蓝色工作服和威灵顿靴。其他军官在他们的工作服上有一条宽红色条纹，但帕夏的工作服有一条三条纹。他穿着这样的服装，戴着一顶高高的黑色小羊皮帽，拿着一根粗壮的马六甲手杖，每天都能看到他大步穿过安曼走到他的办公室。"[70]格拉布的描述准确而有条理，没有遗漏任何无关紧要的细节。正如福柯所解释的："规训是对细节的政治解剖。"[71]格拉布像一位现代时装秀主持人一样，继续描述贝都因人的服装：

> 从实用的角度来看，在我看来，阿拉伯服装比欧洲服装更适合阿拉伯人。大部分为白色，体积大且松散，非常适合炎热干燥的气候。戴在头上的头巾可以很好地防晒。紧身外套、裤子和帽子是极其不合适的。同样，服装的改变也需要改变生活方式，因为穿着紧身的欧洲衣服是不可能坐在地上的。椅子、桌子和床成为穿着欧洲服装的人的必需品。在家具方面也没有很大的优势。铺有地毯、有低矮的沙发和靠垫的房间比大多数欧洲的客厅更舒适。[72]

格拉布清楚地了解通过文化变装产生新身体的含义。文化变装导致"生活的改变"，这是一种新的有形文化，其中身体的运动发生了变化，家庭环境、坐姿、饮食等也发生了变化。这不仅仅是审美敏感性的问题。格拉布对当地传统的捍卫有时使他听起来像是一个与文化帝国主义作斗争的热情民族主义者：

　　在军事领域，穿着欧式服装变得更加可笑。军队中的普通士兵属于较贫穷的阶层，他们穿着阿拉伯服装，住在没有欧洲家具的家里。当他们成为士兵时，他们被迫穿紧身马裤，不能坐下。终生赤脚或穿凉鞋的人，都被要求穿靴子。同样，宽松而宽大的阿拉伯服装，如果再加上阿拉伯羊皮斗篷，是任何天气下都可以在地上睡觉的理想选择。紧身的欧洲衣服睡在里面很不舒服，不能像披风一样裹在穿着者身上。因此，身着欧洲服装的阿拉伯军队在外面睡觉时会遭受很大的痛苦，此外，他们不得不携带毯子、防水床单、帐篷和所有必需品，因为他们的服装不适合作战。[73]

　　格拉布生动地描述了他在 20 世纪 30 年代初期为贝都因沙漠巡逻队设计的新服装："制服的剪裁与他们的普通服装相同，长袍几乎触地，长长的白色袖子，但外面的衣服是卡其色的。红色的腰带，红色的左轮手枪挂绳，腰带和装满弹药的弹带，腰带上的银色匕首，效果令人印象深刻。很快，部落里的人就抱怨说，除了我们的士兵之外，最漂亮的女孩不会接受任何人作为她们的情人。"[74]

　　看来，对于贝都因人来说，激励他们加入这项服务的好的措施不仅是薪酬和狩猎，还有对女性的性吸引力。一个额外的好处是贝都因人成了一处旅游景点："他们无疑是中东地区最美丽的男人，当游客在冬天游览佩特拉时，贝都因人巡逻队从黎明到黄昏都会被拍照。"[75]贝都因人成为现代欧洲认识论改变世界的展览的一部分。就像作为欧洲殖民计划一部分的 19 世纪世界大展一样，世界本身，正如蒂莫西·米切尔所展示的那样，变成了一个展览。米切尔指出，"展览似乎不仅是为了模仿外面的真实世界，而且是在其无数种族、领土和商品之上强加了一个意义框架"[76]。他接着解释说："东方拒绝像展览一样展示自己，因此显得无序且毫无意义。殖民过程引入了现在所缺乏的那种秩序——结构的效果不仅提供了一种新的学科力量，而且提供了新的表征本体。"[77] 因此，贝都因人成了一种拜物教商品。格拉布和殖民政策塑造他的方式使他成为一个奇观："可感知的世界被一组优于该世界的图像所取代，但同时又将自己强加为可感知的。"[78] 贝都因人变成了一个图像，在帝国的新镜面经济中，成为他应该成为的形象。按照马克思对拜物教商品的见解，贝都因人作为拜物教商品被转化为一种交换价值。[79] 就帝国工程而言，他的使用价值就是他的交换价值。只要他将确保帝国利益，而不会为帝国带来任何风险（英国白人男孩不需要为了获得帝国利益而危及自己；贝都因人会为他们这样做[80]），为来访的游客提供娱乐，并作为英国的文明努力进行展示，贝都因人作为拜物教商品成为约旦帝国项目的核心，因为他将成为后来国家项目的核心。

　　格拉布对服装设计的迷恋为他提供了一种持续的展示冲动。在他的自传中，他仍然抽出时间来重新描述沙漠巡逻队的制服及其产生的持久影响："我们给巡逻队穿上了他们自己的自然服装：白色棉裤和白色长款'睡衣'或长袍。上面是一件卡其色长袍，一条宽大的红色羊毛腰带，一堆弹药带和子弹带，一把带红色挂绳的左轮手枪和一把银色匕首。头饰是红白相间的方格头巾，从那时起（以及从我们那里）成为一种阿拉伯民族主义的象征。以前，外约旦或巴勒斯坦地区的人们只戴白色头巾。"[81] 阿拉伯军团的其他成员都戴着卡其色哈达帽。1933 年，阿拉伯军团用木髓头盔取代了头巾；沙漠巡逻队是一个例外。[82] 男性头饰的重要性不可低估。正如我们将在第五章中看到的，约旦王室和民众的民族主义都采用红白相间的头巾（shmagh）或帽子（hatta）作为对约旦人的界定。红白相间的哈达帽作为标记，将"真正的"外约旦人与巴勒斯坦约旦人区分开来，而巴勒斯坦约旦人又采用黑白哈达作为在约旦民族背景下对巴勒斯坦人的民族定义。具有讽刺意味的是，在格拉布于 1931 年推出的革新之前，大多数外约旦人都戴着白色或黑白相间的帽子，就像如今许多年长的约旦人一样。至于巴勒斯坦人，他们当中的农民在 20 世纪 30 年代初期采用了贝都因人的白色哈达，后来又采用了黑白和红白相间的哈达帽。[83] 然而，格拉布做出的武断选择是在约旦和巴勒斯坦民族主义之间，确定了一个最明显和最具挑衅性的性别象征。

然而，这种类型的衣服并不是一直穿着的。到了战斗的时候，就像 1941 年的叙利亚战役一样，战斗服被发给了他们：

> 男人们仍然穿着卡其色及踝长袍，系着红色腰带、匕首和交叉的、装饰性很强的束带——这是沙漠巡逻队的传统制服。过了一段时间，我们才拿到标准的战斗服和织带装备。当他们第一次被迫改变部落服饰时，男人们发现这种欧洲式的制服让人感到非常不适。他们习惯穿露趾凉鞋，这意味着他们的脚异常宽。英国军靴对他们来说往往是一种痛苦。因此，他们用匕首割掉了鞋头，并在侧面打了洞，让空气进来。他们发现很难理解为什么这会被人反对。他们花了数周时间才正确地、整齐地穿上这套新装备。[84]

人们不禁会想，在这几周内，为了确保贝都因人遵守服装规定，所使用的规训方法是什么。穆萨·巴克米尔扎·希尔丹（Musa Bakmirza Shirdan）声称许多贝都因人坚持在西裤里穿上由格拉布设计的"zubun"，这让他们看起来很"有趣"，并且"其中的士兵会显得下半身很臃肿"——这种做法并没有持续下去。[85]1941 年至 1943 年期间，所有战斗部队的着装都改为欧式服装，因为这被认为更适合战斗。这恰逢阿拉伯军团从警察部队转变为一支成熟的军队。此外，换装是出于经济原因，因为格拉布精心设计（维多利亚风格）的服装非常昂贵。然而，与沙漠巡逻队一起，贝都因宪兵部队继续沿用格拉布的原始设计，就像今天仍然保持的那样。[86]

格拉布最感兴趣的是将他介绍的所有内容确定为与贝都因文化兼容和互补。这个目标延伸到他本人。格拉布坚信，贝都因人甚至将他本人视为他们文化和生活方式的内在因素。他认为自己是一名文化过客。为了说明他作为过客的可信度，他讲述了20世纪40年代初在苏赫纳的叙利亚战役中被俘的维希法国士兵对他的反应："当我从车里爬出来时，3名法国军官从一个装甲侦察车中出来。我头上戴着一块阿拉伯方巾。他们警觉地看着我。'我是英国人，先生们，'我说，但他们的厌恶似乎并没有因为这些信息而减少。"[87]事实上，即使法国人相信他，对他们来说，他的阿拉伯化也令他们恐惧。

他对贝都因阿拉伯人，尤其是约旦人的认同，对格拉布来说是有意识的。他陶醉于自己对贝都因文化的了解，以至于声称自己是贝都因人和城市阿拉伯人之间的调解人。例如，他谈到了他对30年代初围绕在伊本·沙特身边的叙利亚人（对他来说，包括巴勒斯坦人）和埃及律师的怨恨，因为他们试图向他提供建议——而且，据格拉布说，他们对贝都因人的生活一无所知："我不止一次发现自己不得不向他们解释贝都因人的习俗和表达方式。"[88]与格拉布不同，西方化的城市约旦人也对贝都因人避之不及："约旦的官员和大臣以不了解贝都因语言或部落（80%的人口组成）的习俗为荣。"[89]格拉布小心翼翼地将阿卜杜拉国王排除在这一批评之外，指出他早年在汉志地区的生活使他本能地同情部落。此外，格拉布断言，作为第一次世界大战前的奥斯曼帝国议会成员，阿卜杜拉对世界事务的掌握程度比他的任何一位大臣都要全面得多。[90]目前尚不清楚为什么这种世俗知识对于阿卜杜拉了解贝都因人很重要。

在他关于自己和贝都因人的著作中，格拉布表现得像一个经典的东方主义者。正如爱德华·萨义德所断言："东方主义者可以模仿东方，但反之则不然。因此，他对东方的描述应被理解为在单向交流中获得的：当他们说话和行动时，他观察并记录下来。他的力量是作为母语人士，以及秘密作家存在于他们中间。他所写的内容旨在作为有用的知识，不是为他们，而是为欧洲及其各种传播机构。"[91] 将萨义德对爱德华·W. 莱恩的解读应用到格拉布，我们得出了与萨义德相同的结论："'我'，这个第一人称代词贯穿在埃及［在我们的案例中是贝都因人］的习俗、仪式、节日、婴儿期、成年期和葬礼中，实际上既是东方的化装舞会，也是东方主义的手段，用于捕捉和传达有价值的、否则无法访问的信息。作为叙述者，莱恩［还有格拉布］既是展示者又是参展者，同时赢得了两种信任，表现出两种对体验的渴望：东方的是寻求陪伴（或者看起来如此），西方的是权威的、有用的知识。"[92]

格拉布对贝都因阿拉伯人的认同，作为约旦人的基础，最终于1939年在阿卜杜拉的要求下，通过在他面前的正式声明得到批准："'你是英国人，……这是一个阿拉伯国家，有一支阿拉伯军队。在你接管指挥权之前，我希望你向我保证，只要你留在我的任命中，你就会一直表现得好像你生来就是外约旦人一样。'……'先生，'我回答道，'我向您保证。从现在开始，我是外约旦人，除非在你提到的条件下［指英国和约旦之间爆发战斗］，我向上帝祈祷这战争永远不会到来。'"[93] 请注意，阿卜杜拉意识到外约旦实际上是一种"行为"而不是"存在"，而格拉布回应说，这种"行为"对他来说构成了一个"存在"——尽管有意识地和有条件地构成了他的自我。在这里必须指出，民族认同的重要性。作为一种表演性（而非本体论）构成的民族认同，是格拉布以军事训练的名义传授给贝都因人的一系列实践，作为国有化贝都因人的计划的核心。[94] 此外，重要的是要注意到在格拉布的著作中贝都因人滑向阿拉伯人之间的界点，反之亦然。在外约旦的背景下，格拉布将贝都因人、阿拉伯人和外约旦人混为一谈，这完全不是无意识的，而是反映了他将贝都因化作为新的民族认同的基础这一预期目标。

这种存在的行为是如此成功，以至于"即使是东方人或外约旦人都将我视为他们自己中的一员，而不是一个英国将军。许多巴勒斯坦人都是我的朋友，即使他们不像东方人那样将我视为他们中的一员"[95]。事实上，据格拉布说，外约旦人对有人说格拉布只是一位过客的说法感到震惊。格拉布讲述了一个故事，证实了对于外约旦人来说，他是——而不是被视为——他们中的一个：[96] 一位杰出的阿拉伯政治家的家人在1947年访问佩特拉期间在警察局避难。

> 在谈话的最后，其中一个人问警察：
> "你喜欢让英国军官指挥你吗？"
> "你是什么意思？"警官疑惑地答道。
> "为什么这么问？当然是指格拉布帕夏。"这是答案。
> "格拉布帕夏不是英国军官，"他们愤怒地喊道，"他是我们中的一员。"
> 这是我向阿卜杜拉国王承诺的。

约旦最杰出的小说家加利布·哈拉萨（Ghalib Halasa）反驳了贝都因人对格拉布的这种态度。在他的中篇小说《黑人、贝都因人和农民》（*Zunuj, Badu wa Fallahun*）中，哈拉萨描绘了格拉布访问贝都因家庭的一次情景。"在端上咖啡时，"哈拉萨写道，"格拉布抱怨说：'它需要火，孩子！你的咖啡是冷的。'"

> 他［格拉布］的行为给人一种天真的印象，即他声称要维护贝都

因人的传统，并在遵守这些传统时过分谨慎，从而赢得了贝都因人的忠诚。他被他对咖啡的评论所引起的赞誉所愚弄。在他面前，贝都因人会假装非常依恋这些传统。……他会用带有奇怪发音的口音说话。[贝都因人] 谢赫的脸上浮现出笑容，他们会用拧眉来掩饰。……这位英国军官语速很快，认为 [这样做] 可以隐藏他滑稽的口音。[97]

格拉布甚至被伊拉克的贝都因人改名为阿布·胡奈克（Abu Hunayk），即"小下巴之父"，这与他在第一次世界大战中受的伤有关。[98] 这个名字在他抵达外约旦后一直保留到他的儿子出生。埃米尔阿卜杜拉给他的儿子取名为法里斯（Faris）。格拉布的新头衔是阿布-法里斯（Abu-Faris），即法里斯之父。[99] 然而，他最著名的头衔是帕夏。"格拉布帕夏"是与他同时代的人称呼和提及他的方式，也是他继续活在约旦人的记忆和他们的历史书中的方式。[100]

格拉布甚至遵循阿拉伯"传统"，与难民、部落成员、孤儿、穷人、无知者和其他人会面以解决他们的问题，而不是将他们置于非个人的官僚程序中。这样做时，他觉得自己正在成为阿拉伯统治者："在阿拉伯统治的传统形式下，每个权力职位都由一个人占据……所有人都可以接近这个人，无一例外……[但] 对欧洲的模仿……由土耳其人……然后……通过强制权力，破坏了这个制度。"为了纠正这种"剥夺了穷人和文盲所理解的传统司法形式的情况，我试图让穷人和文盲在我下班后也能够接触到我"[101]。他解释说："这个程序对欧洲人来说可能听起来很混乱。也许是。但这比政府部门的冷酷规定更适合阿拉伯人。"[102] 格拉布并没有完全适应贝都因人的生活方式。他觉得有必要在外表和举止上有所不同。正如他的传记作者所说，

　　格拉布可能是少数认为没有必要采用阿拉伯服饰的真正阿拉伯主义者之一。与穿着阿拉伯长袍参加巴黎和会的 T.E. 劳伦斯或戴着南部阿拉伯腰带（Futa）的哈德拉毛（Hadhramaut）的哈罗德·英格拉姆（Harold Ingrams）不同，格拉布的制服是仿照英国军队的制服设计的。当然，他戴着阿拉伯军团的红白方格头巾，被称为沙马格（shamagh）；或红色和蓝色的草帽，称为西拉达（sidara）；但除此之外，他还穿着卡其布束腰外衣和裤子，总是搭配黑色山姆·布朗（Sam Browne）的腰带和剑蛙（sword frog）。他冬天穿卡其色长衫，夏天穿卡其色钻衣。他的制服并不令人印象深刻，直到有人注意到他的五排勋章缎带，才意识到他没有必要通过外衣的剪裁来引起人们的注意，而下班时他总是穿着英式服装。[103]

　　格拉布融合了欧洲和阿拉伯"传统"的着装规范，与阿拉伯军团的非贝都因人部队相似。从这个意义上说，他在外表上相当于一个城市或村庄的阿拉伯人，而在举止上则像贝都因人。与将自己呈现为奇观的 T.E. 劳伦斯不同，格拉布不一定是贝都因人所构成的军事奇观的一部分。他一直在那种奇观之外，忙着指导它。

　　除了着装和举止，他还遵守穆斯林宗教仪式，例如斋月："我和他们一起斋戒了整整一个月。我这样做并不是出于直接的宗教动机，而是基于一个原则，即约束一名军官将他的装备限制在与他指挥下的人员相同的重量上。"[104] 具有讽刺意味的是，有一次，格拉布嘲笑穆斯林在确定祈祷时间方面的所谓困难。他还讨厌穆斯林节日，因为它们涉及要求格拉布和士兵报到上班的官方仪式。[105] 然而，尽管他了解伊斯兰教，但格拉布向他的读者保证他从未想过皈依："我曾接触过一些穆斯林圣徒和宗教人士一起，并在他们身上观察到了许多我们认为与基督教圣徒相关的品质。我从未想成为一名穆斯林——基督教更强调爱——但我发现很容易与穆斯林合作，因为我们都是敬畏神的人。"[106]

　　他的一名同事评论了格拉布如何在东方内部变成了一种变色龙："你永远不知道格拉布发生了什么。他的头脑开始像阿拉伯人一样运作。他是个精明的人。他的头脑可以理解阿拉伯人的不合逻辑并能预见到它。他知道他们会根据自己的情绪采取行动，他也知道这些情绪是什么。他以阿拉伯人的身份与王室打交道，以贝都因人的身份与部落打交道，以英国军官的身份与伦敦打交道。除了格拉布，没有人知道发生的一切。"[107]

　　尽管格拉布认为民族认同是通过表演产生的，但他以强烈的本质主义术语构想了贝都因人的认同——一个人生来就是贝都因人，而不是后来成为贝都因人。尽管在阿拉伯语中，"贝都因人"（Bedouin，或单数形式的 Badawiyy/a 或复数形式的 Badu）的词源源自 bada，指"居住在 badiya"中，意思是沙漠，因此贝都因人是沙漠的居民，过着游牧生活，格拉布对这样的定义有更严格的标准。他是这样定义贝都因人的：

　　　　第一个必要条件是，贝都因人必须是饲养骆驼的游牧民。任何非游牧民族都会被自动排除在外。叙利亚和伊拉克有数以万计的游牧部落住在帐篷里，不断地迁徙，但他们不是贝都因人，因为他们主要饲养的不是骆驼，而是羊和驴。然而，在决定贝都因人必须是饲养骆驼的游牧民之后，我们还没有完成我们的定义；因为他还必须能够追溯到某些公认的纯种贝都因部落的血统。你我永远不可能成为贝都因人。一个纯种的阿拉伯人、伊拉克或外约旦的农民，除非能证明自己是纯种的贝都因人血统，否则永远不可能成为贝都因人。因此，我们发现，严格的意义上的贝都因人，是某些特定的饲养骆驼的部落游牧民。[108]

虽然格拉布把自己看成是贝都因人的父亲，也被其他欧洲人看作如此，但他的真正作用更像是一位母亲，因为他的繁殖计划涉及创造一个新的阿拉伯人种——一个被赋予古老贵族传统，并且与现代兵种相结合的阿拉伯人种。他的传记作者（或圣徒传记作者）说："大多数阿拉伯军官都喜欢和钦佩库克帕夏［格拉布的同事］。在他们眼中，他比格拉布帕夏更像是'现代少将的形象'，格拉布帕夏更像是一位父亲般的人物。"[109] 彼得·扬（Peter Young）观察到，"当贝都因士兵感到'受委屈'或在其他方面'有义务'时，寻求与他的指挥官，甚至是我们的老／伟大的父亲（'Abuna el-Kebir'）进行面谈是惯例"[110]。

有时，格拉布将贝都因人视为病人，因为他们遇到了现代性："贝都因人群体需要官员的照顾，就像满是病人的医院需要医生一样。……每个人都必须单独研究。"[111] 格拉布一生就是这样做的。在这方面，他追随了 T.E. 劳伦斯的脚步，后者向阿拉伯爱好者推荐了这样的行动方案：

> 与阿拉伯人相处的秘诀，是对他们的不懈研究。时刻保持警惕；永远不要说未经考虑的事情；时刻注意自己和同伴；聆听过去的一切，寻找表面之下发生的事情，读懂他们的性格，发现他们的品位和弱点，并将您发现的一切留给自己。把自己埋在阿拉伯圈子里，除了手头的工作之外没有任何兴趣和想法，这样你的大脑就会只被一件事浸透，你会对自己的角色有足够深刻的认识，以避免出现使几周的工作付诸东流的失误。您的成功将与您为此付出的精神努力成正比。[112]

曾在军团服役的英国军官高文·贝尔（Gawain Bell）赞许道："如果我们也能够遵守这些戒律，并让那些之前没有在阿拉伯工作过的英国军官记住这些戒律，我们就会做得很好。有些人，但绝不是所有人，本能地采用这种方法来解决从文盲但自以为傲的部落成员中培养现代士兵的问题。"[113]格拉布对少数（从英国派来协助他）公开将阿拉伯人称为"Wogs"的种族主义的英国军官表示遗憾。[114]

格拉布的传记作者坚称："贝都因人对未来几乎没有考虑过，经常表现得像孩子一样，前一刻怒火中烧，下一刻泪流满面。"[115]格拉布有时会感到不安，因为贝都因人将他视为代理父亲。他指出，"在沙漠中，一种严重且明显日益增加的困扰是，在贝都因人中蔓延开来的一种风气，父亲临终前会指定我为孩子的监护人"[116]。格拉布的妻子承担起这一责任：

> 1938年我们结婚后不久，我的妻子就对赤脚的小男孩非常关心。……她救了很多这样的男孩，我们为他们租了一间空房子，照顾他们并聘请了一位校长来教他们。……有一两个最终成为阿拉伯军团的军官，其中一个甚至去了桑赫斯特。其他人则成为国家警察或士兵。一个患有小儿麻痹症的跛脚男孩被安置在克拉克当店主。另一位被我妻子发现的乞讨的瘸腿男孩在安曼开设了一家商店。当我们有了自己的孩子时，我的妻子不得不放弃这项工作，但是当他们在社会上站稳脚跟后，我们与他们中的大多数保持着亲密的关系。[117]

除了他们的亲生儿子之外，格拉布夫妇实际上还收养了3个孩子。[118]他们于1944年收养的内奥米是一名约旦贝都因女孩。[119]1948年，他们收养了两个巴勒斯坦难民儿童，他们分别取名为玛丽和约翰。[120]不幸的是，当得知他们照顾的孩子其中一个人忘恩负义时，格拉布很失望：

> 1955年底，其中一个男孩在安曼与一群平民坐在一起。他们正

在讨论骚乱，其中一个在场的人对我发表了贬低的评论。那个被我们抚养的男孩同意了对我的谴责。然而，在场的另一名男子提出了抗议。……"你不应该说任何反对帕夏的话，"他说。"毕竟，你现有的一切都归功于他。"……"我自己以前也这么认为，"我们的男孩回答道，"但现在整件事都已经让我明白，我意识到他们根本不在乎我——这都是聪明的政治。这就是他们帮助我的原因。我们不希望这个国家有任何外国人。"[121]

格拉布与这个男孩的关系显然更普遍地唤起了英国人和约旦人（如果不是被殖民者）之间的相似之处。这个男孩拒绝他亲爱的看护人，并把他的做法归咎于不光彩的动机，这与约旦民族主义者很快通过该国大规模的反英活动来拒绝英国监护的方式非常相似，这很快导致格拉布本人被驱逐以及英约协定的废除。比较 1978 年和 1916 年的情况，格拉布后来在不同的背景下评论道："1978 年，人们对英国统治给落后国家带来的好处的记忆已基本被遗忘……贫穷和原始的国家取得了如此大的进步，以至于它们现在有能力自我管理了。就像孩子们长大成人后，很少会怀着感激的心情回忆引导幼年的他们行走的年迈的护士。而在 1916 年，这些好处仍然受到普遍的赞颂。"[122]

事实上，格拉布对 1948 年后巴勒斯坦难民到来所造成的变化及其对约旦人的影响感到非常痛苦："居住在约旦东部的人是我的人民。我在他们中间变老了，我的家就在他们中间。……渐渐地［在巴勒斯坦人到来之后］，外约旦人被部分淹没，以明智的温和和对东西方的宽广理解闻名的约旦的岩石，在仇恨的洪流中被瓦解了。"[123]

巴勒斯坦人的到来，实际上已经暴露了格拉布作为过客的身份，这标志着他与约旦人疏远的开始。他对这一未曾预料到的结果感到遗憾，最终导致他在 1956 年被约旦驱逐："也许我的主要障碍是我是英国人。1948 年之前，约旦人已经忘记了这一点，而我已经成为他们中的一员。"[124] 他的悲伤当然是真实的，因为对他来说，"约旦一直是我的国家，几乎和英国一样"。[125] 他对他在阿拉伯历史书中的地位表示担忧，预言并感叹道："也许在未来几代人中，大多数阿拉伯国家的历史书都会告诉人们，格拉布帕夏背叛了阿拉伯人，按照伦敦的贝文先生的命令，将吕达和拉姆勒交给了犹太人。"[126]

他的预言成真了。[127] 这让格拉布更加悲哀，因为他认为自己的角色和英国人的角色是对上次欧洲访问东方时——也就是说，在现代帝国主义时代之前——出现的错误的某种纠正。格拉布对后一个例子非常着迷，当时欧洲人曾作为十字军东征。这种迷恋影响了他的政治思想和个人生活，包括他对东方的认知。在他的著作以及他的私人生活中，提到十字军的地方比比皆是。在政治上，他认为外约旦在英国政策中扮演的角色类似于"第一个外约旦"（la terre d'outre Jourdain）在十字军东征中所扮演的角色。[128] 他解释了这种相似：

> 正如今天的巴勒斯坦犹太复国主义者将阿拉伯联盟视为对他们继续存在的威胁一样，12 世纪十字军在巴勒斯坦的噩梦就是叙利亚和埃及的联合。只要这两个伊斯兰国家仍然孤立，耶路撒冷拉丁王国就能够生存。为了阻止他们的联合，十字军建立了外约旦公国（the Principality of Outre-Jourdain），其首都位于克拉克……克拉克的最后一位十字军王子是雷诺·德·沙蒂利昂（Renault de Chatillion），他是一名肆无忌惮的冒险家，是拥有巨大勇气和主动性的人。他不满足于被动地阻挡阿拉伯和埃及之间的道路，而是决心将战争带入敌国……当十字军王国在哈丁之战［原文如此］中崩溃时，雷诺被萨拉丁俘虏。

他因在休战期间袭击穆斯林朝圣者而被处死。[129]

对于格拉布和他的读者来说，英国建立外约旦与十字军建立外约旦之间的相似之处非常明显。现代约旦对英国人、美国人和以色列人的作用与对十字军的作用相同。雷诺的命运可能是对现代约旦统治者可能的命运的不祥暗示，这种命运可能是格拉布无意识地假设的。[130]

至于十字军对他私生活的影响，可以用下面的故事来说明："在……1939 年，也就是宣战 5 周后，我们在耶路撒冷生下了一个儿子。有人建议给他起名叫戴维，因为他出生在大卫王城（the city of King David）。我们决定以耶路撒冷第一位十字军国王戈弗雷·德·布永（Godfrey de Bouillon）的名字称呼他戈弗雷（Godfrey）。但是当我们把他带回安曼时，殿下宣布他必须有一个阿拉伯名字。他称他为 Faris，意思是骑士，这个名字与戈弗雷·德·布永（Godfrey de Bouillon）非常相称。……阿拉伯人对出身很自豪，经常称自己为孩子的父亲。从今以后，我被称为'法里斯之父'。"[131]

尽管他被称为阿布·法里斯，但格拉布在其后的所有作品中继续称他的儿子为戈弗雷（尽管今天他的儿子以法里斯的名义写作）。根据爱德华·吉本（Edward Gibbon）的说法，戈弗雷·德·布永被十字军宣布为"基督教世界第一个也是最值得称道的勇士。他的大度接受了一种充满危险和荣耀的信任；但在一个他的救世主曾被荆棘加冕的城市，这位虔诚的朝圣者拒绝了皇室的名字和旗帜；这位耶路撒冷王国的缔造者满足于圣墓卫士和男爵的谦逊头衔"[132]。格拉布似乎认同一个角色，他希望他的儿子也能模仿。然而，德·布永只统治了一年，格拉布统治了 26 年。与德·布永不同，格拉布并不寻求与阿拉伯人作战，而是通过以帝国的方式教导阿拉伯人，从而控制他们——他认为，这是军事机构最适合的任务。至于格拉布的儿子，在成年后似乎与父亲存在政治分歧。20 世纪 70 年代初，他住

在贝鲁特，成为与巴勒斯坦游击队结盟的"抵抗诗人"。而小时候，戈弗雷 /
法里斯"经常被发现在他父亲的公司里穿着特制的阿拉伯军团制服，并佩
戴头巾"[133]。

## 作为教育者的帝国主义

格拉布不是本质主义的民族主义者。他不拘一格地汲取哲学灵感。他
完全理解他作为帝国代表的角色意味着什么，并且热衷于尽他所能完成他
的任务。因此，在阿拉伯语境中，他并不是拒绝所有西方事物的人，而是
偏向于谨慎的选择，并且是文化融合主义的支持者。为了避免他的欧洲读
者认为他的意思是欧洲没有教给当地人什么，他很快解释道："现在，东方
士兵可以从欧洲学到什么基本功课？首先是详细的组织、方法和纪律。这
是通过心理和道德训练来确保的，不需要介绍外国社会差异或外国服饰。
他们需要的第二课是使用科学武器——汽车运输、机枪、大炮、无线电和
飞机。我相信阿拉伯军队有可能学习欧洲在组织、纪律和科学武器方面的
经验教训，而不会背离他们的世袭习俗、礼仪和着装。"[134]

格拉布致力于将他人解释为不同的人，而不必为差异的概念指定等级
（尽管在很多情况下他这样做）。他解释说，在物质上与"我们自己"存在
重大差异的国家可能会这样做，原因有两个："它的文明和受教育程度可能
不如我们。……由于［其］'落后'"或"我们之间的差异源于我们的民族
性格、传统、气候或其他因素的差异，因此我们的习俗或制度永远不会适
合对方。……他们肯定永远不可能，甚至不希望变得和我们一样"[135]。他

致力于认真了解东方，这使他认为自己是一个在不同文化间穿梭的变色龙。他断言："我坚决反对任何认为东方是东方、西方是西方并且两者永远无法达成一致的观点。正如我所想，我在自己身上体验到了同时作为阿拉伯人中的阿拉伯人和欧洲人中的英国人生活的可行性。为什么两者不能携手并进？当然，两者在外貌和气质上存在许多差异。但差异并不一定意味着竞争；相反，它们可以成为和谐的一种手段，因为一个人成为另一个人的补充。"[136]

最终，这种选择性西化的过程正是格拉布想要完成的。教贝都因人如何模仿某些（但不是全部）西方事物是他变革性项目的核心。正如霍米·巴巴（Homi Bhabha）所断言："作为一个几乎相同但不完全相同的有差异的主体，殖民模仿是对经过改革的、可识别的他者的渴望。也就是说，模仿的话语是围绕着一种矛盾性构建的；为了有效，模仿必须始终产生其滑点、过度和差异。"[137]

自以为是种族系谱学家的格拉布从不回避种族主义的描述和概括。他没有意识到在他的文本中贝都因人多次混入阿拉伯人的场合，他坚持认为那些自称为阿拉伯人的人的起源是可变的（这些观点后来在他关于"东方阿拉伯国家种族的混合"的讲座中得到了阐述[138]），对埃及人怀有一种特殊的种族主义毒液——他称之为"昏昏欲睡""倾向于肥胖"和"阴谋家"，尽管"在许多方面都很有吸引力"并具有"幽默感"。[139] 这些描述与苏伊士运河危机相吻合，因为出现这些描述的书是1957年出版的。

格拉布还采用了种族和文化解释来说明阿卜杜拉对犹太复国主义的态度与其他阿拉伯人之间的差异。"西方阿拉伯人——埃及人、巴勒斯坦人和叙利亚人——有一种逻辑思维，这种思维只涉及纯粹的知识概念。这样的人无法妥协。"[140] 当然，这与更实际的贝都因人不同。尽管阿卜杜拉和他的家人来自阿拉伯最古老的城市麦加，但格拉布将他们同化为由格拉布定义的贝都因文化："阿卜杜拉国王永远无法与埃及人意见一致。或许他们的差异不仅仅是因为利益冲突，还在于他们的心理构成上的一些有机差异。因为阿卜杜拉国王是一个务实的人，随时准备讨价还价或妥协。"[141]

格拉布接着告诉我们，来自巴勒斯坦城市阿克里的约旦首相陶菲克帕夏与其他西方阿拉伯人一样，因此与实际的阿卜杜拉不同。他在同一页的结论中说："因此，毫无疑问，黎凡特阿拉伯人的心态中存在这种特殊性；一种'尽管天塌地陷也要坚持的正义'。"事实上，对于巴勒斯坦人提出的关于他作为帝国的代表没有为阿拉伯人谋求福利的无理指责，格拉布能给出的唯一解释就是文化上的："巴勒斯坦阿拉伯人非常聪明。但他们的精明使他们不愿意接受显而易见的事情。他们本能地倾向于为每一个事件寻求一个复杂的解释。……阴谋很明显，我牺牲了数以万计的阿拉伯人，以推进英国的邪恶阴谋。"[142]

就格拉布而言，这种说法是谎言和捏造，并且是阿拉伯人的特性："黎凡特阿拉伯人和埃及人……持有［该］意见，……必须通过说谎来保持士气。……这种对于说任何不愉快的话的不情愿似乎确实深深植根于阿拉伯人的性格中。"[143] 这应该与大英帝国的诚实形成对比：

> 在英国，人们相信诚实是最好的政策……我在中东还没有发现可以依靠真相发现事实。……也许，在西方，谎言比在中东更容易被揭穿，因为人们更老练，信息来源也更加多样化。但在中东，群众的轻信是无止境的。……中东人无休止地轻信的原因可能主要在于他们的情绪。因为阿拉伯政治更受热情而不是理性的指导……我相信英国永远不会说谎，因为这样做是错误的，会损害说谎者的道德品质。但在中东政治中，我没有发现，诚实是最好的政策。[144]

将民族主义和共产主义等欧洲思想与不诚实和撒谎的阿拉伯特征相结合，情况变得真正具有爆炸性并损害西方利益："我们的第二个困难来自当时广泛流传的宣传，即西方列强肆无忌惮、欺骗成性。东方人自然而然地认为政治就是一场虚伪的竞争，但这种正常观点因共产主义和民族主义的宣传而愈演愈烈。" [145]

除此之外，巴勒斯坦人的狡猾智慧可以在民族融合中找到其他解释："这种将马基雅维利动机归因于他们的统治者的能力似乎是巴勒斯坦人的一个特殊特征。一个人的每一个行动都会被分析，以期发现促使其行动的曲折动机。我不知道这种品质是否应该归因于他们的大量希腊血统，并赋予他们这种智力上的微妙性。" [146]

格拉布说："这种智力上的微妙之处，将每一个行为都归于曲折的别有用心的动机，在阿拉伯中部的原住民中是找不到的，他们的思想似乎以公开和直截了当的方式运作。他们倾向于说真话并接受他们被告知的表面价值。" [147] 格拉布还解释了约旦人的种族混合："约旦人是混血儿。……［亚历山大和希腊人在约旦北部定居］，因此，约旦北部的人民今天仍然保持着他们敏锐的智慧。然而，约旦的其余部分主要由中部阿拉伯人居住，他们的思想更加坦率和直白。" [148] 格拉布引述一名法国军官的话，他向格拉布解释了为什么叙利亚在第二次世界大战后多次发生政变不稳定，而约旦为什么稳定："他回答说叙利亚人太聪明了。'政治稳定需要一定程度的愚蠢，'他补充说，'例如，英国人因其稳定而闻名！'他的观点很可能有一定的根据，因为从历史上看，叙利亚，甚至黎巴嫩和巴勒斯坦的'阿拉伯人'与希腊人有大量交集——希腊人以敏锐的才智闻名，但不以政治稳定著称。" [149]

尽管法国人将"阿拉伯人"与英国人相比，但格拉布还是认同这种说法。在解释他的阿拉伯人种族理论以及是什么促使他们不服从权威时，格拉布说：

> 然而，尽管"阿拉伯人"绝不是一个种族，但可以追溯到一两个特征，这些特征是他们大多数人共有的，也是将他们与欧洲人区分开来的地方。……阿拉伯人一般都是头脑发热、仓促和易变的。他们骄傲而敏感，随时怀疑受到侮辱并急于报复。憎恨他们的敌人对他们来说不仅是一种自然的情感，而且是一种责任。如果有人声称原谅敌人，他们会发现很难相信他的诚意，并怀疑这是一个陷阱。在政治上，他们往往像众所周知的爱尔兰人一样反对政府。不管它是什么形式或肤色，他们通常都准备好改变它，尽管他们以后可能会后悔自己的行为并希望回到以前的状态。征服某个阿拉伯国家也许不难，但他们天生的反叛倾向使入侵者保持控制权变得非常困难且代价高昂。然而，他们的相互猜忌为征服者提供了空间，征服者认为这是一种艺术，是政治的精髓。……但是，尽管他们的热血使阿拉伯人成为仇恨者，但也使他们成为了亲切的朋友。没有哪个种族比这更令人愉快或更迷人了。他们是令人愉快的同伴，具有随时随地的幽默感。……在这一品质上，阿拉伯人领先于世界，即好客的美德，其中一些人将这种美德带到了几乎令人难以置信的程度。[150]

与爱尔兰人和阿拉伯人反叛的"自然倾向"相似，人们得出这样的结论，即阿拉伯人与爱尔兰人一样，都是反社会的人，尽管他们的良心可能会减轻他们原本无政府状态的行为（"虽然他们以后可能会后悔他们的行为"）。这里提到的肤色根本不是比喻性的，而是将肤色标记视为殖民统治的正当理由，就像在关于维持这种统治规则的段落中的情况一样。问题的关键是阿拉伯人不把侵略者当作反殖民主义的抵抗；相反，反抗任何形式的政府是他们"自然倾向"的一部分，无论"肤色"或形式如何。

在二战期间的一份定期报告中，格拉布预言："无论这场战争在其他方面的结果如何，有一点是肯定的——'有色人种'不会再心甘情愿地接受低于白人的种族地位。"[151] 格拉布越来越关注殖民地可能发生的反英叛乱。他担心如果英国人继续误解阿拉伯人，就像以前的征服者所没有做到的那样，革命可能会随之而来："特别是对于阿拉伯人，必须记住在他们日常的行为下隐藏着的热情和勇气。拜占庭人犯的错误与土耳其人和英国人一样，都忘记了这一点。突然间出现了一个理想者或领导者，他拥有一种可以激发隐藏在阿拉伯人性格深处的崇高勇气的火焰的品质。突然间，他们怀着厌恶或兴奋的心情扔掉钱财，并培养出一种勇气，即使没有能够横扫他们惊讶的对手，也会使对手步履维艰。这确实是阿拉伯人与英国人相似的另一种品质。"[152]

对格拉布来说，阿拉伯人似乎是一群不变的人，从拜占庭和奥斯曼帝国到英国，几个世纪以来，他们一直受到同一种永恒而本质的精神的支配。在二战期间，他希望英国和阿拉伯军队在欧洲平等作战，在这一背景下，他表达了这样的观点："我相信阿拉伯人是一流的军事人才。……我相信他们就是1300年前征服半个世界的人。"[153] 对于格拉布来说，这位永恒的阿拉伯人从未改变；他生活在历史之外。时间的流逝根本没有任何变化，除非英国干预并将阿拉伯人介绍给历史和时间，阿拉伯人通过重新连接他永恒的"荣誉感"而从中受益。事实上，英国的启蒙运动也已经能够结束可憎的做法。的确，历史和进步的前进是无法停止的："'上帝真光'的日子无疑已经屈指可数了，在现代民主和（无疑是）启蒙的光辉中，烧红的小勺子［一种贝都因人的测谎仪测试，将一个烧红的勺子瞬间放在被怀疑说谎的人的舌头上。如果紧张则会导致干燥的舌头起泡，那么这个人就是说谎者，否则，唾液蒸发会保护舌头上的皮肤，他就不是说谎者］很快就会消失。"[154]

　　格拉布感叹，帝国对其臣民的情感承诺太容易被遗忘。他引用了一个巴勒斯坦人对帝国美德的见证，然后继续哀悼大英帝国的历史命运："英国的直接统治正在消失。历史将记录我们的航海、征服、统治。但它是否会记得我们的爱——尤其是我们对穷人的爱吗？"[155]

## 男子气概、文化和女性

　　格拉布对贝都因人以及阿拉伯人的看法反映在与性别、种族和文化等相关的论述中，尤其是在与西方进行明确比较时。他的观点反映了占主导地位的东方主义者的看法：将东方他者女性化，并赋予与之相对的他者超强的男子气概。因此，阿拉伯人似乎过着雌雄同体的生活，既有女性气质，又有超强的男子气概，西方也是如此，相对于有女性气质的阿拉伯人，西方人具有男子气概，而相对于有超强男子气概的阿拉伯人，西方人又具有女性气质。下面将探讨阿拉伯人和西方人被标记为男性和女性的要点，以澄清这些主张背后的性别化话语。

　　在描述1920年抵达伊拉克后不久他看到的贝都因阿拉伯人游行时，格拉布对贝都因男子与欧洲男子形成鲜明对比的女性化外表表示惊讶："在我眼前的是一场完整的游牧民族生活的盛会，这种生活自亚伯拉罕时代以来在本质上没有改变，但很快就会消失。一排排晒得黝黑的男人的脸，被维多利亚时代的年轻女士那样的长辫子包裹着，几乎没有尽头。"[156]维多利亚时代的比较在几十年后的其他场合也出现过。以40年代初叙利亚军事行动期间的巴尔米拉战役为背景，格拉布描述了一位名叫扎伊尔的贝都因老兵，他爬上山顶，给步枪上膛，开始向前方飞来的维希法国战斗轰炸机开火。格拉布报告说："这位老人［一位'费萨尔—劳伦斯战争'的老兵］对这项工作很感兴趣。他的头巾掉了下来。他稀疏的灰白头发被扎成了紧紧的小辫子，就像一个戴着卷发夹的维多利亚时代的女房东。他大喊大叫，喊着他姐妹的名字，在巨大的有翼怪物在他的头上撕咬时左右开弓。"[157]格拉布对贝都因人的长发和辫子的迷恋显而易见。他在描述服役中的部落成员被教导阅读和写作的过程时指出："每天晚上，篝火旁坐着的一圈人都会被紧张的沉默所包围，大胡子的脸向前垮着，他们的长发被编成辫子垂落在肩上，粗糙的手费力地在抄写本上描画着阿拉伯字母。"[158]由于留着长发，格拉布的沙漠巡逻中的贝都因人被驻扎在中东的英国军官称为"格拉布的女孩"。[159]尽管大多数贝都因人男人都留着长发，但许多人的头发不够长，不能编成辫子，这因部落而异。长发是巴尼·萨克尔和胡维塔特部落的特征，此外还有一些伊拉克部落，但不是全部。

　　阿拉伯军团对其士兵的头发长度以及他们是否可以留胡须没有规定。根据马安·阿布·努瓦尔（Ma'n Abu Nuwwar）（约旦军官和军队精神指导部门前负责人，或"al-Tawjih al-Ma'nawi"）的说法，这些被认为是个人选择的问题。[160]然而，事情在40年代初发生了变化。在阿拉伯军团参战之际，这些人被授予战斗服，并被命令剃光头。大多数贝都因士兵拒绝了，因为他们看重自己的长发。为了说服他们，一个名叫穆萨·巴克米尔扎·希尔丹的切尔克斯军官进行了干预。根据他的精英主义和嘲讽的说法，他给贝都因人讲过一个关于营养的故事，声称贝都因人的身体虚弱而瘦弱，因为他们吃的大部分食物都被身体消耗掉以供头发生长，如果剃光头，他们会有更丰满健康的身体。据称，这些士兵相信了这个反萨姆森的故事，被说服并接受了剃头。[161]到40年代后期，约旦军队中的长发完全消失了，因为英国男性士兵的标准盛行。

格拉布不仅将贝都因男子与昔日的英国女性进行比较，而且还与贝都因妇女进行了比较。在讲述他通过没收他们的牛来惩戒外约旦贝都因人的事件时，格拉布描述了这一场景："但在几天之内，我们不费一枪一弹就收缴了250头骆驼［属于那些违背格拉布禁令外出抢劫的部落成员］，尽管我们不得不经受一些可怕的老妇人的口舌之战，这些干瘪弯曲的老巫婆就像中世纪的女巫一样。" [162]

贝都因人无法理解西方的性别化外表的运作方式，这导致他们出现许多失礼之处，格拉布与他的贝都因同伴穿越叙利亚沙漠时目睹了这样的失礼。由于天气寒冷，"我不得不接受［来自贝都因同伴的］保暖手套，然后是一双华丽的黑色法式靴子，尖头和小腿中间的纽扣。我怀疑他们最初是打算用于哪种性别" [163]。

格拉布注意到贝都因小伙子的女性行为，忍不住将贝都因人中更广泛的男性性别表现与英国的男性性别表现进行了比较："我站在几码外，看到一个苗条的青年，大约只有15岁［伊本·哈姆丹］，他的五官精致，具有那些有时在沙漠居民中可见的精致的、几乎是少女的特征。" [164]

> 我正坐在我们位于外约旦的一个新的沙漠堡垒中，一个身材高挑的青年出现了。"我是哈姆丹的儿子尼哈卜，"他解释说……"我想追随你。"一开始我觉得他太年轻不能入伍，但两个月后我让步了。服役一年后，他成了我的勤务兵。他的整个举止都散发着温柔的气息。他没有胡子的脸坦率而开放，五官精致。他说话轻声细语，带着温柔的善意。[165]

这种安静温和的性格，结合战斗中的无所畏惧和清醒的头脑，使他能够随时掌握战斗局势的要害。阿拉伯人的勇气和坚韧在一定程上在欧洲受到赞赏。他们的骑士精神并没有被旅行者和历史学家完全忽视。但这种随处可见的贯穿阿拉伯人性格的温和，很少被西方作家提及。[166]

格拉布指责他的同胞对性别表现的标准更加严格，并相信如果尼哈卜是个英国小伙子，他会过着悲惨的生活：

> 在英国，像尼哈卜这样温柔的男孩会受到折磨和嘲笑。有时，我们似乎很看重坚韧，将吵闹和不礼貌误认为是勇气。在生活在暴力、流血和战争世界的贝都因人中，温柔不会被误认为是懦弱。与阿拉伯部落成员的亲密接触使我能够更清楚地想象欧洲的骑士时代。……我在阿拉伯人中看到了深切的仇恨、不计后果的流血和掠夺的欲望，而我们冷漠的本性似乎已无法做到这些。我看到过像童话故事一样的慷慨行为和极其卑鄙的背叛行为。肆无忌惮的暴力分子，以及其他如此温和以至于他们几乎无法在现代英国生活的人。……阿拉伯人与所有其他种族一样，既不全是圣人，也不全是罪人。但是，他们之间的反差比西欧居民之间的表面上可察觉的反差更为显著和戏剧化。[167]

请注意格拉布如何将阿拉伯人描述为生活在不同的时代并反映欧洲的童年（"欧洲骑士时代"）。尽管一方面，在现代具备超强男子气概的欧洲人身上再也找不到阿拉伯人的女性化的温柔气质，另一方面，具备超强男子气概的阿拉伯人的暴力行为是"我们冷漠的本性似乎已无法做到的"行为。阿拉伯人的这些极端雌雄同体的特征，他们既是"肆无忌惮的暴力男人"，又"如此温和"，这使他们无法在"现代英国"中生活，甚至无法存在。当然，这里强调的是英国作为一个不同的空间，以及现代作为一个不同的时代所特有的温和和缺乏激情。请注意英国和英国的现代性别标准是如何基于性别、种族、发展、现代化和文化等相互关联的论述的。他们既有女性特征，又有男性特征。女性化是指文明人过于精致和女性化而无法欣赏过度的男性暴力，男性化是指由于欧洲人过于理性并因此男性化而无法欣赏阿拉伯人和欧洲的童年时期（"骑士时代"）的同性温柔。正是欧洲城市现代性的所在地，以及阿拉伯人居住的不同时空，可以解释这些性别差异。尽管在其他情况下，格拉布试图将这种差异定义在地理、气候和气质上，但在这里却没有进行此类解释的余地。欧洲人过去和阿拉伯人一样，但现在不同了。这些差异更多地与以现代性的终极目标为终点的内在时间模式有关，而不是一些物质上的考量。事实上，格拉布与贝都因人的相遇对他来说是一次穿越时空的旅程："我与贝都因人的亲密关系似乎让我回到了过去。我非常了解他们，觉得可以与古代不列颠人、亚瑟王或阿尔弗雷德国王或美洲印第安人一起感受。"[168]

在这种叙述中，现代性被证明赋予欧洲人以贝都因人仍然缺乏的男性统治技术（phallic technology）。在描述外约旦南部地形时，格拉布说："就好像我们确实仿佛置身于一个新世界……整个地方都给人一种寂静和未被开发的感觉，仿佛是月之山。干净的白沙似乎从来没有被人的脚踩过。当然，事实并非如此，部落会定期从这里经过，但很可能两三年没有人来过这个山谷。欧洲人也不太可能见过它，而且绝对可以肯定的是，它以前从未被历史的车轮穿过。"[169]

在这里，最重要的是，必须是一个拥有欧洲技术（"车轮"）的欧洲人才能够侵犯处女地，除了欧洲人之外，这片处女地并不那么原始，任何开采都不是真正的开采，其他摘花是真正的摘花——之前到过那里的"部落"并不具备西方的统治技术。对格拉布来说，一个欧洲人没见过的东西，看起来不像是"他"以前没见过的星球的另一部分，而是另一个世界的一部分，确实是一个不同的星球。

格拉布还对对比贝都因人和英国人的性别关系感兴趣，尤其是在男性对女性的看法方面："他们对女性的态度揭示了许多矛盾……一方面，自由浪漫的求爱仍然是理想的，寡妇和离异妇女有自己的帐篷，自己接受追求者的旧习俗仍然存在。贝都因人的诗歌和传说充满了与亚瑟王和圆桌相称的浪漫爱情故事。然而，与此同时，女性是仆人、不如男性的感觉也时常存在。"[170]

尽管骑士时代不再是欧洲人的一部分，但它仍然是格拉布本人的一部分，以至于贝都因人最终没有他那么骑士精神。20 世纪 20 年代在伊拉克，一群吉卜赛人在格拉布和他的伊拉克贝都因工人劳改营旁边扎营："吉卜赛女孩在工人面前跳舞。后者中的一些人毫不犹豫地亲吻这些女孩并沉迷于与女孩身体的亲密接触，这些女孩无疑已经习惯了这种待遇，事实上，她们以此为生。"这种行为让格拉布感到震惊："但我对女性天真无邪的侠义态度让我对这种行为感到厌恶。我把我所有的工人都召集起来，让他们都取下他们的 agals——他们用来将头巾固定在头上的小绳圈。agal 是男子气概的标志——女性不戴它。然后我把他们所有的 agal 都烧了。我的举动是为了表达我的意见，即他们不是男人。那些认为这样对待吉卜赛女孩没有什么害处的工人对我的行为感到困惑，认为我疯了。"[171]

格拉布对这些男人的失望源于他对传统意义上的"侠义"的投射幻想。事实上，他们未能实现他的幻想，这让他充满恐惧。因为"他的东方不是本来的东方，而是已经被东方化的东方"[172]。正如萨义德在《东方学》中指出的那样，"东方因此被东方化了，这个过程不仅标志着东方是东方学家的领地，也迫使外行的西方读者接受东方主义的编纂……作为真正的东方。简而言之，真理变成了习得判断的功能，而不是材料本身的功能，材料本身似乎在时间上甚至将其存在归功于东方主义者"[173]。

尽管欧洲人和贝都因阿拉伯人之间存在着种种文化差异，但格拉布断言："当我们研究了阿拉伯人的所有历史、民间传说和宗教戒律时，我们惊讶地发现，在贝都因人的帐篷里，夫妻关系比我们想象的更像图廷的史密斯夫妇。"[174] 值得注意的是，格拉布对阿拉伯女性表现出兴趣的唯一场合是在 1948 年战争期间：

> 格拉布："我真的不能戴着面罩乘坐一辆巨大的装甲车在耶路撒冷穿梭，街道上到处都是漫不经心地四处游荡的妇女……"
>
> 年轻的士兵［他"非常年轻。新的小胡子刚刚开始在他的上唇上长了出来"］看着两个非常漂亮的女孩，她们穿着鲜艳的夏季连衣裙，穿着高跟鞋，手挽着手走过……"犹太人杀了几个女孩可能无关大局，"他说，"但是［指格拉布］军队没有将军是不行的。"[175]

请注意，这位年轻的约旦贝都因士兵和格拉布对巴勒斯坦"女孩"的不同看法。当然，这个年轻人的观点是由格拉布教会他的，格拉布分享了他所谓的厌恶，但并不认为"女孩"与殖民军队的将军相比是可有可无的。军队作为贝都因人的附属机构确实取得了成功。这只是将男性贝都因人对其部落和氏族的忠诚转变为对他的军事同志的忠诚的另一个例子，该计划取得了很大成功。[176] 这是贝都因人随后与国家结盟的第一步。

在他的自传中，格拉布谈到了他个人的性史以及他一直是多么彻底的无性恋，在 41 岁的时候结婚只是因为他想要一个家庭。他的新教反性态度如此明显，以至于他对离婚或妇女从父母权威中解放出来的想法感到震惊。他说："我投入了大量时间研究过去文明的兴衰，并且非常感兴趣地发现，大多数国家的颓废时期都以离婚变得越来越容易和性放纵为特征。"悲惨的例子包括罗马帝国。[177] 他还热情洋溢地称赞他的父亲，强调后者的"男子气概"[178]，并认为是他的父亲将性行为准则传授给了他。[179] 这些准则使他断言："我毫不怀疑年轻女孩确实需要保护。它们构成了我们人类最宝贵的财富，我们人民的整个未来都取决于它们，因为是母亲塑造了孩子的性格。"[180] 格拉布直到生命的最后几天都持有这些观点，反映了他对英国种族处于危险之中的日益增加的担忧。

## 改造贝都因人

随着英国人的到来，所有人口（贝都因人、村民和城市居民）的生活方式发生了巨大的变化。像往常一样，格拉布完全沉浸在他对贝都因人的痴迷中。他评论说，在英国政府建立之前，"有关政府还没有试图控制沙漠，贝都因人仍然在不受干扰地迁徙、袭击和战斗"[181]。这种情况需要彻底改变，以至于在 1924 年格拉布从巴格达穿越沙漠到安曼，高温、缺水和贝都因人袭击的风险已经不复存在："10 年后，伊拉克石油公司的管道通过这里，在这片荒地里建成了一座泵站，英国女士们带着茶水到这些石质山谷里野餐。那 10 年（1924 年至 1934 年）见证了一个时代的消逝。"[182]

在描述阿卜杜拉到来之前约旦河以东的领土时，格拉布解释了这片"约旦河以东的荒野和没人要［由谁？］的领土如何失控且没有政府。谈判开始，埃米尔阿卜杜拉被说服接受了这块不受欢迎的领土的主权。外约旦诞生了"。格拉布进一步阐述：

> 殿下面临的任务绝非易事。外约旦五分之四的国土是沙漠，居住

着游牧的贝都因人，他们已经很多个世纪没有受到任何政府的控制，如果他们确实在 8 世纪和 9 世纪受到第一个伊斯兰帝国的统治的话。在耕地地区，社会几乎完全是部落组织的，在至高无上的谢赫的领导下，很少有足够强大的力量来维持秩序，但总是能够并且经常愿意破坏秩序。在极北地区，村民们在一代或更长时间里已经习惯了奥斯曼帝国政府的有效统治。土耳其人占领了该国的其余部分仅几年时间，几乎所有人都完美地回忆了土耳其人到来之前的美好时光。⋯⋯因此，任务是建立而不是接管政府。⋯⋯首先要面对的问题之一显然是组织武装力量，建立公共安全和使独立部落恢复秩序的任务。[183]

皮克只从农村和城市地区招募士兵，全面抵制贝都因人作为潜在的新兵，而格拉布则改变了征兵的方式，并最终改变阿拉伯军团的军事身份。这也构成了外约旦正在形成的民族认同。然而，招募贝都因人的过程并不顺利。阿拉伯军团的编年史作家戈弗雷·利亚斯（Godfrey Lias）说："束缚了游牧民族 1000 年的坚冰才刚刚开始破裂。当地的贝都因人以及来自阿拉伯其他地区的贝都因人已经开始加入破冰者沙漠巡逻队，下一次飞跃即将开始。"[184] 实际上，为了实现贝都因人文化和生活方式转变的预期结果，必须制定一些规训策略——简而言之，贝都因人的去贝都因化是约旦民族认同贝都因的前兆。格拉布列举了他在 1931 年为贝都因人启动新项目时所面临的一些困难："但他们不会参军。政府是他们最大的敌人的想法在他们的脑海中根深蒂固，他们无法接受这样一个新颖的想法。"[185] 事实上，这个想法并不新颖，因为胡维塔特和其他部落虽然一直受到政府的控制。他们根本不喜欢政府的压迫性政策。他们对政府的敌意并非"根深蒂固"，而是基于历史和现实经验。尽管格拉布最初招募的是伊拉克和汉志贝都因人，但外约旦的贝都因人也慢慢加入进来。[186] 这是出于多种原因。一方面，贝都因人掠夺的结束使军队成为贝都因人唯一可以参与战争的场所。另一方面，贝都因人的经济状况不断恶化，1932 年至 1933 年的干旱和随之而来的饥荒，驱使他们中更多的人加入阿拉伯军团，在那里他们可以谋生。此外，格拉布向许多部落的谢赫付钱来控制抢掠行动并赢得他们的青睐。[187] 军团对贝都因人的收编非常成功，以至于民间公司很快就开始雇用他们作为守卫。英国拥有的由伊拉克石油公司资助的沙漠巡逻队扩充了 70 人，几乎是原来规模的两倍，新招募的人员可以保护其穿过外约旦的管道沿线的商店和营地。[188] 几年前，人们还在担心贝都因人是管道安全的主要威胁。[189] 与此同时，由于格拉布仍然不得不依赖非外约旦贝都因人，沙漠巡逻队不再专门招募公民，从而放弃了 1927 年旅行证件法（1928年国籍的前身法）所主张的条件。外约旦贝都因人一度抗议招募沙特 / 汉志贝都因人加入阿拉伯军团。尽管正如乔治·德拉尼奇（George Dragnich）解释的那样，"断定前者正在发展民族意识的结论是仓促的——其他证据不支持这个时间范围内的结论，他们可能只希望他们部落的其他成员被招募"[190]。

　　尽管他表面上不喜欢欧洲法律，但如果不依赖这些法律，格拉布就无法完成他的任务。除了军队对其贝都因人新兵拥有权力之外，还制定了法律以增加军队对平民贝都因人的权力。1936 年的《部落法庭法》赋予阿拉伯军团首领（当时是皮克，1939 年由格拉布取代）不仅有执行部落法庭裁决的责任，而且赋予他作为穆塔萨里夫（mutasarrif），即总督，对全国各地的贝都因人的权威。[191] 如下文所述，格拉布意识到法律的生产性，以及它们不仅能够压制、限制、约束或简单地消除某些做法，而且同样重要的是产生新的身份、新的分类，增加一种新的分类法，并且根据这些分类对人口进行法律上的划分。在一份声明中，格拉布预示了福柯关于现代监狱在产生罪犯中的作用的结论和声明，我们看一段视频，他说："过去每个人都进行抢劫，抢劫是一种习俗，而不是犯罪。从现在开始，我们以一种温和的方式发展了一个犯罪阶层。"[192] 格拉布愉快地解释了外约旦的抢劫是如何在没有"暴力"的情况下结束的，与邻国阿拉伯国家相比形成鲜明对比，而且应该归功于沙漠巡逻队的人"通过他们的智慧、对所从事事业的奉献以及对彼此的兄弟般的爱，以自己为榜样给部落留下了深刻的印象，他们让数以万计的游牧者看到了一种新的生活愿景"。[193]

格拉布坚持遵循他非常喜欢的甘地公式，即"我们应该从当地机构开始，然后根据需要对它们进行修改以适应现代条件。这是我们对从未由政府管理的游牧部落所采用的制度"[194]。尽管格拉布不愿将贝都因人转变为"现代人"，因为他认为现代意味着与我们一样，但他仍然朝着这个方向前进，认为扬弃现有法律而不是简单地替换它们将避免这种陷阱。我们将看到这样的行动是如何实现的事。格拉布自认为是基督教元老，他在"爱的劳动"标题下描述了贝都因人的转变——从游牧民族转变为定居的士兵和农民，从文盲转变为识字者，从欧洲国家法律覆盖范围之外的人转变为受法律约束和生产（主体化）的人。[195] 他总结道："外约旦的耕作范围已经扩大，耕作标准得到了提高，部落成员一直在挖新井、建库房、围花园。为什么？因为，在过去的几年里，他们对法律和秩序的持久性有了信心……如果公共安全遭到破坏，部落人的这种建设性工作就会停止。"[196] 事实上，贝都因人非常了解资本、资产阶级财产和保护这两者的法律逻辑，因此必须对他们的进取心加以限制。根据格拉布的说法，"[贝都因人]通常的策略是前往大约 15 英里外的沙漠，耕种大约 50 英亩土地并播种大麦。这个想法是，如果一个人拥有沙漠边缘的一个村庄和 15 英里外的一块小的耕地，他就自动拥有了两者之间的所有沙漠。这种仓促地对远离沙漠的土地提出要求的做法自然会在竞争对手之间产生一些尖锐的争端。"[197]

为了缓和这种贝都因人对资本主义关系的乐观态度，格拉布建议："唯一的解决办法似乎［是］将沙漠中的种植限制在汉志铁路以东的地带，并禁止对沙漠中遥远之处的偏远山谷提出权利要求"。然而，他意识到这种情况的讽刺意味："阻止外约旦的贝都因人耕种的必要性很有趣，因为人们普遍认为有必要采取一切可能的手段强迫他们耕种。第二个具有讽刺意味的是沙漠中的公共安全状况，这让所有人都胆大妄为，在以前只有武装到牙齿的抢劫者才能进出的地区竞相争夺土地。"[198]

格拉布的任务是通过战略性的司法—规训二元组成功完成的。他解释了贝都因人的生活方式是如何随着英帝国政策而改变的。由于政府的处罚，"抢劫不再值得，很快就停止了"。

> 我们之所以能够做到这一点，只是因为沙漠巡逻队本身完全由贝都因人组成，包括与这些不和的所有部落的人。按照我们灌输给自己的人的高尚道德标准，这些人对这种程度的效率毫无顾忌。他们的人数如此之少，而部落成员的入伍愿望如此强烈，以至于我们能够单独挑选和测试每个人。我们花了很多时间向每个人解释我们到底要做什么，掠夺的时代是如何过去的，以及部落学会自愿适应现代世界的条件会有多少好处。当看到新的诊所和医院开张、老弱病残得到免费治疗、孩子们入学时，每一个士兵都目睹了政府的善意。最后，我们施加的惩罚既不是恶毒的，也不是毁灭性的，因此部落士兵毫不犹豫地逮捕了自己的部落同胞。他知道他们不仅会得到正义，还会得到怜悯，而且惩罚也刚好足以阻止他们再次犯罪……沙漠巡逻队的人是最热衷于改革的传教士。他们竭尽全力制止他们自己的部落同胞的抢劫行为，因为他们相信后者是错误的、被蒙蔽的，他们渴望让同胞们皈依新时代的福音。[199]

这种选择性现代化的过程的结果是使"野生"贝都因人文明化，从而使他们在该地区的英国帝国政策中具有重要价值。转变是戏剧性的：

> 这些从未犯罪，甚至从不与妇女搭讪的男人，并不是伊顿公学和牛津大学的毕业生。许多人是半野蛮的部落人，几年前，他们根本不会想到要割断敌人的喉咙。但他们对自己的种族、他们所属的阿拉伯军队以及他们祖先的军事传统充满了无比的自豪。第一次离开偏远的山村或游荡的沙漠部落时，他们突然发现自己成为所有人目光的焦点，成为一些他们从未听说过的陌生国家士兵的战友。他们不是在外国人面前侮辱祖先和同伴的人。[200]

通过新的司法—规训体制对贝都因人的这种改造，不仅是通过整体的普遍政策，而且是通过对格拉布遇到的每一个人的个别关注来实现的。格拉布自称为父亲，要给他们每个人上一课。他讲述了这样一件事，库什曼部落一个贝都因人被指派担任看守任务，他没有执行任务："也许因为在沙漠中度过了漫长的夜晚和白天，我感到很累……我大发雷霆，走到那人跟前，用拳头敲打着他冷笑的脸。然后我回到我的车里，开车走了。"[201] 在听到这一伤人事件后，被打的人的兄弟当面质问格拉布：

> "你打我兄弟了吗？"他尖叫起来。
> 我独自站在一片平坦的沙漠上，手无寸铁。在我旁边的司机也很惊慌，坐在车里。一瞬间，我看到一张黑胡子的脸，乱蓬蓬的头发垂在眼睛上。"是的，我打了你兄弟，"我说，"我也给你一个教训。"[202]

作为惩罚，格拉布没收了库什曼人的骆驼群。其他部落首领代表他们进行了干预，恳求格拉布的原谅。格拉布心胸宽广，心软地告诉代表团"告知库什曼人不要再不听话了"，并将骆驼还给他们。[203] 胡维塔特部落也因"不听话"而受到了类似的惩罚。[204]

对贝都因人"关怀"的另一个方面是在 1937 年成立了沙漠医疗队。它由 1 名医生、4 名护士和 1 名司机组成。该部队将在沙漠中漫游，在沙漠巡逻队哨所外安装的"移动诊所"为贝都因人提供免费医疗服务。这些诊所在 1937 年治疗了 10 000 名患者，1938 年治疗了 15 000 名患者，1939 年治疗了 22 000 名患者。患者接受了各种疾病的治疗，包括眼病、疟疾、梅毒和血吸虫病。[205] 这并不是为军队提供医疗服务的第一次尝试。早在 1923 年，皮克就已经招募了英国传教士医生夏洛特·珀内尔（Charlotte Purnell）博士来监督军队的医疗保健工作。事实上，约旦医生汉娜·库苏斯（Hanna al-Qusus）于 1924 年在《东方阿拉伯》（*Al-Sharq al-ʿArabi*）（《官方公报》[*Al-Jaridah al-Rasmiyyah*] 的前身）上发表了一些文章，以提高士兵对健康和卫生问题的意识。[206]

## 教育、监管和贝都因文化的生产

格拉布对特定版本的贝都因文化的承诺，使他通过他所掌握的不同的国家武器，对什么是贝都因人、什么不是贝都因人进行了彻底的重新定义，他采用了新的思维和行为方式，并将其重新编码为传统的方式，同时将他认为对新阿拉伯人要保护的利益有害的东西驱逐出去，并将它们重新编码为外来的。他能够做到这一点，不仅是因为他自 1939 年以来一直是阿拉伯军团的首领，而且还因为其作为穆塔萨里夫，即所有贝都因人的总督的司法权威（这是 1936 年《部落法院法》赋予他的地位）。格拉布的独创性在于他启动了一个完整的文化产品，该产品使约旦的贝都因人去贝都因化，同时将他引入的所有事物重新定义为"贝都因的"。这是通过所有约旦人，无论是否为贝都因人，都要经历的贝都因化政策来实现的，其中，在贝都因人本身被适当地（去）贝都因化的同时，格拉布通过选择性的模仿过程使整个国家以及不同的人口都被贝都因化了。

　　格拉布最初将贝都因人与非贝都因人分开的相互矛盾的计划有助于实现他的目标——使贝都因人成为外约旦新身份的核心。贝都因人融入国家结构的过程，也是他们过去和现在都受到规训惩戒，这一过程必须在没有来自城市和乡村阿拉伯人的污染的情况下完成。只有格拉布才能成为贝都因人通往外部世界的窗口。当然，对贝都因人的管理不仅需要通过杀戮、殴打、驱逐、监禁、没收财产和放逐来进行镇压，还需要通过（以帝国的方式）教育他们，为他们提供（经济上的）援助，保护他们，甚至"爱"他们。正如阿尔都塞所解释的那样，"没有纯粹的镇压机构这样的东西……例如，军队和警察也通过意识形态运作，确保他们自己的凝聚力和壮大，并在他们对外宣传的'价值观'中发挥作用"[207]。尽管格拉布的第一次殖民活动是对伊拉克贝都因人的轰炸袭击，他说，"只有一名老妇人"被炸死，[208]但他后来采取了更和平的方式："我们控制沙漠的基础不是武力，而是说服和爱。在每一个沙漠堡垒的办公室，墙上都贴着一张告示：'榜样胜于训诫，所以要以你的高尚行为引导人民。'我经常访问沙漠哨所，向他们讲述我们对人民的职责。这都是些粗鲁的人，从小就喜欢抢劫和掠夺，但他们很简单。当我向他们讲述我们对国家的责任时，我经常看到他们脸上的泪水。"[209]

　　一种新的民族主义教学法诞生了。民族的概念是如此强烈，以至于连粗鲁的人也被逼得流泪。使用说服作为首选方法非常成功，以至于格拉布总结道："我独自来到约旦，并成功地使沙漠抢劫（以及偷窃）活动终止，没有开一枪或将一个人送进监狱。部落，以前是政府最凶恶的敌人，现在已成为其最忠实的追随者。"[210] 格拉布的传记作者、阿拉伯军团前军官詹姆斯·伦特回顾了"说服"策略如何导致国家权威的建立："如果1931年是说服年，那么1932年是在整个外约旦沙漠中展示国旗的一年。1933年是巩固堡垒的一年。"[211]

格拉布对教育的强调和他个人对教育的喜爱在这方面很重要。[212] 他解释说："自从我在1939年之前担任沙漠地区的指挥官以来，我就对男孩的教育产生了兴趣。"[213] 这项任务是通过在制度上引入男子军事学校承担："几年之内，我们建立了一个军队教育部，最终为数千名儿童提供了教育……所有男孩在退学后都加入了阿拉伯军团——不是强制性的，而是自愿的……1955年的所有军官学员同样来自阿拉伯军团学校。"[214]

学校系统在英国想象的"外约旦人"的产生中发挥了重要作用。正是在这些学校，或者阿尔都塞所说的意识形态国家机器，一个性别化的外约旦民族主义机构最初被构想出来。军事学校系统的责任是向男孩们传授一种新的意识形态，而不是一种新的认识，通过这种意识形态，他们将理解自己的身份以及它应具有的功能："随着时间的推移，从阿拉伯军团学校培养阿拉伯士官、学徒和未来的军士的需求变得迫切。公立学校的政治氛围浓厚，许多教师是共产党人。在阿拉伯军团学校，我们尽一切努力向男孩们传授一个直截了当的公开信条——为国王和国家服务，责任，牺牲以及宗教。[215]

格拉布将这种公式化的信条简化为基本要素。在为部队发行的特别版本的阿卜杜拉回忆录撰写的"军事序言"中，他说："我们士兵所要做的就是履行我们对上帝、国王和国家的责任。"[216] 在英国原版的一个微小但至关重要的变化中，这种将信条简约地截断为适当的等级制度的做法，至今仍在指导约旦民族主义机构的定义。根据民族主义的要求，信条被重新排列为："真主、国家、国王"（"Allah, al-Watan, al-Malik"）。格拉布的渐进计划是将贝都因人的忠诚从部落忠诚转变为军事忠诚，最终转变为民族主义忠诚。最后阶段是在格拉布离开约旦很久之后实现的。至于军事忠诚，它在 1941 年对伊拉克反英民族主义者进行的第一次国际干预中表现得非常强烈。格拉布说，阿拉伯军团的贝都因人支持英国人的政策，是"出于对军人的忠诚感。在事情容易的时候为我们服务过，他们太有荣誉感了，当事情出错时不会离开"[217]。

格拉布认为非军事教育不适合阿拉伯人。他总是诋毁它会造成不稳定和混乱。他断言："在阿拉伯国家，教育如此之新且稀有，知识的自豪感是年轻的中学毕业生常见的、没有吸引力的品质。这是一种势利的表现，永远不会激发战斗人员的忠诚。"[218] 格拉布发表此声明是为了回应约旦民族主义者对他的抱怨，即他没有提升受过教育的人成为军官，事实上，许多文盲获得了这种地位。[219] 从这个角度来看，注意到他对这些傲慢的年轻毕业生的恐惧是有益的，这些毕业生认为他们实际上可以与他平起平坐，而不是服从他这个英国人的威严。他解释说："在阿拉伯国家，知识仍然是一种新奇事物，它比在欧洲更受人尊敬……事实上，在阿拉伯国家，牧羊人可能比大学毕业生更可能拥有它［知识］。因为知识在中东仍然很少见，因此拥有它很容易引起知识分子的骄傲，而在追求智慧的过程中，没有比谦逊更被需要的品质了。"[220]

受过教育的男性在该国引入政治阴谋的结果无异于阻碍了约旦的发展，包括在教育领域。格拉布在这里表达了现代化主义者的观点："在外约旦还有很多工作要做。由于普遍只专注于政治，已经没有时间来搞建设，为文盲建立学校，为穷人建立医院诊所，进口拖拉机，对游牧民族进行农业教育。还有那些贫困的孩子，那些被泥土堵塞的罗马砖石蓄水池——还有很多建设工作要做。"[221]

事实上，据格拉布说，非军事教育已经摧毁了曾经高贵的贝都因人的个性。他为这种损失感到惋惜，同时指出教育系统是罪魁祸首："早期，贝都因人很少说谎。他们的面孔是坦率而开放的。在他们的商业交易或与老一辈商人的关系中，从不索取或提供收据。各方都相互信任。然后我们开始教他们写字，他们逐渐学会了说谎和欺骗。在教人们阅读和写作的同时，似乎又教会他们伪造和欺骗的教育体系，这有什么问题呢？"[222]

格拉布的学校旨在传授一种特殊的教育。根据英国政府的说法，这些学校遵循"旨在满足贝都因人需求的特殊课程"[223]。格拉布表示同意，并断言对贝都因人来说，"适合性可以被定义为一种不会破坏他们传统道德背景的教育，并且在物质方面使学生适应他们将要过的生活"[224]。

除了教育之外，监管也很重要。这在格拉布抵达该国之前就已经开始了。阿拉伯军团早在1926年就设立了刑事调查部门，并在1927年设立了护照办公室，而到1928年，英国人吹嘘说，阿拉伯军团的新指纹局"证明有相当大的好处"。[225]此外，1927年政府还颁布了几项法律，以加强国家对人口的控制。这些法律包括《监狱法》《追踪人员和搜查场所法》《预防犯罪法》《流放和驱逐法》以及《引渡法》。由于规训是一个注重细节的制度，格拉布反过来追求一种细致的监管策略，收集士兵生活各个方面的复杂细节。詹姆斯·伦特指出：

这些日子的回忆让人想起阿拉伯军团使用的机密报告系统。这些报告必须对每个军官和士兵进行编录，由一本5—6页的小册子组成，其中列出了所有已知的军事优点和缺点。在每一页上都标有"优秀""良好""一般""差"和"无"的栏目。报告人被要求在诸如"给出这个人对真主的信仰程度"等深奥的问题上打×，或者更难回答的问题是，一个男人对性的兴趣程度。就后者而言，很难知道×应该写在哪一栏，"优秀"要么意味着放纵，要么意味着修道者的禁欲。人们不知道该如何写。[226]

这些监管报告对于一名士兵的晋升机会至关重要，这一过程几乎完全由格拉布控制。事实上，德拉尼奇解释说，军团的教育工作"被认为不仅仅是一项补救措施，直到受过更好教育的一代可以接管。这部分需求是行政性的：文件和记录必须保存在沙漠堡垒中"[227]。军团的另一名英国军官是这样描述的："晋升考试是阿拉伯军团生活的一大特色，占用了相当多的时间……初级士官晋升考试由旅部组织，高级士官和军官晋升考试由师部组织。成功的候选人如果得到他们指挥官的推荐，并且他们在恰达（陆军总部）持有的年度机密报告中被认为是令人满意的，那么他们就会得到提拔。毫无疑问，这个精心设计的系统旨在遏制裙带关系——这是阿拉伯生活的一个特征。"[228]

报告本身由扬描述，扬似乎没有像伦特那样对他们的评估系统感到困惑，尤其是在性活动方面：

　　每年都要为每一名官员、国家行政长官和男人们写结论性报告，而且是秘密的。官员不需要在他们的报告上署名，但即便如此，阿拉伯的监管者（C.O.S）也不愿意描述其监察对象的缺点，因为他们心地善良，或害怕报告上言论曝光对他们自己不利。出于这个原因，他们设计了一份五页或六页的双语文件，其中列出了所有已知的军事美德和缺陷。在每一页的顶部写着：优秀、良好、一般、差和无。所有的士兵必须做的是在适当的列中写上一个×。如果你认为一个人对祈

祷的价值的信念为零，你只需在所提供的空间内打一个 ×。精心制作
的笔记清楚地表明，如果一个男人热衷于性犯罪而臭名昭著，那么 ×
并不意味着优秀。[229]

　　贝都因人的部分训练是让他们了解欧洲的体育运动——运动队的忠诚
表面上是加强部落和国家忠诚的一个补充特征（阿尔都塞将体育作为文化
机构的一部分，认为其为传播沙文主义和民族主义的核心作用[230]）。为了
完成这项任务，格拉布的一名同事山姆·库克（Sam Cooke，又名库克帕
夏）将英国陆军的《陆军游戏和体育手册》翻译成阿拉伯语。伦特评论道：
"如果他想借此教约旦人打板球，或阻止贝都因人在参加拔河比赛时作弊，
他会失望的。当两支贝都因人球队相互拉扯时，有必要用带刺铁丝网包围
竞技场以阻止观众加入。"[231] 尽管如此，一些英国军官开始在体育方面训
练贝都因人。彼得·扬报告了他们遇到的一些问题：

　　　　长期以来保持着英军举重记录的詹姆斯·沃森非常热衷于各种田
　　径运动，并组建了一支强大的［第九］团。明星人物是哈桑·阿特拉
　　（Hassan Atallah），被称为"阿布·西比尔""烟斗之父"。不幸的是，他
　　的名气已经传到了第七团的队伍中，当他们看到一个瘦削的、留着胡须
　　的贝都因人嘴里叼着烟斗走来走去的时候，就会跑到他面前喊道："你
　　是阿布·西比尔吗？"他回答说是的，于是他们把他扔在地上，从他那
　　匍匐的身体上踩过去！这个可怕的故事后来被我们团队愤怒的成员告诉
　　我，他们急于解释为什么他们只获得第二名。七团是第一名。[232]

　　阿拉伯军团参加的体育活动包括越野跑。[233] 英国军官约翰·阿代尔
（John Adair）——名文化变装者，后更名为斯威勒姆（Sweilem）——"带

领我们的田径队，赢得了旅团运动会冠军……其中最重要的是赢得拉什杯。这是一个伟大的银质奖杯，每年都会颁发给在军团中得分最高的军团。我们的团队在沃森时代赢得了它，但在 1953 年输了。"[234]

另一名英国军官高文·贝尔描述了一项扰乱贝都因人情感的体育活动：

> 每天早上，我们都要进行 40 分钟的体能训练。这是一项贝都因人难以理解的活动。无论如何，他们都是健壮的人，他们的生活都是在露天度过的，他们习惯了积极的生活；那么为什么有必要让他们忍受上下跳跃、弯腰扭臂的荒谬行为呢？特别是有两种运动，他们认为其适当性至少是可质疑的。他们准备在一些抗议和非常尴尬的情况下做俯卧撑。有必要做一些如此粗暴的事情吗？至于那种仰卧、双腿悬空做圆周运动的同伴练习，不，这对男人来说是一种非常不体面的活动。我们放弃了它。但是当谈到参加突击课程时，我们希望通过这些体能训练展示培养出来的肌肉和敏捷性，他们都很热情。[235]

显然，这里的体育运动不仅旨在培养与民族主义相称的团队精神，而且还是一种男性化的仪式。如果英国的肉体运动与贝都因人的性别认识论发生冲突，它们就会遭到抵制，如果没有，它们就会被同化到贝都因人自己的男性仪式中。在军事背景下，所有男性化的仪式通常已经是民族主义的仪式。因此，体育在军队中的功能是将男子气概与军事化的民族感结合起来，将男子气概本身民族化。这种新的民族化男子气概成为国家的典范。

阿拉伯军团还通过组建乐队向士兵介绍了欧洲乐器和欧洲音乐。1921年，第一批群众乐队成立，由 18 名音乐家组成，其中 10 名来自埃及，8 名来自叙利亚。它由埃及的穆罕默德·哈蒂尔（Muhammad Khatir）领导。[236]皮克讲述了群众乐队的起源故事：

政府决定，殿下离开首都时应尽可能隆重和荣耀。因此，我被要求与预备役部队一起在街道上列队，并允许乐队（乐器在大约14天前到达）在埃米尔的汽车前行进。在最后一刻，大鼓从将乐队带到安曼的卡车上掉下来，被压在车轮下。因此，有必要聘请有鼓的市镇传信员。游行按惯例延迟之后开始，乐队突然活跃起来，发出令人难以置信的无调的噪声……然后是最后的仪仗队，在仪仗队的右边，我胆战心惊地看到两个号手吹响的不是通常的皇家礼乐，而是《到炊事班门口来》。罪魁祸首后来解释说，他们只知道这些曲子。曾经当过兵的阿卜杜拉无疑认出了这种召唤，但鉴于他与乐队的经历，他可能已经不在乎发生了什么，所以礼貌地对我说"再见"。他回来时情况好多了。我曾请巴勒斯坦警察乐队的指挥过来一两天，他让阿拉伯军团乐队明白，噪声并不是对乐队的要求，观众有权期待曲调。[237]

乐队的曲目显著扩大，包括外约旦王公（后来的王室）国歌《埃米尔万岁》（'Asha al-Amir）的曲调，在1946年独立阿卜杜拉自我任命为国王之后，更新为《年轻的国王万岁》（'Asha al-Malik）。国歌的歌词由叙利亚—巴勒斯坦人阿卜杜勒·莫奈姆·里法伊（'Abd al-Mun'im al-Rifa'i）作词，音乐由黎巴嫩人阿卜杜勒·卡迪尔·塔尼尔（'Abd al-Qadir al Tanir）作曲。[238]到30年代中期，这些乐队在外约旦大受欢迎，他们被邀请参加私人派对和庆祝活动。需求变得如此之高，以至于政府不得不颁布一项法规，列出要支付给群众乐队为私人活动提供服务所需支付的费用。[239]例如，1940年9月，乐队与埃米尔阿卜杜拉一起受邀在安曼切尔克斯慈善协会新大楼的落成典礼上演出。[240]此外，在1953年侯赛因国王加冕仪式上，群众乐队也大受欢迎。彼得·扬中校报告了那个场景："晚上……群众乐队在泽卡营地的阅兵场上为了［新国王的］荣誉表演击鼓收兵的仪式，并为我们表演了精选的'英国'军乐，包括《胡格诺教徒》（*Les Huguenots*）和《西庇阿》（*Scipio*）的缓慢进行曲。"[241] 阿拉伯军团实际上有三个乐队：蓝色、红色和绿色。"冬天他们穿卡其色军装，夏天穿白色军服。可以通过挂绳、肩章和管道的颜色将它们与另一种区分开来。所有音乐家都在右臂肘部上方佩戴七弦琴徽章。"[242]

被引入军团的最重要的乐器是风笛。[243] 这是于 1929 年由埃米尔阿卜杜拉本人下令完成的。乐队的 6 名成员被选中并派往耶路撒冷，那里有一支英国托管的风笛乐队。一个名叫帕特森（Patterson）的精通阿拉伯语的英国军官对这 6 名音乐家进行了为期两年的培训，之后这些音乐家返回外约旦，组建了该国第一支风笛乐队。星期五，他们会在埃米尔前往清真寺的路上巡演。[244] 据说黑卫士兵团训练了军团士兵来扮演他们。[245] 时至今日，风笛仍然是约旦武装部队（al-Jawqat al-Musiqiyyah）最显著的标志。事实上，这些乐队取得了极大进步，1955 年还去往英国巡回演出。格拉布自豪地将这一成就描述为他将要主持的最后一项成就："那些将阿拉伯人想象成野生沙漠骆驼骑手的人会惊讶地看到群众乐队在骑马卫队的游行中击鼓，或者阿拉伯军团的风笛和鼓在爱丁堡王子街上巡游。这是我们的绝唱——在 8 个月之内，阿拉伯军团不复存在。"[246]

对格拉布来说，演奏西方乐器和西方音乐似乎将贝都因阿拉伯人从沙漠骆驼骑手转变为现代人。这次文明使命的成功实际上已经结出了许多果实。今天，约旦武装部队的群众乐队获得了国际声誉。他们在世界各地演出，并获得了许多国际奖项。他们的音乐和风笛是民族主义的标志，正如西奥多·阿多诺所强调的那样，"似作为民族的代表出现，并处处印证了……民族主义原则"[247]。

事实证明，包括使用营地厕所在内的其他活动同样存在问题。正如高文·贝尔报道的那样，"营地卫生一直令人头疼。贝都因人就是讨厌使用厕所。在这些事情上，他们非常低调，他们想要隐私，想要地面翻覆遮盖或灌木丛庇护的隐私。一旦我们从所有三个团都进行初始训练的广阔沙漠转移到约旦河谷的杰里科，然后到加沙以南巴勒斯坦海岸的棚屋营地，这就成为一个真正的问题，涉及持续的、有时是适得其反的规训惩戒"[248]。

其他问题包括饮食。贝都因人现在不得不应对英国军队的口粮，其中包括他们不使用的食品：

> 贝都因人已经开始接受并确实喜欢牛肉罐头，但是对于鲜肉，一旦我们搬离阿兹拉克，我们就再也买不到了。因此，我们不得不依赖英国陆军的供应，这意味着要接受来自澳大利亚和新西兰的冷冻羊肉。我们不知道这些羊是不是按照穆斯林的习俗被宰，但这并不是男人们真正担心的，他们担心这些肉到底是不是羊肉。他们猜测它可能是狗肉。尸体上有一条小尾巴，看起来非常像狗的尾巴。然后尸体上的头也不见了。为什么？很多人拒绝吃它，直到我们带着一群中队指挥官和军士到耶路撒冷的 RASC 冷库详细检查尸体。我们与负责此项工作的英国官员交谈，他为印度人和其他非基督教徒的部队服务，对这些问题有着广泛而富有同情心的经验。他让我们放心。团队的伊玛目补充说，他相信这些肉是真正的羊肉，没有任何不妥，最后一切才都好了。[249]

尽管如此，与饮食有关的问题仍然存在。扬报道了一个案例："艾德·惠梅尔（Eid Hweimel），是一个非常合格的军士。他意识到配给肉的动物没有像正统穆斯林所期望的那样正确地被宰。因此，他拒绝吃他的口粮，而是靠他的薪水生活——也就是说，在他的亲戚来看望他之后剩下的钱。我之所以发现这一点，是因为我注意到他的脸上已经布满了斑点。他坚决拒绝吃口粮，而我同样坚决不从食堂基金中资助他，我们陷入了僵局。幸运的是，他被派往士官学校，而他那显然无法解决的问题也随之解决。"[250]

在军粮和外约旦通过英国殖民主义向世界经济开放期间，外约旦贝都因人的饮食方式发生了重大变化。格拉布指出，"国家开放贸易对居民的影响"，包括他们"学会了喝茶"，因为他们以前是喝咖啡的。[251] 烹饪中使用的肉类和谷物的类型也发生了变化。骆驼肉曾经是贝都因人食物的标志，但已经完全从他们的菜单中消失。尽管干旱和掠夺减少了贝都因人的数量，但殖民国家的定居运动将贝都因人从游牧骆驼牧民转变为农民是主要因素。枪支和军事狩猎的引入反过来消灭了该国的鸵鸟和瞪羚种群——这两种动物的肉都是贝都因人饮食的一部分。[252] 至于在大多数菜肴中使用的碎小麦（burghul）和烤绿小麦（farikah），村民和城市居民都一样（贝都因人主要使用面包作为肉类的主要佐料），它们将被白米饭代替。由于大米价格昂贵，贝都因人和农民以前只在节日时使用。殖民贸易关系使曾经昂贵的大米变得更便宜、更容易买到，从而与当地谷物竞争。[253] 这是一个重要的转变，曼萨夫[254] 这一贝都因人过去常常用肉（羊肉或骆驼肉）烹制的被约旦"贝都因人"身份的建筑师编码为卓越的贝都因菜，以及肉汤和面包（也称为 tharid），现在主要都用白米制成。[255] 据说商人在 1925 年将大米引入了拜勒加地区。古尔尼姆林的许多人被邀请来吃以米饭为基础的曼萨夫，"人们看到了米饭是如何烹饪并被融入曼萨夫的，他们立即效仿这种方法"[256]。这种转变实际上是渐进的。起初，曼萨夫会用碾碎的小麦制成，并在上面覆盖一层薄薄的米饭。慢慢地，大米完全取代了碎小麦。此外，曼萨夫的主要当代特征是贾米德（jamid 或 laban jamid），即由山羊奶制成的酸奶干，用作肉和米饭（或碎小麦或全麦）上的酱汁（sharab），大多数贝都因人在被民族国家定居之前并没有用贾米德来烹饪曼萨夫。只有村里的人使用带贾米德的曼萨夫，而大多数贝都因人使用肉汤或酥油（Samn Baladi）代替。[257] 虽然贝都因人制作了贾米德，并且在恶劣的年月里，在没有食物的情况下也会将其晒干食用，但它从未被用作任何酱汁的基础，也从未与曼萨夫联系在一起。[258] 今天，具有讽刺意味的是，带有贾米德的新白米曼萨夫被认为是"传统的"贝都因菜，也是约旦的专属"国菜"——尽管巴勒斯坦南部和叙利亚的农民和贝都因人也吃过（和吃）它。[259] 这些主张不仅是由非专业的约旦民族主义者提出的，而且甚至是由约旦和外国社会科学家提出的。在对约旦贝都因人的一项研究中，一些这样的社会科学家甚至声称贝都因人"经常吃……被称为贾米德的干酸奶球"，构成了他们在烹饪曼萨夫时使用它的证据！[260] 在描述了他们认为是贝都因的贾米德曼萨夫之后，作者以实事求是的方式告诉我们"曼萨夫已成为约旦的国菜"[261]。此外，他们以非历史性的方式告诉我们，在贝都因人中，"茶是最常见的家庭饮料"[262]。

格拉布本人记录了约旦人口消费习惯的变化。在回应埃利亚胡·爱泼斯坦（Eliahu Epstein）声称外约旦部落的经济状况正在恶化时，[263] 格拉布反驳道："自停战（第一次世界大战结束时）以来，他们的经济状况确实发生了很大变化。他们对许多以前不为他们所知的奢侈品有了兴趣，而且他们生活得更舒适。他们购买进口奢侈品和制成品的愿望使他们的消费更加自由。"[264]

通过监管和教育的规训机制，格拉布的政策不仅压制和消除了与帝国利益相冲突的贝都因人的生活方式，而且还产生了许多新的东西，并将其与贝都因"传统"中"无害"和"有益"的东西结合起来，形成了一个新的混合体，被包装成真正的贝都因文化。新的贝都因文化实际上扬弃了许多前帝国时代的贝都因文化，在封闭某些场所的同时开放了无数其他场所，在保留和改造其他做法的同时，也抹除了一些习俗。甚至约旦自己的旗帜也是英国人设计的。马克·赛克斯爵士第一次世界大战期间为费萨尔和劳伦斯领导的阿拉伯军队设计了在大马士革行军时所使用的旗帜，这在后来成为约旦旗帜的基础。[265] 就像沙漠巡逻队贝都因人穿的新制服一样，贝都因人的新文化表面上看是贝都因人制造的，但仔细观察，无论是它的颜色还是它的质地，更不用说它的风格和布料，都与贝都因人在殖民遭遇之前所称的任何东西都不相似。事实上，他们中的许多人起初都对穿着这些衣服感到羞耻。那些被格拉布派出去招募其他人的传教士"对被人看到穿着制服而感到羞耻。他们发带上的金属徽章特别不受欢迎，这些人经常在进入营地之前将它们取下，并且在休假时也总是摘下徽章。在那些日子里，在沙漠贝都因人看来，徽章是一种奴役的标志——野兽的标志，这就是他们对政府的看法。他们今天的想法有所不同"[266]。正如爱德华·萨义德所说，"既然人们无法在本体论上抹杀东方……人们确实有办法捕捉它、处理它、描述它、改进它、彻底改变它"[267]。事实上，格拉布创造的贝都因人只是一个不存在的原始人的微弱的拟像。格拉布笔下的贝都因人无非是一种对错误的指称对象的大肆宣扬，[268] 对他自己和他人来说，这是一场奇观，尽管它是全国性的。"该奇观相对于表演主体的外部性表现在这样一个事实，即个人自己的姿态不再是他自己的，而是其他人对他的代表。"[269] 格拉布伪装成"贝都因主义"的白人殖民男子气概变成了一种双重模仿的场合，[270] 格拉布模仿白人殖民男子气概形成梦幻般的"贝都因人"，沙漠巡逻队的贝都因人应该模仿格拉布打造的"贝都因人"。贝都因人的形象实际上是格拉布的社交癖好。弗洛伊德的精神分析发现，恋物癖是一种损失的替代品，[271] 与这里的案例类比，格拉布的贝都因人就成了他在东方学书籍中读到但在现实生活中找不到的"真实"贝都因人的替代品。格拉布意识到真正的贝都因人与他所读到的不同，这让他产生了一种失落感，他通过用贝都因人的拟像代替真实的贝都因人来克服这种失落感。因此，他能够避免虚假表述的危机，而他的整个东方认识论正是基于此。格拉布创造的贝都因人是他毕生所信奉的神物。

到 1946 年外约旦获得独立、约旦哈希姆王国宣布成立时，其居民的生活发生了根本性变化："以前游牧部落恐吓村庄的地方，已经建立了一个现代国家——一个赢得了世界尊重的国家。"[272] 格拉布回顾了约旦的历史，颂扬了它的成就："1921 年，埃米尔阿卜杜拉来到了一片荒凉的、以前从未被正规管理的部落土地。这块土地上没有政府，没有军队，没有警察或现代国家的任何特征。25 年后的这一天（1946 年 5 月），他被宣布成为一个忠诚、幸福、自豪和满足的国家的国王。在巴勒斯坦、叙利亚、伊拉克和沙特阿拉伯的叛乱接踵而至时，一个团结在王位后面的简单的民族像岩石一样屹立不倒。"[273]

对于格拉布来说，就其对西方的开放程度而言，约旦在中东确实是独一无二的。由于"她"接受了英国的帮助，"在国王的英明指导下，她对世界形成了一种宽广而具有政治家风范的态度，对外国人的热情欢迎和坚定的常识，在当今中东狭隘而痛苦的政治中往往缺乏这些品质"[274]。其他"不明智的"阿拉伯领导人"的反应是拒绝［来自欧洲的］帮助——并保持落后和混乱"[275]。当然，格拉布是他引以为豪的"英国帮助"的化身。事实上，多亏格拉布的努力，约旦的贝都因人已经成功地从"野蛮"但"高贵"的"原始人"变成了现代士兵。他的传记作者用以下的话总结了格拉布的杰出成就："格拉布成功地保留了贝都因人的传统，同时将他们变成了现代士兵……但功劳不是他一个人的；他会首先承认他的阿拉伯副手帕夏阿卜杜勒·卡迪尔·骏迪（Abdul Qadir Pashaal Jundi）［来自利比亚］、诺曼·拉什（Norman Lash）、罗尼·布罗德赫斯特（Ronnie Broadhurst）、高文·贝尔以及许多其他阿拉伯和英国军官对他的支持。"[276]

格拉布在约旦的最后几天，贝都因人对其代理人父亲般的忠诚证明了这一点。在得知侯赛因国王下达驱逐令后，格拉布描述了阿拉伯军官如何含泪向他告别，以及其中一名军官如何拔出左轮手枪为他报仇。[277] 据他说，阿拉伯军团的一两个部队曾考虑采取行动纠正他对国王的指控，但"都是英国军官阻止了事件的发生"。[278] 事实上，格拉布欠贝都因人一条命，这个贝都因人于 1920 年在伊拉克的迪亚拉河中救出了游水的格拉布。[279] 在他离开安曼时，他引用了约旦一位前首相告诉他的话，他是"这个王国的创造者之一"。他总结了自己与约旦的历史，将其比作他养育的一个孩子："我第一次见到安曼是在 1924 年……当时它还是一个小村庄。现在它是一个拥有 25 万人口的城市。26 年来，我一直看着这个国家成长。我看到阿拉伯军团从少数警察扩大为 2 万 3 千人的军队和 3 万人的国民警卫队。当预备役人员被召集起来时，他们可以在战场上部署近 6 万名士兵。……现在，在几个小时内，26 年的工作就被毁掉了。"[280]

在离开安曼的飞机上，格拉布说："我迷恋地看着阿拉伯海岸消失在蓝色的薄雾中……我转过身去，大笑起来。"[281] 格拉布的笑声与其说是愤世嫉俗，不如说是对他幸存的遗产的最后道别。他在约旦的 26 年是成功的，虽然他再也没有去过这个国家（他于 1986 年去世）。他生命中接下来的 30 年都在写书，讲授有关约旦和阿拉伯人的知识。迪斯雷利的名言"东方是一种职业"仍然适用。格拉布确实在约旦生活的方方面面都留下了不可磨灭的印记。他通过军队机构实施的政策对于约旦民族认同的产生至关重要，这种认同遍及约旦今天和未来许多年生活的方方面面。但是，格拉布的军队不仅将贝都因人培养成为在民族国家框架内被法律界定的民族主体，而且军队将他们培养成为特定民族文化的持有者，而这种民族文化本身也是由军队生产的。正如蒂莫西·米切尔所指出的，现代军队似乎"一方面由个体士兵组成，另一方面由他们居住的机器组成……这个装置不是独立存在的。它是由人的有组织的分布、他们的运动的协调、空间的划分和单位的等级排序所产生的效果，所有这些都是特殊的实践……但是，这些过程的秩序和精确性创造了一个独立于人本身的机械式的效果，它的结构命令、包含和控制着他们”[282]。英国殖民主义引入的这种司法—军事的二元关系既是压制性的又是富有成效的成就。今天的约旦民族认同和约旦民族文化就是这一成就的生动证明。

## 注释

1. Chandra Talpade Mohanty, "Introduction: Cartographies of Struggle: Third World Women and the Politics of Feminism," in Chandra Talpade Mohanty, Ann Russo, and Lourdes Torres, eds., *Third World Women and the Politics of Feminism* (Bloomington, IN: Indiana University Press, 1991), pp. 1—49.

2. Ibid., p. 16.

3. Timothy Mitchell, *Colonising Egypt* (Berkeley, CA: University of California Press, 1991), p. xi.

4. 关于西方文化的变装，参见 Marjorie Garber, "The Chic of Araby: Transvestism and the Erotics of Cultural Appropriation," in *Vested Interests: Cross-Dressing and Cultural Anxiety* (New York: Harper Perennial, 1993), pp. 304—352。

5. 参见 Eric Hobsbawm and Terence Ranger, eds., *The Invention of Tradition* (Cambridge: Cambridge University Press, 1983)。

6. Louis Althusser, "Ideology and Ideological State Apparatuses (Notes Toward an Investigation)," in *Lenin and Philosophy and Other Essays* (New York: Monthly Review Press, 1971), p. 169.

7. 以下历史回顾基于 Munib Madi and Sulayman Musa, *Tarikh al-Urdunn Fi al-Qarn al-'Ishrin 1900—1959* (Amman: Maktabat al-Muhtasib, 1959); Benjamin Shwadran, Jordan A State of Tension (New York: Council for Middle Eastern Affairs, 1959); Uriel Dann, *Studies in the History of Transjordan, 1920—1949: The Making of a State* (Boulder, CO: Westview Press, 1984); Sa'd Abu-Dayyah and 'Abd al-Majid Mahdi, *Al-Jaysh al-'Arabi wa Diblumasiyyat al-Sahra', Dirasah Fi Nash Úatihi wa Tatawwur Dawr al-Thaqafah al-'Askariyyah* (Amman: Mudiriyyat al-Matabi' al-'Askariyyah, 1987); Ma'an Abu Nowar, *The History of the Hashemite Kingdom of Jordan*, vol. I: *The Creation and Development of Transjordan 1920—1929* (Oxford: Ithaca Press, 1989); Abla Amawi, *State and Class in Trans-Jordan: A Study of State Autonomy*, doctoral dissertation (Washington, DC: Georgetown University, 1993); P.J. Vatikiotis, *Politics and the Military in Jordan: A Study of the Arab Legion, 1921—1957* (New York: Frederick A. Praeger, 1967); Sa'd Abu-Dayyah and 'Abd al-Majid Mahdi, *Tarikh al-Jaysh al-'Arabi Fi 'Ahd al-Imarah, 1921—1946, Dirasah 'Ilmiyyah Tahliliyyah* (Amman: Al-Matabi' al-'Askariyyah, 1989)。

8. F.G. Peake, "Transjordan," *Journal of the Royal Central Asian Society* XXVI, part III (July 1939): 388.

9. Frederick G. Peake, unpublished autobiography, Imperial War Museum, F.G. Peake (Peake Pasha) Papers, DS/Misc/16, Reel 1, 引自 George S. Dragnich, *The Bedouin Warrior Ethic and the Transformation of Traditional Nomadic Warriors into Modern Soldiers within the Arab Legion, 1931—1948*, masters thesis in history (Washington, DC: Georgetown University, 1975), p. 61, note 1。

10. 伯纳德·韦尼耶补充说，这一称谓“预示着这支模范部队有朝一日可能成为阿拉伯主义统一军队的核心”，见 Bernard Vernier, *Armée et Politique au Moyen-Orient* (Paris: Payot, 1966), p. 83。

11. Benjamin Shwadran, *Jordan*, p. 159. 马安·阿布·努瓦尔指出，除了少数外约旦人外，外约旦边界武装还包括切尔克斯人、车臣人、亚美尼亚人、犹太人、巴勒斯坦阿拉伯人、苏丹人、黎巴嫩人、叙利亚人、埃及人和德鲁兹阿拉伯人。此外，外约旦边界武装还招募了英国军官和黑棕部队（Black and Tans）的士官，以前英国人曾用黑棕部队来对付爱尔兰民族主义者。见 Ma'an Abu Nowar, The History, p. 174。请注意阿布·努瓦尔如何不认为切尔克斯人和车臣人是“外约旦人”。

12. 1928 年 2 月 20 日在耶路撒冷签署的《英国与外约旦之间的协议》第 10 条。该协议从未得到外约旦立法机构的批准。

13. *Official Gazette* (June 17, 1944), p. 796.

14. C.S. Jarvis, *Arab Command: The Biography of Lieutenant-Colonel F.G. Peake Pasha* (London: Hutchinson & Co., 1942), p. 59.

15. 引自 Jarvis, *Arab Command*, p. 59。

16. Uriel Dann, *Studies in*, p. 88.

17. 参见 Sa'd Abu Dayyah and 'Abd al-Majid al-Nas'ah, *Tarikh al-Jaysh, al-'Arabi fi 'Ahd al-Imarah, 1921—1946, Dirasah 'Ilmiyyah Tahliliyyah Watha 'iqiyyah* (Amman: n.p., 1990), pp. 69, 81。

18. 引自 Jarvis, *Arab Command*, p. 61。

19. 关于控制沙漠的必要性以及沙特与外约旦政府之间日益紧张的关系，参见 Ricardo Bocco and Tariq M.M. Tell, "Pax Britannica in the Steppe: British Policy and the Transjordan Bedouin," in *Village Steppe and State: The Social Origins of Modern Jordan*, edited by Eugene Rogan and Tariq Tell (London: British Academic Press, 1994), pp. 116—120。

20. 引自 Jarvis, *Arab Command*, p. 62。

21. 引自 ibid., p. 62。

22. 引自 ibid., p. 83。

23. 引自 ibid., p. 88。

24. Ibid., pp. 107—109.

25. Peter Young, *Bedouin Command: With the Arab Legion 1953—1956* (London: William Kimber, 1956), pp. 24—25.

26. Young, *Bedouin Command*, p. 37.

27. James Lunt, *Glubb Pasha: A Biography* (London: Harvill Press, 1984), p. 94.

28. John Bagot Glubb, *A Soldier with the Arabs* (London: Hodder and Stoughton, 1957), pp. 369—370.

29. Lunt, *Glubb Pasha*, pp. 98—99. 伦特在为格拉布的辩护中补充了艾伯特·霍拉尼的一句话："格拉布太聪明了，不会随意忽视城市居民，但他在贝都因人和村民的社会中要快乐得多。" 另见第 168 页。

30. Syed Ali El-Edroos, *The Hashemite Arab Army, 1908—1979: An Appreciation and Analysis of Military Operations* (Amman: Publishing Committee, 1980), pp. 213—214. 艾德罗斯是巴勒斯坦籍。有趣的是，除了一些回忆录和一些不起眼的时期历史之外，没有一位约旦历史学家写过全面的武装部队历史。此外，约旦与巴基斯坦的联系不仅是国与国之间的军事联盟，而且还延伸到王室，因为侯赛因的兄弟前王储哈桑娶了巴基斯坦的塞尔瓦特公主，她在约旦被称为塔瓦王妃。

31. El-Edroos, *The Hashemite Arab Army*, p. 214.

32. Glubb, *A Soldier*, p. 261.

33. Lunt, *Glubb Pasha*, p. 97.

34. Great Britain, Colonial Office, *Report by His Majesty's Government in the United Kingdom*

of Great Britain and Northern Ireland to the Council of the League of Nations on the Administration of Palestine and TransJordan for the Year 1933 (London: His Majesty's Stationary Office, 1934), p. 318.

35. Nicos Poulantzas, *State, Power, Socialism*, translated by Patrick Camiller (London: NLB, 1978), p. 77.

36. John Bagot Glubb, *The Story of the Arab Legion* (London: Hodder and Stoughton, 1948), p. 22.

37. Ibid., p. 37.

38. Edward Said, *Orientalism* (New York: Vintage Books, 1979), p. 96.

39. Al-Istiqlal, November 16, 1928, 引自 James Lunt, *Glubb Pasha*, p. 60。G.E. 利奇曼中校（1880—1920）是美索不达米亚的一名士兵、探险家、旅行者和行政人员，1920 年 8 月 12 日在费卢杰附近被拉马迪部落的成员谋杀。他乔装打扮，游走于贝都因人之间，见 Lunt, p. 60, note。

40. Thomas Henry Thornton, *Colonel Sir Robert Sandeman: His Life and Work on an Indian Frontier: A Memoir, with Selections from His Correspondence and Official Writings* (London: John Murray, 1895). 感谢里卡多·博科（Riccardo Bocco）指引我去阅读桑德曼的传记。

41. Monthly Reports on the Administration of the Transjordan Deserts, A Sandeman Policy, March 1935, cited in Riccardo Bocco, *État et Tribus Bedouines en Jordanie, 1920—1990, Les Huwaytat: Territoire, Changement économique, identité Politique*, doctoral dissertation, Institut d'Etudes Politiques de Paris, 1996, p. 135.

42. *Journal of the Royal Society of Asian Affairs* XVII, part III (October 1986): 357.

43. John Bagot Glubb, "Relations Between Arab Civilization and Foreign Culture in the Past and Today," *Journal of the Royal Central Asian Society* XXIV (July 1937): 417.

44. John B. Glubb, "The Conflict Between Tradition and Modernism in the Role of Muslim Armies," in *The Conflict of Traditionalism and Modernism in the Middle East*, edited by Carl Leiden (Austin: University of Texas Press, 1966), pp. 9—21.

45. Ibid., p. 9.

46. Glubb, "Relations Between," p. 418.

47. Ibid., p. 419.

48. Ibid., p. 419.

49. John Bagot Glubb, *The Changing Scenes of Life, An Autobiography* (London: Quarter Books, 1983), pp. 212—214.

50. Glubb, "The Conflict," p. 17.

51. 参见 Edward Said, *Orientalism*, p. 172。

52. Glubb, *The Story*, p. 147.

53. Ibid., p. 42.

54. Glubb, *A Soldier*, p. 347.

55. Ibid., p. 401.

56. Glubb, *The Changing*, p. 175.

57. Glubb, *A Soldier*, p. 370.

58. Glubb, *The Changing*, p. 81.

59. Glubb, "The Conflict," p. 18.

60. Ibid., p. 18.

61. Glubb, "Relations Between," p. 421.

62. John Bagot Glubb, *Britain and the Arabs: A Study of Fifty Years 1908—1958* (London: Hodder and Stoughton, 1959), p. 171.

63. Glubb, "Relations Between," p. 421.

64. Ibid., p. 422.

65. Ibid., p. 422.

66. Ibid., p. 424.

67. Ibid., p. 424.

68. Glubb, "The Conflict," p. 15. Glubb, *The Story*, p. 38.

69. Glubb, "Relations Between," p. 424.

70. Glubb, *The Story*, p. 199.

71. Michel Foucault, *Discipline and Punish: The Birth of the Prison*, translated by Alan Sheridan (New York: Vintage Books, 1977), p. 139.

72. Glubb, "Relations Between," pp. 424—425.

73. Ibid., p. 425.

74. Glubb, *The Story*, p. 103.

75. Jarvis, *Arab Command*, p. 129.

76. Timothy Mitchell, *Colonising Egypt*, pp. xiii, xiv.

77. Ibid., p. xv.

78. Guy Debord, *The Society of the Spectacle* (New York: Zone Books, 1994), p. 26.

79. 参见 Karl Marx, "The Fetishism of Commodities and the Secret Thereof," in *Capital*, vol. 1: *A Critical Analysis of Capitalist Production*, edited by Frederick Engels (New York: International Publishers, 1967), pp. 71—83。

80. 正如 T. E. 劳伦斯所解释的，"帝国的所有附属省份都不值得牺牲一个英国男孩"。引自 Stephen Ely Tabachnick, "The Two Veils of T. E. Lawrence"，*Studies in the Twentieth Century*, no. 16 (fall 1975), p. 97。

81. Glubb, *The Changing*, pp. 102—103.

82. Great Britain, Colonial Office, *Report*, p. 281. 请注意，自 1923 年以来，皮克与一位新近的亚美尼亚移民黑格·佩尔特基安（Haig Pelte'kian）签约，后者成为阿拉伯军团的裁缝。黑格帕夏在阿卜杜拉授予他奥斯曼帝国的头衔后出名，并成为阿卜杜拉的私人裁缝。直到 1940 年，黑格雇用了 30 名亚美尼亚工人，成为"军服供应商"。见 Anna Ohannessian Charpin, "Les Arméniens à Amman: La naissance d'une communauté," in Jean Hannoyer and Seteney Shami, eds., *Amman: The City and Its Society* (Beirut: CERMOC, 1996), pp. 333—334。

83. Shelagh Weir, *Palestinian Costume* (Austin: University of Texas Press, 1989), p. 68. 20 世纪 30 年代之前的巴勒斯坦农民大多穿着 Tarbush Maghribi 或 Laffah。在 20 世纪 30 年代之前，只有巴勒斯坦贝都因人穿着哈达，见 ibid., pp. 58—66。另见 Walid Khalidi, *Before Their Diaspora: A Photographic History of the Palestinian People 1876—1948* (Washington, DC: Institute for Palestine Studies, 1991), 特别是书中第 198、208、209、219、221、226 页的图片。另见 Sarah Graham-Brown, *Palestinians and Their Society 1880—1946: A Photographic Essay* (London: Quartet Books, 1980), pp. 166, 169, 174—176, 181。

84. Sir Gawain Bell, *Shadows on the Sand: The Memoirs of Sir Gawain Bell* (New York: St. Martin's Press, 1983), pp. 141—142.

85. Musa 'Adil Bakmirza Shirdan, *Al-Urdunn Bayna 'Ahdayn* (Amman: n.p., 1957?), p. 24.

86. 感谢马安·阿布·努瓦尔博士就这一点向我提供的信息。此外，关于在此期间服装的修改，参见 Dragnich, *The Bedouin Warrior*, p. 159。

87. Glubb, *The Story*, p. 335.

88. Glubb, *The Changing*, p. 106.

89. Letter, February 13, 1980, cited by Lunt, *Glubb Pasha*, p. 169.

90. Ibid., p. 169.

91. Said, *Orientalism*, p. 160.

92. Ibid., p. 160.

93. Glubb, *A Soldier*, p. 19.

94. 关于表演性构成的身份，见 Judith Butler, *Gender Trouble:Feminism and the Subversion of Identity* (New York: Routledge, 1990)。

95. Glubb, *A Soldier*, p. 419.

96. Ibid., p. 419. 在他的自传中，格拉布将这位阿拉伯外交官称为黎巴嫩总统。见 *The Changing*, p. 169。

97. Ghalib Halasa, *Zunuj, Badu, wa Fallahun* (Beirut: Dar al-Masir, 1980), p. 6.

98. Glubb, *The Changing*, p. 83.

99. Glubb, *The Story*, p. 248.

100. 格拉布陶醉于这些头衔，并热情洋溢地写下了它们。见 Glubb, *A Soldier*, p. 372。

101. Glubb, *The Changing*, p. 115.

102. Glubb, *A Soldier*, p. 264.

103. Lunt, *Glubb Pasha*, p. 176. 在另一个场合，伦特断言："与 T. E. 劳伦斯或圣约翰·菲尔比不同，他从不打扮成阿拉伯人，但总是穿着阿拉伯军团的制服……他的阿拉伯语流利，阅读和写作同样轻松自如，这当然对他帮助很大。"第 81 页。

104. John Glubb, *War In the Desert, An R.A.F. Frontier Campaign* (New York: W.W. Norton, 1961), p. 146.

105. Glubb, *A Soldier*, p. 51.

106. Glubb, *The Changing*, p. 129.

107. 引自 Larry Collins and Dominique Lapierre, *O Jerusalem* (New York: Simon & Schuster, 1972), p. 198。

108. J. Glubb, "The Bedouins of Northern Iraq," *Journal of the Royal Central Asian Society* XXII, part I (January 1935): 13.

109. Lunt, *Glubb Pasha*, pp. 185—186.

110. Young, *Bedouin Command*, p. 33.

111. 摘自格拉布给英国军官的传阅文件，no. A: CO/1/3, 引自 Lunt, *Glubb Pasha*, p. 117。

112. T. E. Lawrence, "Twenty-Seven Articles," 首次发表于《阿拉伯公报》第 60 期，1920 年 8 月 20 日，转载于 John E. Mack, *A Prince of Our Disorder* (London: Weidenfeld and Nicolson, 1976), p. 467。

113. Gawain Bell, *Shadows*, pp. 144—145.

114. Glubb, *The Changing*, p. 106.

115. Lunt, *Glubb Pasha*, p. 117.

116. *Monthly Report*, July 1933, 引自 Lunt, *Glubb Pasha*, p. 84。

117. Glubb, *A Soldier*, p. 414.

118. Lunt, *Glubb Pasha*, p. 90.

119. 见 Trevor Royle, *Glubb Pasha* (London: Little Brown, 1992), p. 297。当我写论文时，我没有读过罗伊尔的叙述，不得不依赖内奥米是巴勒斯坦人的错误信息。罗伊尔根据对内奥米·格拉布的采访做出的叙述使这个问题得以解决。内奥米和她的母亲罗斯玛丽·格拉布的照片可以在伦特的《格拉布帕夏》中看到。

120. Royle, *Glubb Pasha*, pp. 321—322.

121. Glubb, *A Soldier*, pp. 414—415.

122. John Glubb, *Arabian Adventures: Ten Years of Joyful Service* (London: Cassell, 1978), p. 24.

123. Glubb, *A Soldier*, p. 6.

124. Ibid., p. 419.

125. Ibid., p. 445.

126. Ibid., p. 194. 有关约旦政府、格拉布和贝文先生之间的实际勾结，参见 Avi Shlaim, *Collusion Across the Jordan: King Abdullah, the Zionist Movement, and the Partition of Palestine* (New York: Columbia University Press, 1988), pp. 134—138。有关失去拉姆勒和吕达的更多信息，参见 ibid., pp. 261—267。

127. 例如，参见 Riyad Ahmad Bunduqji, *Al-Urdunn Fi 'Ahd Klub* (Amman: Matab' al-Safadi, circa 1957)。

128. 古斯塔夫·斯伦贝谢（Gustav Schlumberger）对外约旦的创立的描述如下：同样，耶路撒冷的基督教国王们也早已认识到将这些不同领土及其宏伟城堡统一为一个单一领地的必要性，这是一种至关重要的边境领地，是王国的前卫，从死海一直延伸到红海，大胆地插入两个大的撒拉逊邻邦埃及和叙利亚之间。以这两座主要堡垒的名字，以及位于沥青湖西岸的希伯伦城的名字，这个在十字军战争历史上非常著名的领地被称为卡拉克和蒙特利尔领地，简单地称为卡拉克和蒙特利尔，或者希伯伦、卡拉克和蒙特利尔，更常见的是被简称为卡拉克，或者由于语言讹变而称为克洛克。由于位于约旦河外，也因为它占据了《圣经》中的古代土地，它也被称为约旦河外土地的领地，或者摩押和以东的领地。*Renaud de Chatillon, Prince D'Antioche, Seigneur de la Terre d'Outre-Jourdain*, by Gustave Schlumberger, Plon-Nourrit, Paris, 1923, p. 147.

129. Glubb, *The Story*, pp. 187—188.

130. 有关雷诺·德·沙蒂利昂的更多信息，请参阅 Gustave Schlumberger, *Renaud de Chatillon*。

131. Glubb, *The Story*, p. 248.

132. Edward Gibbon, *The History of the Decline and Fall of the Roman Empire*, edited by J.B. Bury, vol. VI (London: Methuen, 1912), p. 325. 关于布永，也参见 Frederick G. Peake, *History and Tribes of Jordan* (Coral Gables: University of Miami Press, 1958)。

133. Royle, *Glubb Pasha*, p. 322.

134. Glubb, "Relations Between," p. 425.

135. Glubb, "The Conflict," p. 17.

136. Glubb, *A Soldier*, p. 6.

137. Homi Bhabha, "Of Mimicry and Man: The Ambivalence of Colonial Discourse," *October*, no. 28 (spring 1984), p. 126.

138. J.B. Glubb, "The Mixture of Races in the Eastern Arab Countries," J.L. 迈尔斯 (J.L. Myers) 纪念讲座于 1967 年 4 月 25 日在牛津大学新学院举行。

139. Glubb, *A Soldier*, p. 32.

140. Ibid., p. 151.

141. Ibid., p. 152.

142. Ibid., pp. 164—165.

143. Glubb, *A Soldier*, p. 335.

144. Ibid., p. 385.

145. Ibid., p. 388.

146. Glubb, *The Changing*, p. 172.

147. Ibid.

148. Ibid.

149. Ibid., p. 176.

150. Glubb, *A Soldier*, p. 37.

151. Glubb, *Periodic Report*, February-May 1942, cited by Lunt, *Glubb Pasha*, p. 107.

152. Glubb, *The Story*, pp. 253—254.

153. Ibid., p. 355.

154. Ibid., p. 181.

155. Glubb, *A Soldier*, p. 265.

156. Glubb, *The Story*, p. 20.

157. Ibid., p. 325.

158. Ibid., pp. 103—104. 格拉布甚至告诉我们贝都因士兵如何制作面包作为午餐，ibid., pp. 104—105。

159. Lunt, *Glubb Pasha*, p. 102. 另见 Peter Young, *The Arab Legion* (Berkshire: Osprey Publishing, 1972), p. 30。

160. 感谢马安·阿布·努瓦尔博士就此事向我提供的信息。

161. Musa'Adil Bakmirza Shirdan, *Al-Urdunn Bayna 'Ahdayn*, pp. 24—25.

162. Glubb, *The Story*, p. 96. 可以将这些对女性的描述与第 20—21 页对沙玛部落的高贵描述进行对比。

163. Ibid., p. 42.

164. Ibid., p. 160.

165. Ibid.

166. Ibid., p. 161.

167. Ibid.

168. Glubb, *Britain and*, p. 171.

169. Glubb, *The Story*, p. 87.

170. Ibid., pp. 149—150.

171. Glubb, *The Changing*, p. 60. 关于阿拉伯人如何向欧洲人传授骑士精神，参见 J.B. Glubb, "Arab Chivalry," *The Journal of the Royal Central Asian Society* XXIV, part I (January 1937)。

172. Edward Said, *Orientalism*, p. 104.

173. Ibid., p. 67.

174. Glubb, *The Story*, p. 150.

175. Glubb, *A Soldier*, p. 188.

176. 关于起源和隶属，参见 Edward Said, *The World: The Text and the Critic* (Cambridge, MA: Harvard University Press, 1983)。

177. Glubb, *The Changing*, p. 114.

178. Ibid., p. 113.

179. Ibid., p. 108.

180. Ibid., p. 114.

181. Glubb, *The Story*, p. 37.

182. Ibid., p. 45.

183. Ibid., pp.58—59.

184. Godfrey Lias, *Glubb's Legion* (London: Evans Brothers, 1956), p. 88.

185. Glubb, *The Story*, pp. 92—93.

186. 关于格拉布最早招募伊拉克新兵加入军团，见 Sa'd Abu Dayyah and 'Abd al-Majid Mahdi, *Al-Jaysh al-'Arabi*, pp. 103—107。

187. 见 Ricardo Bocco and Tariq M.M. Tell, "Pax Britannica in the Steppe," p. 122。

188. Great Britain, *Report ... for the Year 1933*, p. 283.

189. 见 George S. Dragnich, *The Bedouin Warrior*, p. 110。

190. Dragnich, *The Bedouin Warrior*, p. 111.

191. 见《1936 年部落法庭法》第 2b 条和第 16 条，发表于《官方公报》第 516 号（1936 年 2 月 16 日）。请注意，这些权力授给了管理游牧贝都因人的阿拉伯军团的首领。此外，政府的行政结构也在 1939 年发生了变化。《组织法》得到修正，执行委员会被部长会议取代，国防部成立，并很快与内政部合并，由一名部长（拉希德·马德法伊）同时主持两个部门的工作。

192. Glubb, *The Story*, p. 102.

193. Ibid., p. 113.

194. Ibid., p. 177.

195. Ibid., p. 165.

196. J.B. Glubb, "The Economic Situation of the Trans-Jordan Tribes," *Journal of the Royal Central Asian Society* XXV, part III (July 1938): 458.

197. 1940 年 4 月，格拉布关于外约旦沙漠行政管理的月度报告，阿拉伯军团总部，引自 Riccardo Bocco, *Etat et Tribus*, p. 303n。

198. 引自 Bocco, *Etat et Tribus*, p. 198。

199. Glubb, *The Story*, p. 219.

200. Ibid., pp. 363—364.

201. Ibid., p. 82.

202. Ibid., pp. 82—83.

203. Ibid., p. 83.

204. Ibid., p. 99.

205. Glubb's Monthly Reports on the administration of the Transjordan deserts, The Desert Medical Unit, February 1940, 引自 Bocco, *Etat et Tribus*, pp. 201, 304n。

206. 'Adil Ziyadat, "Al-Khadamat al-Tibbiyyah Lil-Jaysh al-'Arabi fi 'Ahd al-Imarah, 1921—1946," *Abhath al-Yarmuk* 7, no. 2 (1991): 180—181.

207. Louis Althusser, "Ideology," p. 145.

208. Glubb, *The Changing*, p. 65.

209. Ibid., p. 105.

210. Ibid., p. 145.

211. Lunt, *Glubb Pasha*, p. 80. 有关飘扬着外约旦旗帜的堡垒的更多信息，参见第 80—81 页，这些堡垒连接着沙漠，也是适合与安曼通过无线连接的侦察站。

212. 关于格拉布设立的军事学校，见 Sa'd Abu Dayyah and 'Abd al-Majid Mahdi, *Al-Jaysh al-'Arabi*, pp. 119—145, 162—166。

213. Glubb, *A Soldier*, p. 263.

214. Ibid., p. 263.

215. Ibid.

216. Ibid., p. 265. "Watan" 一词，格拉布翻译为"国家"，实际上是"家园"的意思。

217. Letter from Glubb to de Chair, in Somerset de Chair, *The Golden Carpet* (New York: Harcourt, Brace, 1945), p. 244.

218. Ibid., p. 368.

219. 他嘲笑约旦国防部长对军官的教育水平提出此类质疑。见 Glubb, *The Changing*, p. 160。

220. Glubb, *A Soldier*, p. 153.

221. Glubb, *The Story*, p. 244.

222. Glubb, *Britain*, p. 171.

223. Great Britain, Colonial Office, *Report ... for the Year 1938*, p. 353.

224. Glubb, *The Story*, p. 172.

225. *Annual Report*, 1928, p. 112, 引自 Amawi, *State and Class*, p. 309。

226. Lunt, *Glubb Pasha*, p. 175.

227. Dragnich, *The Bedouin Warrior*, p. 118.

228. Young, *Bedouin Command*, p. 49.

229. Ibid., pp. 59—60.

230. Althusser, "Ideology" p. 154.

231. Lunt, *Glubb Pasha*, pp. 185—186.

232. Young, *Bedouin Command*, p. 42.

233. Ibid., p. 41.

234. Ibid., p. 77.

235. Sir Gawain Bell, *Shadows*, p. 157.

236. Naji al-Zu'bi, Chief Officer of the Musical Massed Bands, "Lamhah Tarikhiyyah'an Musiqat al-Quwwat al-Musallahah al-Urduniyyah," (Amman, unpublished paper, 1994). 有关音乐家姓名的列表，请参见第 1 页。

237. F.G. Peake, "Trans-Jordan," *Journal of the Royal Central Asian Society* XXVI, part III (July 1939): 387—388.

238. 1995 年 1 月 30 日在安曼对马安·阿布·努瓦尔的采访。皇家国歌与民族没有任何关系。简短的一首诗歌词如下：

> 年轻的国王万岁
> 年轻的国王万岁
> 他的地位至高无上
> 他的旗帜高高飘扬。

239. 参见 Nizam Rusum Jawqat Musiqaal-Jayshal-'Arabi Li Sanat 1936 (The Statute of the Fees of the Arab Army's Massed Band for the Year 1936) published in the *Official Gazette*, no. 520 (April 4, 1936), p. 135。

240. Seteney Shami, *Ethnicity and Leadership*, p. 85.

241. Young, *Bedouin Command*, p. 44.

242. Young, *The Arab Legion*, p. 19. 扬提供了武装乐队所穿制服的图片和详细说明。

243. 这里应该提到的是，贝都因人有自己的乐器，即列巴布（Rababah），一种用弓演奏的单弦乐器。关于列巴布在贝都因人生活中的重要性，参见 Yasin Suwaylih, *Al-Rababah Fi Hayat al-Badiyah* (Damascus: Dar al-Hasad, 1994)。

244. Naji al-Zu'bi, "Lamhah," p. 2.

245. Young, *The Arab Legion*, p. 21.

246. Glubb, *A Soldier*, p. 384.

247. Theodor W. Adorno, *Introduction to the Sociology of Music* (New York: Continuum, 1976), p. 155.

248. Bell, op. cit., p. 156.

249. Ibid., pp. 156—157.

250. Young, *Bedouin Command,* p. 35. 扬还提到了一些贝都因人对他们认为受到的军团不公待遇进行反抗的案例，ibid., pp. 33—36。

251. J.B. Glubb, "The Economic," pp. 451—452. 关于咖啡在贝都因文化中的重要性，参见 Muhammad Abu Hassan, "Al-Qahwah wa Atharuha fi Hayat al-Badu al-Ijtima'iyya," *Al-Funun al-Sha'biyyah*, no. 2, Amman (April 1974)。另见 Ahmad Abu Khusah, *Al-'Asha'ir al-Urduniyyah wal Filastiniyyah wa Washa'ij al-Qurbah Baynaha* (Amman: n.p., 1989), pp. 153—156，以及 Ahmad 'Uwaydi al-'Abbadi, *Min al-Qiyam wa al-Adab al-Badawiyyah*, part 2 of "Silsilat Man Hum al-Badu," (Amman: Da'irat al-Matbu'at wa al-Nashr, 1976), pp. 189—253。

252. Godfrey Lias, *Glubb's Legion*, p. 109.

253. Sami Zubaida, "National, Communal and Global Dimensions in Middle Eastern Food Cultures," in Sami Zubaida and Richard Tapper, eds., *Culinary Cultures of the Middle East* (London: I. B. Tauris, 1994), p. 41.

254. "曼萨夫"（mansaf）一词最初指的是用来为客人提供食物的大盘子。

255. 参见 Nina Jamil, *Al-Ta'am Fi al-Thaqafah al-'Arabiyyah* (London: Riyad al-Rayyis Lil-Kutub wa al-Nashr, 1994), p. 153。我还要感谢哈桑·朱马·哈马德博士与我分享有关贝都因曼萨夫和贾米德的信息。

256. Ahmad 'Uwaydi al-'Abbadi, *Min al-Qiyam*, pp. 169—174. 阿巴迪描述了约旦不同地区曼萨夫烹饪方式的变化。

257. 参见 Ruks Bin Za'id al-'Uzayzi, *Qamus al-'Adat, al-Lahjat wa al-Awabid al-Urduniyyah*, vol. 3 (Amman: Da'irat al-Thaqafah wa al-Funun, 1973), p. 201，也参见 al-'Abbadi, *Min al-Qiyam*, pp. 170—171。

258. 事实上，"laban"这个词对村民来说是酸奶，对贝都因人来说是牛奶；见 ibid., p. 157。

259. 参见 Nimr Sarhan, "Ta'am al-Mansaf Fil Ma'thurat al-Sha'biyyah al-Filasti-niyyah," in *Al-Turath al-Sha'bi* (Baghdad) 9, no. 9 (1978): 79—84。

260. Kamel Abu Jaber, Fawzi Gharaibeh, Allen Hill, eds., *The Badia of Jordan: The Process of Change* (Amman: University of Jordan Press, 1987), p. 67. 声称对民族国家时代贝都因人的生活有着细致入微的理解的外国人类学家也提出了类似的错误主张。例如，安德鲁·施赖奥克（Andrew Shryock）认为曼萨夫是"传统的盛宴菜肴"，但没有注意到哈希姆国家将曼萨夫传统化的过程。他将曼萨夫描述为"一堆堆米饭，堆在无酵面包片上，浸在肥美的肉汤中，最后放上煮熟的羊肉和杏仁"，但没有指出曼萨夫目前的许多配料是由托管—哈希姆国家和最近独立后的哈希姆国家引入的，新的曼萨夫被重新包装为"传统"，然后才被国有化。参见 Shryock, *Nationalism and the Genealogical Imagination: Oral History and Textual Authority in Tribal Jordan* (University of California Press, Berkeley, 1997), p. 47. 琳达·莱恩在描述曼萨夫时只是稍微谨慎一点。她说，这是"一种阿拉伯［贝都因人］特色美食，由羊肉或山羊肉组成，配以干酸奶和提纯的山羊黄油制成的酱汁，放在米饭上"（第85页）。在另一个场合，她将曼萨夫称为"贝都因人的传统盛宴菜肴"（第103页），最后，她指出"曼萨夫（一种阿拉伯大米和羊肉的特产）"……已被称为约旦的国菜"（第147页）。虽然莱恩记录了哈希姆政府对曼萨夫的占用，但她似乎没有意识到这道菜已经被国家重新包装，并作为一道传统菜肴（现已被国有化）重新介绍给贝都因人，其形式与托管和独立后哈希姆国家改变它之前的形式大不相同。参见 Linda Layne, *Home and Homeland: The Dialogics of Tribal and National Identities in*

*Jordan* (Princeton, NJ: Princeton University Press, 1994)。

261. Abu Jaber, et al., *The Badia*, p. 69.

262. Ibid., p. 69。这种情况是近期才出现的，因为受殖民影响，茶被引入约旦，且与贝都因咖啡相比，茶可以轻松和快速地制备，但作者提到这种现象，就好像它一直存在一样！关于贝都因咖啡，见注释251。

263. 参见 Eliahu Epstein, "The Bedouin of Transjordan: Their Social and Economic Problems," *Journal of the Royal Central Asian Society* XXV, part II (April 1938)。爱泼斯坦建议引入外国资本，以改善部落日益恶化的状况。这是一种几乎没有掩饰的试图将欧洲犹太殖民定居者引入到该国犹太复国主义主张。

264. Glubb, "The Economic," p. 457.

265. Lias, *Glubb's Legion*, p. 109. 唯一的变化是添加到原始旗帜设计中的星星。 请注意，邻国叙利亚、伊拉克和巴勒斯坦的旗帜也是基于赛克斯的原始设计。

266. Ibid., pp. 89—90.

267. Said, *Orientalism*, p. 95.

268. 关于用词不当，参见 Gayatri Chakravorty Spivak, *Outside in the Teaching Machine* (New York: Routledge, 1993), pp. 64—65, 298。

269. Guy Debord, *The Society of the Spectacle* (New York: Zone Books, 1994), p. 23.

270. 关于双重模仿和 T.E. 劳伦斯，参见 Kaja Silverman, "White Skin, Brown Masks: The Double Mimesis, or With Lawrence in Arabia," in *Male Subjectivity at the Margins* (New York: Routledge, 1992), pp. 299—338。

271. 弗洛伊德实际上将恋物癖视为母亲阴茎缺失的替代品，而男孩认为母亲有。弗洛伊德告诉我们，男孩无法接受母亲被"阉割"的事实，这导致他迷恋一种物品，来作为女性阴茎缺失的替代物，否则他会成为同性恋者！见 Sigmund Freud, "Fetishism," in *The Standard Edition of the Complete Psychological Works of Sigmund Freud*, vol. XXI (London: Hogarth Press, 1953—1974)。

272. Glubb, *A Soldier*, p. 49.

273. Ibid., p. 49.

274. Ibid., p. 445.

275. Ibid.

276. Lunt, *Glubb Pasha*, p. 120.

277. Glubb, *A Soldier*, p. 426.

278. Ibid. p. 427。这些说法得到了亲格拉布约旦军官穆萨·阿迪尔·巴克米尔扎·希尔丹（Musa' Adil Bakmirza Shirdan）的证实，见他的回忆录，*Al-Urdunn Bayna'Ahdayn*, pp. 136—137。

279. Glubb, *The Changing*, p. 58.

280. Glubb, *A Soldier*, p. 428.

281. Ibid.

282. Timothy Mitchell, *Colonising Egypt*, p. xii.

# 第四章 军队国有化：作为民族遗产的殖民遗产

正如我们在上一章中看到的，英国委任统治当局和格拉布帕夏在外约旦部署的现代化殖民概念受到种族和帝国的影响。由于他们相互关联的种族和殖民地位，被殖民者没有任何代理权。这种殖民现代化旨在将被殖民者培养成可以为帝国目标服务的顺从臣民。在约旦，与许多殖民地国家一样，这种情况产生了两种不同但相关的反殖民民族主义。

一种类型是围绕非哈希姆阿拉伯民族主义集结起来的，寻求实现欧洲意义上的技术现代化，同时采用特定选择的"传统"和宗教用于私人领域。正如第二章所讨论的，国家的新主体具有新定义的性别角色，这些角色渗透到他们的民族认同和公民身份中。这些角色受到西方司法和政治实践的启发，这些实践在这一民族主义思潮中已成为意识形态上的霸权。就公共领域而言，这些传统的象征，包括宗教传统，但不一定是信仰，被部署在公共领域。这些民族主义者将约旦视为分裂的阿拉伯世界的一部分，它应该并且最终会以邦联或统一主义的形式统一。对于这些民族主义者来说，军队被视为统一国家的核心机构。它的作用是在国防框架内整合不同的公民，这是民族主义者的最高职责。对于这些民族主义者来说，约旦阿拉伯民族认同是为了反对殖民主义而构成的，而殖民主义则构成了它的另一面。

另一种反殖民民族主义也被部署在该国，由埃米尔阿卜杜拉带头。埃米尔的阿拉伯民族主义主要是反奥斯曼帝国和统一主义者。一个统一的阿拉伯世界将在哈希姆的旗帜下得到统治。在国际上，这种民族主义对西方友好，与西方列强合作驱逐奥斯曼帝国并在该地区建立新国家。它还将西方列强视为对抗无数敌人的天然盟友。直到 20 世纪 50 年代初，这种类型的民族主义一直统治着约旦。由哈希姆家族领导反对奥斯曼帝国并与英国结盟的阿拉伯起义一直是哈希姆阿拉伯民族主义的象征。70 年之后，它作为政权合法化的用途仍然不变，特别是在对抗那些指责该政权缺乏阿拉伯民族主义的人时。纪念起义是该政权每年都要举行的仪式，至今仍然很强大。这种哈希姆阿拉伯民族主义将西方描绘成朋友和盟友，反对以色列、共产主义、内部颠覆和其他可能威胁国家安全的未定义敌人。它与西方的联盟总是在言辞上被证明是对国家有利的。王室的民族主义本来就是反奥斯曼帝国的。然而，在没有奥斯曼帝国威胁的情况下，它会重新调整自己，以反对以"颠覆者"和"外国"意识形态追随者为代表的内部他人。

这种民族主义与殖民现代化主义者对约旦民族文化、传统、宗教和性别关系的看法相同，因为它的目的不是完全复制欧洲规范，而是更加融合。它参与了以殖民为基础的民族文化的创建，它现在声称要捍卫这种文化为真正的民族文化。作为合法意识形态的一部分，宗教信仰问题被部署在公共领域。具有不同民间习俗的穆斯林（例如贝都因人和切尔克斯人）根据国家法令被适当地伊斯兰化，并得到了宗教领袖和宗教政府部门以及官方言论的支持。军队被视为统一其追随者，也被视为将他们与必须被驱逐的反对者分开的手段。到 20 世纪 50 年代后期，这种民族主义本身已转变为更加特殊主义和排他主义的约旦民族主义，统一了贝都因人和哈达里人、阿拉伯人和切尔克斯人，但将巴勒斯坦约旦公民排除在外。新的排他主义民族主义延续了阿卜杜拉的阿拉伯民族主义在传统、现代化和更普遍的民族文化问题上所支持的哲学。

这两种民族主义并非阿拉伯国家所特有。我们在非洲和亚洲其他地区看到了类似的趋势，新的后殖民精英支持亲西方的民族主义，而大众民族主义则坚持将反西方主义作为其反殖民意识形态的定义。在本章中，我将在约旦军队的背景下讨论两种民族主义的历史，以及它们在 20 世纪 50 年代的冲突。我根据新材料展示了那场冲突的完整历史，包括在此期间发挥核心作用的军官的回忆录。还讨论了新特殊主义民族主义随后的出现及其与巴勒斯坦约旦人的冲突，因为它构成了新特殊主义民族主义巩固的转折点。在本章的最后，我分析了国家用于动员士兵的性别策略以及宗教在国家权力合法化和反对派合法化中的作用。我还讨论了女性在社会中不断变化的角色对于军队对女性的政策的影响。军队的性别战略与新的女性军事政策相结合，被证明是民族国家将某种男子气概和女性气质国有化的项目的一部分，并将其确定为"民族传统"。

## 反殖民民族主义与军队

在 1948 年巴勒斯坦战争中，阿拉伯军队的失败打击了军官和普通士兵的士气，尤其是约旦阿拉伯军队。尽管英国军官（他们在过去几年加入了约旦军队，并在 1948 年战争期间领导了它）试图通过过度的训练演习使约旦军官筋疲力尽，以防止他们有时间加入或组建政治团体，但许多新近受训的约旦军官感到绝望，以致不得不寻找政治出路。然而，正如我们在上一章中看到的，军队在将士兵培养为具有特定民族文化习俗的司法民族主体方面具有霸权性，正如蒂莫西·米切尔所强调的那样，我们不应夸大"这些技术的连贯性……规训可能会瓦解、相互抵消或过度扩张。它们提供了机动和抵抗的空间，并可用于反霸权目的。反殖民运动的组织形式通常来自军队，而他们的规训和灌输方法则来自学校教育"[1]。

在约旦的案例中，规训策略确实超出了自己的范围并开始崩溃。40 年代初至中期，在巴勒斯坦萨拉凡德等地的英国军营接受过训练的军官中，已经出现了过度扩张的最初迹象。这些军官于 1948 年夏天开始出版一份周刊，他们将其称为《炸弹》(*al-Qunbulah*)，以表达他们对现行秩序的抵制。[2] 据该杂志的创始人之一沙希尔·阿布-沙胡特（Shahir Abu-Shahut）称，所有炮兵军官都参与了该手写周刊的编辑工作。撰稿人包括未来的军队首脑和亲近政权的密友哈比斯·马贾利。[3] 该杂志被分发给其他军队单位，在那里受到了热烈的欢迎。该杂志编辑还与平民民族主义者卡迈勒·纳赛尔（Kamal Nasir）和希沙姆·纳沙希比（Hisham Nashashibi）建立联系，他们开始在西岸的拉马拉出版杂志《新一代》(*Al-Jil al-Jadid*)。两本杂志之间建立了工作关系，这为它们赢得了广泛的关注。然而很快，《炸弹》的编辑就收到了格拉布帕夏的口头警告，该警告通过穆罕默德·迈泰（Muhammad Ma'aytah）（卡拉奇人，未来的自由军官）传达，命令他们停止这种"幼稚的行为"。他们不得不停止出版该杂志并销毁所有已出版的期刊。[4]

约旦军官阿卜杜拉·塔尔当时是阿拉伯东耶路撒冷的军事指挥官，他会向炮兵军官讲授巴勒斯坦斗争的重要性以及将巴勒斯坦从以色列占领中解放出来的必要性。他还将与军官分享该国政治领导人的意见，因为他以国王的谈判代表和中间人之一的身份参与了与以色列人的停战谈判。然而，在他对那个时期的描述中，阿布-沙胡特坚持认为，阿卜杜拉·塔尔从未为任何秘密或公开组织招募任何人，这与政府随后对他的指控相反。[5]

阿卜杜拉·塔尔的故事在这里值得一提，因为他在约旦统治者的心目中构成了对该政权的第一个军事威胁。塔尔的重要性还源于他支持一种阿拉伯民族主义，这种民族主义自认反对英国殖民主义，从而与国家和阿卜杜拉对英国友好的阿拉伯民族主义背道而驰。塔尔于1918年出生在北部城市伊尔比德，20世纪20年代初期，这里是北方反对阿卜杜拉酋长国计划的中心。他于1942年加入阿拉伯军团，并在其队伍中迅速成长，并于1948年成为少校。几个月后，他被国王阿卜杜拉注意到，国王喜欢他，将他提升为上校。[6]塔尔是耶路撒冷战役的英雄，此后，他的英雄主义故事在约旦媒体上变得司空见惯。他成为国王的心腹，后来在1948年战争后的约旦—以色列谈判中担任国王的使者。他在战争期间指挥第六营，但由于他的政治观点过于激进，他被格拉布解除了指挥权，并于1948年9月被任命为耶路撒冷市的军事统治者。格拉布后来将他从军队中解职，完全违背了国王阿卜杜拉的意愿。国王绕过格拉布，于1949年3月任命他为该市的文职总督，直到1949年6月他辞职（或被解雇）为止。

塔尔谈到约旦军队的英国军官对他的联合行动（由于他公开表达了反英观点），这导致约旦当局决定将他解雇并转移到约旦驻美或驻英大使馆担任武官。他引用早在1949年4月27日的以色列报纸的报道（在《哈马什基夫日报》[ *HaMashkif* ]），称英国和约旦当局认为他不利于约旦和以色列的和解，这就是他们决定将他转移到华盛顿的原因。[7]1949年6月7日，当他看到报纸报道并听到关于他即将被王室解雇的谣言时，他提交了辞呈，退休回到他的家乡伊尔比德。他于1949年10月离境，16年未回国。[8]

在耶路撒冷，塔尔与反对阿卜杜拉控制巴勒斯坦中部的巴勒斯坦民族主义者以及那些支持穆夫提和侯赛因家族的巴勒斯坦人结盟，后者的宿敌是国王阿卜杜拉。此外，他还结识了巴勒斯坦复兴党和其他阿拉伯民族主义者。塔尔还寻求与外约旦阿拉伯民族主义者结盟，包括自40年代中期就存在的自由青年组织（Jama'at al-Shabab al-Ahrar）。他还寻求国王阿卜杜拉的儿子埃米尔塔拉勒的支持，据传塔米勒反对他父亲对英国、以色列和巴勒斯坦人的政策。[9]此外，早在 1948 年 12 月，塔尔就开始与约旦军官单独接触，招募他们发动反政府（但不是反政权）的政变。[10]他只提到了其中两名军官，阿里·阿布-努瓦尔（'Ali Abu-Nuwwar）和马哈茂德·穆萨（Mahmud al-Musa）（在撰写他的书时，他们已经在流亡中）；他避免指名道姓，以保护他们免受政府报复。[11]塔尔还寻求与邻近的阿拉伯政府接触，尤其是与叙利亚政变领导人胡斯尼·扎伊姆（Husni al-Za'im）的接触。在与扎伊姆的会谈中，塔尔要求，如果阿卜杜拉被废黜，扎伊姆会将他流放到叙利亚城镇代尔祖尔周围的东部沙漠中，而不会对他造成身体伤害。[12]1949 年 4 月，塔尔会见了埃米尔塔拉勒，并制定了一项计划，该计划将改变政府，逮捕格拉布和他的英国军官小圈子，而塔拉勒本人将接管王国的管理。埃米尔得到保证，他的父亲或任何皇室成员都不会受到身体伤害。[13]重要的是要注意，与随后的政府声明相反，塔尔反对英国在该国的存在以及国王阿卜杜拉对这种存在的支持，但不反对哈希姆王室在约旦的统治本身。他的阿拉伯民族主义并不一定使他信奉共和主义思想。事实上，在他之前或之后，共和主义从未成为军队中任何团体的反殖民民族主义的一部分。

　　格拉布对塔尔报道的活动越来越感到不安。根据他获得的情报信息，格拉布于 1949 年 6 月向国王阿卜杜拉提交了一份报告，详细说明了塔尔为政变所做的准备。正是根据这份报告，政府通过将他派往华盛顿或伦敦，重申有必要使塔尔与该国的政治舞台保持距离。然而，政府没有对塔尔提起法律诉讼，因为不存在支持格拉布声明的实质性证据。最后，在塔尔与埃及当局、埃米尔塔拉勒以及自由青年组织的成员和"自由军官"协商后，他被建议前往埃及，从那里开始他的民族斗争。[14]塔尔离职后，格拉布创建了一个新的军事监视机构，负责监视约旦军官。很快，这个机构发展到覆盖到所有军队部门，并直接向军事情报部负责。阿里·阿布-努瓦尔提到成立了名为调查部（Da'irat al-Mabahith）的第二个情报办公室，由忠于格拉布的一些约旦军官管理。[15]

除了与当地反殖民民族主义领导人结盟外，塔尔还与著名的约旦民族主义者苏比·阿布-加尼玛（Subhi Abu-Ghanimah）会面，后者几十年来一直是约旦反对英国统治的最直言不讳的声音，他当时一直在叙利亚流亡。[16]在开罗流亡期间，塔尔于1950年在埃及报纸上发表了他的回忆录，并附有他在停战谈判期间携带的国王阿卜杜拉与以色列人之间的秘密文件和信件的影印件，详细描述了国王以一种被当时普遍的阿拉伯共识认为是叛国的方式与以色列人打交道。[17]然而，塔尔的故事并没有随着他的自我流放而结束。他后来被指控在1951年暗杀国王阿卜杜拉（尽管没有任何证据支持），并被缺席判处死刑。[18]他的宿敌格拉布帕夏在法庭上针对他作证。[19]塔尔完全否认了这些指控。[20]

阿卜杜拉·塔尔在约旦军队民族主义团体的形成过程中似乎没有发挥任何持久的作用。他没有在军队中招募多少人，也很少接触民间民族主义圈子之外的人。无论是在军队中还是在其他方面，未来他也不会在该国的民族主义政治中扮演任何角色，正如1954年至1957年他在社会和军队中的民族主义鼓动期间缺席所证明的那样。[21]然而，他仍然是约旦军人第一次有记录的反叛者。他的出现反映了军事机构之外的政治领域是如何渗透到军队中的。这是约旦定居者参军人数增加的结果。由于来自公共领域政治活跃的约旦城镇，这些人不像贝都因人那样容易受到格拉布的意识形态的影响。再加上自1936年至1939年巴勒斯坦人起义以来，国内反殖民主义民族主义情绪高涨，许多外约旦人积极支持起义，以及1947年至1948年巴勒斯坦人外逃和阿拉伯军队失败等事件的持续发生，在军队中形成了一种前所未有的、格拉布无法遏制的局面。事实上，在巴勒斯坦起义期间，许多外约旦志愿者加入了巴勒斯坦游击队。为了阻止民族主义浪潮，政府选择为志愿者（主要是定居者）开放阿拉伯军团。后来，埃米尔阿卜杜拉完全阻止外约旦人前往巴勒斯坦（见第五章）。[22]

在巴勒斯坦战败之后，一种更具政治意识的阿拉伯民族主义开始在整个阿拉伯社会蔓延。当时呼吁阿拉伯统一的人中最突出的是复兴党。许多约旦军官被复兴党的民族主义意识形态所吸引，并于1950年决定加入。首先是沙希尔·阿布·沙胡特和马哈茂德·迈泰。然而，很快，这两名军官开始为他们的事业招募其他军官。其中包括达菲·贾马尼（Dafi Jam'ani）、蒙迪尔·因纳布（Mundhir 'Innab）、阿兹米·米哈尔（'Azmi Mihyar）、萨利姆·塔尔（Salim al-Tall）、法乌兹·阿布–努瓦尔（Fawzi Abu-Nuwwar）和阿卜杜勒·卡迪尔·舒曼（'Abd al-Qadir Shuman）。[23]复兴党的文职领导得知这些活动时强烈拒绝——因为他们担心大规模吸收军事人员会导致偏离党的原则和目标——并要求停止这些活动。因此，阿布·沙胡特和迈泰选择让他们的军事团体独立于该党，并将其命名为约旦军官秘密组织（al-Tazim al-Sirri Lil-Dubbat al-Urduniyyin），其口号是"将约旦军队从英国军官的影响中解放出来，并与叙利亚建立军事统一"[24]。很快，更多官员加入了该组织。阿布·沙胡特、迈泰和达菲·贾马尼被提名为该组织的集体领导，该组织的名称改为约旦军队民族主义军官秘密组织（al-Tazim al-Sirri Lil-Dubbat al-Wataniyyin fi al-Jaysh al-Urduni），同年晚些时候，阿布·沙胡特被提名为该组织的领导人。[25]1950年，该组织的成员大多是炮兵军官。到1951年，成员扩大到包括工程、装甲、机械和步兵军官。[26]

在1952年埃及自由军官发动政变后，其领导人最初与穆斯林兄弟会（Ikhwan al-Muslimin）关系良好，约旦军官组织与约旦伊赫万领导人穆罕默德·阿卜杜勒·拉赫曼·哈利法（Muhammad 'Abd al-Rahman Khalifah）在约旦安排了一次会议，通过他的安排与埃及军官会面。哈利法同意安排会议，条件是加入他的运动。官员们致力于民族主义的世俗方面，所以拒绝了他的要求，与埃及人的会面从未实现。尽管如此，埃及自由军官的影响还是深远的。不久，秘密组织将自己更名为自由约旦军官运动（Harakat al-Dubbat al-Urduniyyin al-Ahrar），并着手建立一个创始委员会，其中包括由该运动干部选举产生的军队所有部门的代表。[27] 该委员会发布了该运动的内部章程，继续由阿布·沙胡特领导。委员会决定联系一些约旦高级官员，邀请他们担任该运动的顾问和名誉成员。其中包括哈比斯·马贾利、穆罕默德·迈泰、阿里·希亚里（'Ali al-Hiyari）、拉迪·欣达维（Radi al-Hindawi）、马哈茂德·鲁桑（Mahmud al-Rusan）和阿里·阿布-努瓦尔，他们都将在未来几年中发挥重要作用。[28]

在国王阿卜杜拉去世后，政府和格拉布正在就阻止埃米尔塔拉勒继位的可能性进行磋商。埃米尔当时在瑞士，在精神病院接受治疗。安曼有传言说政府和格拉布阻止他回来，有关他健康问题的报道是英国捏造的。在军队中，一名受过英国教育的军官阿里·阿布-努瓦尔（母亲是约旦切尔克斯人，父亲是约旦阿拉伯人[29]），对自由军官发出号召，并告诉他们一项计划，要将塔拉勒王子带回约旦并以武力让他登上王位。行动开始后，阿布-努瓦尔要求自由军官提供军事支持。[30] 阿布-努瓦尔已派遣巴勒斯坦约旦医生阿尼·汉农（'Awni Hannun）（曾在约旦军队中）到瑞士检查埃米尔的身体并将他带回来。然而，汉农不被允许会见埃米尔，因为英国当局已经向医院发出了严格的指示，不允许任何人去看他。埃米尔最终回到约旦并在没有军事干预的情况下继承了他的王位。汉农从瑞士返回安曼后，震惊地发现格拉布以煽动约旦和英国军官之间的不和为由将他从军队中开除，他敦促约旦军官退出军队，加入埃及的费达因（Fida'iyyin），在苏伊士与英国人作战。没有提供任何证据来支持这两种说法。尽管如此，事情还没有结束。塔拉勒国王亲自出面为汉农斡旋，但在两人吵架后被格拉布拒绝了。[31] 根据一些报道，1943年曾在阿拉伯军团短暂服役的塔拉勒憎恨格拉布并不断与他争吵。[32] 例如，在无法核实的塔拉勒国王回忆录中充斥着此类报道，据说这些都是由塔拉勒在土耳其流亡时告诉苏比·图坎（Subhi Tuqan）的。[33]早在 1939 年，格拉布就报道了他和塔拉勒之间的一次敌对互动，[34] 但除此之外，他对国王大加赞赏，并对国王的精神状况表示担忧。[35]

后来，当政府准备在议会上提出投票，要求以精神上无行为能力为理由罢免塔拉勒国王时，军队中的许多人认为这是针对塔拉勒的又一次阴谋。他们寻求与国王会面，以安排对所谓阴谋作出回应。会议由国王的副官阿卜杜勒·阿齐兹·阿斯富尔（'Abd al-'Aziz 'Asfur）安排，他本人也是一名自由军官。然而，阿斯富尔证实了国王的精神状况不佳，这让军官们感到震惊，他们坚信国王已经被陷害。[36]

当塔拉勒的短暂统治结束时，约旦军队中的反殖民民族主义军官已经是一支不可忽视的力量。虽然他们致力于君主制，但是他们同样致力于结束该国的殖民存在。同样，虽然他们不支持阿卜杜拉，但他们支持塔拉勒。在后者被罢免后，军官们决定等到继任者上任后再决定下一步的行动。

## 侯赛因国王和民族主义军官

约旦突然出现了一个统一战线，由民族主义军官、民族主义政治家和年轻且日益民族主义的国王组成，所有这些人都在对抗格拉布和英国的军事影响。正如本节将阐明的那样，侯赛因国王在他祖父的哈希姆阿拉伯民族主义和席卷全国的新的纳赛尔阿拉伯民族主义之间摇摆，决定了即将到来的冲突的结果。

与阿卜杜拉·塔尔的情况一样，任何被发现怀有不利于英国在该国军事控制的政治观点的军官的命运都将是被格拉布流放到某个约旦驻外大使馆。在面临这种命运的人中，最著名的是来自北部城市萨尔特的阿里·阿布-努瓦尔。阿布-努瓦尔是 1950 年底从英国军事学院毕业后从英国返回的 4 名约旦军官之一，他们在那里学习了一年。其他三人是马哈茂德·鲁桑、阿里·希亚里和萨迪克·沙尔。[37] 阿布-努瓦尔在塔拉勒统治期间因涉嫌共谋反对英国人被格拉布流放到驻巴黎的约旦大使馆。[38] 格拉布还指责阿布-努瓦尔与外国政府（即叙利亚）接触，但阿布-努瓦尔予以否认，格拉布还指控阿布-努瓦尔密谋反对英国在该国的存在，而阿布-努瓦尔宣称他并没有这样做。格拉布进一步指责阿布-努瓦尔准备发动政变，决定将他从军队中解雇。许多大臣代表阿布-努瓦尔发声，但无济于事。他最终作为武官被流放到约旦驻巴黎大使馆。[39] 马哈茂德·鲁桑则被流放到约旦驻华盛顿大使馆。

　　随着塔拉勒被罢免，约旦的整个民族主义运动，无论是平民还是军事，其反殖民计划都受到了重大打击。英国人和他们的主要代表格拉布似乎要留下来。然而，塔拉勒并不是第一个或最后一个支持部分反殖民民族主义议程的约旦国王。年轻的侯赛因国王从他登基的第一天就开始着手民族主义的反殖民计划，并在接下来的几年里推进这一计划。

　　当侯赛因达到法定年龄（农历 18 岁），该承担国王职责时，他被从伦敦召回，当时他正在桑赫斯特军校学习。在返回约旦的途中，侯赛因在巴黎停留，在那里他遇到了阿布-努瓦尔，后者与国王分享了他的民族主义反英思想。据阿布-努瓦尔说，这位年轻的国王非常细心。几个月后，也就是 1953 年 8 月，侯赛因国王邀请阿布-努瓦尔到伦敦参加一个向国王致敬的派对。国王由一些约旦军官陪同。[40]

　　当阿布-努瓦尔抵达伦敦时，他会见了当时也在伦敦上军事学校的沙希尔·阿布·沙胡特。为了招募他的朋友，阿布·沙胡特告诉阿布-努瓦尔自由军官及其"阿拉伯化"约旦军队的目标。阿布-努瓦尔反过来告知侯赛因该组织的存在，以争取国王的支持。这位年轻的国王对此印象深刻，并要求会见一些军官，包括他后来在聚会上遇到的阿布·沙胡特。两人同意很快在安曼见面。[41] 然而，这次会面在两年多的时间里都没有能够举行。

在晚会上，阿布-努瓦尔谴责英国在约旦的存在，得到约旦军官的掌声和支持。国王对此印象深刻，并试图与阿布-努瓦尔商讨接下来要做的事情。国王决定命令阿布-努瓦尔和马哈茂德·鲁桑返回约旦的军队。从1953年夏末到1955年底，国王试图这样做，但没有成功，因为格拉布拒绝了他将两名军官调回的请求。然而，与此同时，这位年轻的国王继续与阿布-努瓦尔接触，到巴黎拜访他，后来派他作为特使前往埃及与阿卜杜勒·纳赛尔进行磋商。1954年，他还把他召到安曼进行商议。[42] 最终，在1955年11月，国王下定决心，不顾格拉布的坚决反对，将阿布-努瓦尔召回约旦。[43] 阿布-努瓦尔抵达约旦后，会见了格拉布。格拉布拒绝为他提供军队的工作。[44] 最终，阿布-努瓦尔被任命为国王的高级副官。

与此同时，阿布-沙胡特和自由军官与叙利亚和埃及民族主义军事分子进行了接触。叙利亚人建议约旦自由军官发动炸毁英国空军喷气式飞机以及暗杀英国军官的运动。约旦人对这些建议感到震惊，并坚称他们是一群反殖民民族主义者，而不是一群暴徒。[45]

阿布-沙胡特本人未来的经历与他之前的塔尔和阿布-努瓦尔的命运相似。1954年，他参加升职考试，考官告诉他，他以优异的成绩通过。然而，当正式结果公布时，格拉布告诉他，他失败了。被激怒的阿布-沙胡特从军队中辞职，但后来被格拉布邀请单独面谈。格拉布向他证实，由于他的政治参与，他在考试中不及格，因为情报报告称，阿布-沙胡特在伦敦学习时曾批评政府。格拉布的策略是通过任命阿布-沙胡特为他的军事助手来拉拢他。阿布-沙胡特对格拉布不知道自由军官或他们与国王的接触感到宽慰，接受了这个职位。他会见了他的同事，他们同意应该更加谨慎，因为格拉布的眼线到处都是——会议上的自由军官之一哈比斯·马贾利特别强调了这一点。[46]

阿布-努瓦尔抵达约旦时，约旦越来越反对英国和美国试图将约旦纳入被称为《巴格达条约》的反苏条约，该条约将伊拉克和土耳其列为成员。英国参谋长杰拉尔德·坦普勒（Gerald Templer）将军访问了约旦，其使命是将条约推销给约旦的统治者。国王和他的大臣，尤其是哈扎·马贾利（Hazza' al-Majali），支持这项冒险，[47]该国的反殖民民族主义浪潮则强烈反对它。在军官队伍中，民族主义军官反对该协定，而对格拉布更忠诚的军官则支持该协定。例如，切尔克斯军官穆萨·阿迪尔·巴克米尔扎·谢尔丹（Musa 'Adil Bakmirza Shirdan）就是支持该协议的人之一，他谴责所有反对该协议的人都是"共产主义者"和亲苏联的人。[48]阿布-努瓦尔起初犹豫不决，然后站出来反对。[49]自由军官坚持认为约旦的敌人是英国和以色列，而不是苏联。[50]

由于反对《巴格达条约》和英国的大规模示威，军队被部署在约旦城市的街道上，并开始向平民开枪。数十名示威者被杀。[51]尽管如此，民族主义浪潮并没有退去。警察被石块击中，英国军官也被石块击中。人群烧毁了军队的路虎车。许多哈达里和贝都因士兵离开军队加入了人群。[52]示威活动在约旦河西岸和东岸各地举行。从安曼和扎尔卡到伊尔比德、萨尔特、阿吉隆甚至安贾拉村，东岸城镇都挤满了示威者。据说与叙利亚接壤的拉姆萨的人们移动了边界分界线并升起了叙利亚国旗。他们还用石头砸了国防大臣。自由军官阿里·希亚里被派往拉姆萨并通过强迫每个家庭悬挂约旦国旗来纠正这种情况。[53]大约在同一时间，自由军官发行了谴责英国军官和阿拉伯背叛者的小册子。[54]

扎尔卡的一名英国军官，帕特里克·劳埃德中校，被暴徒杀害，而他的整个兵团（由哈达里士兵组成）在一旁观望，一枪不发。[55] 英国陆军军官彼得·扬说："谴责他的士兵为保护他而开枪很容易，我觉得贝都因士兵会使用他们的步枪。对于哈达里士兵来说，压力变得如此之大。暴徒是他们的亲人，至少在某种程度上，士兵同情暴乱者。"[56] 扎尔卡警方拒绝执行宵禁，并会释放被军队逮捕的违规者。[57] 事实上，压力变得如此之大，以至于一些贝都因士兵（叙利亚部落血统）离开了他们的军队。[58] 为了重新控制扎尔卡，军用飞机飞越该镇进行侦察，吓坏了民众。[59] 根据扬的说法，"贝都因人一如既往地坚决支持帕夏批准的任何事情。在第九团，情况是如此之多，以至于几乎没有必要对这些人进行训诫并告诉他们［巴格达］条约的目的"[60]。尽管如此，扬还是不得不承认，其中一些人，即使在他自己的贝都因第九军团中，"不关心在扎尔卡的运营。离家太近了"[61]。扬将他们的不情愿合理化："每支军队的每个营都有一些被美国人恰当地描述为'弱姐妹'的人。我估计第九团剩下的人不多了，萨乌德［拉什丹，一名来自沙特阿拉伯穆泰尔中部部落的忠诚贝都因军官］和我很清楚他们是谁。事实上，在 1956 年2 月，该团比以往任何时候都好……大多数废物都消失了。"[62]

　　阿布-努瓦尔在这场动荡中抵达安曼。根据阿布-沙胡特的说法，阿布-努瓦尔在他抵达后立即与他会面，并安排他与国王会面，而国王自两年前的伦敦会议以来还没有与自由军官会面。阿布-沙胡特将他担任格拉布的副官这一新职务的消息告诉了国王，并告诉国王，格拉布将向他提交一份长长的名单，名单上有 20 名或更多民族主义军官，这些军官将被从军队中解职。阿布-沙胡特警告国王，格拉布将把这些军官视为王位的敌人。侯赛因坚持说："如果王位会阻止我为我的人民、我的国家和我的好兄弟服务，我愿意用脚踢开它。不用担心，因为我会保护你免受这种不公正待遇。"[63] 阿布-沙胡特对这位民族主义国王感到兴奋。国王决定任命阿布-努瓦尔和另外两名自由军官马津·阿杰鲁尼（Mazin al-'Ajluni）和蒙迪尔·因纳布为他的副官。结果，因此，国王与过去几年中席卷约旦的反殖民主义斗争的关系更加公开化。[64] 至于解雇军官的问题，据国王说，在格拉布被解雇的前一天晚上，"我收到了一份即将被解雇的官员名单。他们唯一的错误是民族主义者和雄心勃勃。他们怎么可能有别的事情？……我拒绝签署文件。我把名单扔在办公室的桌子上，然后告诉首相：'告诉格拉布帕夏，我拒绝签署这份文件。'"[65]

就阿布-努瓦尔而言，他没有提到与阿布-沙胡特的会面。他声称，鉴于《巴格达条约》的失败及其有利于反殖民民族主义者的决议——国王最终决定站在民族主义一边——侯赛因国王找到了他，并重新开始讨论军队反抗英国控制的起义。与此同时，根据阿布-努瓦尔的说法，约旦亲英和亲伊拉克的政府分子开始在军官中进行招募，以推翻民族主义国王，并建立一个在伊拉克哈希姆王位统治下与伊拉克统一的政府。该计划一无所获。到 1956 年 2 月，军队已返回军营，局势趋于平静。然而，由于格拉布在军队和平民之间引发的冲突，民族主义军官中的反英情绪激化了。大约在同一时间，带有自由军官签名的传单在安曼散发。[66] 自由军官的出现反映了约旦阿拉伯军队本身不断变化的特征。1948 年，军队有 300 名军官，1956 年有 1 500 名，其中一些是新建的军校的毕业生。[67] 他们大多是 24 岁以下的年轻军官，拥有从少尉到中尉的初级军衔。他们中很少有人担任军事单位的领导。此外，他们中的一些人被送到英国军事学校接受训练。[68] 一些巴勒斯坦人也加入了军队，并在新组建的空军、工程、炮兵、信号和行政部门服役。

1950 年军队培训中心成立，1951 年一所正式组织的军校开设起来，以培训陆军中尉（Murashshahin）。培训中心包括一所男校，学员来自贝都因人和其他部落群体。男孩（年仅 10 岁）在应征入伍前要在学校待上 7 年。这所学校被称为培训中心的教育部门。[69] 该中心还包括一个训练部门，该

部门又包括战术、小型武器、宪兵、行政、军事司法、基础训练——持续
16周的新兵训练营——以及警察训练学院等学校和部门。该中心由一名英
国军官指挥，一名阿拉伯军官担任副指挥官。参谋干部和所有教官都是哈
达里人。一些英国军官指导演习和体能训练。男校的工作人员主要是最近
抵达的巴勒斯坦人。该培训中心由安曼军队总部通过其新成立的教育部门
控制。[70] 到1953年，英语成为军官必备的知识。根据阿拉伯军团历史学
家 P. J. 瓦提基奥蒂斯的说法，直到1956年，所有军官要么来自男校，要么
是正规军士（NCOs）。两个小组的成员都将被选中去见习生学校。到1953
年，至少有两名阿拉伯军官被派往英国参加坎伯利或桑赫斯特的培训。随
着其他陆军部门（炮兵、工程师和装甲兵）的扩张，更多阿拉伯军官将被
派往英国在各自领域接受培训。[71]

鉴于这种扩张，格拉布选择确保军队内部的贝都因人和哈达里人分
开。与此同时，他继续从约旦境内外招募贝都因人，因为大量贝都因人来
自叙利亚、伊拉克、汉志，甚至是内吉迪，后者与沙特政权不和。[72] 瓦提
基奥蒂斯声称："在一些步兵和装甲车团中，超过一半的人来自约旦以外
的部落，即伊拉克、沙特阿拉伯和叙利亚。就这一点而言，这些新兵基本
上构成了一个雇佣军团体，在没有丰厚的物质承诺的情况下，很难对旨在
反对该政权的政治运动产生兴趣。"[73] 约旦贝都因人主要来自胡维塔特和
巴尼·萨克尔，尽管巴尼·哈立德（Bani Khalid）和艾赫勒·贾巴尔（Ahl
al-Jabal）（主要来自叙利亚德鲁兹山）等北部部落的成员也加入了。后来，
在1948年之后，来自纳卡布沙漠贝尔谢巴地区的巴勒斯坦贝都因人也加入
了。[74] 并非所有贝都因人都效忠于格拉布。事实上，一些贝都因军官，比
如萨拉玛·阿提克（Salamah 'Atiq），是自由军官运动的一部分或支持该运
动，尽管大多数人确实忠于格拉布和他们的英国指挥官。

约旦阿拉伯军队的3个步兵旅由10个团组成：5个贝都因团和5个哈

达里团。装甲旅几乎全是贝都因人。全军共 18 个团，其中 7 个团完全是贝都因人，不包括沙漠巡逻队和侦察中队的骆驼骑兵，这两者也完全由贝都因人组成。[75] 虽然 1948 年军队只有 6 000 人，但到 1953 年已经有 17 000 到 20 000 人，1956 年接近 25 000 人。[76] 此外，新组建的国民警卫队有 30 000 人，他们是从农村，特别是西岸的边境村庄招募的。[77]

由于军队的这种突然而大规模的扩张，新的需求和趋势出现了。格拉布对受过教育的阿拉伯人的敌意持续存在，并表现在他拒绝提拔受过教育的年轻军官，而支持现有军官（其中许多不一定是外约旦血统）和几乎没有受过教育的贝都因军官。这引起了年轻军官的极大不满，他们不仅被拒绝晋升（例如阿布–沙胡特的情况），而且当他们的政治观点被格拉布知道时，甚至会被军队开除。结果，这些年轻军官既受到周围剧烈的社会动荡的影响，又受到他们自己在军队中的直接经验的影响，包括与格拉布本人的关系。

军队反对派形成的第一个迹象是 1952 年向军队分发的一些小册子，这些小册子上有自由军官的签名。这些小册子是直接针对格拉布的，格拉布声称这些小册子是由供应和运输团的一名官员编写的，该官员当时居住在贝鲁特，因"财务不诚实"而被解雇。格拉布声称，他通过黎巴嫩警方获得了关于这名军官的信息，然后向他发出警告，他似乎注意到了，因为有一段时间没有再出现小册子。[78] 当这些小册子在 1955 年和 1956 年以相同的签名再次出现时，格拉布将其归于埃及当局，据他说，其中包括约旦军队未使用的埃及军事术语。[79] 即使在他被解雇后，他仍否认像自由军官这样的团体是真实存在的。然而，另一名英国军官彼得·扬并不认同他的观点。扬声称从 1954 年夏天就知道青年军官运动。据他估计，它更多地是在"知识分子——炮兵和工程师"中招募成员。[80]

# 泰坦之战：格拉布帕夏与不安的国王

与那个时期的大多数历史记载相反，民族主义军官并不是一个统一的团体。尽管大多数历史学家将自由军官与其他民族主义军官混为一谈，例如阿布-努瓦尔和希亚里，但从两个阵营的军官撰写的回忆录中可以清楚地看出，情况并非如此。正如我们将要看到的，这些回忆录揭示，与之前相比，两个阵营成员之间（尤其是阿布-沙胡特和阿布-努瓦尔，以及同一阵营内，尤其是阿布-努瓦尔和希亚里之间的个人对立）的目标远不统一，利益分歧也大得多。[81] 然而，就目前而言，民族主义军官有一个类似的议程：驱逐格拉布和使军队阿拉伯化。

这位年轻的民族主义国王也对军官们感到不满。1955 年 4 月 9 日，在与包括格拉布在内的内阁的一次会议上，国王概述了他对军队改革的要求，以及对提拔从英国军事学校毕业的阿拉伯军官而不是未受过教育的军官（主要是贝都因人）的要求。他还呼吁建立空军。[82] 国王在 1955 年 5 月 25 日独立日和建军节发表的讲话中，将军队称为"在祖国内部搏动的心脏"，这反映了他的民族主义意识形态。在提及早期的穆斯林征服行为时，他还称军队士兵是"征服的阿拉伯人［al-'Arab al-Fatihin］的孙子"。[83] 侯赛因国王在他的自传中谈到想要让约旦人民参与管理包括军队在内的事务的时期，这一目标与格拉布的计划相矛盾。国王认为，尽管格拉布有"对约旦的热爱和对我的国家的忠诚，但他本质上是一个局外人，他的态度完全不符合我想象的情况……因此，坦率地说，他担任了我的总司令，却无法放弃对英国的忠诚"[84]。国王阐明了他的如下立场：

在整个军队中，这导致了英国在很大程度上主导了我们的军事事务的奇妙局面。在我周围，我看到了显然永远不会成为领导者的初级阿拉伯军官。他们中的一些人缺乏能力和力量，准备服从白厅的命令（由英国高级军官传达），没有感情，没有主动性，可以信任不会造成任何问题。这些是"当官员的材料"。……那些抱有民族主义抱负、希望加入约旦阿拉伯军团的人从来没有晋升的机会，当他们得到晋升时，他们被分配到不重要的职位，没有任何进一步晋升的希望。这让年轻人非常沮丧。我一次又一次地要求英国人培养更多约旦军官，并为他们的武装部队高层进行培训。一次又一次，我的请求被无视。一个约旦人所能担任的最高现役职位是团长。[85]

经过数月的"耐心谈判"，英国同意"在适当的时候"提交军队阿拉伯化的计划。[86] 在格拉布当时（1955年）的预测中，他预见到阿拉伯军官在1965年（后来修改为1961年）之前没有足够的资格接替英国军官：

虽然我们不情愿地认为，目前英国军官是确保效率的必要条件，但我们为他们的更换制订了极其详细的计划。由于我的个人干预，我们每年获得两个名额进入坎伯利的英国参谋学院的机会。相当详细地计算了所有军官的年龄、他们的资格和参谋学院的毕业人数后，我们制订了一个计划，根据该计划，最后一名英国军官将在1965年离开。届时，以约旦高级军官身份担任中将的将是45岁的军官。……这个计划被提交给国王，国王接受了它并表示满意。后来，我们制订了一份为期6年的接管修改计划。这一提议将导致效率大幅下降，因为在那个时候不可能产生有资格担任所有空缺职位的官员……国王不加评论或批评地接受了我们的建议。如果他或政府要求更短的期限，我们应该以他们希望的任何方式修改计划，同时指出可能的危险。[87]

侯赛因国王以不同的方式讲述了这个故事。得知阿拉伯化计划正在进行中，他认为这是一场"胜利"。"想象一下我告诉内阁时的兴奋。剩下的就是去探索'在适当的时候'是什么意思。但是当我被严肃地告知，到1985 年皇家军队中才会拥有一名阿拉伯指挥官时，我的兴奋是短暂的！"[88]

对于民族主义的国王和民族主义的军官来说，军队必须与国家和社会更普遍的民族化同步进行。军队甚至更为重要，正如侯赛因国王所强调的那样，它代表着国家的防御以及约旦本身："我们必须给我们自己人一个机会，特别是在像约旦这样的国家，军队不仅是防御外国入侵的工具，而且是约旦一切事物的一部分。对于拥有军事历史的约旦人来说，成为一名士兵一直是一种荣誉和特权。阿拉伯世界中没有人比阿拉伯军团的军队更能做到这一点。但对于军官来说，情况就大不相同了，因为他们认为自己在所从事的职业中没有正当进步的希望。"[89]请注意，国王的民族主义观点（与其他约旦民族主义者的观点一样）与格拉布将约旦人视为贝都因人的东方主义观点是如何一致起来的，而且贝都因人与其他阿拉伯人不同，拥有独特的令人钦佩的"军事历史"，后者是格拉布以及随后的约旦政府在该国的去贝都因化和再贝都因化运动的一部分（正如我们在第三章中看到的）。

国王与格拉布的问题都用民族自决和民族主义防御的语言来编码。像军官一样，国王与格拉布争论是否不仅要有防御战略（例如组建国民警卫队），还要有进攻战略。国王希望约旦有能力对以色列针对约旦边境村庄和城镇的例行跨境袭击和屠杀进行报复。对此，国王说："我认为，每次发生这种暴行时，我们都应该在另一边选择一个目标，并对他们做同样的事情。这将很快阻止以色列人。但事实上，我们温顺地接受了这些暴行……我们的士兵被嘲笑，军队和人民之间的鸿沟越来越大……我向格拉布指出了这一切，但徒劳无功。对于我的所有请求，他建议保持谨慎耐心。"[90]格拉布还提倡撤退到东岸的战略，有效地允许以色列占领西岸，这一解决方案激怒了国王。"我就这一防御原则与格拉布争论过。当我得知我们缺少弹药时，还有其他争论。我意识到他的理论有一定的道理。但这不是理论上的问题。这是一个民族荣辱分明的界限。"[91] 国王意识到格拉布是听命于白厅的，[92] 他断言："虽然这不是格拉布的错，但他在我国的存在无疑是造成麻烦的一个重要因素。我们落入了外国人的手中。"[93] 格拉布向军官发表的关于在发生袭击时放弃西岸的演讲激怒了侯赛因。[94] 由于所有这些问题，"我决心建立强大的、健全的武装力量，包括一支空军，以及由于格拉布不可能做到这一点，我们的自尊要求我们独自战斗"[95]。

国王还强调，也有"个人问题"：

> 因为格拉布现在离 60 岁只有 1 个月的时间了，他和我们在一起这么久，很难想象没有他在约旦的生活会是什么样子。自 1920 年以来，他一直是阿拉伯世界的一部分，当时他 23 岁，在伊拉克服役。他于 1930 年首次来到外约旦（就像当时那样）指挥沙漠部队，并从 1939 年开始指挥 al-Jeish al-Arabi——给军团起的阿拉伯名字——……他银色头发下的天使般的脸庞和他在路虎车上进进出出的轻快身材，就像安曼大清真寺一样，都是风景的一部分。政客占据主导地位并被遗忘。大使们来来去去。但格拉布一直坚持下去——高效、精力充沛、彬彬有礼、一成不变。但有一件事发生了变化：时代。[96]

请注意，民族主义国王现在是如何使用格拉布描绘的高贵而不变的东方的东方主义（第三章有讨论）形象来对抗格拉布本人。国王所代表的民族主义话语并未质疑东方主义和现代性的殖民话语的认识论基础；它只是试图通过取得（与两者相反的）自己的代理权力来补充它们。格拉布的问题不在于他的殖民现代主义计划本身，而在于他未能通过接受被殖民者的代理作为对殖民主义的回应而得出合乎逻辑的结论。他也变得一成不变，一个现代化的约旦（由于格拉布及其殖民政府的努力而"现代化"）也被他拖下水。国王利用格拉布的形象来对抗格拉布本人，无论是有意识的还是无意识的，确实是巧妙的。请注意他的以下声明：

> 26年超过了人类所拥有的生存年限的三分之一，而在此期间，格拉布将军基本上与外界隔绝了。坦率地说，我的印象是他太有维多利亚时代的味道了。他说我年轻浮躁，同时坚持说他自己年纪大了，更谨慎了。那是真实的。但约旦是一个年轻而冲动的国家，我们过去和现在都比格拉布更急于实现我们的国家目标。由于这种活力，我最不想要的就是一支谨慎的军队。虽然他是一名优秀的士兵，但59岁的格拉布在很多方面都显得过时了。[97]

侯赛因将格拉布描述为维多利亚时代的人，完全符合国王的民族主义和现代主义承诺。将格拉布认定为"老古董"无疑是对格拉布致力于阿拉伯"传统"（国王和民族主义者对此表示赞同）而牺牲现代化（不赞同）的控诉。正如我们将看到的，对于国王和民族主义者来说，传统与现代的结合方式与格拉布所设想的完全不同。

至于国王对格拉布的持续不满，早在1955年，他就曾与英国外交部讨论过此事，当时他将自己与格拉布的分歧告诉了英国官员，但没有任何改变。虽然国王没有具体提到会见民族主义军官，但他们对他的影响越来越明显。他说："虽然我觉得格拉布必须离开，但我还没有确定确切的时间。然后发生了两件事。"[98] 这两件事分别是格拉布想要解雇的军官名单的问题，以及警察部队与军队领导层分离（即脱离格拉布的控制）的问题，因为两者在同一政府之下。在格拉布被免职前两天，国王试图在与首相的会晤中分离两者，但首相提醒说会产生严重影响。格拉布在 2 月的最后一天提交的被解雇的军官名单被解释为压死骆驼的最后一根稻草。国王拒绝批准该命令："我仍然坚持，因为真正让我生气的是，我意识到即使是我自己的大臣，无论多么忠诚，也感到无能为力，无法在他们的权利范围内行事。"[99] 国王感到震惊，直率地描述了格拉布的权力："格拉布的权力很大，我们的政治领导人哪怕是在做出最微小的决定之前，也会求助于他或英国大使馆。"[100] 同一天，首相回复国王，告诉他当时不可能实现警军分离。国王很生气："那天晚上，我决定格拉布帕夏必须立即离开。从那时起我就告诉格拉布将军，我最不想伤害他的感情，解雇一个如此忠实地为我们国家服务了 26 年的人也不是一件愉快的事……虽然我知道格拉布将军会因为这件痛苦的事件发生时的突然和意外而感到不安，但事情必须按照我的方式去做。"[101]

1956 年 3 月 1 日上午，21 岁的侯赛因国王身着军装驱车前往首相办公室，"前后都是路虎，车里是我的武装护卫"。他告诉一名助手："这是我生命中最重要的日子之一。我不知道它的结局是什么，但一个人只能活一次，而且只能光荣地活着。"[102] 侯赛因将解雇令写在了他提交给首相的一张纸上（国王否认了格拉布后来说他将这张纸扔在首相办公桌上的指控）。"这几行字命令立即解雇格拉布帕夏的职务……'这是我的愿望，'我告诉他。'我希望他们立即执行。'……然后我告诉内阁成员：'我相信我所做的一切都是为了国家的利益。'"[103]

下午两点，首相会见了格拉布，并给了他两个小时的时间离开这个国家。格拉布愤怒地回答："不，先生！……我不能！我在这个国家生活了 26 年。我几乎所有的财产都在这里，更不用说我的妻子和孩子了。"[104] 他们双方最终达成了一项协议。格拉布和他的家人将在第二天早上 7 点离开。

国王整夜受到骚扰，英国大使突然拜访，警告并威胁他，试图说服他改变决定。根据阿布-努瓦尔的说法，格拉布整晚都被关在家里，他试图在第二天早上5点离开家去联系英国大使和忠诚的军官，但被一名最初是由格拉布本人招募的民族主义的贝都因军官阻止。[105] 与此同时，国王仍然坚定不移。他指出，"尽管他被解雇了，[格拉布] 却满载荣誉。他乘坐我的皇家专车被送往机场。我的国防大臣代表内阁、我的迪万（王室办公室）主任代表我，向他道别"[106]。在登机之前，格拉布收到了一张银框的侯赛因国王肖像。国王在其上写道："感谢您的良好服务和不懈努力，并向格拉布帕夏将军阁下致以最良好的祝愿。1/3/1956。侯赛因·塔拉勒。"[107]

格拉布声称国王解雇他是因为民族主义官员和政治家的误解和阴谋：

> 另一个直接的刺激是出现在英文期刊上的一篇文章……[暗示]……我是这个国家的真正统治者，而国王几乎没有权力。这当然是阴谋家一直告诉国王的话。他看到同样的想法在一家英文报纸上转载，感到非常愤怒……国王曾热情地决定加入《巴格达条约》，因此招致了埃及和约旦极端分子的敌意。政策失败了。有人向他指出，他可以在这些极有声望的敌人中一举夺回他的声望。对英国采取某种蔑视的行为并解雇我，将立即在国内聒噪的政客中重新建立他的声望，并使埃及的主动敌意平息。然而，与此同时，阿拉伯民族主义真正激发了国王的思想和想象力。[108]

在格拉布看来，侯赛因国王"是 [解雇] 命令的发起者。阿里·阿布-努瓦尔和另外两名年轻的 A.D.C.s 是国王的顾问。另外 3 名年轻军官是 A.D.C. 的朋友，也知道发生了什么。我们知道所有 6 名军官都是阴谋家。

但他们是国王的朋友"[109]。尽管国王同意格拉布的部分分析，但他坚持认为，解雇后者是拯救约旦免于国家毁灭的最终行为："不要以为我是出于情绪上的愤怒而解雇了一位值得信赖的老朋友。格拉布帕夏是一个伟人，他和我一样清楚这与事实相去甚远……这是一场必须残酷进行的外科手术。我知道我是对的；确实，我会说，如果格拉布再多指挥军队一年，约旦就完了。这个国家将被其他寻求扩张的阿拉伯国家瓜分。"[110] 国王认为英国人和格拉布在创建外约旦和统一其大部分分散的贝都因人方面发挥了重要作用，他们是国家不复存在的主要原因。

1956 年 3 月 3 日，约旦政府发表了一份宣言，解释了解雇格拉布的原因，其中包括约旦军官的不满、在军事战略上的分歧、向国王传达的不准确信息以及"格拉布在 1948 年的失败中扮演了重要角色"[111]。解雇格拉布的命令同时还解雇了两名英国军官和 3 名约旦军官。国王煞费苦心地与英国政府沟通："对于在阿拉伯军团服役的英国军官，请注意约旦将根据他们的合同和［英约］协定履行她对他们的义务。"[112]

国王解雇格拉布的决定并不意味着英国与约旦的关系发生了变化。国王（和格拉布）竭力强调，解雇格拉布是约旦的内部事务，因为格拉布是约旦政府正式的雇员。他向英国人保证，解雇格拉布"与我对他的国家的钦佩无关"。[113] 他给英国首相安东尼·艾登（Anthony Eden）写了一封长信，解释说与格拉布的分歧是个人性质的，不会影响与英国的现有关系。[114]

除此之外，格拉布的被解雇成了一个全国性的庆祝日，每年都会有国王和其他政府及军队官员发表演讲来纪念。格拉布被解职后，人们为军队士兵创作了很多歌曲，颂扬民族主义的国王，因为"格拉布被驱逐后心灵安宁"。[115]

## "阿拉伯化"的约旦阿拉伯军队

民族主义者在社会和军队中长期寻求的将约旦阿拉伯军队国有化的目标终于要实现了。就在格拉布被解雇之前，军队正忙于《巴格达条约》事件后的训练计划和重组工作。结果，许多创始委员会的自由军官无法会面。阿布-沙胡特说，在访问扎尔卡时，一名自由军官同事告诉他，一些同事最近会见了国王和阿布-努瓦尔，并告诉他们，将使军队阿拉伯化的"行动"迫在眉睫。阿布-努瓦尔则称，国王在 2 月的最后一周问他"［自由］军官"是否准备好接管军队。国王得到了肯定的答复。[116] 2 月的最后一天，国王再次会见了阿布-努瓦尔，并审查了军队阿拉伯化的计划。[117] 同一天，阿布-沙胡特（他因严重流感在西岸的一家军队医院住院）被告知军队中即将被解雇和新任命的情况，包括他自己的。[118] 拉迪·因纳布少将（在晋升前只担任警察职务）从格拉布手中接过军队。阿里·阿布-努瓦尔得到晋升（从少校到少将）并被任命为二把手，不久之后，在 1956 年 5 月 24 日，他取代因纳布成为军队的负责人。为了实现军队阿拉伯化，他随后动用了不少手段，如大规模清洗、军事法庭、开除、调动以及新的晋升和任命。[119] 64 名英国军官中的大多数已经退休或被解雇，剩下的少数人也没有了任何指挥职能。[120] 卡里姆·乌汉（Karim Uhan）是马里亚军队的名人（他是国家组织的由巴勒斯坦人和外约旦人组成的一小群武装基督徒的领导人之一），[121] 被调到伦敦任武官。然而，根据《英约协定》，英国仍然在亚喀巴设有驻军，在马安设有装甲车团，在安曼和马弗拉克设有多个军械库和皇家空军基地。[122]

彼得·扬声称（和格拉布一样），一些贝都因军官准备用武力使格拉布复职，但被英国指挥官阻止。[123] 尽管如此，到 1956 年 5 月底，仍有 1 000

多名贝都因人离开了军队，其中两个装甲车团和第一步兵团各有 100 人。扬报告说，他们"被告知哈达里人和贝都因人之间没有区别。他们可能不相信这一点。他们中的许多高级军官……已被派往国民警卫队［由来自两岸的哈达里人组成］，这种不公平遭到贝都因人的鄙视。难怪他们正在逐渐消失"[124]。在重组军队时，阿布-努瓦尔报告说，当他对贝都因士兵和军官讲话时，他强调新领导层对他们的勇气和牺牲表示赞赏，向他们阐明了由军队出资在学校教育他们的孩子以获得军队职业资格的重要性。阿布-努瓦尔坦率地告诉正在整合的贝都因人军团，未受过教育的军官的晋升是有上限的。结果，许多贝都因人的高级军官要么退休，要么被重新任命为非指挥职位。阿布-努瓦尔承认，这对许多尽管有资历特权但被绕过晋升的军官造成了一些不公平，因为他们不具备"现代"军队所需的适当资格。[125]

新的国有化军队对英国殖民时期的"传统"概念几乎没有用处。像各地的民族主义者一样，他们致力于重新定义传统的现代化项目，而不是像格拉布那样定义现代化的传统化项目。1956 年 5 月 26 日，约旦国防大臣穆罕默德·阿里·阿杰鲁尼（Muhammad Ali al-Ajluni）决定，废除军队的红白相间的头巾或帽子（shmagh/hatta），他说这不适用，"不是军用头饰"。[126]士兵现在将佩戴卡其色贝雷帽。彼得·扬为"适合军事"的头巾辩护。他对这一决定感到震惊，表示"一想到贝都因人穿戴那些丑陋的不浪漫的'煎饼'就会觉得难以置信"。他接着说："约旦目前的体制本身就欢迎变革，20 年后，人们将很少记得我们所知道的制服。"[127]他的预测只是部分正确的。虽然今天约旦的大多数武装部队都不再继续使用以前的制服，但约旦武装部队中的贝都因安全部队（Quwwat al-Badiyah）继续坚持格拉布的"传统"服装设计。至于头巾，它作为约旦人的象征渗透到整个社会中（见第五章）。

新的民族主义领导层将军队视为民族统一的工具。上任后，民族主义者开始着手实现这一目标。阿拉伯化的领导层将国民警卫队整合到军队中，这将实现东岸和西岸以及哈达里和贝都因士兵的整合。这使得军队中的总人数达到 55 000 人。[128] 1956 年 7 月，人们期待已久的警察和军队的分离也得以实现。巴贾哈特·塔巴拉（Bahjat Tabbarah，拥有黎巴嫩血统，受过土耳其训练）被任命为警察局长。1956 年夏天，阿里·阿布-努瓦尔对全军进行了整编。他废除了步兵旅团的师部，将其改组为独立的旅团部。P.J. 瓦提基奥蒂斯指出，据推测，"独立的旅团部为新任参谋长提供了与每个旅的指挥官打交道的机会，而无需通过师部的中介"[129]。此外，为避免之前的选举中（1952 年和 1954 年）因士兵参与投票而涉及的舞弊，在军官和国王的联席会议上决定，军队士兵不再享有投票权，并为此制定了一项法律（见第二章）。参加会议迟到的阿里·阿布-努瓦尔似乎对这一决定感到不满。[130] 结果，军队士兵没有参加 1956 年 10 月的选举，这次选举结果使约旦的民族主义反对派广泛参与了议会权力（这在约旦的立法历史上是第一次）。

　　阿拉伯化运动并非没有遭到反对。军队中的几个心存不满的分子开始闹事。马吉德·鲁桑（Majid al-Rusan）企图暗杀自由军官马哈茂德·迈泰（Mahmud al-Ma'aytah），但没有成功。其他阴谋也开始展开。其中一项阴谋旨在推翻国王和自由军官，据称这是东岸外约旦民族主义者和贝都因人之间的联盟。参与其中的哈达里军官来自约旦北部（尤其是伊尔比德），而贝都因军官大多来自东岸（尤其是巴尼·萨克尔的成员）。参与阴谋的成员包括马哈茂德·鲁桑（马吉德的兄弟）、拉迪·阿卜杜拉（Radi al-Abdullah）、穆罕默德·艾哈迈德·萨利姆（Muhammad Ahmad Salim）、萨利赫·沙尔（Salih al-Shar）、阿卜杜拉·姆贾利（Abdullah Mjalli）、苏莱曼·鲁泰玛（Sulayman Rutaymah）等。据称，这些阴谋者与伊拉克铁腕人物、英国在阿拉伯东部最忠诚的臣民努里·赛义德密谋。[131] 地方主义也是一种动机，因为参与的伊尔比德人认为军队被萨尔特人控制。[132] 这证明了国家在一个至高无上的民族认同下的不完全统一和国有化。其中一名同谋者阿卜杜拉·艾伊德·迈亚斯（Abdullah al-Ayid Mayyas）认罪，并在审判中披露了细节。其他人也是这样的结局。在军事法庭上，所有共谋者都被起诉并被判处监禁。他们都被从军队开除。阿里·阿布-努瓦尔代表他们与国王协商，国王发布了有利于他们的大赦。[133] 大约在同一时间，约旦的长期政治家和多届首相，也是英国在该国的主要代理人，陶菲克·阿布·胡达（巴勒斯坦血统）上吊自杀。

20 世纪 40 年代后期，阿卜杜拉·塔尔的民族主义以摆脱英国为中心，而自由军官的反殖民民族主义则更为复杂。尽管像之前的塔尔一样，他们忠于君主并致力于结束英国的控制，但他们越来越多地开始阐明社会议程，其中一项就是社会和国家的民主化。这些是平民反对派已经阐述的想法，现在已经渗透到军队中。

这种情况体现了民族主义军官内部的分裂。自由军官对阿里·阿布-努瓦尔越来越不满，认为他从来都不是他们组织的成员。他的新任命和调动都是在没有与他们协商的情况下完成的。他们中的许多人认为，阿布-努瓦尔在试图拉拢一些军官，让他们效忠于他个人，而不是效忠于作为一个整体的自由军官。[134] 自由军官中的许多人感到不满，因为许多人在重要任命时被低级军官超过，包括阿布-努瓦尔本人，在他最近晋升之前，与其中一些人相比，他是一名初级军官。自由军官创始委员会开会，经过激烈辩论，决定与阿布-努瓦尔会面，并任命他为自由军官组组长，以便他们能够与他更密切地合作，从而避免分裂。阿布-努瓦尔拒绝了这一提议，称该组织的主要目标是军队的阿拉伯化，这一工作正在进行中，因此他们的组织不需要做其他事。自由军官坚称，他们的目标还包括实现国家民主化以及与叙利亚和埃及的军事统一。阿布-努瓦尔向他们保证，他会代表他们追求他们的目标，是时候让他们休息了。[135] 到 1956 年末，自由军官对阿布-努瓦尔的个人风格和他对团队的边缘化感到非常不舒服。他们开始定期与新成立的民族主义内阁成员会面（在 1956 年 10 月选举之后），他们也对阿布-努瓦尔在与他们相处时的傲慢态度感到不满。他们向大臣们解释说，他们不赞成阿布-努瓦尔的行为，而且他不是他们中的一员。这些会面一直持续到 1957 年的宫廷政变。[136]

## 宫廷政变：一个时代的终结

侯赛因国王对格拉布的罢免，虽然反映了国王的民族主义和他与格拉布的竞争，但也是一种政治策略，旨在让反对派保持沉默，同时保持英国对国家的传统影响，与许多批评者相反，格拉布并不是产生这种影响的唯一渠道，尽管他是中心人物。他的免职确实消除了国内反对政府政策的反对者以及国外阿拉伯民族主义圈子的批评。除此之外，英国每年的补贴还在继续，两国关系似乎并没有受到太大影响。英国外交部和陆军部分别宣布继续提供经济援助和向约旦军队借调英国军官。[137]

在格拉布被驱逐和军队阿拉伯化一周年之际，国王谈到他很开心，因为军队"解放和阿拉伯化"已经过去了一年，军队的领导力、责任和承诺"按照我们和阿拉伯国家的愿望实现了阿拉伯化"。[138] 新的民族主义首相苏莱曼·纳布西（Sulayman al-Nabulsi）在纪念这一事件的讲话中说："这支军队是格拉布想要用作忠于自己和他的国家，执行他的意志，服从他的命令，用他的剑进行打击的军队。这支军队，是一支人民的军队、巴勒斯

坦的军队、解放的阿拉伯民族主义的军队，是一个阿拉伯国家的军队，今
天正在庆祝阿拉伯化的日子、得救的日子、胜利的日子、驱逐暴君的日
子……格拉布被开除，这支阿拉伯军队在血肉上变成了阿拉伯人，在思想
和精神上变成了阿拉伯人，在希望和野心上变成了阿拉伯人。"[139]

　　然而，该国发生的事件并不能证明纳布西对军队的信心和期望是合理
的。对于该国的反殖民民族主义者或包括沙特阿拉伯、叙利亚和埃及在内
的反英阿拉伯政府来说，总体形势并不是好兆头。三个国家的领导人向侯
赛因国王提出了取代英国补贴的提议。国王对他们提供的援助表示欢迎，
但并未将其与英国的补贴或《英约协定》联系起来。他后来宣布，只要没
有"别有用心"，他将会欢迎阿拉伯援助。[140]在1956年三方入侵埃及和约
旦举行新选举之后，情况很快发生了变化。鉴于这些事件，约旦新的民族
主义议会于1956年11月通过其外交关系委员会建议终止《英约协定》的
决议。[141]约旦、埃及、叙利亚和沙特阿拉伯于1月签署了新的阿拉伯团结
协定。它规定了对约旦的援助，并非正式地终止了《英约协定》。在与英国
进行了1个多月的谈判后，条约最终于1957年3月正式终止。驻扎在该国
的英军将在6个月内撤离（驻亚喀巴的英军人数为1 500人），约旦政府承
诺对英国撤离的设施和物资进行补偿。[142]

　　随着格拉布被驱逐以及该国反殖民的约旦阿拉伯民族主义浪潮的兴起，
国王的手下对他们的处境越来越紧张。虽然国王的民族主义与民族主义军
官的渴望一样，希望将格拉布赶出军队，但他的民族主义不像纳赛尔主义
那样反西方，更不是共和主义。对于国王的手下来说，纳赛尔主义者和复
兴党阿拉伯民族主义在邻近阿拉伯国家日益流行，加上当地民众的支持，
即使不是君主制的终结，也标志着他们权力的终结。1956年英国入侵埃及，
给他们和作为阿拉伯人的朋友的国王向英国人求助的余地很小。然而，这
种情况迅速剧烈地发生改变。美国作为阿卜杜勒·纳赛尔反对三方入侵努

力的支持者出现，这被视为一种受欢迎的策略。未来几个月，如果不是未来几十年的话，约旦的事件将根据这些事态的发展而改变。在这方面，美国影响力的上升及其对亚洲和非洲最近非殖民化和仍然被殖民化的国家的精英的影响也很突出。这些国家的精英具有亲西方的民族主义，他们可以谴责欧洲的殖民列强，同时与美国交好，因为美国在这些大陆（菲律宾和韩国除外）还没有殖民记录。

由于约旦政府仍在寻求在1月结束该条约，美国人于1957年1月5日宣布了他们的新冷战方案。它被称为艾森豪威尔主义。沙特人对阿拉伯民族主义浪潮的兴起及其日益增长的共和主义越来越感到紧张，立即支持了这一方案。在约旦，则反应不一。虽然民族主义者鼓吹中立，但如果后者"没有政治条件"的话，国王欢迎这一方案和美国的援助。政府对国王的积极反应表示抗议。国王对他们的共产主义倾向感到愤怒，他向政府发出了一封臭名昭著的信，在信中他谴责共产主义，警告民族主义首相提防这种"新型帝国主义"。[143] 这封信是在约旦与英国进行条约谈判和艾森豪威尔主义宣布前夕发出的，它标志着国王与其内阁以及军队和社会中的民族主义者之间的鸿沟越来越大。[144]

早些时候，当1956年10月的选举临近时，国王的小圈子成员已经建议他暂停宪法并取消选举，因为他们对阿卜杜勒·纳赛尔最近将苏伊士运河国有化表示担忧。倡导这种解决方案的人中最突出的是阿卜杜拉的老同事巴哈贾特·塔尔胡尼（Bahjat al-Talhuni），现任皇家迪万的主任，以及巴哈贾特·塔巴拉（他于1921年与阿卜杜拉一起出席了在耶路撒冷与丘吉尔的会谈，会议确认了外约旦的成立，最近被任命为公共安全与警察负责人）。当国王征求阿布-努瓦尔的意见时，后者告诫不要采取此类措施，并建议国王继续进行选举。[145]

很快，该国开始流传更多谣言，称正在策划一场针对最近成立的苏莱曼·纳布西民族主义政府和民选议会以及自由军官的政变。据称，军队中的贝都因人部队将率先发动政变。[146] 此外，据报道，主要政权人物也参与其中，尤其是侯赛因的叔叔（赞恩女王的兄弟）谢里夫纳赛尔·本·贾米尔（Sharif Nasir Bin Jamil），他是几年前从伊拉克回来的。有传言说，谢里夫和一些军官正在向贝都因部落和穆斯林兄弟会分发金钱和武器。国王本人报告说，在收到"一名来自贝鲁特的执行特殊任务的军官……必须保持匿名"的报告后，他变得越来越担心。报告告诉国王，他"非常担心我们的军官在贝鲁特和大马士革的行为方式……在夜总会花钱——他们不可能赚到的钱。他们似乎总是与俄罗斯人或埃及集团在一起"[147]。经过进一步调查，国王声称已经了解到一些民族主义政治家和被认定为"曾经是我的密友"的阿布-努瓦尔是与苏联人和埃及人打交道的"叛徒"。国王报告说，他的迪万主任巴哈贾特·塔尔胡尼告诉他，他们从外国主人那里带了超过30万美元进入该国，以贿赂约旦人，为他们所谓的政变做准备。[148]

国王与自由军官已经疏远。他开始制订更换军官的计划。穆罕默德·迈泰（自由军官马哈茂德·迈泰的兄弟）是一名军官，直到最近才在叙利亚担任武官，被巴哈贾特·塔尔胡尼召回该国并被任命为国王的高级副官。据说国王已经联系了穆罕默德·迈泰，向他提议一旦他（国王）将阿布-努瓦尔从他的位置上撤下，他就接管军队，然后，穆罕默德·迈泰将通过让自由军官退休、将他们作为武官流放到国外或将他们从军队中完全解职来清算他们。

听到这个消息，自由军官们会面并讨论了他们的选择。他们决定接近国王并要求逮捕反民族主义的阴谋者。同谋者名单包括巴哈贾特·塔巴拉、谢里夫纳赛尔、萨米尔·里法伊（Samir al-Rifai，多届前任首相、阿卜杜拉和格拉布的密友）、萨迪克·沙尔（军官）、拉迪·阿卜杜拉（Radi al-Abdullah，未来的约旦情报部门的负责人）和塔拉布·法赫德（Talab

Fahd）。该名单已提交给未出席会议的阿布-努瓦尔和阿里·希亚里。委员会随后前往扎尔卡与其他高级官员讨论该计划。在那里，军官互相分享了里法伊、塔巴拉和谢里夫向不同军官传达的直接威胁，他们毫不客气地告诉他们"日子已经屈指可数了"。[149] 阿布-努瓦尔将名单提交给了民族主义首相，然后会见了国王。国王告诉阿布-努瓦尔，他掌握了阿布-努瓦尔和其他军官计划暗杀他的信息，阿布-努瓦尔断然否认，声称这是反民族主义阴谋者传播的虚假信息，并要求将他们全部免职——内阁也在 1957 年 4 月7 日提交了请求。内阁命令包括至少 22 名官员退休。[150] 国王拒绝解雇他的叔叔（他是一名高级顾问）或塔尔胡尼（他是皇家迪万的主任），但他答应解除塔巴拉的警察局长职务，取而代之的是穆罕默德·迈泰。风暴似乎已经平安渡过了，或者自由军官这么认为。[151]

　　同时，自由军官决定安排例行的军事演习来展示他们对抗反民族主义的阴谋家的力量。该演习涉及第一个装甲团（由纳迪尔·拉希德［Nadhir Rashid］领导），代号为"哈希姆"，是对王室和民族主义国王的致敬。这次行动发生在 1957 年 4 月 8 日至 9 日，目的是对进出安曼的汽车进行普查，为在以色列入侵时将部队从东岸转移到西岸的应急计划做准备。[152] 旧政权的人，包括巴哈贾特·塔尔胡尼、巴哈贾特·塔巴拉和谢里夫纳赛尔，利用这次演习警告国王即将发生针对他的政变。格拉布在他的书中编造了一个令人难以置信的宣传阴谋论，涉及苏联、埃及和自由军官，据说军队演习的目的是迫使国王退位并宣布成立共和国。[153] 阿布-努瓦尔在他康复后写的回忆录中声称这些是例行演习，尽管涉及某些他没有被告知的部队动向，这意味着其他人（暗示阿里·希亚里，据阿布-努瓦尔称，他是纳布西选择接替难缠的阿布-努瓦尔作为军队首长的人选[154]），而不是他，可能正在准备政变。[155]他会见了国王并向他保证不会发生政变，并下令取消哈希姆演习。这位年轻的国王在他最亲近的民族主义盟友和他信任的家人以及旧政权的朋友和盟友之间左右为难，开始动摇。美国全面推行艾森豪威尔主义，也开始对约旦的民族主义统治感到紧张。[156] 鉴于这一切，国王选择了他的长期顾问来对抗民族主义者。演习取消后，哈希姆说：“采取行动的时候到了。”[157] 据国王说，他的叔叔谢里夫纳赛尔和其他家庭成员告诉他：“一切似乎都没有了，谣言和报告表明你是一个人。你是要站起来战斗还是我们都收拾行李？”国王自豪地回应他们说：“无论结果如何，我都会站起来战斗。”[158]

不久之后，也就是 4 月 10 日，在首相未能向国王解释为何下令进行演习之后——内阁于 4 月 9 日发布的新命令解雇了包括巴哈贾特·塔尔胡尼在内的可信赖的政权的朋友，使情况更加复杂——国王解散了苏莱曼·纳布西的民族主义内阁，要求建立一个新内阁。纳布西适时辞职。反对派集会和会议要求恢复纳布西的职位，公众压力越来越大。国王没有动摇。他任命侯赛因·法赫里·哈利迪（Husayn Fakhri al-Khalidi）博士（巴勒斯坦人）为新首相，但哈利迪在 24 小时后辞职。哈希姆的演习似乎适得其反。它们没有削弱反民族主义者，反而加强了他们。

在民众的抗议声中，情况变得更加复杂。国王仍在试图任命一位新首相。他最终选择了政权的密友赛义德·穆夫提（Sa'id al-Mufti，切尔克斯人）来领导政府。军官们担心，除非选出一位民族主义的首相（他们建议国王选择更“温和”的阿卜杜勒·哈利姆·尼姆尔［Abd al-Halim al-Nimr］），否则该国将陷入示威和混乱之中。如果发生这种情况，他们不准备向平民开枪。他们的决定得到了新任公安局长穆罕默德·迈泰的支持。[159] 鉴于这种情况，有传言称国王被暗杀，引发了在扎尔卡的一场战斗，该团由阿布-努瓦尔的堂兄马安·阿布-努瓦尔领导。贝都因士兵和忠于阿里·阿布-努瓦尔的士兵之间爆发了激烈的战斗。此外，武装穆斯林兄弟会成员加入了贝都因军队一边反对“共产党”的战斗。[160] 两名士兵被杀，25人受伤。其他贝都因人部队（其成员是来自邻国的贝都因人）也叛变反对民族主义军官，尤其是在第一装甲旅中。[161] 国王听说情况后，派人召集了阿里·阿布-努瓦尔，两人一起去了扎尔卡。国王身着军装，向士兵们展示自己还健在，结束了战斗。[162] 士兵们向被赶回安曼的阿布-努瓦尔高呼"去死"。国王的干预成为描述他勇气和勇敢的神话事件。他向士兵们致辞，感谢他们"高尚的爱国情怀和团结在王位周围"[163]。

约旦军队历史学家阿巴斯·穆拉德（Abbas Murad）声称，王室在军队中散布谣言，以唤醒忠诚的军队。例如，他依据格拉布的说法，在所谓的政变发生之前，国王的兄弟、穆罕默德王子和一个堂兄于4月13日访问了扎尔卡的一个贝都因人军团，警告他们即将发生针对王室的"政变"。部队走上扎尔卡的街道，烧着汽车，高呼"国王万岁"。[164]

当天晚上，国王向阿布-努瓦尔提交了一份将被解雇的军队军官名单。阿布-努瓦尔拒绝了，因为他认为这不是他们的错。国王将其交给了阿里·希亚里，根据阿布-努瓦尔的说法，后者发布了解雇令。阿布-努瓦尔觉得国王绕过他的行为意味着他不再拥有自己的工作。据说阿布-努瓦尔已经崩溃，哭着请求国王救他。国王决定不杀他，因为"如果我把他处死，他的名字可能会比今天更受人尊敬"[165]。国王决定放过他。阿布-努瓦尔于4月14日会见了国王，并要求休两周的假期，他计划在罗马度过。[166] 他在前往贝鲁特的途中离开叙利亚，登上飞往罗马的飞机。当他到达叙利亚时，他被告知前一天晚上有一些自由军官逃到了叙利亚，其中包括纳迪尔·拉希德。4月15日，安曼电台报道说，阿布-努瓦尔实际上是在领导一场反对国王的政变失败后逃往叙利亚的。阿布-努瓦尔打电话给宫殿想与国王通话，但无法接通。国王则派穆罕默德·迈泰前往大马士革，承诺不再重复安曼广播电台的广播，并为了"国家的需要和维护军队团结"，要求阿布-努瓦尔辞职，[167] 阿里·希亚里被任命为新的军队首脑。

4月15日，国王再次邀请哈利迪博士组建政府。这一次，他成功了。

政府包括被罢免的民族主义内阁成员，包括苏莱曼·纳布西本人。包括阿布-沙胡特在内的其余的自由军官感到震惊，因为他们没有被告知所发生的任何事件，他们不得不面对新的事实，处理逃跑的军官以及被捕和被指控密谋的人。在宫廷政变引发的事件之后，他们讨论了自己的选择，包括在成为预期迫害的受害者之前逃往叙利亚。最终他们选择留在国内，继续工作，就好像什么都没发生过一样。

4月16日，阿里·希亚里通知军官他被任命为阿布-努瓦尔的替代者，并请他们支持他。军官们支持他，因为他们不知道阿布-努瓦尔一开始为什么要去叙利亚。国王于4月16日晚上会见了军官，以检查军队。同一天，指挥陆军坦克的贝都因军官阿卡什·扎本（Akkash al-Zabn）和200名贝都因谢赫前往王宫宣誓效忠国王。[168]《纽约时报》报道称，一架沙特飞机将黄金带到安曼，作为奖励分发给忠诚的军队和贝都因谢赫。[169]第二天，阿里·希亚里通知自由军官，有命令将他们从军队中除掉，某些政治家和军官，包括萨迪克·沙尔和哈比斯·马贾利，正在敦促国王这样做。4月18日，自由军官被邀请参加一次会议，一名军官拉迪·欣达维通知他们，国王已下令调查，他们从那一刻起被软禁。出席会议的军官包括阿布-沙胡特、穆罕默德·迈泰、纳伊夫·哈迪德（Nayif al-Hadid）、马安·阿布-努瓦尔、达菲·贾马尼、艾哈迈德·扎鲁（Ahmad Za'rur）、贾法尔·沙米（Jafar al-Shami）、图尔基·欣达维（Turki al-Hindawi）和陶菲克·希亚里（Tawfiq al-Hiyari）。4月19日，阿里·希亚里前往叙利亚，就部署在约旦边境的叙利亚军队进行会谈，并选择留在那里，其行为基本上是叛逃。他在一次新闻发布会上宣称，宫廷官员和"外国武官"——指的是美国武官——对约旦发动了一场大阴谋。[170]

阿卜杜拉国王的朋友哈比斯·马贾利被任命为新的军队首脑。4月22日，军事法庭成立，留在国内的自由军官全部被指控谋逆。共有22人受到该指控。法院裁定 5 名警官无罪，其中包括警察局长穆罕默德·迈泰、纳伊夫·哈迪德和马安·阿布-努瓦尔。其余 15 名军官，包括阿布-沙胡特、欣达维、贾马尼和沙米，面临 10 年至 15 年不等的监禁。至于叛逃者，包括阿里·阿布-努瓦尔、阿里·希亚里和纳迪尔·拉希德，他们被缺席判处 15 年监禁。阿里·阿布-努瓦尔在叙利亚举行了新闻发布会，他在会上否认了所有指控，并表示"所谓阴谋是由美国驻约旦大使馆和殖民主义合作者为达到他们的目标而策划和设计的"[171]。1957 年 8 月晚些时候发行的一份自由军官小册子指责《巴格达条约》的支持者和宫廷人员"参与了阴谋，并强调"没有反对王位的阴谋"[172]。审判有效地结束了约旦反殖民民族主义运动的篇章。[173] 军队清洗认真进行，恢复了在格拉布帕夏中将领导下的现状。被阿布-努瓦尔解雇的贝都因军官被复职，占主导地位的巴勒斯坦第四步兵旅分裂，其许多军官被解雇。[174]

4 月 23 日，美国国务卿杜勒斯谈到了美国政府"对侯赛因国王的极大信任和尊重"，提供了"他［侯赛因］认为可能有帮助的程度的援助"[175]。4 月 24 日，哈利迪的内阁在反对宫廷政变的大规模公众抗议中辞职。国王任命易卜拉欣·哈希姆（巴勒斯坦血统，阿卜杜拉的一名心腹）领导新政府，并在当晚晚些时候宣布戒严。[176] 安曼和其他城市实行宵禁，政治家被捕，议会被解散，政党被取缔，工会和协会解散。5 家报纸被关闭，宪法被暂停。对公务员的彻底清洗已全面展开，一些政客因害怕受到迫害而逃离该国。[177] 此外，长期寻求的警察和军队之间的分离被撤销，安全部队被置于军队的指挥之下，就像格拉布时期的情况一样。[178] 在成功完成对反对派的镇压后，警察与军队于 1958 年再次分离。[179]

国王在 4 月 24 日晚上早些时候将他计划的戒严令通知了美国人，并在外国干预的情况下寻求他们的帮助。白宫立即表示支持，并公开承诺"约旦的独立和完整"，并认为这对美国"至关重要"。美国第六舰队应黎巴嫩总统卡米尔·沙蒙（Kamil Sham'un）的要求，前往黎巴嫩海岸，而美国军事规划人员则考虑向马弗拉克和安曼空运部队。然而，事实证明这是不必要的，因为当天晚上国王告诉他们："我认为我们可以自己处理这种情况。"[180]5 月，美国向约旦提供了价值 1 000 万美元的武器和军事装备，随后于 6 月与约旦签署了经济和技术合作协议。[181]

拥有 5 年历史的在约旦兴起的统一阿拉伯民族主义走到了尽头。宫廷政变后，新政权与阿卜杜拉国王和格拉布帕夏统治下的政权极为相似。那些帮助阿卜杜拉和格拉布治理国家的人重新掌权，帮助阿卜杜拉的孙子继续走上同样的道路。就像非洲和亚洲的类似政权不能公开支持欧洲殖民大国一样，约旦政权对西方友好的民族主义在美国找到了支持者。

巴勒斯坦战争后，军队对殖民规训的抵抗表现出来。自由军官的民族主义虽然反映了社会的民族主义，但也反映了军队作为殖民机构的内在动力。殖民的压制性和生产性技术引发了民族主义的抵抗。然而，官员和社会为反对殖民主义而采用的阿拉伯身份被国家重新制定。尽管政权和更广泛的国家没有质疑该国的阿拉伯身份，但他们质疑其相对于与君主制相关的、更本地化的约旦贝都因人身份的至高无上的地位。正是通过重申这种身份的他者不是殖民主义而是内部颠覆，国家和政权才能够重新平衡。正如我们将看到的，该政权的胜利开启了一个新的排他主义约旦民族身份。

## 宫廷镇压与宽容的国王

约旦反殖民民族主义者将自己视为普遍阿拉伯反殖民民族主义运动的

一部分，并认为约旦无法在未来的阿拉伯国家联盟之外生存。王室信奉另一种阿拉伯民族主义，这种民族主义受到第一次世界大战期间由哈希姆领导的反土耳其起义的启发。因此，尽管双方都指责对方是外国势力的代理人，但双方都说着阿拉伯民族主义的语言。对于反殖民民族主义者来说，王室及其盟友是英美帝国主义的勾结者，而对于王室来说，反殖民民族主义者是阿卜杜勒·纳赛尔霸权计划和苏维埃共产主义的工具，侯赛因国王称之为"新型帝国主义"。[182] 对于侯赛因国王来说，"纳赛尔的阿拉伯民族主义正在取代纯粹的阿拉伯民族主义"，[183] 对他来说，那些在约旦支持阿卜杜勒·纳赛尔的人构成了对祖国的威胁。他呼吁"排斥那个几乎摧毁［我们］独立性并摧毁［我们］存在的政党"[184]。

宫廷政变使国家摆脱了对现行秩序的内部威胁，之后，阿拉伯世界的局势迅速变化，国王和他得意洋洋的顾问们越来越担心外部威胁。埃及和叙利亚于1958年2月1日宣布统一为所谓的阿拉伯联合共和国，这让安曼的反阿卜杜勒·纳赛尔统治者感到震惊。该政权选择了与伊拉克哈希姆直接建立联邦联盟（伊拉克铁腕人物努里·赛义德长期以来一直寻求的联盟），称为阿拉伯联邦（al-Ittihad al-Arabi），并于1958年2月14日签署条约。[185] 根据联邦章程，约旦阿拉伯军队将与伊拉克军队合并。合并后的军队将被称为阿拉伯军队，尽管每支军队都在各自的国家保持其独立的身份。[186] 1958年3月29日，两国颁布了《阿拉伯联邦宪法》。[187] 该联邦宪法对希望加入联邦的其他阿拉伯国家开放。伊拉克国王费萨尔（侯赛因的堂兄）被任命为联邦总统，在他缺席期间，侯赛因国王将担任总统。[188] 阿拉伯联邦更像是一个邦联，其寿命很短。1958年7月的伊拉克革命（由伊拉克军官领导）以暴力方式消灭了王室（以及来访的约旦首相易卜拉欣·哈希姆，他前一年在国家宣布戒严）并宣布成立共和国。约旦的统治者惊慌失措。国王要求英国和美国立即帮助维持他的王位。4 000英国军队在约旦登陆，美国士兵在贝鲁特登陆。在四面八方被敌人包围之后，美国飞机还帮助约旦运输石油（哈希姆的历史敌人沙特人的和解尚未完全实现，沙特人曾与阿卜杜勒·纳赛尔结盟反对《巴格达条约》）。英国士兵在该国一直留到 1958 年 11 月 2 日。在美国人承诺支持国王并每年向该国提供 4 000 万至 5 000 万美元补贴，以取代英国补贴，之后他们才离开。[189]

　　与此同时，小册子开始在约旦军队中流传，呼吁士兵"成为人民的一部分，拯救家园免受不公正的统治，并在企图使军队成为叛徒和腐败分子［al-khawanah wa al-majurin］的警卫以及成为殴打人民和压制爱国情绪的工具［al-shuur al-watani］时要站起来"。该小册子透露，"有 250 多名军官被逮捕，他们构成了最优秀的军事和民族主义成员"[190]。

　　7 月 16 日，约旦当局破获了一起由退休军官马哈茂德·鲁桑领导的所谓政变企图。政变应该与伊拉克政变发生在同一天，即 7 月 14 日，后来推迟到 7 月 17 日。[191]鲁桑是一名来自伊尔比德的约旦军官，在坎伯利接受过教育，1953 年至 1956 年期间被格拉布流放到华盛顿大使馆。他于 1956 年返回约旦时，被指控对萨尔特人发动了伊尔比德政变，之后被大赦，但被迫退伍。[192]军队进行了一次新的重大清洗，随后逮捕了最近退休的高级军官和现役初级军官。[193]这一次，被逮捕的人中包括王室的朋友（例如拉迪·阿卜杜拉，他的兄弟被指控与政变领导人合谋）。整个军队结构立即重组。鲁桑被判处 10 年监禁。[194]

　　1959 年 3 月侯赛因国王从美国和中国台湾旅行归来时，又发现了另一起所谓政变企图。这次所谓政变的领导人是萨迪克·沙尔以及其他 16 人，包括平民。沙尔是一名来自伊尔比德的约旦军官，[195]据称自阿布-努瓦尔辞职以来一直在策划政变。他和另外两人被判处死刑，后来被减刑。[196]最后，政府声称在 1960 年 8 月发现了另一次未遂政变，这次据称由穆萨·纳赛尔领导，他立即被捕。尽管军队中的民族主义分子越来越弱，但仍有一些军官支持民族主义事业。1962 年 11 月，3 名约旦空军飞行员带着他们的飞机叛逃到埃及，并揭露了约旦在也门参与伊玛目一方的军事行动。1966 年，更多军官叛逃到叙利亚。[197]

约旦的地区分裂正在外约旦政权的盟友中显现。国王试图通过主张统一的约旦身份来纠正这种情况。在 1961 年 4 月 15 日发表的无线电广播演说中，国王谈到了他与士兵的谈话，并声称其中"有贝都因人和哈达里人，他们来自该国西部和东部，从其北部和南部，以及其中的穆斯林或基督徒、阿拉伯人或切尔克斯人"。所有人都坚定地对国王说："我们都在我们的武装部队，是这个国家的士兵、这个国家的仆人，我们的价值源于我们将我们的灵魂、血液和精神全部献给它，会为它和它的未来牺牲。"[198]1962 年，年轻的瓦斯菲·塔尔组成新政府后，国王试图用权力来满足北方人的需求，以对抗南方人对军队的控制，因为军队首脑哈比斯·马贾利是一名来自南方的卡拉克人。国王还确保军队中不会发生区域性政变，例如针对阿布-努瓦尔的伊尔比德政变。不久，塔尔政府设立了一个军事秘书处（da'irat al-sikritaryat al-'askariyyah），限制军队首长的权力。它还下令让一些作为马贾利盟友的军官退休。当塔尔政府于次年辞职时，马贾利下令让北方军官退役，并让他的盟友重返军队服役。[199]

在针对民族主义者的宫廷政变之后，该政权还揭露了一些暗杀计划。例如，一些军官被捕并被指控企图暗杀国王臭名昭著的叔叔谢里夫纳赛尔。国王谈到自己成为此类企图的目标，一次是在 1961 年用硫酸，一次是1962 年 8 月在摩洛哥的丹吉尔。[200] 甚至警察也是清洗的目标。其中两人被指控再次企图谋杀谢里夫纳赛尔。唯一一次成功的暗杀行动是针对首相哈扎·马贾利（以《巴格达条约》而闻名）的。马贾利于 1960 年 8 月 29 日遇难，一场大爆炸摧毁了他的办公室和首相府大楼。其他一些人也在爆炸中丧生。16 人被捕，其中包括一些军人和警察。希沙姆·阿卜杜勒·法塔赫·巴赫特·达巴斯（Hisham Abd al-Fattah Bakhit al-Dabbas）是一名陆军工程人员，被行刑队判处死刑。这一次，判决被执行了。[201]

局势暂时平静下来，但 1963 年复兴党在叙利亚和伊拉克的胜利再次唤醒了这两个国家和埃及之间的团结的讨论。阿拉伯民族主义浪潮在约旦重新活跃起来，这是自实施戒严令以来首次出现大规模民众示威。该政权迅速做出反应，大规模逮捕平民和军事人员，特别是警察和国民警卫队官员，因为他们拒绝向示威者开枪。1963 年 3 月 21 日，政府发布了一长串军官名单，宣布他们被迫退休；名单中包括许多现政权的支持者，这导致军队中的许多人的强烈不满。情况变得严重，国王会见了高级官员，并向他们承诺将成立一个委员会来调查被强制退休的官员的案件。据透露，2 000 名警官中只有不到 5 名拥有干净的秘密警察（Mukhabarat）记录。[202]

1958 年伊拉克革命后，作为政府确保军队忠诚度战略的一部分，军队士兵和军官的收入有所增加，这一措施将继续沿用至今。[203]1962 年 2 月，在国王的第二个孩子即长子阿卜杜拉王子（国王立即指定他为他的王位继承人）出生之际，国王特赦了被监禁的军官（包括阿布-沙胡特和 1957 年以来一直在监狱中的其他人，以及萨迪克·沙尔和他所谓的同谋团体）。[204]复兴党在叙利亚和伊拉克上台后不久，所有被释放的军官再次被围捕。[205]他们被关押了一年，在绝食抗议后于 1964 年获释。[206]

与此同时，1963 年第一次阿拉伯联盟首脑会议之后，侯赛因国王在宫殿会见了 100 多名民族主义官员（他们在过去几年中遭到清洗）。国王责备他们反对该政权，并告诉他们，他们的未来与他们对该政权的忠诚有关。[207]时任首相瓦斯菲·塔尔担心新成立的巴勒斯坦解放组织（PLO）及其领导人艾哈迈德·舒凯里（Ahmad Shuqayri）可能会得到约旦流亡军人的支持。1965 年 4 月，塔尔政府颁布了一项大赦法，以抢占巴解组织的先机。[208] 根据法律，国王下令清空所有监狱中的政治犯。2 000 人获释。[209] 他还特赦了所有流亡逃犯，包括 3 名叛逃到埃及的飞行员。大赦包括阿卜杜拉·塔尔、阿里·希亚里和居住在叙利亚和埃及的自由军官。阿里·阿布-努瓦尔在 1964 年阿拉伯首脑会议后被国王赦免。[210] 这是一项旨在收编政权的敌人的新政策的一部分。穆罕默德·拉苏尔·基拉尼（Muhammad Rasul al-Kilani）是这场拉拢政策的先锋，他在 1957 年宫廷政变后审问自由军官时曾是一名低级军官。1959 年，在萨迪克·沙尔受审讯和酷刑期间，他声名鹊起。后来，他被派往美国接受中央情报局（CIA）的培训。返回约旦后，在中央情报局的推荐下，基拉尼被任命为情报总局（al-Mukhabarat al-Ammah）局长。[211]

　　基拉尼在收编过程中发挥了重要作用，因为许多前军官获得了情报岗位的工作。80% 的前军官获得了警察或秘密警察的工作。[212] 其他人则获得了更重要的政治任命。很少有人返回军队服役。例如，阿卜杜拉·塔尔得到侯赛因国王的大赦，在流放 16 年后于 1965 年与家人一起返回约旦。[213] 他在机场受到了代表侯赛因国王的情报总局局长穆罕默德·拉苏尔·基拉尼的接见。离开机场前往他在伊尔比德的家之前，阿卜杜拉在他表弟瓦斯菲·塔尔的家中停留，向他致意。[214] 塔尔通过向国王请求宽恕而迅速得到自由。[215] 他还在 1966 年 6 月致函侯赛因国王，谴责巴解组织的艾哈迈德·舒凯里对已故国王阿卜杜拉的攻击行为。[216] 回国两年后，在埃及政府对侯赛因国王的宣传攻击越来越多的情况下，塔尔于 1967 年 1 月致函贾迈勒·阿卜杜勒·纳赛尔，谴责他利用自己的回忆录反对约旦政权并诽谤已故国王阿卜杜拉："他［在巴勒斯坦问题上］的立场……被证明是有远见的，保护了耶路撒冷。"[217] 在他的回忆录中，塔尔称阿卜杜拉国王是叛徒。[218] 而且，塔尔对已故国王的新建立的爱并没有就此止步。1967 年 8 月，他为泰西尔·齐比安（Taysir Zibyan）写的关于阿卜杜拉国王的书写了前言，在书中他认为国王在 1948 年至 1949 年与以色列人谈判期间的所有不当行为是没有错的——在这些事件上采用了约旦的官方说法。他进一步补充说："我认为，正义、公平和民族责任要求阿拉伯国家将阿卜杜拉国王视为民族主义英雄。如果为了让英雄永垂不朽而竖立雕像是我们宗教和传统的一部分，那么在每个阿拉伯国家的首都竖立阿卜杜拉国王的雕像就势在必行。" [219]

塔尔曾短暂担任内政大臣（1970 年 11 月至 1971 年 1 月），然后被国王任命为上议院成员，他一直担任该职位直至 1972 年去世。他还成为伊斯兰大会的重要成员。[220] 至于该政权的其他前反对者，诸如阿里·阿布-努瓦尔、阿里·希亚里和拉迪·欣达维都被任命为大使。阿布-努瓦尔后来成为国王的特使。艾哈迈德·哈苏纳（Ahmad Khasawnah）和马哈茂德·鲁桑被提名并成为议会议员，尽管鲁桑在 1970 年内战中支持巴勒斯坦人并逃往叙利亚后，其成员资格被取消。[221] 纳迪尔·拉希德被任命为高级情报官员，据称收到 18 000 约旦第纳尔作为补偿。[222] 他最近（1998 年春季）担任约旦内政大臣。萨迪克·沙尔被任命为护照部门的负责人，然后是北部省的省长，后来他两次被任命为内阁大臣。[223] 留在政权招安努力之外的人很少。其中著名的是沙希尔·阿布-沙胡特。

新的蜜月持续了一年。1966 年 11 月以色列袭击约旦西岸的萨姆村（并在该村进行屠杀）后，全国各地爆发了大规模示威，导致新的军民冲突，其中一些平民被杀，尤其是在约旦河西岸城市纳布卢斯。这是军队与新成立的巴勒斯坦游击队对抗变得司空见惯的时期（见第五章）。伴随着这些事件，新一轮的民族主义军官逮捕行动开始了。数十名军官被捕。[224] 军队中出现了新的小册子，上面有自由约旦军官革命委员会的签名，呼吁推翻君主制并在两岸成立共和国，并将国家重命名为巴勒斯坦。[225] 支持巴勒斯坦游击队的巴勒斯坦血统的约旦军官对此负责。这是民族主义军官第一次也是最后一次公开呼吁推翻国王。1967 年 6 月战争前夕，大批约旦军官被关进监狱。

## 巴勒斯坦人和军队

甚至在巴勒斯坦中部并入约旦之前，巴勒斯坦人应参与保卫他们的国家的决定就已做下。1950 年 1 月，政府颁布了《国民警卫队法》，开创了该国新军事力量的基础。[226] 国民警卫队是格拉布的构想。在 6 月 25 日向政府发送了一份提议组建部队的备忘录后，格拉布立即开始招募国民警卫队。[227]几个月后，他能够"说服政府准备一项法案，规定每个入伍的约旦男性都必须接受国民警卫队训练"[228]。他认为有必要设立它，原因有两个：

> 首先，很明显，如果以色列发动进攻，我们既不能依赖其他阿拉伯政府，也不能长期抵抗比我们强大七倍的敌人……显然，我们必须增加兵力。这些人有空，并且急于入伍，但我们没有钱或设备给他们……其次，其他阿拉伯国家从未承认巴勒斯坦和外约旦的联盟［有趣的是，至少还需要 4 个月才能完全正式化］。有些人毫不犹豫地在西岸和东岸之间挑拨离间。他们用来煽风点火的主要观点之一是约旦政府不信任巴勒斯坦人。阿拉伯军团被描绘成一支纯粹的东岸军队。共产党走得更远。他们给阿拉伯军团贴上了标签——"占领巴勒斯坦的盎格鲁—哈希姆军队"[229]。

他补充说，巴勒斯坦人"不能是半公民。我们必须让他们感到被信任，信任的第一个标志就是武装他们"[230]。侯赛因国王本人断言，国民警卫队的目的是"保卫边境，以便让训练有素、装备精良的军队在被［以色列］侵略的情况下，针对特定目标进行打击"[231]。

国民警卫队是一支无薪军队。它的第一批新兵来自边境村庄，他们被武装起来并接受抵抗以色列袭击的训练。而根据法律，服役是强制性的，"由于缺钱，我们只能给非常少的人武装、衣服、食物和装备。因此，使用强迫的方法似乎没有必要也不可取——志愿者总是比我们可以训练的人要多"[232]。大多数志愿者来自西岸边境村庄。最初，对国民警卫队的反对无处不在。约旦政府反对它，因为担心国民警卫队会使用他们的武器反对约旦政权和／或犯罪，西岸巴勒斯坦知名人士也反对它，因为他们还没有接受仍在敲定的"统一"计划。[233]

正如阿维·普拉斯科夫（Avi Plascov）所说，国民警卫队"既没有装备，也没有接受训练，更没有计划来执行其分配的任务。只有20颗子弹、几支步枪、很少的训练，几乎没有任何协调或运输，面对攻击几乎无能为力。这是因为该政权害怕这种类型的机动部队"[234]。他肯定国民警卫队"实际上的真正任务是控制其成员自己的兄弟对边界的渗透［进入以色列］"[235]。公众压力迫使政府扩大招募和培训，并规定国民警卫队在某些时期将用于军队的目的，届时他们必须遵守阿拉伯军团的规定。普拉斯科夫表示，这是实现两股力量整合的第一步，而这一步直到1956年5月格拉布被解职后才得以实现。[236]

1953年10月，以色列在西岸奇比亚镇的持续袭击导致包括儿童在内的66名平民被屠杀，民众压力进一步加大。示威者和报纸专栏作家指责政府和军事当局，并要求更好地武装和训练以及更多地招募巴勒斯坦难民。几乎没有人对国民警卫队还持有尊重，许多人认为国民警卫队是以色列的附庸，防止巴勒斯坦的反抗。[237] 此外，阿拉伯政府越来越坚持将国民警卫队置于阿拉伯联合指挥和领导之下（有人建议由埃及军官担任指挥官），而不是由格拉布和其他英国军官领导的阿拉伯军团，他们承诺将在财政上支持这支部队，英国政府在 1955 年前一直拒绝这样做。国王意识到这种可能性的危险，并不反对卫队与阿拉伯军团的最终整合，该整合发生在 1956 年 5 月，即格拉布被驱逐两个月后。[238] 此外，整合这两种力量是将巴勒斯坦人约旦化的过程的一部分，而国民警卫队未能做到这一点，因为它主要由巴勒斯坦村民组成。[239] 瓦提基奥蒂斯坚持认为，两股力量的整合一直是格拉布计划的一部分。整合行动将"一支由贝都因人、部落人和外约旦农民组成的精锐的正规部队与完全由定居的巴勒斯坦农业工人和一些城镇居民组成的领土边境部队合并"。[240] 尽管如此，实际合并还是在陆军指挥官阿里·阿布-努瓦尔和国防大臣穆罕默德·阿里·阿杰鲁尼的指导下进行。[241]鉴于以色列 11 月 13 日袭击西岸萨姆村（造成 15 名约旦士兵和 3 名平民死亡，54 人受伤），国民警卫队最终于 1966 年被废除，取而代之的是义务兵役制（al-Khidmah al-Wataniyyah al-Ijbariyyah），适用于 18—40 岁之间的"所有约旦人"。[242]

与此同时，约旦阿拉伯军队的组成仍然主要是外约旦人，而领导层则完全是外约旦人。尽管许多巴勒斯坦人参军，特别是在其技术服务部门（特别是信号员和工程师），但他们的军衔在等级制度中仍然很低。瓦提基奥蒂斯说，巴勒斯坦人"很快就几乎完全是［阿拉伯］军团的维修车间，例如，"[243] 他补充说，"直到 1956 年，格拉布将军相信他可以将军团维持为一支精锐，并抵制不可避免地涌入技术部门的人员，这些人员具有从巴勒斯坦人中招募的必要技能。"[244] 此外，据说侯赛因国王通过扩大政治机构以纳入大量巴勒斯坦人，最大限度地阻止"他们之间不满和疏远的破坏性思想渗透到军官队伍中，特别是现在军队（Jeish）包括更多巴勒斯坦行政和技术人员"。[245] 瓦提基奥蒂斯总结说："国王一直小心翼翼地保留传统的部落元素作为作战地面部队（即步兵和装甲车团）的主要元素。在这样做的过程中，国王认同军团中的传统力量，同时他领导了对该国政治稳定至关重要的各种要素的可行整合过程。"[246] 应征入伍的巴勒斯坦人来自那些以前没有战争经验的难民。他们受到严格审查，以确定他们没有参与任何政治活动。[247]

## 威胁民族的男子气概和宗教"传统"

民族国家根据一种传统化的观点，将男子气概民族化，认为它是"传统的"和"民族的"。士兵的男子气概是民族国家特别感兴趣的。作为一个以特定身份和特定实践为基础的男性同族制度，军队的理由是将民族化的男子气概（作为身份和实践）作为民族国家模式中唯一可能的男子气概来宣扬。力量、胜利和忠诚的传统男性价值观与将女性气质定义为软弱、失败和背叛的性别歧视传统相反。军事机构能够选择现有的性别规范惯例，并赋予它们民族主义的意义。[248] 某些性别化的做法，尤其是贝都因人的做法，在新的做法产生时受到压制。我们将看到这些策略如何影响新的排他主义约旦民族认同及其内部他者的构成。

继约旦军队在 1967 年六月战争中战败，约旦河西岸被入侵的以色列军队占领之后，民间传言是约旦军队将约旦河西岸交给以色列人并撤回他们竭力防守的东岸。这些指控是由巴勒斯坦人提出的，他们认为约旦军队并没有真正考虑约旦河西岸的领土，因此将其视为可牺牲的、不适用于外约旦的。[249] 已故首相瓦斯菲·塔尔、前任大臣的兄弟赛义德·塔尔反驳了许多质疑约旦军队保卫约旦河西岸的承诺和军队军事能力的论点，他将这些论点称为反约旦的"区域沙文主义"（Iqlimiyyah）。[250]

1968 年，约旦军队和驻扎在该国的日益强大的巴勒斯坦游击队通过在东岸的一个小村庄卡拉马对入侵的以色列军队的部分胜利，抵消了 1967 年的部分失败（详见第五章）。然而，导致游击队盛名在外的卡拉马战役也标志着军队和游击队之间 1970 年内战的倒计时开始。在内战期间以及之后，约旦军队的 5 000 名成员投靠了游击队。然而，军队在战争中的胜利开启了该国新的国界划分的重要一步。哈达里（阿拉伯人和切尔克斯人）和贝都因的背景的外约旦人现在联合在外约旦东岸民族认同中，反对巴勒斯坦约旦人，正如我们将在下一章中看到的，他们越来越被视为对约旦民族认同的严重威胁。事实上，内战巩固并强化了稳定的约旦民族认同的形成，与其阿拉伯民族主义的前辈不同，约旦民族认同不是针对殖民主义，而是针对巴勒斯坦人。该政权在市民社会中强大的支持者的转变加剧了这一过程。自 20 世纪 40 年代以来，该政权的社会支持（部落和军队之外）来自亲政权的巴勒斯坦人和叙利亚人主导的商人阶级，而到 20 世纪 60 年代后期，由外约旦人主导的国家官僚机构（主要由定居的外约旦人组成）占据上风，尤其是在内战之后，其权力得到巩固，削弱了曾经强大的商人阶级的权力。[251]

这些新发展的另一个方面是军队中用于对抗游击队的明确的性别化动员的意识形态。例如，约旦军队将卡拉马战役视为恢复其在 1967 年战争中"失去"的士兵的男子气概的重要事件。根据约旦武装部队精神指导部（Mudiriyyat al-Tawjih al-Manawi）的说法，它在那场战争后的努力是为了恢复其尊严和"从其身上脱去女性服装［fasatin al-Nisa］"。[252] 将军事失败确定为男子气概的失败，而不是男性的失败，并将其转变为女性气质，以身着变装的士兵形象为标志，成为动员士兵作战的主要主题之一。此外，将敌人女性化成为动员军队的相关策略。侯赛因国王在 1968 年军队与游击队之间的一次对抗之后参与了这次演讲。他在 11 月的一次这样的对抗之后的讲话中说，这些游击队不是为巴勒斯坦事业服务的，实际上是收到了反对巴勒斯坦事业的代理人的钱。他补充说："他们穿上了男人的服装，而男子气概是无辜的［被牵连的］。"[253] 这对国王来说并不新鲜，因为他认为 20 世纪 50 年代的民族主义威胁是"针对［这个国家的］阿拉伯主义、其男子气概、主权和尊严的阴谋"[254]。

约旦军队开始动员其士兵对抗游击队的民族"威胁"，将其描述为对士兵男子气概的威胁。游击队被描绘成无神论的共产主义者，也被描绘成被阉割的男人，他们的女性气质将被强加给一个男子气概的国家，作为效仿的范式。在军队报纸《阿克萨》(*Al-Aqsa*)（参考耶路撒冷的阿克萨清真寺）中，登载了一个故事，描绘了一名"优雅的"年轻游击队员，试图通过与他谈论民族主义或"爱国主义"(wataniyyah) 来向他传教。

> 士兵祈祷：赞美属于真主，万物之主，至慈者，至善者……[255]
>
> 年轻人打断他：你没听到马克思说……
>
> 士兵提高了声音：我们敬拜的是您，我们向你恳求帮助。
>
> 年轻人说：至于恩格斯，他说，……
>
> 士兵高呼他的［《古兰经》］朗诵：说，我皈依人类之主。……[256]
>
> 小伙子说：你管这种话干什么？宗教是群众的鸦片。
>
> 士兵提高声音祈祷：……来自偷偷摸摸低语者的邪恶。
>
> 年轻人说：这是［政治］反应。……

士兵继续祈祷，然后转身威胁年轻人，说他将使用武力。"年轻人起身，掸掉紧身裤的灰尘，撩起长长的刘海，摇晃着臀部，他优雅而妖娆地消失了。"至于那名士兵，他"仍是坐着，向天举起双臂说道……主啊，让侯赛因［国王］和他的士兵取得胜利……穆罕默德的士兵，反对犹太复国主义以及无神论者和无神论的犹太复国主义者"[257]。请注意，不仅根据西方对穿"紧身"裤子和"摇晃他的臀部"的意义的看法，游击队女性化，而且还根据纯粹的西方标准，直到最近与阿拉伯贝都因人的男子气概观念相矛盾。然而，正如我们在上一章中看到的，直到20世纪40年代的贝都因士兵都留着长头发，其中许多人都梳着辫子，而贝都因士兵的男子气概和女性气质观念已经彻底西化了。根据现代西方标准，长发现在被编码为"女性化"，然后作为"真实的"阿拉伯贝都因人的判断传递，这是贝都因人"遗产"和"传统"贝都因人男子气概概念的一部分。此外，与当时流行的西方关于共产主义者和颠覆者的观念相一致，军队的宣传谈到游击队如何"留头发和胡须，并以革命者的名字命名，他们将其作为榜样，如卡斯特罗、切格瓦拉等"[258]。据说男性和女性"同志"过着"集体农场"式的生活，从而将游击队描绘成共产主义者，又描绘成模仿犹太复国主义的敌人。[259]

其他指控包括明确提到男性游击队员与其他男性游击队员（liwat）发生性关系，[260] 以及与神圣婚姻之外的游击队妇女发生性关系。尤其是解放巴勒斯坦民主阵线（DFLP）的左翼游击队员（fidaiyyin）被指控在夜间闯进游击队妇女（fidaiyyat）（在训练营）的帐篷以进行性行为，据称这激怒了贝都因人士兵。[261] 事实上，早在20世纪50年代，该政权的敌人就曾受到过类似的指控。在他反对约旦民族主义反对派的宣传书中，穆萨·阿迪勒·巴克米尔扎·谢尔丹指责阿里·阿布-努瓦尔和苏莱曼·纳布西是酗酒的好色之徒：纳布西被描绘成埃及舞女的追逐者[262]，而阿布-努瓦尔只是"渴望女人"。[263] 纳布西还对谢尔丹进行了恐吓，因为他的一次公开政治演讲中以"女性公民和男性公民"（ayyuha al-muwatinat wa al-muwatinun）开始，改变了"男性公民和女性公民"的"传统"等级制度。[264] 此外，谢尔丹指责叙利亚共和国总书记福阿德·哈拉比和其他叙利亚阿拉伯民族主义者是被俄罗斯和黎巴嫩帅哥吸引的同性恋者。[265]

在军事宣传和游击队自己的实际犯罪之间，士兵们内化了自己和敌人之间的性别二分法。然而，约旦军队的宣传对游击队和军队士兵的性别认同并不总是稳定的。一方面，游击队被女性化，他们不是"真正的"男人，另一方面，约旦军队允许游击队的"女性气质"不受挑战地存在，使约旦军队士兵自己女性化。当游击队被视为在该国漫游并挑战约旦国家及其军队的权威时，这种"女性化"的感觉就表现出来了。这不仅是隐含的，而且在 1970 年 9 月上旬侯赛因国王对一个陆军坦克团进行的视察中得到了明确体现。该团决心进入安曼打击游击队。当国王到达时，他从远处看到了一个悬挂在无线电天线上的不合时宜的物体。那是一件女人的胸罩。据说，悬挂它的贝都因军队是在向国王传达信息，他们不会在游击队统治街道时"像女人一样"袖手旁观。[266] 请注意，随着军队中男性士兵穿着变装的概念，男性的女装，或简称为变装，构成了这些士兵女性气质的最明显标志。此外，士兵们质疑国王的男子气概，如果不是他的男性性别，因为他允许这种游击队渗透发生。当他问起胸罩时，国王被告知"这是因为他们的国王是一个女人，害怕对他们国家的敌人采取行动"[267]。国王与士兵们一起度过了 3 个小时，试图说服他们返回，他们很不情愿地这样做了。[268]

在宗教问题上，政府打击游击队的运动继续将他们认定为"无神论者"和"黑暗势力"。[269] 军队报纸《阿克萨》哀叹阿克萨清真寺的消失，因为这些无神论者"将良心出卖给了魔鬼"[270]。陆军参谋长哈比斯·马贾利向胜利的军队致敬，他敬礼说："你们对自己的信条和［伊斯兰教］的超然信息的信仰，你们所携带的，并将继续植根于你们的灵魂中，挑战所有仇恨运动以及试图质疑它的无神论。"[271] 事实上，在 1970 年 9 月战斗开始之前，军队领导层向士兵分发了 6 万份《古兰经》，[272] 并计划将《古兰经》分发给基督徒士兵。[273] 由于巴勒斯坦游击队中更激进的分子做出了某些使许多人感到恐惧的非宗教行为，因此这种剥夺合法性的宗教运动更加可信。据报道，其中一项行为是在列宁诞辰之际从安曼清真寺的尖塔升起红旗、悬挂列宁肖像。这引起了许多外约旦人和巴勒斯坦约旦人的愤怒。[274]

内战期间宗教的使用实际上并不新鲜。正如我们在上一章中看到的，格拉布对士兵的宗教信仰水平非常感兴趣。事实上，他在军队中设立了一个宗教咨询部门（Dairat al-Ifta al-Dini），由谢赫阿卜杜拉·伊兹布（Abdullah al-Izb）领导的一些穆斯林神职人员组成。神职人员将负责向军队单位进行宗教布道。这些布道包括阿卜杜拉的哈希姆遗产，这将他与先知穆罕默德本人的后代联系起来。格拉布利用谢赫作为他关于士兵的臭名昭著的报告的线人。士兵非常了解这一点，他们将其中一位谢赫（Shaykh Dawud）称为卫兵达乌（Dawud al-Natur）。[275] 此外，20 世纪 50 年代王室和军队对民族主义者的宣传也将他们认定为无神论者和共产主义者。侯赛因国王阐明了这些立场。在宫廷政变后对其政权的攻击增加的背景下，国王强调："我们将保持不变……直到阿拉伯人弄清楚谁是英雄主义的伪装者，谁是诡计和无神论的一方，[谁就是] 失败和欺骗人民一方的支持者。"[276] 此外，新的教育体系，无论是通过军队学校还是平民政府学校，都有助于国家任命的谢赫将宗教和宗教传统的观点集中在人口中。贝都因人和切尔克斯人以及较小程度上在村民和城市居民中不遵循国家认可的伊斯兰实践观念的民间宗教传统被慢慢消除。例如，切尔克斯人已被奥斯曼人部分伊斯兰化（他们确保所有男性在 1878 年之前都接受了割礼，并将他们的世俗切尔克斯人名字改为土耳其人的名字），但在他们移民到外约旦的前夕，许多切尔克斯人抵达了该国，随身携带咸猪肉和他们的传统酒精饮

料巴赫西马（bakhsima）（由发酵大麦制成）。[277] 由于无法获得和当地同行
的压力，咸猪肉不再使用，但巴赫西马仍然可用，尽管是少数。对切尔克
斯传统的攻击也来自社区内部。宗教成员开始攻击切尔克斯习俗，包括婚
礼庆典、跳舞，当然还有酒精。[278] 叙利亚商人在安曼精英中的主导地位增
加了大马士革的"宗教"传统和习俗，即城市妇女的面纱。安曼的切尔克
斯妇女，像大多数非城市背景的阿拉伯妇女一样，通过戴面纱适当地遵循
大马士革的例子，这是她们以前不知道的做法。[279] 类似的转变发生在贝都
因社区，他们的伊斯兰教被认为"缺乏"实践和信仰，并逐渐被国家伊斯
兰教所取代。

　　为了使哈希姆与先知的联系更加直接，早在 1954 年，在世俗反对政府
国内和国际政策的鼎盛时期，王室就决定在侯赛因国王的名字中添加"al"
或"the"字样，即"al-Husayn"。[280] 1969 年，在内战前夕，在该国的官方
公报中，"al"被添加到王储的名字中。然而，他继续被非政府新闻界称为
哈桑王子，直到 1986 年，他的名字中添加了一个类似的"al"，所有报纸、
广播和电视报道都称他为"al-Hasan"王子。[281] 侯赛因和哈桑实际上是先
知穆罕默德孙辈的名字，他们是先知的女儿法蒂玛和他的表弟阿里·伊
本·阿比·塔利卜（Ali Bin Abi-Talib）的儿子，这两个人是伊斯兰教什叶
派的第一个（al-Hasan）和第二个（al-Husayn）伊玛目以及伊斯兰教逊尼派
的重要人物。通过在他们的名字上加上"al"，逊尼派国王和他的兄弟给自
己带来了宗教合法性的光环，并与先知有直接联系，绕过了其间的数十代
人。此外，1981 年，政府成立了一所名为穆塔（Mu'tah）的新军事大学。
该大学建于安曼以南，靠近先知穆罕默德时代发生的穆塔战役遗址，进一
步将宗教与军队联系起来。[282] 今天军队中的精神指导部门继续支持这一
策略。它最近出版的一本供士兵阅读的图书认为宗教是所有民族归属感的
核心。[283]

在军事领域之外，政府于 1981 年成立了先知家族基金会（Mu'assassat Al al-Bayt），该基金会也被称为伊斯兰文明研究皇家学院，在学术环境中进一步将伊斯兰教与哈希姆家族联系起来。国王和王储以及政府官员也会在他们的演讲中提到《古兰经》，哪怕不是彻头彻尾的《古兰经》经文。这与国王和政府对全国清真寺建设的赞助相辅相成。电视还会显示国王在当地清真寺参加星期五的祈祷，并在圣月期间参加和举办斋月早餐宴会。[284] 在这方面更显著的成就之一是 20 世纪 80 年代初期在安曼阿卜杜拉社区（以阿卜杜拉命名）建造的阿卜杜拉国王清真寺，其蓝色拱形圆顶占据了安曼的天际线。

## 军队和新约旦

在内战动荡之后，约旦军队得以恢复为一支统一的力量，坚定不移地致力于捍卫君主制，尽管有政府宣传，这种承诺在 20 世纪 50 年代中期民族主义军官的领导下也占据上风。

政府在内战后发起了一场针对外约旦人并排除巴勒斯坦约旦人的大规模军队招募运动。这包括军队的所有部门。例如，1972 年，军校的 273 名候选人中有 20 名巴勒斯坦人。此外，军队中的巴勒斯坦人与民族主义的外约旦军官一起提前退伍。[285]

由于内战胜利后军队获得了新的信心，部落主义和贝都因沙文主义在其队伍中加剧（因为不同的部落正在争夺权力职位），第一团的不同部落成员之间在 1971 年 10 月就发生了几起内部冲突，导致参谋长和国王介入。

国王早些时候曾试图解决类似的问题，当时他任命了在内战期间建立的军政府中的大多数约旦部落的成员。[286] 此外，在 1973 年，包括国王的兄弟和指定的继任者哈桑王子和他的叔叔谢里夫纳赛尔在内的王室成员试图鼓励一群沙文主义军官向国王施加压力，坚决拒绝费达因返回约旦。事实上，国王开始让高级军官参与宫廷政治，因为他开始经常定期访问军队并在军队总部度过他的一部分工作日。[287] 正如我们在第二章中看到的那样，在这个时期，王室召开了一系列部落会议，旨在统一国家的部落，最终形成了"Mahdar al-Qasr"，这是一份宫廷—部落文书，以了解部落在该国的作用。

20 世纪 70 年代初期后，军队在人们生活和民族文化中的存在猛增。军队为其成员发明的文化现在正渗透到社会中，伴随着其他国家机构，尤其是国家控制的媒体，产生了文化产品。事实上，自从反对游击队的运动开始，约旦电视台就开始播放关于军队的特别节目。仅在 1970 年，军队的精神指导部门就与约旦电视台合作，制作了 16 个关于约旦阿拉伯军队的特别节目。还有一档专门针对士兵的每日广播节目。[288] 此外，自 1970 年以来，约旦电视上一直播放军队歌曲，背景图片是兴奋的士兵围绕着侯赛因国王，他身着军装，有时在坦克上，有时指着枪，好像在进行军事演习，士兵拥抱他并亲吻他。军队乐队也在电视上播放，定期用他们的风笛进行演奏。这也导致了国家资助的民间风笛乐队（由约旦电视台设立）的形成，乐队定期为电视观众表演，从而向整个社会输出军事文化。这场电视宣传活动一直持续到现在。

该政权对内战后的军队感到安全，因为所有民族主义分子已经通过叛逃到巴勒斯坦抵抗运动或被迫辞职而被清除了。然而，出乎意料的是，1972 年 10 月，政府发现了约旦军官拉菲·欣达维（Rafi al-Hindawi）的阴谋，据称他与其他 6 人勾结，他们全是平民。据称，欣达维计划谋杀国王和他的兄弟哈桑王子，之后他将得到巴勒斯坦游击队组织和利比亚的穆阿迈尔·卡扎菲（Mu'ammar al Qadhdhafi）的外交支持。政府发现阴谋后惊慌失措，在军队中展开了一场搜捕，逮捕了 500 名军官，随后因证据不足而将他们全部释放。这导致了军队对政府的许多投诉。[289] 欣达维政变计划是在该政权赦免所有在内战期间和之后离开约旦的约旦平民和军事人员之后几个月发生的，这些平民和军事人员在内战期间和之后担心受到政府迫害，赦免允许他们返回该国而不会受到影响。这与该政权自 1962 年大赦以来所遵循的受美国启发的政策是一致的。随后又进行了更多大赦，其中包括对欣达维的大赦。[290] 此后，军队很少发生内部动乱。1976 年，政府对 18 岁以上的男子重新实行义务兵役制。[291]

随着妇女问题进入民间公共领域，她们在军队和警察领域也是如此。内战之后的一个重要发展是 1971 年 12 月成立了一支女警察部队（al-Shurtah al-Nisaiyyah）。随着越来越多的妇女通过就业和教育进入城市公共部门，警察部队将为她们提供更多就业和职业选择。公安局还设立了一所学校，培训未来的女警。起初，女性的角色仅限于监狱和康复中心的检查员。1972 年，只有 6 名女性加入，到 1975 年这一数字增加到 72 名。[292] 此外，女警在 1975 年成立了自己的手球队。[293] 这种上升趋势一直持续到现在。妇女的职责迅速扩大，包括在刑事调查局、公共关系、居住和外国人事务管理局以及机场和约旦航空公司航班的安全部门担任技术职务。然而，女警察最引人注目的方面是她们在约旦城市街道上担任交通警察的角色，尤其是在安曼。[294] 然后，到 20 世纪 80 年代中期，女警察越来越少担任这一角色，因为她们更频繁地担任行政职务，[295] 但最近（到 2000 年夏天），女性交警再次出现在安曼街头。

就军队而言，妇女于 1962 年开始以技术能力参军，主要担任护士和助产士。后来，随着教育的普及，女性加入军队，成为医生、计算机科学家和技术人员，以及社会工作者、图书管理员和秘书。妇女也成为军队学校的教师。[296] 大多数参军的妇女都受过良好教育并拥有军衔，尽管她们中没有人曾加入或被允许加入战斗部队。

此外，阿卜杜拉早期的一些西化政策也是本着同样的精神在军队中推行的。在皮克领导下建立的群众乐队尤其如此。20 世纪 50 年代，大众乐队已经开始扩张。1951 年，阿卜杜拉国王下令建立一个与皇宫直接相关的乐队（al-Qusur al-Malakiyyah）。它被称为哈希姆乐队，之后隶属于哈希姆军团。不久之后又有三个乐队成立。[297] 同样在 20 世纪 50 年代初期，约旦阿拉伯军队的一名军官穆罕默德·西奇（Muhammad Sidqi）被派往英国进行 4 年的音乐训练，另外 4 名军官则被派往巴基斯坦的一所音乐学院。[298] 这种扩张一直持续到 20 世纪 60 年代。[299] 1966 年，军队成立音乐学院，由曾留学英国的贾马尔·阿卜杜勒·卡里姆·阿蒂亚（Jamal 'Abd al-Karim Atiyyah）领导。音乐学院不仅培训了乐队的约旦成员，还培训了阿拉伯邻国的成员，包括沙特阿拉伯、科威特、黎巴嫩、也门、卡塔尔、巴林、阿曼、叙利亚和阿拉伯联合酋长国。事实上，通过借调军官，约旦群众乐队在阿拉伯海湾国家的群众乐队的培训中发挥了核心作用。[300]

群众乐队参加国际音乐会为他们赢得了很高的声誉。自 1955 年在英国首次演出以来，他们的演出遍及阿拉伯和伊斯兰世界，[301] 以及西方世界。[302] 1981 年，军队交响乐团成立之际，23 名音乐家获奖学金赴奥地利学习 3—7 年。不久之后，又有 54 名音乐家加入了他们的行列。到 20 世纪 80 年代后期，他们都回到了整个阿拉伯世界的第一支军队交响乐团工作。乐团演奏古典音乐和"国际"音乐，曾在奥地利和约旦举办过音乐会。乐团也开始在约旦培训学生。[303]

群众乐队曾经穿着黄色的哈达（kufiyyah）；这随后变成了格拉布的红白相间的头巾，他们今天仍然戴头巾，除了一些乐队戴着头盔。至于交响乐团，其成员穿着没有约旦文化标志的西服。[304]

第一批风笛是在 1929 年至 1931 年期间引入群众乐队的，但规模很小。在 20 世纪 50 年代初期，风笛被大量引入军乐队，成为约旦群众乐队的标志。1981 年，随着交响乐团的成立，钢琴和弦乐器被引进。1994 年，乐队声称他们预计很快就会引入"像乌德琴和卡龙琴这样的东方弦乐器"。[305]这还没有发生。然而，风笛仍然是区分群众乐队的典型乐器。1999 年 2 月，国际电视转播的侯赛因国王葬礼进一步证实了他们对约旦国际形象的重要性。

## 殖民的遗产还是民族的遗产

自成立以来，阿拉伯军团在向其成员以及通过他们向社会其他人传授民族国家游戏规则方面发挥了重要作用。军队是推动由民族国家法律定义和管理的新文化的核心工具。从音乐到衣服再到食物，再到约旦民族文化所代表的"部落主义"文化，约旦军队是其形成过程中的核心工具。这支军队既可以统一人民，也可以分裂人民，与控制它的人使用的不同策略相称。在国家成立的第一个 10 年期间，皮克开始将贝都因人排除在军队之外，从而加剧了贝都因人和哈达里人之间已有的分歧。格拉布试图将哈达里人排除在军队之外，并统一国内的各种贝都因部落和国外的贝都因人，将他们整合到一个具有格拉布设计的特定文化属性的军队中，被称为"贝都因人"。随后，格拉布试图将这种文化作为约旦民族性的基础。

当民族主义军官接管军队时，他们试图通过摆脱格拉布的"传统"来使其现代化，他们并不认为这是格拉布的传统，但通过将其识别为贝都因人而落入了格拉布的陷阱。反殖民民族主义者显然不能幸免于殖民认识论。正如蒂莫西·米切尔所说，"在摒弃殖民权力只是一个强制性中央权威的形象时，人们还应该质疑传统的抵抗形象，即作为一个站在这种权力之外并拒绝其要求的主体。殖民主体的抵抗模式是在殖民国家的组织范围内而不是在一些完全外部的社会空间形成"[306]。由于反殖民民族主义军官是致力于现代化的人，他们的架构中没有"贝都因人"传统的位置。他们持有贬低贝都因人的殖民认识论（尽管格拉布具有独特的殖民观点），试图通过将贝都因人独立的部队整合到军队的其余部分来将贝都因人国有化。作为民族主义者，他们寻求将军队与国民警卫队统一起来，目的是将外约旦人和巴勒斯坦人国有化，形成一支具有全国代表性的军队。1976年重新建立国家义务兵役制时，国王本人进行了另一种融合尝试。然而，这并没有导致巴勒斯坦约旦人完全融入军队的军官队伍，但确实有助于将定居的外约旦人与贝都因人融合。

宫廷政变后，军队中复制了格拉布的旧模式，强调其贝都因人的性格是最"传统"的。这得到国王和军队领导层的进一步赞扬，为内战做准备。正如我们在第二章中看到的那样，这种趋势一直延续至今。在整个20世纪70年代，高级军官仍然主要是贝都因人出身，尤其是穿着盔甲的贝都因人。切尔克斯人在军队中也仍然很突出，尽管到20世纪70年代和80年代，他们开始主要担任顾问职位或被分配到特种部队（al-Quwwat al-Khassah）。[307]

军队正在发生变化。今天陆军人员的教育要好得多，征兵已经改变了年轻军官队伍的构成。年长的军官仍然是贝都因人，年轻的军官则是城市人。尽管年长的巴勒斯坦军官继续在军队服役，但他们永远不能指挥营级或营级以上的突击队。[308] 根据尤雷迪尼和麦克劳林的说法，撇开数字不谈，"高层的关键职位——比人员数量更重要——一直并将继续由特定部落的贝都因人担任。……例如巴尼·萨克尔、胡维塔特、瑟尔汗（Sirhan）和沙玛尔（Shammar）"[309]，这些都是与自 1930 年以来格拉布一直追求的部落相同。1976 年的征兵是由于不断扩大的经济吸引了潜在的新兵而需要人力，以及"战争性质不断变化"，这需要更多技术知识。然而，到 20 世纪 70 年代中期及以后，军队的价值体系正在发生变化。尽管侯赛因国王的"宗教合法性仍然被接受……［它］与军队人员，甚至是贝都因人的关切没有太大关系"[310]。此外，1976 年的征兵恰逢贝都因人因取消部落法而在国家公民领域规范化。

事实上，合法性不再是通过贝都因人的身份来寻求的，而是来自外约旦的民族主义身份。到内战时期——也就是在国家建立 50 年后，在其扩张和巴勒斯坦人并入 20 年后——国家采用的政治、司法和军事战略成功地将新的民族身份作为外约旦地理起源可追溯到建国时的主要统一身份。

然而，随着军队专业化程度的提高，它开始失去其独有的部落主义特征。正如尤雷迪尼和麦克劳林总结的那样，侯赛因国王的"政治合法性越来越被［在军队中］接受，以维护东岸利益——保护历史上的外约旦和外约旦人的利益。经济问题对部落成员（包括军队中的成员）来说更为重要，而哈希姆王国的作用则不那么重要"[311]。20 世纪 80 年代和 90 年代开始，这些趋势增强。例如，1980 年，国王在约旦的大学中为在约旦武装部队服役超过 10 年的军官和军人的子女提供了约旦大学的保留席位（对于由于席位有限而无法进入的普通学生来说非常抢手）和全额奖学金。[312] 此外，随着享有折扣、免税的军品商店和专供军事人员使用的小卖部的建立，军队的经济作用变得更加重要。事实上，与 20 世纪 30 年代一样，军队的经济作用是维持其成员忠诚度的首要任务。

在 1988 年脱离接触后，所有贝都因人和定居的外约旦人融合为一个民族身份，这让许多约旦民族主义者感到没有了巴勒斯坦西岸元素的负担。

他们将注意力转向东岸巴勒斯坦人，认为这是对他们最近声称的身份的主要威胁。事实上，正如我们将在下一章中看到的那样，巴勒斯坦约旦人开始构成约旦民族身份所定义的另一个对象。

伴随着国家政治生活的诸多变化和发展，军队的名称也发生了相应的变化。正如已经提到的，阿拉伯军队（英文称为阿拉伯军团）在 1944 年更名为约旦阿拉伯军队；[313] 1947 年，约旦阿拉伯军队总司令更名为约旦阿拉伯军队总参谋长，即 Rais Arkan Harb al-Jaysh al-Arabi al-Urduni。[314] 在宫廷政变和与伊拉克的联盟解体之后，军队首脑经历了又一次更名：他现在被称为武装部队总司令。[315] 在与伊拉克的短暂联合期间，约旦阿拉伯军队与其伊拉克同行合并，两支联合军队被称为阿拉伯军队，而在当地各自保留其独立名称。[316] 约旦阿拉伯军队在 1964 年更名为约旦武装部队，[317] 仅在 1966 年再次更名为阿拉伯军队。[318] 在内战前夕，它再次更名为约旦武装部队，[319] 这是它保留至今的名字。

尽管埃米尔阿卜杜拉认为 1944 年的第一次更名是有道理的，因为这是将约旦阿拉伯军队与邻国军队区分开来的必要条件，尤其是当它在冲突中发挥国际作用时，除了在与伊拉克的联盟下发生变化外，其他情况下没有任何理由更改军队名称。也许最令人困惑的是 1966 年改为阿拉伯军队，因为约旦武装部队将是一个合乎逻辑的变化，它指的是该国的所有军事部门，包括空军、海军和国民警卫队。1966 年的变化是在约旦日益孤立的地区背景下完成的，埃及人在夏天加强了反对侯赛因国王的运动，称其为"反动派"。此外，它发生在 11 月叙利亚和埃及签署防御条约以及 11 月 13 日以色列对萨穆的袭击和屠杀以及随之而来的义务兵役呼吁之前。在这种情况下，尚不清楚为什么要做出这样的改变。

到 20 世纪 80 年代中期，许多事件和人物正在被新的特殊主义约旦民族主义修复，包括格拉布帕夏本人。在格拉布被解雇后，国王提出要对他进行补偿。他们多次会面，"包括一天晚上，我们非常高兴地在伦敦的一个招待会上进行了长时间的交谈"。他们还通信并互相发送卡片。国王钦佩格拉布在被解雇后没有感到怨恨，尽管他"对发生的事情"感到"受伤"："其他不太聪明的人会变得如此情绪激动，他可能会破坏他长期从事的工作以及他带来的所有成功。格拉布帕夏在他生命中的巨大危机中表现得克制而有尊严……我希望他有一天能回来看望我们。他将永远是最受欢迎的。"[320]

格拉布从来没有回去。他于 1986 年去世，享年 88 岁。1986 年 4 月 17 日，侯赛因国王在威斯敏斯特教堂举行的追悼会上颂扬了他。国王代表自己和约旦人民发表了讲话：

> 很少有人像格拉布将军（在约旦更为人所知的是格拉布帕夏）那样给人民留下如此深刻的印象，以表彰他以最大的正直和最全心全意为我们的国家服务的非凡功绩。……约翰·巴戈特·格拉布爵士如此深入地了解我的人民的内心世界和他们所关心的问题，无论是卑微的还是尊贵的人，以至于我常常想知道在为约旦效力并与之打交道了这么多年后，他对生活和心灵的栖息地——自己祖国——的终极爱和忠诚……在约旦阿拉伯军队的早期，他为增强纪律严明、军事和专业传统作出了不可估量的贡献……对他的记忆将活在我们心中。[321]

国王并不是唯一一个称赞格拉布的人。沙希尔·阿布-沙胡特作为一名自由军官，与格拉布在该国的存在作斗争并担任过他的副官，他也钦佩这位殖民将军。阿布-沙胡特和国王一样，钦佩格拉布在被解职后毫不怨恨地赞美约旦的能力，但与国王不同的是，他并没有忘记格拉布在约旦历史上的殖民角色。[322] 以国王为榜样，约旦报纸大肆颂扬格拉布。像国王一样，他们忘记了他作为殖民官员的历史，更不用说国王最初驱逐他的原因了。

格拉布的遗产以他从未预料到的方式比他更长寿。正如我们在本章中看到的那样，约旦武装部队继续履行其规定的国内角色，即定义新的约旦国家身份，但他们也继续履行其国际角色，正如格拉布所实践的那样。除了 20 世纪 70 年代对一些海湾国家军队的训练外，约旦武装部队在 20 世纪 70 年代初和中期与国王军队一起平息阿曼祖法尔革命方面发挥了核心作用。[323] 今天，约旦武装部队是约旦社会的一个特权阶层。他们住在高档郊区，住在政府为他们建造的别墅里。他们在特殊的军品商店购物，价格低廉、可控，免除关税和税收。他们拥有全国最好的医疗保健系统。与其他人口相比，他们的薪水很高，他们的孩子在约旦最负盛名的大学中拥有保留席位，并由政府出钱就读（然而，这与许多年长的军队退休人员的情况形成鲜明对比，他们依靠相对较低的养老金，生活贫困）。约旦武装部队在界定约旦国界方面的核心作用仍在继续。与格拉布的辛勤努力相称，他的殖民遗产已有效地转化为民族文化。

## 注释

1. Timothy Mitchell, *Colonising Egypt* (Berkeley: University of California Press, 1991), p. xi.

2. 关于这一点以及约旦阿拉伯军队中自由军官的早期发展，参见沙希尔·阿布·沙胡特的回忆录，Shahir Abu Shahut, *Qissat Harakat al-Dubbat al-Urduniyyin al-Ahrar (1952—1957)*, unpublished manuscript, to be published as part of Silsilat Ihya' al-Dhakirah al-Tarikhiyyah, New Jordan Studies Center, edited by Hani Hurani, Amman, Jordan, p. 34。感谢哈尼·胡拉尼为我提供了一份手稿草稿。

3. Ibid., p. 35, note.

4. Ibid., p. 36.

5. Ibid., pp. 36—37.

6. 参见 Glubb, *A Soldier with the Arabs* (London: Hodder and Stoughton, 1957), pp. 255—257。格拉布将阿卜杜拉国王提拔塔尔为上校的承诺与希律王承诺满足莎乐美的愿望进行类比。在希律王的例子里，代价是施洗者约翰的头，在这里，根据格拉布的说法，是阿卜杜拉自己的头。

7. 'Abdullah al-Tall, *Karithat Filastin, Mudhakkarat 'Abdullah al-Tall Qa'id Ma'rakat al-Quds*, vol. I (Cairo: Dar al-Qalam, 1959), pp. 584—586.

8. 参见 P. J. Vatikiotis, *Politics and the Military in Jordan: A Study of the Arab Legion, 1921—1957* (New York: Frederick A. Praeger, 1967), pp. 98—108。

9. Al-Tall, *Karithat Filastin*, pp. 581—582, 592.

10. Ibid., p. 587. 书中记载的日期是 1949 年 12 月，这显然是错误的，因为塔尔那时已经离开了这个国家。

11. Ibid., p. 587. 在 1990 年出版的回忆录中，阿里·阿布-努瓦尔提到了与塔尔共事的其他军官的名字，包括马哈茂德·鲁桑和卡西姆·纳赛尔，以及沙希尔·阿布·沙胡特和马哈茂德·迈泰。见 'Ali Abu-Nuwwar, *Hina Talashat al-'Arab, Mudhakkarat Fi al-Siyasah al-'Arabiyyah, 1948—1964* (London: Dar al-Saqi, 1990), p. 112。

12. Al-Tall, *Karithat Filastin*, p. 589.

13. Ibid., p. 591.

14. Ibid., p. 593. 塔尔在这里使用"自由军官"一词是不合时宜的，因为该组织尚未成立，尽管其后来的成员已经很活跃。

15. 'Ali Abu-Nuwwar, *Hina*, p. 114. 阿布-努瓦尔说，他在 1956 年成为参谋长后将所有这些军官从军队中解职。

16. Al-Tall, *Karithat Filastin*, p. 597.

17. 阿卜杜拉国王在罗德斯岛与以色列人达成的停战协议的捍卫者反驳了塔尔的指控，通过指责他（塔尔）应该对约旦政府将被称为三角区的大巴勒斯坦地区的控制权交给以色列人的交易负责，这成为阿卜杜拉国王的敌人对其"叛国"的证明。例如，参见 Hazza' al-Majali, *Mud-hakkarati* (Amman: n.p., May 1960), pp. 89—92。

18. 关于阿卜杜拉被暗杀和随后的审判，见第五章。

19. Glubb, *A Soldier*, p. 281.

20. 约旦官方一直认为塔尔是阴谋的头目，直到 60 年代中期侯赛因国王赦免了他。例如，参见 Munib Madi and Sulayman Musa, *Tarikh al-Urdunn Fi al-Qarn al-'Ishrin, 1900—1959* (Amman: Maktabat al-Muhtasib, 1988), p. 558. 据我所知，他只是被赦免，但从未正式被免除罪名。在他的书中，阿里·阿布-努瓦尔为塔尔辩护，并声称他与暗杀事件无关，见 *Hina*, pp. 128—129。另见他的兄弟艾哈迈德·尤素夫·塔尔（Ahmad Yusuf al-Tall）撰写的关于塔尔的新两卷传记：*'Abdullah al-Tall*、*Batal Ma'rakat al-Quds*（Amman: Dar al-Furqan，1999）。

21. 有关塔尔角色的评估，参见 Vatikiotis, *Politics*, pp. 98—108，以及 'Abbas Murad, *Al-Dawr al-Siyasi Lil-Jaysh al-'Arabi, 1921—1973* (Beirut: Munazzamat al-Tahrir al-Filastiniyyah, Markaz al-Abhath, 1973), pp. 65—68。

22. 见 Kamil Mahmud Khillah, *Al-Tatawwur al-Siyasi Li Sharq al-Urdunn, Maris 1921—Maris 1948* (Tripoli, Libya: Al-Munsha'ah al-'Amah Lil-Nashr wal Tawzi' wal I'lan, 1983), pp. 300—305。

23. Abu Shahut, *Qissat al-Dubbat*, pp. 49—50.

24. Ibid., p. 50.

25. Ibid., p. 51.

26. Ibid., p. 55.

27. 参见阿布-沙胡特的忠诚成员名单，第 60—61 页。

28. 阿布-沙胡特报告说，穆罕默德·迈泰承诺支持该组织，而阿里·希亚里在他的支持上更加谨慎和矛盾。马哈茂德·鲁桑让军官们失望，因为他提议他可以加入该组织，担任领导人。自由军官对他的机会主义感到震惊，因此决定不追随他。见 Abu-Shahut, *Qissat al-Dubbat*, pp. 62—64。

29. 20 世纪初，阿里·阿布-努瓦尔的母亲还是一个小女孩（她的父亲是沙姆·希尔丹），她从高加索来到约旦，并在安曼附近的小镇苏瓦伊利定居。她嫁给了当时住在苏瓦伊利的萨尔特的阿卜杜勒·卡迪尔·阿布·努瓦尔。参见 Musa'Adil Bakmirza Shirdan, *Al-Urdunn Bayna 'Ahdayn* (Amman: n.p., 1957?), pp. 10—11。在他的回忆录中，阿里·阿布-努瓦尔简短地提到，他在苏韦利赫的切尔克斯叔叔和堂兄弟中长大。见 *Hina*, p. 9。

30. Abu-Nuwwar, *Hina*, p. 64.

31. Ibid., pp. 134—136.

32. 据说，在一次这样的争论中，国王扇了格拉布一巴掌，然后将他驱逐出宫。目前还不清楚的是，假设发生了这种情况，这是否与汉农事件有关。其他事件也被报道，但其真实性无法确定。见 Ribhi Jum'ah Hallum, *Ha'ula' A'da' al-Taharrur Fi al-Urdunn*, Silsilat Kutub Qawmiyyah (Cairo: Al-Dar al-Qawmiyyah Lil-Tiba'ah wa al-Nashr, 1962), p. 11。

33. *Mudhakkarat al-Malik Talal*, prepared by Mamduh Rida, edited by Subhi Tuqan (Cairo: Al-Zahra'Lil-I'lam al-'Arabi, 1991). 这是回忆录第二次印刷，回忆录最初于 1960 年在埃及杂志《鲁兹·尤素夫》上发表，随后由鲁兹·尤素夫出版公司于 1961 年以书籍形式出版。这本书是纳赛尔主义者反对哈希姆家族的宣传活动的一部分，因为它是在阿卜杜拉·塔尔的回忆录出版后不久面世的，里比·哈勒姆的书和其他书籍也随后出版。这些回忆录是真实的还是伪造的，这仍然无法证实，尤其是因为它们包含许多错误和不准确之处。

34. John Bagot Glubb, *The Story of the Arab Legion* (London: Hodder and Stoughton, 1948), p. 248.

35. 见 Glubb, *A Soldier*, pp. 284, 288, 292—296。

36. Abu Shahut, *Qissat al-Dubbat*, pp. 64—65.

37. Abu-Nuwwar, *Hina*, p. 115.

38. 见 Glubb, *A Soldier*, pp. 291—292。请注意，早在 1949 年，阿布–努瓦尔就与格拉布就政治和军事战略发生过公开争论。据格拉布称，阿布–努瓦尔正在通过国王的理发师寻求与塔拉尔国王的会面，为了与精神不稳定的国王密谋反对格拉布本人。就在那时，格拉布试图将他流放到巴黎。

39. Abu-Nuwwar, *Hina*, p. 141. 另见 Peter Snow, *Hussein* (Washington: Robert B. Luce, 1972), p. 44，这本书讲述了一个稍微不同的故事。Musa'Adil Bakmirza Shirdan, *Al-Urdunn*, pp. 84—85，该书声称阿布–努瓦尔有兴趣推翻格拉布是出于自私的原因，而不是因为他的民族主义，因为据称他（阿布–努瓦尔）酗酒并且"渴望女人"。这本书是 1957 年后诋毁阿布-努瓦尔的亲政府宣传运动的一部分。

40. Abu-Nuwwar, *Hina*, pp. 144—146.

41. 见 Abu-Shahut, *Qissat al-Dubbat*, pp. 69—70。阿布–努瓦尔没有提及这次会议。

42. Abu-Nuwwar, *Hina*, pp. 146—151. 阿布–努瓦尔声称，国王邀请他到安曼，询问阿尔及利亚革命的发展情况，阿布–沙胡特称，阿布–努瓦尔被召唤到安曼，就刚刚被法国废黜的摩洛哥国王穆罕默德五世的近期命运提供建议；见 Abu-Shahut, *Qissat al-Dubbat*, p. 85。

43. Abu-Nuwwar, *Hina*, p. 158.

44. Ibid., pp. 158—159. 格拉布的表达"Aquss'Umrak"的字面意思是"切断你的生命"，就像英语表达"缩短某人的寿命"一样。

45. Abu-Shahut, *Qissat al-Dubbat*, p. 77.

46. Ibid., pp. 77—79.

47. 参见 Hani Hurani and Salim Tarawnah, "Hakadha Saqata Hilf Baghdad fi'Amman," in *Al-Urdunn al-Jadid*, no. 7 (spring 1986), pp. 112—163。

48. 参见 Shirdan, *Al-Urdunn*, pp. 121—124。谢尔丹是约旦阿拉伯军队的一名军官，军衔为 ra'is awwal（介于上校和少校之间），还担任过几位约旦首相的副官以及（短暂地担任）阿卜杜拉国王的副官。他虽然提到军队对他的歧视，但坚定不移地支持政府的亲英和反殖民主义的民族主义路线，拥护亲英的民族主义路线，因为英国人被视为约旦的"朋友"，他为约旦人谋福利。

49. 阿布–努瓦尔试图让哈扎·马贾利免除支持《巴格达条约》和军队杀戮的罪名，而事实上马贾利当时是领导加入该条约的运动的首相（在公众压力下他只担任了 5 天首相）。参见 Abu-Nuwwar, *Hina*, pp. 161—162。有关马贾利自己的描述，参见 Hazza' al-Majali, *Mudhakkarati* (Amman:

n.p., 1960), pp. 171—174。他声称自己反对使用武力镇压示威活动。关于与杰拉尔德·坦普勒爵士就加入协定进行的实际谈判，参见 Hazza' al-Majali, *Hadha Bayanun Lil-Nas, Qissat Muhadathat Timblar* (Amman: n.p., 1956)。

50. 参见 Abu-Shahut, *Qissat al-Dubbat*, p. 87。

51. 关于军队在镇压平民中的作用，见 Peter Young, *Bedouin Command: With the Arab Legion 1953—1956* (London: William Kimber, 1956), pp.119—158。

52. Ibid., pp. 140, 154.

53. Ibid., p. 158. 有传言说，共产主义者优素福·哈比德（Yusuf al-Harbid）宣布建立一个独立的拉姆萨共和国。感谢萨尔蒂·塔尔先生提供的信息。

54. 他们指定了一些合作官员，例如阿卜杜勒·拉赫曼·萨恩和哈立德·萨恩，以及穆罕默德·苏海马特。参见 pamphlet #36 reproduced in Murad, *Al-Dawr*, pp. 78—79, and in Young, *Bedouin Command*, pp. 173—174。

55. Young, *Bedouin Command*, pp. 142, 146.

56. Ibid., p. 146.

57. Ibid., pp. 150—151, 153.

58. Ibid., p. 151.

59. Ibid., p. 161.

60. Ibid., pp. 134—135.

61. Ibid., p. 175.

62. Ibid. 关于拉什丹的部落隶属关系，见 Young, *Bedouin Command*, p. 202。

63. 引自 Abu-Shahut, *Qissat al-Dubbat*, p. 86。

64. Ibid., p. 86.

65. 侯赛因国王没有提及与阿布-沙胡特或任何其他官员的会面，见 King Hussein, *Uneasy Lies the Head: The Autobiography of King Hussein I of the Hashemite Kingdom of Jordan* (New York: Bernard Geis Associates, Random House, 1962), p. 140。

66. 阿里·阿布-努瓦尔在他的回忆录中坚持认为，约旦军队中不存在这样的组织，并同意格拉布的评估，即这些传单是由埃及驻安曼大使馆散发的。然而，考虑到阿布-努瓦尔早先与阿布-沙胡特的会面，他对该组织的"无知"似乎并不真实——尽管他远在巴黎，不知道该组织在其队伍扩大后的几年里的发展情况。见 Abu-Nuwwar, *Hina*, p. 163。请注意，由于在伦敦与阿布-努瓦尔和国王会面，阿布-沙胡特受到了同僚的严厉谴责，几乎被开除出集团。参见 Abu-Shahut, *Qissat al- Dubbat*, pp. 70—71。

67. 参见 Glubb, *A Soldier*, pp. 386—387。

68. Murad, *Al-Dawr*, pp. 73—74.

69. 关于军队的新教育设施和新教育部门和理念，参见 Sa'd Abu-Dayyah and 'Abd al-Majid Mahdi, *Al-Jaysh al-'Arabi wa Diblumasiyyat al-Sahra', Dirasah fi Nash'atihi wa Tatawwur Dawr al-Thaqafah al-'Askariyyah* (Amman: Mudiriyyat al-Matabi' al-'Askarriyah, 1986)。

70. P. J. Vatikiotis, *Politics*, p. 83.

71. Ibid., pp. 83—84.

72. Abu-Nuwwar, *Hina*, p. 166.

73. Ibid., p. 145.

74. 关于军队的贝都因人组成，见 Young, *Bedouin Command*, pp. 201—202。非约旦部落包括欧奈扎（'Unayzah）、鲁瓦拉（Ruwalah）和沙玛尔（Shammar），以及巴尼·阿提亚（Bani 'Atiyyah）。

75. Vatikiotis, *Politics*, p. 82. 贝都因人团是第一、第二、第三、第七和第九步兵团以及第一和第二装甲车团，见 Peter Young, *Bedouin Command*, p. 194。

　　76. Ibid., pp. 78, 81；另见 Glubb, *A Soldier*, p. 386。格拉布将这个数字定为 23 000。

　　77. Glubb, *A Soldier*, p. 386.

　　78. Ibid., p. 412.

　　79. Ibid., pp. 412—413.

　　80. Young, *Bedouin Command*, pp. 172—175.

　　81. 我在这里指的是阿布-沙胡特和阿布-努瓦尔的回忆录。至于没有区分军官中不同民族主义趋势的历史记载，例如，关于该时期的简要说明参见 Benjamin Shwadran, *Jordan: A State of Tension* (New York: Council for Middle Eastern Affairs Press, 1959), p. 349；另见 Sulayman Musa and Munib Madi's account in their *Tarikh al-Urdunn*, pp. 669—875; Vatikiotis's confused account of the Free Officers in *Politics*, pp. 100—101, note。唯一的例外是 Robert Satloff, *From Abdullah to Hussein, Jordan in Transition* (Oxford: Oxford University Press, 1994), pp. 138—139。沙特洛夫依赖于阿布-沙胡特的回忆录，但没有参考阿布-努瓦尔的回忆录。

　　82. 见 Madi and Musa, *Tarikh al-Urdunn*, pp. 628—629。后来成为约旦空军的核心力量诞生于 1948 年 7 月，当时军队购买了 7 架运输机。阿卜杜拉国王于 1951 年 7 月正式启用了新的空军。然而，到 1955 年，几乎没有发生任何扩张行动。有关空军早期发展的更多详细信息，参见 Sahar'Abd al-Majid al-Majali, *Al-Jaysh al-'Arabi, 1921—1951, Dawruhu fi al- Sira' al-'Arabi-al-Suhyuni* (Amman: n.p., 1992), pp. 181—183。

　　83. 侯赛因国王 1955 年 5 月 25 日发表的讲话，转载于 Sultan al-Hattab, *Al-Thawrah al-Kubra wa al-Jaysh al-'Arabi kama Yarahuma al-Husayn, Qira'at wa Nusus, 1953—1992* (Amman: Dar al-'Urubah Lil-Dirasat, 1993), p. 71。

　　84. King Hussein, *Uneasy*, p. 131. 侯赛因写这本自传时年仅 27 岁。

　　85. Ibid., pp. 131—132.

　　86. Ibid., p. 132.

　　87. Glubb, *A Soldier*, pp. 387—388.

　　88. King Hussein, *Uneasy*, p. 132.

　　89. Ibid., pp. 132—133.

　　90. Ibid., pp. 135—136.

　　91. Ibid., p. 136.

　　92. Ibid., p. 132.

　　93. Ibid., p. 137.

　　94. Ibid., p. 138.

　　95. Ibid.

　　96. Ibid., p. 133.

　　97. Ibid., pp. 133—134.

　　98. Ibid., p. 140.

　　99. Ibid., pp. 140—141.

　　100. Ibid., p. 139.

　　101. Ibid., p. 141.

　　102. Ibid., p. 142.

　　103. Ibid.

　　104. Glubb, *A Soldier*, p. 424.

　　105. Abu-Nuwwar, *Hina*, p. 179. 贝都因军官的名字是杜坎·沙兰（Dhuqan al-Sha'lan）。

106. King Hussein, *Uneasy*, pp. 143—145.

107. Glubb, *A Soldier*, p. 428.

108. Ibid., pp. 425—426.

109. Ibid., p. 427.

110. King Hussein, *Uneasy*, p. 138.

111. Faruq Nawwaf al-Surayhin, *Al-Jaysh al-'Arabi al-Urduni, 1921—1967* (Amman: n.p., 1990), p. 333.

112. King Hussein, *Uneasy*, p. 146.

113. Ibid.

114. Ibid., pp. 148—149.

115. 关于格拉布被驱逐及其之后的周年纪念日写的一些诗歌和歌曲，见 Hashim Isma'il al-Luqyani, *Ta'rib Qiyadat al-Jaysh al-'Arabi* (Amman, n.p., 1993), pp. 92—95。

116. Abu-Nuwwar, *Hina*, p. 165.

117. Ibid., p. 171.

118. Abu-Shahut, *Qissat al-Dubbat*, pp. 91—92. 阿布–努瓦尔似乎想声称他赢过了阿布–沙胡特，因为他在格拉布被解雇的那天缺席；见 Abu-Nuwwar, *Hina*, pp. 177, 189。

119. 关于新任命军官的清单，见 Abu-Shahut, *Qissat al-Dubbat*, p. 94，以及 Abu-Nuwwar, *Hina*, pp. 192—193。

120. Young, *Bedouin Command*, p. 193.

121. Abu-Nuwwar, op. cit., p. 194. 关于"马里亚军队"（Al-Jaysh al-Maryami）的信息很少，据说在 1948 年战争前，巴勒斯坦的一些教派曾向英国高级专员提出组建基督教军事营的请求。据说该请求已被转交给教皇，教皇建议英国人同意该请求，以便保护基督徒的"权利"。最终，一个小型军事团体成立并被称为马里亚军队。该组织在 1948 年战争后解体。它于 1955 年作为特殊的宫廷卫队（仿照阿卜杜拉国王的切尔克斯卫队）再次出现在约旦。它的重新出现似乎促成了一场罕见的教派大屠杀，发生在以基督徒为主的约旦小镇马达巴，许多基督徒被杀。据说，穆斯林兄弟会和伊斯兰解放党是煽动者。骚乱始于一名基督徒出租车司机和一名穆斯林出租车司机之间的争吵。这似乎是在解放党袭击萨尔特的修道院之后发生的。萨米尔·坦达维声称，代表马达巴的议会成员穆罕默德·萨利姆·阿布·加纳姆是将斗殴转变为彻底的教派骚乱的幕后推手。见 Samir al-Tandawi, *Ila Ayna Yattajihu al-Urdunn?* (Cairo: Al-Dar al-Misriyyah Lil-Kutub, 1958?), pp. 76—77。里比·哈勒姆声称，约旦基督徒军官萨利姆·卡拉德沙以及一些基督徒和穆斯林是骚乱的幕后推手，目的是推动重建马里亚军队。据称，卡拉德沙和约旦军队中土耳其出生的巴勒斯坦亚美尼亚著名军官卡里姆·乌汉与穆罕默德亲王（侯赛因的兄弟、当时的王位继承人）合作，并向教皇约翰二十三世发送了另一份请愿书，要求他确保约旦的基督徒权利。在他的叙述中，哈勒姆声称王子成了马里亚军队的秘密首领，乌汉是他的助手，卡拉德沙是行动负责人。据说约旦军官已被秘密派去训练这支新部队（见 Hallum, *Ha'ula'*, pp. 34—35）。阿巴斯·穆拉德是一个比宣传家哈勒姆更可信的消息来源，他声称，由乌汉在约旦军队中组织的"马里亚军队"基督教青年团伙开始要求在他们的部队中提供礼拜场所和基督教布道，就像穆斯林士兵一样，这一要求造成了很多宗派主义，当时由亲政权的穆斯林兄弟会和反政权的伊斯兰解放党提供支持。马里亚军队的成员除巴勒斯坦亚美尼亚人乌汉和约旦人卡拉德沙外，还包括依斯干达·纳加尔（一名担任无线电业务主管的巴勒斯坦约旦军官）、朱布兰·哈瓦（一名巴勒斯坦约旦军官，曾担任供应主管）、贾米勒·卡瓦尔（约旦军官）、伊米尔·朱马扬和沙菲克·朱马扬（约旦军官）。见 'Abbas Murad, *Al-Dawr*, p. 72. 这段短暂事件的有趣之处在于，约旦对其民族主义项目的持续不确定性表现在它以牺牲民族身份为代价鼓励宗教身份。有关乌汉的传记以及他在约旦安全机构中后续担任的职位，参见 Mudiriyyat al-Amn al-'Am, *Al-Amn al-'Am*

*al-Urduni Fi Sittin 'Aman, Min 1920 Ila 1980* (Amman: n.p., 1981), pp. 352—353。

122. Young, *Bedouin Command*, p. 186.

123. Ibid., p. 179.

124. Ibid.

125. Abu-Nuwwar, *Hina*, pp. 204—205.

126. 引自 Young, *Bedouin Command*, p. 195。

127. Ibid.

128. Vatikiotis, *Politics*, p. 110.

129. Ibid., p. 128.

130. Abu-Shahut, *Qissat al-Dubbat*, p. 98.

131. 详情见 ibid., pp. 95—96。

132. 关于萨尔特人控制的指控，见 Abu-Nuwwar, *Hina*, p. 183。

133. Abu-Shahut, *Qissat al-Dubbat*, p. 97.

134. Ibid., p. 98.

135. Ibid., pp. 99—100. 阿布–沙胡特谈到了阿布–努瓦尔所谓的"偏执狂"，认为阿布–沙胡特会通过政变取代他；见 pp. 100—101。

136. Ibid., p. 105.

137. 参见 Aqil Hyder Hasan Abidi, *Jordan: A Political Study, 1948—1957* (New Delhi: Asia Publishing House, 1965), pp. 134—137。

138. 侯赛因国王 1957 年 3 月 6 日发表的讲话，转自 Hattab, *Al-Thawrah*, pp. 81—82。

139. Sulayman al-Nabulsi, speech delivered on March 1, 1957, published in *Al-Mithaq*, March 7, 1957, and reproduced in *Al-Urdunn al-Jadid*, no. 7 (spring 1986), pp. 209—210.

140. Abidi, *Jordan*, p. 142.

141. Ibid., p. 148. 建议还包括与苏联和中华人民共和国建立关系，以表达约旦对于两国在三方入侵期间所采取的立场的感谢。

142. 见 Madi and Musa, *Tarikh al-Urdunn*, pp. 651—660。

143. 信件内容转自 King Hussein, *Uneasy*, pp. 159—160。

144. Ibid., p. 153.

145. Abu-Nuwwar, *Hina*, p. 250.

146. Abu-Shahut, *Qissat al-Dubbat*, p. 112.

147. King Hussein, *Uneasy*, pp. 155—156.

148. Ibid., pp. 156—157.

149. Ibid., pp. 114—115.

150. 罗伯特·萨特洛夫称，该名单包括 27 名即将退休的官员。见 Satloff, *From Abdullah*, p. 164。

151. Abu-Shahut, *Qissat al-Dubbat*, p. 116.

152. Ibid., p. 113.

153. 见 Glubb, *A Soldier*, pp.433—434。有关揭露格拉布阴谋论的论据，参见 Abidi, *Jordan*, pp. 155—157, 以及 Erskine Childers, *The Road to Suez* (London: MacGibbon & Kee, 1962), n. 58, p. 397, 引自 Abidi.

154. Abu-Nuwwar, *Hina*, pp. 318, 323. 请注意，1957 年之后，流亡军官，包括阿里·希亚里，非常不喜欢阿布–努瓦尔，他们都拒绝与努瓦尔合作或协调政治活动。许多自由军官，包括阿里·希亚里，将宫廷政变归咎于他，声称他的领导方法具有地方沙文主义（对于他的萨尔特城），指责他的傲慢（尽管众所周知的是他在国王面前屈辱地崩溃，众所周知）、他过于年轻，以及他的贪婪和野心。1958 年，自由军官将这些指控传达给了大马士革的阿卜杜拉·塔尔，塔尔（从他的开罗住所）来与他们见面。参见 Ahmad Yusuf al-Tall, *Abdullah al-Tall*, pp. 928—931。

155. Ibid., pp. 317—319.

156. 美国在第二次世界大战后对朝鲜进行了第一次重大国际军事干预后，于 1953 年帮助推翻了伊朗民族主义总理穆罕默德·摩萨台，并恢复了国王政权。美国还于 1954 年推翻了危地马拉民族主义总统雅各布·阿尔本斯，在危地马拉发动了一场持续到 20 世纪 90 年代初的内战。它当时在约旦的作用是其新的干预主义国际政策的一部分。

157. King Hussein, *Uneasy*, p. 162.

158. Ibid., pp. 163—164.

159. Abu-Shahut, *Qissat al-Dubbat*, p. 117.

160. Ibid., p. 118.

161. 见 Murad, *Al-Dawr*, p. 91。

162. 见 King Hussein, *Uneasy*, p. 173。

163. 侯赛因国王 1957 年 4 月 14 日发表的讲话，转自 Hattab, *Al-Thawrah*, p. 84。

164. Glubb, *A Soldier*, p. 435, and Murad, *Al-Dawr*, p. 92.

165. King Hussein, *Uneasy*, p. 179.

166. Abu-Nuwwar, *Hina*, pp. 322—324.

167. Ibid., p. 326.

168. 参见 Naseer Aruri, *Jordan: A Study in Political Development (1921—1965)* (The Hague: Martinus Nijhoff, 1972), pp. 143—144。

169. *New York Times*, April 17, 1957，引自 Aruri, *Jordan*, p. 144n。

170. 参见 Murad, *Al-Dawr*, p. 95，以及 Satloff, *From Abdullah*, p. 170。

171. Al-Ba'th, Syrian newspaper, August 12, 1957，引自 Murad, *Al-Dawr*, p. 96。

172. Murad, *Al-Dawr*, p. 96.

173. 详情参见 Abu-Shahut, *Qissat al-Dubbat*, pp. 120—126。

174. Aruri, *Jordan*, p. 144.

175. 引自 Satloff, *From Abdullah*, p. 171。

176. 有关戒严的具体内容，请参阅《官方公报》第 1327 号（1957 年 4 月 27 日），第 410—414 页。有关全国戒严令的声明，请参阅《官方公报》第 1328 号（1957 年 5 月 4 日），第 415 页。

177. Abidi, *Jordan*, p. 163.

178. 1956 年颁布了分开这两种力量的最初法律，见《将警察和宪兵与约旦阿拉伯军队分开的法律》，1956 年第 27 号临时法，1956 年 7 月 12 日签署，见《官方公报》第 1285 号（1956 年 7 月 14 日），第 1763—1764 页。关于这项法律的撤销，见《官方公报》第 1661 号（1957 年 5 月 16 日）第 429 页。

179.《定时公安法》，1958 年第 29 号临时法，1958 年 6 月 16 日签署，见《官方公报》第 1388 号（1958 年 7 月 1 日），第 641—643 页。另见 Mudiriyyat al-Amn al-'Am, *Al-Amn al-'Am al-Urduni Fi Sittin 'Aman, Min 1920 Ila 1980*, p. 28。

180. Satloff, *From Abdullah*, p. 171.

181. Murad, *Al-Dawr*, p. 97.

182. King Hussein, *Uneasy*, p. 159.

183. Ibid., p. 166.

184. 侯赛因国王于 1957 年 8 月 22 日发表的讲话，转载于 Hattab, *Althawrah*, p. 89。

185.《阿拉伯联邦协定》在《官方公报》上公布，见《官方公报》第 1371 号（1958 年 2 月 19 日），第 235—238 页。另见 Naseer Aruri, *Jordan*, pp. 151—164。

186. *The Arab Federation Agreement*, article 4-b, p. 237.

187. 见《阿拉伯联盟宪法》，《官方公报》第 1377 号（1958 年 3 月 31 日），第 402—413 页。

188. Ibid.，见宪法第 4-A 条。

189. 见 Murad, *Al-Dawr*, p. 102；另见 King Hussein, *Uneasy*, p. 205。

190. 该小册子引自 Murad, *Al-Dawr*, p. 101。

191. King Hussein, *Uneasy*, p. 206.

192. 见 Murad, *Al-Dawr*, p. 101。

193. 被捕人员名单见 ibid., pp. 101—102。

194. Ibid., p. 102.

195. 实际上，沙尔属于一个巴勒斯坦家族，他们在外约旦成立之前定居在约旦北部的伊尔比德。

196. 被告名单见 Murad, *Al-Dawr*, p. 103。

197. 关于这些叛逃军官，见 ibid., p.107。

198. 侯赛因国王 1961 年 4 月 15 日发表的讲话，转自 Hattab, *Al-Thawrah*, p. 120。

199. Murad, *Al-Dawr*, p. 147.

200. 关于杀害国王的尝试，参见 King Hussein, *Uneasy*, pp. 209—216。

201. 关于暗杀企图和被捕官员的姓名，见 Murad, *Al-Dawr*, pp. 105—106。

202. Murad, *Al-Dawr*, p. 108.

203. Ibid.

204. Abu-Shahut, *Qissat al-Dubbat*, p. 161. 阿布-沙胡特讲述了他是如何被当时的首相瓦斯菲·塔尔邀请到他的办公室。首相替阿布-沙胡特偿还了他欠父亲的债，并为他在公务员系统中找到了一份工作。

205. Ibid., p. 163.

206. Ibid., pp. 164—172.

207. Murad, *Al-Dawr*, p. 115.

208. Adnan Abu-Odeh, *Jordanians, Palestinians and the Hashemite Kingdom in the Middle East Peace Process* (Washington, DC: United States Institute of Peace Press, 1999), p.119.

209. Ibid., p. 118.

210. 直到 1962 年，侯赛因国王仍然声称"自从［他于 1957 年离开该国］以来，阿布-努瓦尔肯定是一个活跃的敌人"，见 King Hussein, *Uneasy*, p. 178。

211. Murad, *Al-Dawr*, pp. 115—116. 最近，基拉尼先生参加了对来自约旦北部的年轻军官艾哈迈德·达卡姆萨的审讯，他被指控向 7 名以色列女学生开枪，这些女学生在他祈祷时嘲笑和嘲笑他。枪击事件发生在 1997 年 3 月的巴库拉边境地区。

212. 详尽清单见 Murad, *Al-Dawr*, pp. 116—117。

213. 1955 年 2 月 26 日，在侯赛因国王访问埃及期间，塔尔在开罗会见了国王。他们在侯赛因国王的第一任妻子迪娜的父亲谢里夫阿卜杜勒·哈米德（'Abd al-Hamid）的家中相遇。侯赛因的叔叔谢里夫纳赛尔也出席了会议，在会面期间，塔尔向年轻的国王保证，他在阿卜杜拉国王被暗杀一事上是清白的。见 Ahmad Yusuf al-Tall, *Abdullah al-Tall*, vol. II, p. 913。在另一个场合，阿卜杜拉的堂兄瓦斯菲·塔尔于 1959 年 7 月向他传达了总理哈扎·马贾利的口头信息，要求他写一封信，为自己暗杀国王的行为开脱。塔尔拒绝写这封信，声称对所有政治犯和流亡者实行全面大赦是必要的。他还认为马贾利的提议是后者分裂流亡的民族主义反对派的企图。见 Ahmad Yusuf al-Tall, *Abdullah*

*al-Tall*, vol. II, p. 943。

214. Ibid, p. 970.

215. 见 Murad, *Al-Dawr*, p. 117n。

216. Ahmad Yusuf al-Tall, *Abdullah al-Tall*, vol. II, p. 971.

217. 这封信的正文发表在约旦报纸《灯塔》(*Al-Manar*) 的头版 (1967 年 1 月 25 日), 第 1、4 页。据说塔尔在埃及时, 他与穆斯林兄弟会关系密切, 这就是他疏远阿卜杜勒·纳赛尔的原因, 促使他给纳赛尔寄了一封著名的信。事实上, 塔尔的伊斯兰主义倾向使他准备在爱资哈尔攻读博士学位。他的论文 (主题是 "《托拉》与《古兰经》之间的斗争") 并没有完成, 因为约旦大赦和他返回约旦打断了论文的写作。1964 年, 他出版了一本名为《世界犹太教对伊斯兰教和基督教的危险》 (*Khatar al-Yahudiyyah al-'Alamiyyah'Ala al-Islam wa al-Masihiyyah*) 的书。见 Ahmad Yusuf al-Tall, *'Abdullah al-Tall*, vol. II, pp. 753—754。

218. 例如, 参见 al-Tall, *Karithat Filastin*, p. 581。

219. 见阿卜拉·塔尔的序言信, Taysir Zibyan, *Al-Malik'Abdullah Kama'Ariftuhu* (Amman: Majallat al-Shari'ah, 1994), pp. 13—16。该书最初于 1967 年出版。

220. Ahmad Yusuf al-Tall, *'Abdullah al-Tall*, vol. II, p. 973.

221. Murad, *Al-Dawr*, p. 117.

222. Ibid.

223. 参见他最近的回忆录, 其中提到了他所有被任命的职务, 但没有提及他被指控的阴谋或监禁。见 Sadiq al-Shar', *Hurubuna ma' Isra'il, 1947—1973, Ma'arik Khasirah wa Intisarat Da'i'ah, Mudhakkarat wa Mutala'at Al-Liwa'al-Rukn al-Mutaqa'id Sadiq al-Shar* ('Amman: Dar al-Shuruq Lil-Nashr, 1997), jacket back。

224. 被捕人员名单见 Muard, *Al-Dawr*, pp. 119—120。

225. Ibid., p. 120.

226. 见《国民警卫队法》, 1950 年第 7 号法律, 1950 年 1 月 17 日签署,《官方公报》第 1010 号 (1950 年 2 月 9 日), 第 71—72 页。根据格拉布的说法, 法律规定所有 20 岁至 40 岁的约旦人每年应服役 (或接受训练) 最多 150 小时, 这基本上相当于一个月。参见法律第 2 条和第 3 条。另见 Glubb, *A Soldier*, p. 290。关于国民警卫队, 见 Avi Plascov, *The Palestinian Refugees in Jordan, 1948—57* (London: Frank Cass, 1981), pp. 92—96。普拉佐夫错误地写道, 18 岁至 40 岁之间的约旦人将在国民警卫队服役 (第 92 页)。另见 P. J. Vatkiotis, *Politics*, pp. 79—81。

227. Al-Surayhin, *Al-Jaysh al-'Arabi*, p. 318.

228. Glubb, *A Soldier*, p. 290. 请注意, 该法律提及 "所有约旦人", 没有具体说明性别, 但实际上只有男性被招募和 / 或自愿参加。将 "所有约旦人" 与 "所有男性约旦人" 混为一谈是此类法律的特征。

229. Glubb, *A Soldier*, p. 289.

230. Ibid. 格拉布后来补充说, 其目的是 "让巴勒斯坦人参与到更大的国家保卫战中", 引自 Vatikiotis, *Politics*, p. 80。

231. Al-Husayn Ibn Talal, *Mihnati Ka Malik*, translated by Ghalib A. Tuqan (Amman: n.p., 1978), p. 112. 这本书最初于 1975 年以法语出版, 书名为 *Mon Métier de Roi*。

232. Glubb, *A Soldier*, p. 369.

233. Vatikiotis, *Politics*, p. 80.

234. Avi Plascov, *The Palestinian*, p. 93.

235. Ibid.

236. Ibid. 普拉佐夫错误地提到 1965 年是进行整合的那年。另见 Vatikiotis, *Politics*, p. 110。

237. Plascov, *The Palestinian*, p. 96.

238. Vatikiotis, *Politics*, p. 81.

239. 有关60年代政府为使巴勒斯坦人约旦化做出的其他努力，参见 Clinton Bailey, *The Participation of the Palestinians in the Politics of Jordan*, doctoral dissertation, Department of Political Science (New York: Columbia University, 1966), pp. 248—256。

240. Vatikiotis, *Politics*, p. 111.

241. Shwadran, *Jordan*, pp. 336—337.

242. 实际上，法律中的"所有约旦人"一词是指"所有约旦男性"，因为女性从未被征入约旦军队，尽管有些女性会加入其专业和服务部门。参见《强制国民服役法》，1966年临时法第102号，《官方公报》第1966号（1966年11月27日），第2464—2466页，第2条和第16条。该法律于1966年11月23日签署，即突袭萨穆10天后。请注意，1964年阿拉伯联盟成立巴解组织后，也开始强制征兵，巴解组织当时也在进行招募并指挥巴勒斯坦游击队；见 Vatikiotis, *Politics*, p. 30。

243. Vatikiotis, *Politics*, p. 27.

244. Ibid., p. 28.

245. Ibid., pp. 28—29.

246. Ibid., p. 29.

247. 参见 Plascov, *The Palestinian*, pp. 96—103。

248. 关于民族主义和性别，参见 Andrew Parker, Mary Russo, Doris Sommer, and Patricia Yaeger, eds., *Nationalisms and Sexualities* (New York: Routledge, 1992)，以及 George Mosse, *Nationalism and Sexuality: Respectability and Abnormal Sexuality in Modern Europe* (New York: Howard Fertig, 1985)。

249. 有关对这些传言的评论，参见 Sa'id al-Tall, *Al-Urdunn wa-Filastin, Wujhat Nazar 'Arabiyyah* (Amman: Dar al-Liwa'Lil-Sahafah wa al-Nashr, 1986), pp. 41—64。

250. Ibid., p. 51.

251. 见 Hani Hurani, "'Al-Ittihad al-Watani' wa al-Shakl al-Rahin Lil-Sultah Fi al-Urdunn," in *Shu'un Filastiniyyah*, no. 14 (October 1972)。

252. Mudiriyyat al-Tawjih al-Ma'nawi, *Al-Fida'iyyun Bayna al-Riddah wa al-Intihar* (Amman: Mudiriyyat al-Tawjih al-Ma'nawi, 1973), p. 26.

253. 演讲引自 Mudiriyyat al-Tawjih al-Ma'nawi, *Al-Fida'iyyun*, p. 61。

254. 侯赛因国王1958年7月8日发表的讲话，转自 al-Hattab, *Al-Thawrah*, p. 100。

255. 在这里，士兵正在背诵《古兰经》的《开端章》，传统上是《古兰经》中的第一章；*The Koran Interpreted*, translation by Arthur J. Arberry (New York: Collier Book, 1955), p. 29。

256. 在这里，士兵正在背诵《世人章》，传统上是《古兰经》的最后一章；ibid., p. 354。

257.《阿克萨》（约旦军队的报纸），1970年8月26日，引自 "Hamlat al-Ta'bi'ah Did al-Muqawamah," in Khalil Hindi, Fu'ad Bawarshi, Shi-hadah Musa, and Nabil Sha'ath, *Al-Muqawamah al-Filastiniyyah wa al-Nizam al-Urduni, Dirasah Tahliliyyah Li Hajmat Aylul* (Beirut: Munazzamat al-Tahrir al-Filastiniyyah, Markaz al-Abhath, 1971), p. 123。

258. Mudiriyyat al-Tawjih al-Ma'nawi, *Al-Fida'iyyun*, p. 40.

259. Ibid., p. 78.

260. Ibid., p. 125.

261. 引自 David Hirst, *The Gun and the Olive Branch: The Roots of Conflict in the Middle East* (London: Faber and Faber, 1984), p. 306。

262. Shirdan, *Al-Urdunn*, p. 238.

263. Ibid., pp. 92—93.

264. Ibid., p. 276.

265. Ibid., pp. 195—197. 谢尔丹引用哈拉比的话说，当哈拉比陪同叙利亚总统前往苏联时，一个年轻的俄罗斯男子的美貌让他印象深刻，这让他想起，一个大马士革男人爱上了他在贝鲁特的帅气的黎巴嫩男理发师。

266. 关于这个故事，见 David Hirst, *The Gun*, p. 308。

267. 这个版本的故事由国王的传记作者詹姆斯·伦特记载下来，见 *Hussein of Jordan: A Political Biography* (London: Macmillan, 1989), p. 134。

268. Ibid.

269. *Al-Aqsa* (October 10, 1970), p. 1.

270. Ibid., p. 6.

271. 引自 Khalil Hindi, "Al-Ta'bi'ah al-Urduniyyah Did al-Muqawamah al-Filastiniyyah Qabl Hajmat Sibtimbar 1970," in *Shu'un Filastiniyyah*, no. 4 (September 1971), p. 41。

272. Ibid., p. 40.

273. 对马安·阿布·努尔的采访，转自 Khalil Hindi et al., *Al- Muqawamah*, p. 480。

274. 见 Abu Iyad with Eric Rouleau, *My Home, My Land: A Narrative of the Palestinian Struggle* (New York: Times Books, 1981), p. 76。另见对马安·阿布·努瓦尔的采访，转自 Khalil Hindi et al., *Al-Muqawamah*, p. 481。

275. Murad, *Al-Dawr*, pp. 143—144.

276. 侯赛因国王 1957 年 11 月 11 日发表的讲话，转自 Hattab, *Al-Thawrah*, p. 91。

277. 见 Seteney Shami, *Ethnicity and Leadership: The Circassians in Jordan*, doctoral dissertation, Department of Anthropology (Berkeley: University of California, 1982), pp. 42, 128。

278. Ibid., p. 128.

279. Seteney Shami, "The Circassians of Amman: Historical Narratives, Urban Dwelling and the Construction of Identity," in Jean Hannoyer and Seteney Shami, eds., *Amman: The City and Its Society* (Beirut: CERMOC, 1996), p. 315.

280. 国王的名字在早年发生了变化。尽管他自称为侯赛因·阿瓦尔或侯赛因一世，但他的签名是侯赛因·本·塔拉勒；见《官方公报》第 1187 号（1954 年 7 月 17 日），第 552 页。早些时候，他曾以侯赛因·本·塔拉勒的名字签名；见《官方公报》第 1143 号（1953 年 5 月 6 日），第 691 页。到 1954 年 8 月，他开始称自己为侯赛因·阿瓦尔，并以侯赛因·本·塔拉勒作为签名；见《官方公报》第 1191 号（1954 年 8 月 18 日），第 607 页。

281. 约旦没有颁布正式法令，要求在王子的名字上加上 "al"；相反，它是非正式的。1986 年 9 月国王在国外时，报纸开始不一致地将王子（1986 年 9 月 10 日至 11 日）称为 "Prince al-Hasan" 和 "Prince Hasan"。9 月 14 日之后王子总是以 "al-Hasan" 的名字出现在报纸上。参见 *Al-Dustur* and *Al-Ra'y* (September 10, 11, and 14, 1986)。在《官方公报》上，"al-Hasan" 这个名字在 1969 年后开始断断续续地出现。《官方公报》第 2144 号（1969 年 1 月 16 日）第 5 页中使用 "al-Hasan"，《官方公报》第 2174 号（1969 年 5 月 27 日）第 532 页则全称他为 "Hasan"。从那以后，他一直被称为 "al-Hasan"。

282. 关于穆塔大学的建立，见 al-Luqyani, *Ta'rib Qiyadat*, p. 77。

283. 参见 'Umar Sulayman Badran, *Hakadha Yakun al-Intima' Lil-Watan* (Amman: Mudiriyyat al-Matabi' al-'Askariyyah, 1989)。

284. 参见 Sami al-Khazendar, *Jordan and the Palestine Question: The Role of Islamic and Left Forces in Foreign Policy-Making* (Berkshire: Ithaca Press, 1997), p. 149。

285. Murad, *Al-Dawr*, p. 146.

286. 对于军政府成员的姓名及其部落关系，见 ibid., p. 146。

287. 参见 *Al-Dustur* (February 4, 1971)，引自 Murad, *Al-Dawr*, p. 147。

288. 对军队精神指导司司长马安·阿布·努瓦尔的采访，转自 Khalil Hindi et al., *Al-Muqawamah*, p. 480。

289. Murad, *Al-Dawr*, pp. 148—149.

290. Ibid., pp. 152—153.

291. 关于强制服兵役的新法律，见《官方公报》第 2599 号（1976 年 1 月 1 日）。该法于 1986 年被新的《义务兵役法》所取代。参见《官方公报》第 3402 号（1986 年 6 月 1 日）。

292. Wizarat al-I'lam, *Al-Mar'ah al-Urduniyyah* (Amman: Department of Press and Publications, 1979), p. 86.

293. Ibid., p. 95.

294. Ibid., pp. 87—88.

295. 20 世纪 80 年代后期，约旦爆出了一桩丑闻，发现了一个大型卖淫团伙，涉及女子警察部队的一名高级官员和一名大学女教授。这桩丑闻家喻户晓，直到它最终消失。涉事警官随后退休。有传言说她先被降职了。

296. 见 Suhayr al-Tall, *Muqaddimah Hawla Qadiyyat al-Mar'ah wa al-Harakah al-Nisa'iyyah Fi al-Urdunn* (Beirut: Al-Mu'assasah al-'Arabiyyah Lil-Dirasat wa al-Nashr, 1985), pp. 84—85。

297. 1952 年，哈希姆乐队更名为第二群众乐队。1953 年，第三个乐队成立并隶属于第一步兵团。1954 年，第四支乐队成立。

298. Naji al-Zu'bi（音乐大乐团首席），"Lamhah Tarikhiyyah 'an Musiqat al-Quwwat al-Musallahah al-Urduniyyah," (Amman: unpublished manuscript, 1994), p. 3.

299. 1958 年，又有两支乐队成立，其中一个由埃及人伊斯梅尔·阿斯卡尔领导，他后来被授予约旦国籍。见 ibid.。

300. Ibid., p. 4.

301. 他们于 1956 年在埃及演出，1957 年和 1966 年在黎巴嫩演出，1964 年在科威特演出，1972 年在阿曼，1972 年至 1974 年在叙利亚，1976 年在也门，1979 年在利比亚，1990 年在伊拉克、1960 年在土耳其、1962 年和 1971 年在伊朗，见 ibid., pp. 5—6。

302. 他们于 1959 年在意大利演出，1962 年在苏格兰，1964、1976 和 1986 年在美国，1966 年和 1985 年在英格兰，1981 年和 1993 年在法国，1987 年在瑞士和 1992 年在西班牙，见 ibid., pp. 5—6。

303. Ibid., p. 2.

304. Ibid., p. 6.

305. Ibid.

306. Timothy Mitchell, *Colonising Egypt*, p. xi.

307. Seteney Shami, *Ethnicity*, p. 110.

308. Paul A. Jureidini and R. D. McLaurin, *Jordan: The Impact of Social Change on the Role of the Tribes* (New York: Praeger, 1984), p. 61.

309. Ibid.

310. Ibid., pp. 62—63.

311. Ibid., p. 63.

312. 侯赛因国王 1980 年 7 月 12 日发表的讲话，转自 Hattab, *Al-Thawrah*, p. 200。

313. 见 *Official Gazette*, no. 796 (June 17, 1944)。

314. *Official Gazette*, no. 912 (July 1, 1947), p. 853.

315. *Official Gazette*, no. 1410 (January 1, 1959).

316. The Arab Federation Agreement, article 4-b, p. 237.

317. *Official Gazette*, no. 753 (April 16, 1964).

318. *Official Gazette*, no. 1948 (September 15, 1966).

319. *Official Gazette*, no. 2189 (August 16, 1969).

320. King Hussein, *Uneasy*, p. 150.

321. *Journal of the Royal Society of Asian Affairs* XVII, part III (October 1986), pp.357—358.

322. Abu-Shahut, *Qissat al-Dubbat*, p. 85.

323. 参见 Murad, *Al-Dawr*, pp. 155—157。

# 第五章　作为弹性实体的国家：约旦的扩张与收缩

　　在本章中，我将讨论约旦的地理和人口扩张与收缩，以及它们对约旦民族认同和民族文化发展的影响。我展示了巴勒斯坦人到达后来被称为东岸的地区，以及巴勒斯坦中部并入王国的过程，是如何巩固外约旦人民已经在发展中的政治团结。多年来，巴勒斯坦人在该国的存在对于约旦民族认同和民族文化的特定结构的出现至关重要，随着时间的流逝，约旦公民的大部分人越来越排斥这种特殊结构。被约旦政权及其盟友认定为"他者"的巴勒斯坦人在帮助约旦形成一个反对他者的民族自我方面发挥了重要作用，其中，对于新的排他主义民族主义者来说，公民身份和国籍不再被混为一谈。尽管一开始，阿卜杜拉和格拉布从未想过巴勒斯坦人可以服务于这样的目的，当时也没有任何国家机构，阿卜杜拉和格拉布以及大多数国家机构（尤其是军队、司法系统和官僚机构）都清楚，他们可以调集资源来促进这种身份认同，这将有助于消除巴勒斯坦人带来的威胁，即非哈希姆阿拉伯民族主义的威胁。尽管正如我们在第一章中看到的，阿拉伯民族主义的思想早在巴勒斯坦人到来之前就已经渗透到约旦民族运动中，但约旦国家担心巴勒斯坦人会因为其庞大的人数和绝望程度而打破针对哈希姆霸权的平衡。然而，约旦政府对这个新项目持矛盾态度。约旦民族主义的话语是其用来抵御哈希姆君主制敌人的更容易获得的武器，无论他们是外约旦人还是巴勒斯坦人，该政权非常认同外约旦人，以至于反对它的人被认为是反对约旦和约旦性的，约旦政权害怕排他主义的约旦民族主义，就像它在 20 世纪 20 年代以本土主义形式遇到的那种民族主义一样，会将哈希姆本身排除在约旦身份之外，其基础与排除巴勒斯坦人相同。我们将在 1948 年后的历史进程中看到约旦国家的矛盾心理如何表现出来，以及它在什么情况下选择以偏袒的方式解决其矛盾心理。此外，本章还展示了国家政策如何通过自己的民族主义话语释放出约旦的民族主义势头的，而这种话语是国家自身无法再控制的，而且它担心最终会被民族主义根据自己的论述重新定义而被吞噬。

尽管阿卜杜拉的扩张主义意识形态构成了他自 1921 年以来的整个政治思想和战略，包括接受成立一个后来被称为外约旦的国家作为这种扩张基础的策略（阿卜杜拉继续推行统治和统一叙利亚、巴勒斯坦、伊拉克和外约旦的计划，直到他于 1951 年 [1] 去世），外约旦的具体地理和人口的扩张要到 1948 年才会发生。在那一刻，欧洲犹太人定居点在巴勒斯坦的地理和人口上占据了多数，这为阿卜杜拉将该领土的剩余中东部地区并入约旦（1946 年独立后更名）铺平了道路。就像他之前试图将他的扩张主义意志强加于叙利亚的尝试一样，他对巴勒斯坦的争夺一直面临着一个大型巴勒斯坦民族主义集团的强烈反对（更不用说犹太复国主义殖民定居者的矛盾支持），到 1948 年，该集团已不再能够集结政治或军事力量反对阿卜杜拉的接管。尽管这种抵抗无处不在且持续不断，阿卜杜拉和他在当地的巴勒斯坦盟友能够拉拢或胁迫大量有权势的巴勒斯坦人参与 1948 年 12 月在杰里科会议上启动的吞并事业。这一地理和人口扩张的过程在政治、经济和社会生活的所有领域对约旦产生了重大影响，其影响以无法根除的方式重新定义和重建约旦。1970 年得到巩固的蓬勃发展的约旦民族主义排他主义所遇到的困难恰恰在于，它无法将 1948 年之前的纯洁的约旦神话化愿景与 1948 年之后受污染的约旦同样神话化的愿景区分开来。最近（自 20 世纪

80年代后期）试图重建国有化的约旦历史记忆，其目的是将当代约旦恢复到一个神话般的理想化的前巴勒斯坦人的约旦，以重建一个后巴勒斯坦人的约旦，这种尝试是否成功还有待观察。然而，对于今天居住在约旦的所有人来说，可以看到的是，这种完全脱离是不可能的，更不用说净化了。

统一决定项目（或称 Mashru Qarar al-Wihdah）是约旦政府为吞并提案命名的方式。政府声明的开场白开启了议会对该问题的辩论，并断言政府和议会的决定主要基于"（约旦）东岸和西岸的现实［waqi］，其民族主义、自然和地理统一［"wihdatiha al-qawmiyyah, wa al-tabiiyyah, wa al-jughrafiyyah"］，以及其共同利益的必要性"[2]。议会决定要求"约旦东岸和西岸完全统一，并将它们合并为一个国家，即约旦哈希姆王国"或 al-Mamlakah al-Urduniyyah al-Hashimiyyah（英文错误地翻译成"the Hashemite Kingdom of Jordan"）。[3] 阿卜杜拉的王座演说（Khitab al-'Arsh）开启了议会会议，投票支持"统一"，强调这是"约旦宪政史上第一次人民委员会［议会］，将两岸（约旦）归为一体，源于一个民族、一个家园和一个希望的意志。这是两岸已经开始并且作为相关方的人民已经开始实现的幸福步骤，旨在加强其民族主义团结和爱国自豪感［wih-datihi al-qawmiyyah wa izzatihi al-wataniyah］及其共同利益"。阿卜杜拉将新扩展的约旦比作"一只鸟，它的翅膀是它的东方和西方，它拥有让人民和亲属聚在一起的自然权利"[4]。鸟的翅膀具体对应东岸和西岸，鸟的身体代表约旦，但没有具体的地理对应关系。约旦河不太可能是它的具体代表，因为在这个隐喻概念中的河流甚至不被抽象地视为一个国家。约旦作为一个国家，在这里被抽象为一个没有地理对应的概念。事实上，约旦作为一个可扩展和收缩的可塑性实体，超出了其东岸和西岸的地理现实，它们只是帮助它飞翔的翅膀。作为一个抽象的概念，约旦是非物质的；它超越了地理和肉体性。与这些比喻相一致，在回应国王陛下的讲话时，上议院将东岸描述为西岸的"姐妹"，并将阿卜杜拉描述为"经验丰富的船长……在心血来潮的狂暴风暴中为他的船开路"[5]。虽然这个生物学隐喻——其中约旦是母亲，其女儿是两岸——就像鸟的比喻一样，把约旦这个母亲渲染为抽象的、无形的和非物质的，船将吞并项目比作一种交通工具，拥有穿越情绪和心灵海洋的身体（指船），寻找一个安全的港口。统一构成了阿卜杜拉合并项目的这个目的论安全港："西岸与其姐妹东岸统一……在一个被哈希姆王冠荫庇的［或保护下的］王国里。"[6]

阿卜杜拉认为，两岸的统一是"民族主义和事实的现实"。它的民族主义现实通过"［人民］起源和分支的纠缠、切身利益的结合和痛苦与希望的统一得到了证明"。"自1922年以来，两岸之间建立了强大的联盟联系，证明了它的真实性……这些重要和显著的联系包括货币的统一［参考外约旦使用巴勒斯坦镑作为其官方货币］、共同防御、港口的利用、边境安全的加强以及海关和旅行障碍的便利化，［所有］利益的统一以及文化和立法交流使两岸中的每一家都成为特别适合对方的绝佳中心。"[7]允许这种联合的话语，就像1921年用来建立外约旦的话语一样，是阿拉伯民族主义。阿卜杜拉强调："当英国放弃其对巴勒斯坦的委任统治权时，巴勒斯坦已从母国［al-watan alumm］中分离出来，阿拉伯—犹太复国主义争端的风暴肆虐，通过普遍的阿拉伯合作来维护阿拉伯人的权利并抵抗侵略变得势在必行……并且，在我们看来，所有阿拉伯人民都没有安全保障，除非他们真正团结起来，在可能的情况下将分散的部分聚集在一起，并反映普遍意愿，而且不违反任何盟约或协议。"[8]阿卜杜拉将两岸"统一"之前的议会选举视为两岸人民所拥有的"自我意识的证据"[9]。他的讲话进一步规定了统一两岸法律的计划。他最后向国会议员致意和祝贺，并强调"过去几年你和我一起游行，未来几年我将在宪法责任和我父亲的指导下与你们一起前行，祝祖国一切顺利"[10]。约旦议会"投票"支持基于"自决权、（约旦）东西两岸的现实、民族主义、自然和地理统一，以及他们共同利益和重要领域的必要性的统一。"[11] 上议院将约旦王国比作两岸之母，阿卜杜拉则清楚他作为这个王国所包含的所有人的父亲的角色。他的"父亲般的指导"受到下议院"对王座演讲的回应"的赞赏。在其中，那些假装为议会发言的人"称赞……陛下对［巴勒斯坦］难民的父爱［Atf］以及您为将他们从绝望中拯救出来所做的工作"[12]。（当然，这样的比喻并不是约旦民族主义所特有的，因为它们在所有欧洲民族主义中都很泛滥，在那里民族作为祖国母亲或祖国父亲的想法，取决于环境，其领导人/创始人作为父亲——注意在美国语境中使用"开国元勋"一词——首先被确立。[13]）虽然阿拉伯民族主义是用来"统一"约旦和巴勒斯坦的话语，但必须定义新的"统一"和扩展实体的是外约旦民族主义，而不是阿拉伯民族主义。我们很快就会看到这不是一个现有国家吸收无国籍领土和人民的意外结果，而是一项有意的约旦化和去巴勒斯坦化的政策。


## 扩张的民族：吞并之路


吞并的背景是约旦政府发起的一场全面运动，目的是让自己成为受害巴勒斯坦人的代表。[14] 事实上，自从联合国投票决定对巴勒斯坦进行分治以来，这种运动的应急计划就已经在准备之中。早在 1937 年，巴勒斯坦问题委员会的成员就率先建议将巴勒斯坦的"阿拉伯"部分并入外约旦，这导致阿卜杜拉向英国政府提交了一份提案，呼吁建立"一个由阿拉伯皇家统治的巴勒斯坦和外约旦组成的统一阿拉伯王国"，[15] 实现这一目标的实际计划是在联合国分治计划之后制订的。[16] 阿卜杜拉国王在他的军队于 1948 年 5 月 15 日进入巴勒斯坦后不久就非常清楚他有权代表巴勒斯坦人。他毫不含糊地说，"阿拉伯高级委员会不再代表巴勒斯坦的阿拉伯人"。[17] 1948 年 9 月，得到阿盟特别是埃及支持的巴勒斯坦政府（Hukumat Umum Filastin）成立后，这种情况变得更加复杂。为了对抗巴勒斯坦新政府的权威，阿卜杜拉于 1948 年 10 月 1 日在安曼召开了一次会议（他称之为巴勒斯坦民族主义会议［Mutamar Filastin al-Qawmi］），"邀请"了 500 名巴勒斯坦社区领袖和名人参会，同一天，巴勒斯坦政府呼吁在加沙召开会议。[18] 为了确保巴勒斯坦人参加安曼会议而不是在加沙召开的会议，政府采取了一系列镇压措施（应该指出的是，当时约旦军队控制的所有巴勒斯坦中部地区都在 1935 年国防法之下运作），包括阻止代表前往加沙并强迫他们前往安曼（巴勒斯坦中部的许多地区当时仍处于伊拉克和埃及军队的控制之下）。[19] 会议代表发表了一些决议，称他们"赋予陛下以巴勒斯坦阿拉伯人的名义发言的完全和绝对权力，代表他们进行谈判，并以他认为合适的方式解决他们的问题。在与巴勒斯坦未来有关的所有事务中，他是我们的代表［wakil］"。此外，代表们决定向阿拉伯高级委员会发送一封电报，通知它，"代表们正在从它那里拿走巴勒斯坦阿拉伯人的信任，因为它不代表他们，也无权以他们的名义发言或代表他们的意见"[20]。正如伊萨姆·萨赫尼尼（Isam Sakhnini）指出的那样，安曼会议是阿卜杜拉要求巴勒斯坦人授权他代表他们的事业的第一步，同时否认巴勒斯坦总政府的合法性，从而使他成为巴勒斯坦和巴勒斯坦人的唯一代表和看守人。10 月 5 日，阿卜杜拉正式呼吁解散巴勒斯坦政府。一个月后，即 1948 年 11 月 15 日，在阿卜杜拉访问耶路撒冷时，科普特主教宣布他为耶路撒冷国王。[21]

## 杰里科会议

　　安曼会议采取了初步措施，以确保阿卜杜拉在处理巴勒斯坦中部地区和巴勒斯坦人问题上的自由，而他于 1948 年 12 月 1 日召开的杰里科会议加强了他的控制和吞并该地区的决心。如前所述，通过约旦军队采取的一系列镇压措施，以及迅速而广泛的摧毁神圣斗争军队（该军在战争期间曾经听命于耶路撒冷的穆夫提哈吉·阿明·侯赛尼［Haj Amin al-Husayni］）的行动，巴勒斯坦中部反哈希姆的力量已经被清除，从而消除了对阿卜杜拉计划的任何有组织的抵抗。伴随这些镇压措施的，除了驱逐反阿卜杜拉的巴勒斯坦阿拉伯党的许多成员，并对那些留下来的成员（特别是在耶路撒冷、伯利恒、拉马拉和纳布卢斯等大城市）进行严格的监视，还有一系列任命阿卜杜拉的盟友为整个巴勒斯坦中部的省长和市长。[22] 此外，国王还命令耶路撒冷军事总督兼阿卜杜拉的首席谈判代表之一阿卜杜拉·塔尔与以色列人签署停战协议，他于 1948 年 11 月 30 日，即杰里科会议召开的前一天签署了停战协议。正是在这样的背景下，超过 1 000 名巴勒斯坦代表（其中大多数是战争难民）被约旦军队用军车运送到杰里科参加阿卜杜拉的会议。[23] 阿里夫·阿里夫报告说，许多政府雇员也被带去参加会议，那些拒绝的人则被解雇或被迫辞职。[24] 阿卜杜拉·塔尔报告了约旦政府如何在会议前会见希伯伦市长谢赫穆罕默德·阿里·贾巴里（Muhammad Ali al-Jabari）和阿卜杜拉的亲信，并向他通报了会议计划和预期目标。根据塔尔的说法，政府与阿卜杜拉一起向贾巴里提供了应该在会议结束时以一致投票方式发表的声明。[25] 塔尔补充说，参加会议的最大代表团来自希伯伦，贾巴里在那里哄骗了很多人，说道："他们不介意用政府的钱来度过一两天的假期！如果旅行费用由代表团自己承担，那么只有少数人会来到杰里科。"[26] 在会上，贾巴里被选为大会主席。尽管阿卜杜拉采取了不少措施，耶路撒冷和纳布卢斯（后者受伊拉克军队控制）的市长以及许多巴勒斯坦知名人士仍拒绝参加会议。

会议决议呼吁"巴勒斯坦—约旦统一"，并确认阿拉伯国家能够应对其面临的危险的唯一方法是通过完全的民族团结："我们必须首先将巴勒斯坦与外约旦统一起来，作为实现真正的阿拉伯统一的前奏。"会议还宣布，"选举〔yubayi'〕阿卜杜拉国王陛下为全巴勒斯坦的国王，并向他和他勇敢的军队以及为保卫巴勒斯坦而战斗和正在战斗的阿拉伯军队致敬"。在会议结束时，代表们前往约旦山谷舒纳的王宫，在那里他们向国王通报了他们的决议，包括选举他作为巴勒斯坦之王。[27] 一些报道补充说，其中一项决议呼吁约旦政府"更改其名称，使其成为阿拉伯哈希姆王国，并取消巴勒斯坦和外约旦之间的所有边界"[28]。然而，这会引起其他阿拉伯人和巴勒斯坦人的更多谴责。12 天后，对行政部门没有任何宪法权力的约旦 20 人议会，发表声明支持统一和政府对杰里科会议的积极回应。[29] 阿拉伯联盟及其成员国，包括巴勒斯坦政府，公开反对会议和阿卜杜拉的吞并计划。然而不久之后，所有成员国都与该王国建立了外交关系，含蓄地承认了它的扩张——尽管没有一个阿拉伯国家正式承认它。美国和英国也宣布承认阿卜杜拉的扩张行为，但耶路撒冷除外。[30]

直到杰里科会议后一年，在司法统一之前，巴勒斯坦中部才正式更名为西岸，当时政府颁布法令规定"羊和牛被允许出口到约旦哈希姆王国的西岸"。[31] 在该法令之前使用的政府术语是"西部领土"（western territory）、"西部领土"（western territories）或"巴勒斯坦"。[32] 后来，巴勒斯坦这个词本身就被删除了，取而代之的是西岸。在 1950 年 3 月 1 日颁布的一项邮政条例中，第三条规定"在本条例第一条所列的条例、决定和指示中，凡出现作为对约旦哈希姆王国西岸指称的'巴勒斯坦'一词，均予以废除"[33]。

约翰·巴戈特·格拉布在这方面评论说："过去使用的巴勒斯坦和外约旦的名称不再完全合适。"[34] 此外，1953 年，政府颁布了一项新的法律，称为"统一约旦哈希姆王国两岸法律的法律"，将扩大后的国家转变为司法统一体。[35]

为准备"统一"，政府还采取了其他措施。1949 年 5 月成立了一个新内阁，其中包括三名巴勒斯坦部长，其中，纳布卢斯特·鲁希·阿卜杜勒·哈迪（Nablusite Ruhi Abd al-Hadi）担任外交大臣——这是一个重要的选择，特别是对于阿拉伯国家及其对阿卜杜拉吞并的预期反应（第四名巴勒斯坦人成为临时难民大臣，后来被废除）。[36] 战争结束后，约旦于 1948 年 5 月进入巴勒斯坦时建立的军政府在 1949 年 3 月解散，代之以行政政府。[37] 政府任命前军官奥马尔·马塔尔担任统治巴勒斯坦中部的高级文职官员。奥马尔·马塔尔是一名外约旦人，在战争期间担任巴勒斯坦军事总督，被任命为这些领土的行政总督，这个职位是对约旦内政部的回应。1950 年 1 月 16 日，敕令废除行政长官一职，准备统一。[38] 在那之后，巴勒斯坦中部的行政部门将直接与内政部联系起来。[39]

如第一章所述，1949 年 12 月通过的《国籍法修正案》实现了巴勒斯坦人的国有化。然而，在此之前，作为国有化道路上的初步步骤，约旦政府于 1949 年 2 月颁布了一项修正案护照法，其中"任何持有巴勒斯坦国籍的巴勒斯坦阿拉伯人都可以根据 1942 年第 5 号护照法获得约旦护照"[40]。1949 年 7 月，政府颁布了一项法律，约旦第纳尔成为该国唯一的货币。[41] 应该指出的是，约旦第纳尔是在此期间发明的，以取代自 1927 年以来一直作为外约旦官方货币的巴勒斯坦镑。[42] 不久之后，约旦驻耶路撒冷领事馆被关闭，因为那时耶路撒冷由内政部管辖。[43] 此外，巴勒斯坦和约旦之间的所有海关和关税于 1949 年 12 月被废除。[44] 到 1949 年底，政府采取了所有行政和法律步骤，将巴勒斯坦中部（现在更名为西岸）与约旦统一。这个过程非常彻底，以至于约旦首相在 1950 年初宣布："在约旦哈希姆王国东西岸之间的障碍解除之际，不再有理由将位于西岸的国家［al-bilad］视为外国……位于上述两岸的两个国家被视为一个统一体［wihdah wahidah］。"[45] 正是以此为背景，1950 年 3 月 1 日的邮政条例（前面提到过）废除了"巴勒斯坦"一词，取而代之的是"西岸"。

为了确保即将到来的司法统一，还有一个关键步骤需要采取——议会选举。这一步骤的准备工作于 1949 年 12 月 13 日开始，时任约旦议会被皇家法令解散，并于 1950 年 1 月 1 日生效。进一步规定，将举行包括巴勒斯坦人在内的新选举。为实现这一目标，对选举法进行了修订，"根据选举法第十七条和第十八条，代表约旦哈希姆王国政府管理的西部领土选出的 20 名代表被添加到指定人数和地区的代表中"[46]。1950 年 4 月 11 日是新选举的日期。

在已经成为西岸的地方，关于选举的辩论非常激烈。派系范围从完全反对选举的人（特别是巴勒斯坦政府和阿拉伯高级委员会），到那些认为参加选举是承认巴勒斯坦永远成为犹太复国主义殖民定居点的人，和那些认为举行选举是既成事实并敦促人们参与，这样他们至少可以在自己的生活中拥有发言权的人，以及那些完全支持"统一"的人（阿卜杜拉新官僚机构的成员、国防党［Hizb al-Difa］的残余势力和英国托管机构的残余势力）。1947 年支持联合国分治计划的共产党反对阿卜杜拉的选举，并呼吁根据联合国决议建立巴勒斯坦国。[47]

政府干预选举，根据忠诚标准支持和反对候选人。它还使用军队选票，因为当时允许军队成员投票，以确保政府候选人获胜。格拉布帕夏讲述了他如何向他的士兵提供候选人名单，在政府支持的候选人旁边做标记，尽管他声称"不会使用压力让他们投票给政府候选人"[48]。这还不包括席位分配不公平，虽然东岸选民人数为 129 000 人，西岸选民人数为 175 000 人，但东西岸在议会中都只有 20 个席位。此外，为了确保议会的忠诚度，还进行了大量不公正的选区划分。[49] 选举后的第二天成立了一个新内阁，其中包括 5 名巴勒斯坦大臣。

3 月 24 日，议会两院开会，开始审议吞并（或"统一"）巴勒斯坦中部的议题。一些巴勒斯坦和约旦议员（MPs）退场抗议，因为许多人要求在开始审议"统一"问题之前修改宪法。经过一番调解，议员们回来了，其中一名议员提议推迟对统一议题的审议。由于参议员（A'yan）的投票，（推迟）问题被付诸表决并被否决。这些议员全部（今天仍然）由国王任命。被否决的推迟表决的提议被政府认为是对统一的投票，统一本身这一议题从来没有付诸表决！在议会会议结束时，前首相（多届任期）和阿卜杜拉的得力助手陶菲克·阿布·胡达（Tawfiq Abul al-Huda）当选为议会议长，发布了议会关于统一约旦的"决定"，作为代表两岸的议会批准的决定。[50] 很快，英国政府承认了新扩建的约旦（耶路撒冷除外，根据联合国分治计划，它应该在联合国的统治之下），以色列也承认了，尽管没有那么明确。阿拉伯联盟在加沙巴勒斯坦政府的督促下，对约旦政府为吞并巴勒斯坦中部所采取的所有准备工作基本保持沉默，发布了一项反对兼并的决定，并呼吁取消约旦的联盟成员资格。[51] 约旦政府的反应是声称它已经得出结论，"统一问题已成定局，没有讨论的余地"[52]。

1951 年 7 月 20 日星期五，在巡视了西岸之后，阿卜杜拉在他年幼的孙子侯赛因的陪同下前往阿克萨清真寺进行祈祷。清真寺座无虚席，有1 000 名信徒参加祈祷。广播电台在进行现场直播。进入清真寺时，阿卜杜拉被一名年轻的巴勒斯坦人穆斯塔法·阿什舒（Mustafa Ashshu）射杀，枪手随后被阿卜杜拉的卫兵开枪打死。在外面守卫的军队士兵冲进清真寺，胡乱开枪，打死 20 人，打伤 100 多人。哈希姆军团的卫兵随后在耶路撒冷横冲直撞，向人们开枪，摧毁窗户，抢劫财产，用枪托和拳头殴打民众。[53] 数百人被拘留和讯问。两天后，清真寺的一些礼拜者仍然不被允许回家。

关于旧城即将被军队移交给以色列作为对巴勒斯坦人的惩罚的谣言盛行。带有巴勒斯坦牌照的汽车在盐田被扔石头。然而，在一些难民营，民众欢欣鼓舞。在安曼市中心费城酒店附近的一个营地，愤怒的外约旦人袭击并杀害了 3 名巴勒斯坦难民，并打伤了其他人。[54]

10 人被指控与阿什舒一起密谋暗杀，并被提交到由 3 名外约旦军官领导的军事法庭。[55] 起诉律师是巴勒斯坦人瓦利德·萨拉赫（Walid Salah），他还担任法院的司法顾问。10 人中有 4 人被判无罪，其余 6 人被判处死刑。6 人中有两人是逃往埃及的外约旦人。其中一人是最近叛逃到开罗的前耶路撒冷军事总督阿卜杜拉·塔尔，另一人是来自萨尔特的穆萨·艾哈迈德·阿尤比（Musa Ahmad Ayyubi）。他们被缺席判处死刑。在英国大使亚历克·西斯·柯克布莱德爵士（Sir Alec Seath Kirkbride）的建议下，4 名被拘留的巴勒斯坦人被迅速处决。[56]

## 新约旦

1948 年的阿以战争以及犹太复国主义将近 100 万巴勒斯坦人驱逐出家园，导致数十万难民涌入巴勒斯坦尚未被犹太军队占领的地区以及邻近的阿拉伯国家。近 36 万名难民进入巴勒斯坦中部（即将更名为西岸），11 万名难民进入约旦本土（不久后被更名为东岸）。当时，巴勒斯坦中部人口为 42.5 万人，约旦人口为 37.5 万人。[57] 结果，东岸总人口增至 48.5 万人，西岸总人口增至 78.5 万人，使新扩张的约旦总人口增至 127 万人。因此，约旦在一夜之间从一个只有 37.5 万人口的国家转变为一个超过 100 万人口的国家，人口增长了近 300%。因此，1951 年至 1952 年期间新来的巴勒斯坦人占约旦总人口的 64.57%（包括所有西岸巴勒斯坦人以及所有在东岸登记的巴勒斯坦难民）。如果把 1948 年之前居住在约旦的巴勒斯坦人包括在内，这个比例至少会上升到 68.81%。至于东岸，新来的巴勒斯坦人占总人口的比例为 19.77%，如果将 1948 年前居住在约旦的巴勒斯坦人计算在内，这一比例将上升到 29.31%。如果我们计算在东岸登记的巴勒斯坦难民、1948 年前居住在约旦的巴勒斯坦人以及在 1948 年至 1952 年期间移居东岸的西岸巴勒斯坦人，这一比例将进一步增加到 34.42%。因此，在"统一"前后，巴勒斯坦人仅占东岸人口的三分之一。 1961 年，这一比例上升到 43%，并在 1967 年战争前夕进一步上升到 47.1%。此外，巴勒斯坦总人口占东西岸总人口的比例在 1967 年战争前夕上升到 70.35%。[58]

1967 年战争之后，由于进行征服的以色列人驱逐了新一波难民，居住在东岸的巴勒斯坦人的比例增加到大约 60%（尽管这一时期的估计不准确）。[59]20 世纪 90 年代初期海湾战争后，人口再次大幅增加，当时居住在科威特和海湾其他地区的 20 万至 30 万名巴勒斯坦约旦人返回约旦，提高了巴勒斯坦人的比例——其中大多数居住在安曼和邻近城市——在东岸甚至进一步增加。

事实上，这种巨大而突然的人口扩张对新约旦生活的方方面面都产生了重大影响。在此必须强调东岸这种扩张的城市性质，因为在那里避难的巴勒斯坦人大多数居住在城市里。第二次世界大战期间，安曼的人口已经大幅扩张，1943 年其人口增至 3 万人。1948 年再次增至 7 万人，1952 年增至 12 万人，1961 年进一步增至 246 475 人。[60]

此外，新来的巴勒斯坦人口与外约旦土著人口之间存在一些社会经济差异。巴勒斯坦人的城市化程度更高，受教育程度更高，政治参与方面更有经验，并且他们更多地接触大众媒体（报纸和广播）。巴勒斯坦人也习惯了更好的医疗保健和更高的健康标准以及更低的儿童死亡率。[61]巴勒斯坦商人带来了他们的资本，就像受过教育的巴勒斯坦人带来了他们的专业知识和技能。巴勒斯坦工人还带来了他们的组织专业知识和政治经验。这些差异对约旦国家以及更普遍的约旦战前人口提出了新的经济、社会和政治要求。

在社会层面，这些明显的差异标志造成了更多的紧张。外约旦城市人口普遍认为，从城市被驱逐到约旦相对欠发达的小城镇的巴勒斯坦上层和中产阶级，正在进行一种比外约旦人优越的民族阶级的叙述。这种言论显然是冒犯性的，尤其是对那些受过与巴勒斯坦人相当的教育的外约旦上层和中产阶级，尽管他们的人数较少。由于传教士学校，约旦基督徒受到了更多的教育，对于巴勒斯坦人的竞争，他们尤其感到被冒犯和受到威胁。然而，巴勒斯坦精英缺乏政治权力，无法将这种反对外约旦人的言论制度化，因为其政治权力始终来自哈希姆政权，该政权对巴勒斯坦民族主义的反感（以及对自己制造的外约旦民族主义的同情）始终是显而易见的。此外，居住在难民营中的巴勒斯坦工人阶级和原农民并没有参与这种优越感的讨论，因为他们与外约旦土著人相比没有任何真正的物质优势。相反，他们的经济量激怒了拥有土地的富有的约旦人，包括切尔克斯人，政府在他们的一些土地上设立了难民营。当时，这片土地的价值很小。随着20世纪70年代（土地投机的十年）的侵占和土地的显著升值，许多外约旦人对这些擅自占地者表示恐惧，他们想要把这些人驱逐出去。因此，民族和阶级在1948年以来不同时期的巴勒斯坦和外约旦沙文主义者的话语中交织在一起。

## 巴勒斯坦人和约旦河西岸

尽管早期巴勒斯坦人反对吞并，但大多数巴勒斯坦人开始接受他们的新地位，认为这是他们无法挑战的既成事实。鉴于巴勒斯坦约旦人在20世纪50年代的反殖民斗争中在政治上活跃，一方面集中在约旦与英国的关系，另一方面是与贾迈勒·阿卜杜勒·纳赛尔的埃及的关系，他们与带头并领导民族主义动员努力的外约旦人一起这样做。如果说20世纪50年代中期民众的不满表现在示威中，那么这些示威主要发生在反对派所在的东岸（尽管许多也发生在西岸）。此外，该政权声称面临的来自军队的虚构和真实威胁完全集中在外约旦人身上，因为除了极少数例外，军队中从来没有高级别的巴勒斯坦军官。

这并不意味着巴勒斯坦人对他们作为约旦公民的新情况完全满意。巴勒斯坦人要求约旦政府在发展政策方面像对待东岸一样对待西岸，从一开始就有人提出这种要求。[62] 例如，1950年，巴勒斯坦商人声称他们在签发进口许可证方面受到歧视，"鉴于三分之二的进口许可证是发给东岸居民的，这一投诉似乎很合理"[63]。事实上，约旦政府确实将大部分发展资金投入东岸，扩大其交通系统（包括铁路），以及发展农业和工业。贾米尔·希拉尔（Jamil Hilal）指出，约旦政府面对经济较为发达的约旦河西岸，"在鼓励投资和发展一些产业的基础上，只在东岸采取了具体的经济政策，同时希望削弱西岸的生产基础……这种区域主义/沙文主义政策通过具体的实际程序体现在西岸，其中最重要的是约旦东岸大型工业项目的集中，以及在约旦西岸的生产项目中使用巴勒斯坦资本的方式遇到的障碍和困难"[64]。

这种情况导致许多西岸巴勒斯坦人迁移到大部分工作职位所在的东岸

和海湾阿拉伯国家。[65] 普拉斯科夫评论说："东岸的发展主要是由巴勒斯坦人进行的，他们别无选择，只能将他们的知识、技能和才能交给政权支配。王国落后的首都安曼将成为一个繁荣的城镇，从而使经济重心得到转移。"[66] 西岸唯一发展起来的部门是旅游业。一名巴勒斯坦人这样解释道："因为他们无法转移耶路撒冷……他们唯一允许的就是旅游业的发展。"[67] 然而，正如亚兹德·萨伊格（Yazid Sayigh）所断言的，目前尚不清楚政府的歧视是普遍针对巴勒斯坦人还是更具体地针对西岸。[68]

## 竞争代表：巴勒斯坦解放组织和约旦

约旦政府反对任何声称代表巴勒斯坦人的巴勒斯坦机构，例如 1949 年在加沙成立的巴勒斯坦政府，或位于开罗和大马士革的巴勒斯坦高级组织（al-Hayah al-Filastiniyyah al-Ulya），由哈吉·阿明·侯赛尼主持。然而，它决定支持阿拉伯在 1964 年建立巴勒斯坦解放组织的决定，尽管犹豫不决，[69] 尤其是因为巴解组织当时并没有声称自己是巴勒斯坦人民的唯一代表，也没有声称对西岸拥有主权。因此，它的立场并未挑战约旦现有的对两岸的所有权。[70] 事实上，巴解组织的巴勒斯坦民族主义宪章强调："该组织不对约旦哈希姆王国或加沙地带或喜马地区的西岸行使任何区域主权。"[71] 此外，巴解组织负责人艾哈迈德·舒凯里在开罗举行的新闻发布会上宣布，新的巴勒斯坦组织将与约旦政府合作，这种合作将"具有特殊性，因为大多数巴勒斯坦人民和巴勒斯坦土地一样生活在约旦［存在于其中］"[72]。作为对这些保证的积极回应，侯赛因国王在任命他的新首相瓦斯菲·塔尔的信中写道，新政府对巴勒斯坦事业的政策的"中心"点之一应该是"支持巴勒斯坦解放组织，并在约旦、阿拉伯世界和所有国际论坛与它密切合作。这一立场肯定基于我们的信念，即只要我们在约旦内外的兄弟、巴勒斯坦儿童选择本组织作为动员和组织巴勒斯坦儿童努力的方式，我们就会支持本组织，支持它，同意它，并支持它的努力，直到巴勒斯坦的孩子和阿拉伯国家在巴勒斯坦恢复阿拉伯人的权利"[73]。在他4月发表的一次演讲中，国王强调他相信新的巴勒斯坦组织"在任何时候都不会损害我们约旦大家庭的团结……相反，它将加强和深化这种团结，使其成长和腾飞的能力加倍"[74]。

随着巴解组织开始向约旦提出要求，约旦政府认为这些要求与自身作为巴勒斯坦人的代表的利益相冲突，因此情况开始迅速发生变化。这些要求包括呼吁约旦实行义务兵役制和加强边境村庄的守卫。为了回应约旦的立场，即巴勒斯坦人和约旦人同属一个民族，舒凯里在安曼的新闻发布会上宣布，他选择纳吉布·鲁沙伊达（Najib Rushaydat）等外约旦人加入巴解组织执行委员会，并选择阿里·希亚里（约旦军队前负责人）担任巴解组织军事部门的总干事。此外，他补充说，约旦是"［巴勒斯坦解放］组织的故乡，约旦人民就是它的人民"。他还提醒听众，"东岸"已于1919年从巴勒斯坦"脱离"，"东岸在思想和良心上、在精神上和身体上回归祖国，是在被盗家园归还的道路上迈出的基本一步"[75]。

然而，随着巴解组织与约旦的关系在这些声明发布后的短时间内恶化，特别是巴解组织要求约旦实行义务兵役制，约旦的反应发生了变化。侯赛因国王在王宫发表的讲话中坚称："我们不会歧视东约旦人和西约旦人，没有人能够撕裂这种团结，把兄弟从他的兄弟身边带走，把士兵从他的部队带走……以及我们最近听到和继续听到的大部分内容……只是为了打破一个结构，撕裂一个实体，这是我们在任何情况下都不允许的。"[76] 在侯赛因国王写给埃及总统贾迈勒·阿卜杜勒·纳赛尔的一封著名的信中，国王坚持认为，"舒凯里先生在他的谩骂中使用的论点是，约旦混淆了本组织的工作，不允许它自由活动……其中的活动自由，在他的理解中，目的是将约旦河以西的巴勒斯坦—约旦公民与其东面的巴勒斯坦—约旦公民兄弟分开，并挑起隐藏的仇恨［hazazat］和沉睡的不和［fitnah］，破坏人民和军队的团结"[77]。约旦政府反驳说，约旦是一个"人类和民族主义融合"或"al-Insihar al-Bashari al-Qawmi"[78] 的国家。最后，1966 年 6 月，侯赛因国王在北部城市阿杰隆发表讲话时毫不客气地宣称："当阿拉伯军队进入巴勒斯坦土地时，［巴勒斯坦］事业就不再具有巴勒斯坦特征……我们在这个国家有一个坚定的信念，即两岸的团结是上帝保佑和人民支持的团结，它构成了更大的［阿拉伯］团结的先锋核心。"他接着威胁道："我们将砍掉每一只伤害这个团结、挣扎中的国家的手，我们将挖出每一只斜视我们的眼睛，从这一刻开始，我们不会松懈或宽容，哪怕是指尖都不会放过。"[79]这些话不仅是对舒凯里的巴解组织说的，也是对巴解组织权力之外的巴勒斯坦游击队运动说的。1965 年至 1967 年间，由亚西尔·阿拉法特（Yasir Arafat）领导的游击运动，即巴勒斯坦解放运动（Fath，Harakat al-Tahrir al-Filastiniyyah 的反向首字母缩写词），已经从约旦领土对以色列发动了多次袭击。约旦政府试图以武力阻止此类袭击。事实上，巴勒斯坦解放运动的第一个"烈士"是被约旦军队而不是以色列敌人杀死的。约旦军队不断追踪该运动的残余部队，以遏制其活动。一方面，这导致巴解组织与约旦之间以及巴勒斯坦解放运动与阿拉伯民族主义者运动［乔治·哈巴什解放巴勒斯坦人民阵线（PFLP）的前身］之间的相互指责。[80]

正是在这样的背景下，以色列人于 1966 年 11 月 13 日袭击了约旦河西岸的萨姆（Samuû）村。以色列袭击之后，约旦河西岸发生了大规模示威，抗议政府在保护民众方面的无能。为了应对这一情况，约旦政府选择了建立义务兵役制以满足民众的需求。这是自兼并以来，第一次将反对政府的示威活动限制在西岸。这种情况在1967年6月战争爆发前持续了7个月，导致以色列于1967年6月占领整个西岸。

对西岸的占领导致数以万计的巴勒斯坦人从被占领土大量涌入东岸，从而使该国该地区的巴勒斯坦人比例进一步增加，达到东岸总人口的60%左右。[81]1967年的"挫折"（al-Naksah）导致了一个新时代的出现，在这个时代，巴勒斯坦人开始将事情掌握在自己手中。尽管大多数巴勒斯坦游击队自20世纪50年代后期开始组建，但在1967年战争之后，许多游击队正在巩固自己并改善组织。费达因通过更大范围地动员巴勒斯坦难民人口而逐渐成熟，尤其是在约旦。在这些群体中突出的是巴勒斯坦解放运动。

尽管游击队在巴勒斯坦人中的存在感越来越强，但直到1968年3月著名的卡拉马战役之前，游击队还没有在任何重大战役中展现出自己的实力。卡拉马镇（al-Karamah）是约旦河谷中的一个约旦小镇（位于东岸），也是许多游击队驻扎的巴勒斯坦难民营所在地，成为以色列一次重大行动的目标。通过与约旦军队的协调，游击队和约旦军队在对以色列人造成重大损失后，得以迫使他们撤退。然而，以色列人并没有被打败。相反，他们在撤退前将卡拉马镇夷为平地，对游击队和军队造成了严重破坏。然而，这一次的不同之处在于，以色列军队虽然在行动中取得了成功，但无法毫发无损地逃脱（就像在1967年战争期间和许多其他时候一样）。其历史上第一次在人员和物资方面遭受了重大损失。

约旦军队和游击队都将对方在行动中的作用最小化，并声称自己取得了胜利，这取决于一个人读到的是谁的叙述。[82]尽管如此，卡拉马（也有"尊严"的意思）成为巴勒斯坦群众的口号，他们渴望以任何方式战胜总是能够获得胜利的敌人。在这场胜利之后，约旦的数千名巴勒斯坦人自愿加入游击队。[83]对于约旦军队来说，卡拉马战役也成为其近代史上最重要的胜利时刻之一，此后每年都会纪念这一胜利时刻。公众对巴勒斯坦游击队的过度关注激怒了约旦军队中的许多人，他们实际上是（由于其武器和人数）在迫使以色列人撤退方面更有效的一方。尽管如此，费达因游击队的受欢迎程度已达到了国际水平，以至于侯赛因国王在 1968 年 5 月 4 日接受英国广播和电视采访时宣布："总有一天，我们都会成为世界上的费达因。"[84]

然而，作为游击队的转折点，卡拉马战役标志着约旦国家和政权自 1921 年成立以来面临的最严峻挑战的开始。这不仅是对约旦国家权威和主权或王位本身的挑战，也是对国家代表巴勒斯坦约旦人的主张的挑战，并且在某些情况下，是对约旦本身部分地区的约旦性的挑战（有时是全部地区），更不用说其巴勒斯坦—约旦公民的约旦性了。

# 走向内战

游击队的流行对约旦国家和政权造成了严峻的挑战，该国的军事和政治领导人发动了一场针对游击队的运动。包括与游击队的军事对抗，游击队被指控为"挑衅"，导致了后来的"黑色九月"事件。[85] 在一些事件中，游击队的严重不当行为被该政权视为宣战理由，其中部分是由渗透到游击队的约旦特工发起的。[86] 军队内部的宣传活动如火如荼：游击队被指控犯有一系列罪行，从无神论和鲁莽行为到与犹太复国主义敌人的直接合作。此外，在 1970 年的大部分时间里，部落领导层通过部落大会被动员起来，为即将到来的对抗做好准备。[87]

目前尚不清楚 1970 年约旦军队中有多少巴勒斯坦人。一些说法声称军队中有 60% 是巴勒斯坦人。[88] 侯赛因国王断言，他的军队的大部分成员是巴勒斯坦人。[89] 然而，这些数字似乎被夸大了。亚兹德·萨伊格提供了更准确的计算，他估计约旦军队中巴勒斯坦士兵的百分比在 60 年代中期（当时该国三分之二的人口是巴勒斯坦人）接近 45%，1968 年一些步兵部队中巴勒斯坦人的比例不超过 15%—20%，[90] 在内战后，这一比例甚至显著下降。萨伊格认为，在 20 世纪 80 年代中期，巴勒斯坦人在军队中所占的比例不到 25%。[91]

约旦政府的主要抱怨之一是它声称游击队与约旦国家之间的基本矛盾是前者在城市中的存在。然而，政府对游击队的敌意早于他们进入城市之前就已经存在了，这一理由并不成立。例如，在 1968 年 2 月以色列对约旦的"报复性"袭击导致 46 名平民和 10 名士兵丧生之后，侯赛因国王坚定地认为，"约旦当局将用铁腕打击所有通过其行动为以色列提供向约旦施加压力的借口的分子"，他补充说："那些将约旦置于敌人袭击之下的人，在今天之后将被阻止穿越约旦领土。"[92] 当时，约旦的任何城市都没有游击队。相反，它们都集中在与以色列和以色列占领的约旦河西岸的边界上。当然，这并没有低估游击队对约旦政权和国家构成的威胁程度，但它揭示了约旦国家和政权在更早的时刻对这种威胁的看法，甚至在卡拉马战役之前，当时的约旦政府就强烈反对巴勒斯坦拥有独立的军队。约旦国家在代表其巴勒斯坦—约旦公民及其巴勒斯坦—约旦领土方面为自己僭取的专有权在这样一个敌对力量的存在下无法维持太久。事实上，游击队被分成几个领导层（主要是巴勒斯坦解放运动和解放巴勒斯坦人民阵线），并且这些领导层并不总是能够控制他们在城市中的基层士兵的活动（例如，挥舞武器、从店主那里收集"捐款"，以及在某些情况下骚扰人们，这使许多人疏远了），这给了约旦政府一个在思想上和军事上打击游击队的黄金机会。游击队的巴勒斯坦民族主义使这变得更容易，他们在动员行动中无视外约旦人，并让约旦政府相信游击队想要将约旦变成一个巴勒斯坦国的说法（例如，解放巴勒斯坦人民阵线的口号证明了这一点）。[93]

约旦政府于 1968 年 1 月再次呼吁强制征兵，新法律将强制兵役期限从 90 天增加到两年，[94] 是旨在阻止约旦青年加入游击队的强制令。然而，它又于 1970 年 7 月决定取消兵役，因为这项政策未能产生积极的结果，而且对所有人口（巴勒斯坦人和外约旦人）的军事训练可能对政权本身来说是致命的。[95] 政府选择了一种不同的军事替代方案，即隐含地只选择外约旦人参与此类工作——建立自愿的人民军（al-Jaysh al-Shabi）。在 1956 年 11 月民族主义统治下的约旦军队阿拉伯化之后，民众抵抗运动（由约旦东岸和西岸城市和村庄的民兵组成）首次出现，目的是反击以色列的军事袭击。然而，由于 1957 年的宫廷政变，它从未生效。[96] 在 1968 年 2 月与游击队发生第一次危机之后，政府又恢复了这支部队，首相巴赫贾特·塔尔胡尼于 2 月 20 日表示政府将建立这样一支部队的计划。[97] 需要说明的是，1968 年的情况与 1956 年的情况大不相同：1968 年，在以色列占领的约旦河西岸无法组建这样的部队，因此只能在东岸成立。此外，尽管卡拉马役后游击队在巴勒斯坦—约旦和外约旦青年中的受欢迎程度呈指数级增长，[98] 约旦平民（不分地域出身）对游击队的傲慢和骚扰越来越不满，政府宣传夸大其词，政府确信只有外约旦人会加入这支部队，这是一个合乎逻辑的结论，后来的事件证明了这一结论。这支部队直到 1969 年 8 月中旬才成立，当时政府开始对其进行组织、训练、武装，并为可能与游击队的对抗做好准备。1970 年 1 月 2 日，政府颁布了一项要求组织人民军队的法令，该法令取代了 1956 年的法令，并将人民抵抗运动重新命名为人民军队。[99] 这支部队主要由约旦军官组成，他们训练的主要是约旦农村志愿者（主要是农民）。1970 年 2 月，政府公报进一步提到了这支力量的重要性，当时政府公报禁止公民拥有武器，"民众抵抗组织"中的人除外。[100] 此外，人民抵抗运动的指挥官在 2 月 11 日宣布，到 1970 年 1 月，已有超过 45 000 名约旦人作为人民抵抗运动的一部分接受了培训，他们全副武装、准备就绪，并部署到约旦所有城镇。当国王指示约旦军队的二把手哈利勒·阿卜杜勒·达伊姆（Khalil Abd al-Dayim）监督所有"我们的战斗部队……再加上我们的人民军队，由我亲自监督和指挥"时，他本人证实了政府将人民军视为约旦武装部队一个师的政策。[101] 人民军的部队在镇一级组织起来，并在 9 月的内战期间被赋予保卫城镇的任务。

约旦政府的动员行动不仅仅是征召约旦人加入人民军。它包括批评和谴责费达因的明确声明、造谣、新闻宣传（特别是在军事媒体中），以及召集部落首领参加的部落会议，而部落首领会受到政府代表的煽动。[102]

动员贝都因部落是政府战略中更重要的因素之一，因为君主制一直依赖于贝都因部落在社会中的支持和他们在军队中的成员。这是在来自贝都因部落的高级军队和警察以及高级情报官员的帮助下进行的。政府还寻求退休军官、部落首领和贝都因人出身的高级政府行政人员的帮助。这场运动与财政捐款相结合，从军事预算中提取并提供给部落，目的是武装部落成员。

第一次大会于 1970 年 2 月 20 日在安曼北部的乌姆鲁马纳（Umm Rummanah）举行，200 名贝都因部落首领和名人在那里会面。他们敦促国王"用铁拳打击那些无视约旦法律的人"，同时向他保证"完全支持国家法律的实施"。国王于 2 月 23 日作出回应，宣布晋升 50 名安全官员，他们主要是贝都因背景。[103]6 月危机爆发前后召开了其他会议，当时在政权和游击队之间发生了最严重的军事对抗（即将到来的内战除外）。在安曼东南几公里处，靠近维达特（Wihdat）难民营的萨哈巴（Sahab）（人口主要由 19 世纪中后期埃及贝都因人定居者组成的城市）召开了一次这样的会议。据说有 1 000 多名代表参加。据本次会议的一位部落首领说，代表们要求政府停止"颠覆活动"，只支持"诚实"的游击队活动，并要求费达因组织停止"不良行为"。[104]8 月 21 日，在安曼附近的小镇苏威利召开了另一场会议，该会议发布了在该国广泛分发的公报，呼吁召开总的部落会议。[105] 公报强调两岸的团结，批评费达因颠覆约旦公共秩序，偏离了解放巴勒斯坦的重要任务。此外，公报还称赞了约旦武装部队和军人："我们的约旦人民以其所有的骄傲和力量［Izzah］相信，军人是最光荣的舞台上最光荣的职业，因此他们断然相信，我们的约旦武装部队是祖国的围墙及其保护者，它［祖国］是他们［武装部队］的瞳孔，也是他们骄傲的原因，它永远是他们斗争的先锋，是他们真实性的称号，是他们希望的宝库，是他们愿望的保证……我们约旦人民申明谴责和蔑视所有企图以任何方式破坏我们的家庭、我们的军队和我们政权的声誉的言论和行动。"[106]

　　1970 年 6 月 9 日国王的车队遭到袭击后，贝都因人部队炮击了安曼的两个难民营。正如阿德南·阿布·奥达（Adnan Abu Awdah）所说，"军队的反应既说明了问题又令人震惊。选择两个难民营作为军队报复的目标，意味着军队将所有巴勒斯坦人视为费达因的延伸，反之亦然"[107]。据阿布·奥达说，国王试图缓和这个问题。[108]1970 年夏中，侯赛因的兄弟和指定的继任者哈桑太子访问了南部城市塔菲拉，在那里他会见了部落领袖，并试图让他们抵抗在他们城市活动的费达因医生的存在，并呼吁他们将费达因完全驱逐出塔菲拉。一位部落首领愤怒地回应，告诉王储："当你把他们赶出安曼时，我们就会把他们赶出这里。"[109] 另一次会议于 1970 年 9 月 4 日在该国南部的马安举行，距离君主国对费达因的最后猛攻还不到两周。它由南部贝都因胡维塔特部落的议员费萨尔·本·贾齐主持。会议决定，必须将费达因从整个国家南部驱逐出去。在这些会议之后，贝都因军队将袭击游击队组织和个别巴勒斯坦人的部队。[110] 然而，应该指出的是，该国南部的事件仍然不明朗，并且存在争议。例如，在准备与游击队摊牌时，部落首领对君主制采取了更加矛盾的立场。[111]

9月中旬开始的为期两周的战斗在此过程中造成数千人死亡并摧毁了约旦城市的大部分地区，尤其是首都安曼。尽管政府和侯赛因国王坚称死亡人数在1 500—2 000人之间，[112]游击队和外国记者报告说，人数要多得多，在7 000—20 000人之间，据说其中一些人被约旦军队埋葬在乱葬坑中。[113]

在内战前几天和内战期间，约旦武装部队的5 000名巴勒斯坦和外约旦成员离开了他们的岗位并加入了抵抗运动。[114]约旦军事参谋长马什胡尔·哈迪萨·贾兹（Mashhur Hadithah al-Jazi）（来自南部胡维塔特部落）辞职，随后被政府软禁，因为他被认为是同情游击队的。[115]一名来自南部城镇塔菲拉的约旦军官巴贾特·穆海辛（Bahjat al-Muhaysin）因在内战期间拒绝向伊尔比德市开火而违反命令而被军事法庭定罪。[116]此外，政府任命的军事总督巴勒斯坦人穆罕默德·达乌德（Muhammad Dawud）（政府要求他于9月16日组建军政府，作为政府对游击队发动军事行动的前奏），在1970年9月19日被他的女儿穆娜在巴格达广播的巴勒斯坦革命之声广播电台宣布断绝父女关系后，他辞职并前往利比亚申请庇护。[117]

1970年游击队被击败后，他们在该国的剩余权力继续被削弱，直到他们溃败至北部城镇杰拉什和阿杰隆。在那里，他们最终遭到约旦军队的袭击，所有剩余的游击队被迫离开该国。为了抹去内战的记忆和巴勒斯坦政治存在的竞争（但现在已被击败），约旦政府于1971年5月31日摧毁了无名烈士墓，该墓是巴解组织在1970年9月大屠杀之后于1970年10月21日在安曼（在阿什拉菲耶山）建立的。[118]作为巴勒斯坦人最后的报复行动，曾参与策划了"黑色九月"行动并在1971年夏天的最后一次袭击中担任首相的瓦斯菲·塔尔，于1971年11月28日在开罗被一个自称为"黑色九月"的新巴勒斯坦游击队组织枪杀。[119]

约旦军队战胜游击队迫使巴解组织重新审视其在约旦的记录，并承认了一些促成冲突的错误。[120]另一方面，约旦政府以及政治家和个人，除少数例外，继续坚持认为政府别无选择，只能采取军事行动。[121]

## 新民族主义时代

内战结束后，瓦斯菲·塔尔的文职政府开始对政府官僚机构和军队进行大规模清洗，清除所有游击队支持者。这实际上意味着大量巴勒斯坦官员和官僚以及一些外约旦人被解雇。这与塔尔对报纸的战争以及政府针对"颠覆者"发起的大规模逮捕同时进行。[122]许多报纸被关停（如《安曼日报》[*Amman al-Masa*]、《晨报》[*Al-Sabah*]和《抵抗报》[*Al-Difa*]），执照被吊销，巴勒斯坦编辑被解雇（包括阿拉法特·希贾兹、易卜拉欣·香提和阿卜杜勒·哈菲兹·穆罕默德）。[123]塔尔于1971年创办了一份名为《观点报》（*Al-Ray*）的新报纸，该报纸直到今天仍然是约旦最大的日报。

在该国最终清算巴勒斯坦游击队后的两个月内，约旦君主在首相瓦斯菲·塔尔的建议下，开始了一项新的国家项目，他将其称为民族联盟（al-Ittihad al-Watani）。9月7日，侯赛因在他的巴斯曼宫宣布联盟成立，媒体大肆进行了宣传。由于所有政党都被禁止，它将成为该国唯一合法的政治组织。他向"约旦大家庭"发表讲话，声称在过去的一年中，由于发生了一些艰难的事件，"需要建立一个总组织[tanzim]，其中包括所有的人，男人和女人，[该组织将]组织社会中的能量和潜力，并将引导它朝着具体而明确的目标前进"[124]。国王坚称民族联盟根本不是政党。相反，他将其设想为"在我们心爱的国家组织生活和人类的总体框架，它是一个巨大的熔炉，它融化了我们所有的能量，以及［这些能量的］所有差异和变化，以使其结果成为约旦的奇迹，为我们打开通往胜利的道路"。国王断言，这种结合将帮助约旦人实现"自由、团结和更美好的生活"即"al-Huriyyah、al-Wihdah、wa al-Hayat al-Afdal"的目标，瓦斯菲·塔尔在1962年首次成为首相时曾将其用作他的口号。国王向新闻界和约旦人民提供了联盟章程，他断言，这是与人民"代表"多次讨论的结果。本书第二章单独设立了"妇女和贝都因人"一节讨论了相关内容。[125]事实上，由瓦斯菲·塔尔构想的民族联盟还有另一个重要目的，即为政权建立一个民众支持的基础。尽管如此，其宣称的目的是将公民统一为一个民族认同，而这种民族认同已被内战撕裂。

瓦斯菲·塔尔是著名的约旦知识分子和诗人穆斯塔法·瓦赫巴·塔尔（Mustafa Wahbah al-Tall）的儿子，早在20世纪20年代，穆斯塔法·瓦赫巴·塔尔就创造了反哈希姆和反殖民本土主义口号"约旦为约旦人"。瓦斯菲·塔尔于1919年出生于伊拉克库尔德斯坦（他的母亲是伊拉克库尔德人），在那里度过了他生命中的前5年。1924年抵达外约旦时，他只会说库尔德语。[126]在成为首相之前，瓦斯菲·塔尔一直对缺乏传统强大背景的新兴知识分子阶层感兴趣，无论是军人、部落还是资产阶级。他认为民族联盟是这个阶级中许多人维护自己的公共集会场所。他甚至预见到，在他的首相任期结束后，自己将主持联盟工作。[127]

第一次民族联盟会议于1971年11月25日在安曼举行。国王邀请了2 400名人民"代表"参加。他借此机会向约旦人民（他称他们为"我心爱的两岸的兄弟姐妹"）确认，"联盟是你的联盟。它是为了你们每一个人，也适用于你们每一个人"[128]。联盟的建筑师瓦斯菲·塔尔没有能活到最后以继续他的项目。3 天后他就被暗杀了。尽管如此，国王还是继续推进这个项目，并于 1971 年 12 月 9 日任命了一个临时的民族联盟高级执行委员会。[129] 民族联盟包括大量外约旦人，其中一些是前左翼分子，例如易卜拉欣·哈巴什纳（Ibrahim Habashnah），他曾经与共产党人关系密切，并且一直活跃在 20 世纪 50 年代的民族运动中，但最近他改变了他的立场。它还包括一些在与游击队对抗期间支持该政权的巴勒斯坦约旦人。例如阿德南·阿布·奥达这样的人物，他是西岸人，一名情报局的前特工，后来在"黑色九月"大屠杀前一周成立的国王军政府任职（他后来担任了几个大臣和大使的职位，以及侯赛因国王和阿卜杜拉二世国王的顾问），以及穆斯塔法·杜丁，他曾参与 20 世纪 50 年代全国运动，后来在 20 世纪 70 和 80 年代与以色列占领当局在西岸的乡村联盟计划中合作，[130] 当时，他们是塔尔清算后政府的大臣。杜丁（曾任社会事务大臣）被任命为联盟秘书长，阿布·奥达（曾任信息大臣）被任命为执行委员会成员，后来担任联盟秘书长。[131]

联盟变得非常活跃，特别是在东岸北部，塔尔最初就来自该地区。[132] 哈尼·胡拉尼（Hani Hurani）探讨了民族联盟的阶级政治，描绘了他所谓"官僚资产阶级"（主要由外约旦人组成）的崛起，以及该政权在最近的危机中所依赖的军事部落联盟和商人资产阶级（主要来自叙利亚和巴勒斯坦）的权力的削弱，这一阶级在 1970 年至 1971 年的危机之前，它代表了君主制社会支持的最重要的一极。联盟的执行委员会由 36 名成员组成，其中6 名是现任部长。它还包括 3 名妇女，其中一名是瓦斯菲·塔尔的叙利亚遗孀萨迪耶·贾比里·塔尔。[133] 该委员会还包括瓦斯菲·塔尔的兄弟赛义德·塔尔。[134] 联盟使用大众流通报纸《观点报》作为其喉舌。尽管所有的注意力都围绕着联盟，但在塔尔被暗杀后，人们对它的兴趣开始慢慢减弱，导致政府最终于 1976 年 2 月解散了它。[135] 然而，这并不是由于政府对重新定义国家的民族认同（民族联盟的明确目标）不感兴趣，而是政府为这种重新定义找到了一个新的框架，即阿拉伯联合王国。

阿拉伯联合王国（al-Mamlakah al-Arabiyyah al-Muttahidah）是由国王于1972年3月提议的，目的是应对巴解组织对约旦在国际论坛上的主张构成的日益严重的威胁。它计划包括一个由两个自治省、西岸和东岸组成的约旦联邦，每个省都有自己的省长、议会和政府，负责处理除外交、军事和王国统一以外的所有事务。这些事项将由中央政府控制。阿拉伯联合王国的首都将是安曼。阿拉伯人对国王的计划反应迅速。叙利亚和埃及断绝关系，巴解组织指责国王通过提议巴勒斯坦人自治而不是独立来清算巴勒斯坦事业。[136] 联合王国的项目无法进行，因为巴勒斯坦人的强烈反对有增无减。由于国王和约旦政府不再提及该项目，该项目被悄悄撤回。[137]

巴解组织继续推行其最近提出的其作为巴勒斯坦人民唯一代表的主张——这一主张在游击队接管其领导权后开始得到坚决维护。巴勒斯坦全国委员会（PNC）会议以及新闻界和巴解组织的出版物都发表了这样的声明。约旦政府强烈拒绝这种说法。约旦议会回应称："任何代表巴勒斯坦人民的主张和借口都是基于破坏民族团结和煽动同一个家园的儿子之间的分裂和分离的阴谋。"议会随后宣布："拥有两岸的哈希姆约旦王国包括在一个国家内，由尊贵的国王陛下和合法的国家当局代表其民族。"[138]

约旦和巴解组织在代表权问题上的角逐有增无减。1973年，巴解组织在阿尔及尔举行的第四次运动首脑会议上被不结盟国家承认为"巴勒斯坦人民的合法代表"，在11月又被阿拉伯联盟在一项秘密决议中承认它是"巴勒斯坦人民的唯一代表"，约旦对此持保留意见。1974年7月，约旦国王侯赛因利用叙利亚和埃及之间日益增长的敌意，在亚历山大会见了安瓦尔·萨达特（Anwar Sadat），两人发表了联合声明，称"巴解组织是巴勒斯坦人民的合法代表，但居住在约旦哈希姆王国的人除外"，表面上包括约旦河西岸。阿拉伯国家和巴解组织的愤怒接踵而至，迫使萨达特9月在开罗举行的叙利亚、埃及和巴解组织外长会议上撤回了之前的声明。最后，1974年10月在拉巴特举行的第七届阿拉伯联盟首脑会议上公布的阿拉伯联盟决定，承认巴解组织是巴勒斯坦人民（无论他们身在何处）的唯一合法代表。随后不久联合国大会承认巴解组织是巴勒斯坦人民的唯一合法代表，至此情况已成定局。作为回应，侯赛因国王在阿拉伯首脑会议上宣布，基于对巴解组织的这种承认，约旦实际上免除了对巴勒斯坦事业的所有政治责任，因为巴解组织自己要求承担这一责任。在这些事态发展之后，国王重组了约旦内阁，从而减少了巴勒斯坦代表。[139] 然而，在他从阿拉伯首脑会议返回后发表的讲话中，国王坚称约旦人，无论是"迁士（Muhajrun）还是辅士（Ansar）"，都属于"一个部落和一个家庭"。[140] 他分别指的是巴勒斯坦人和外约旦人，出自穆斯林历史（迁士由先知穆罕默德和移民到雅斯里布镇的早期穆斯林组成，而辅士是当地的雅斯里布人——奥乌斯［Aws］和哈兹拉吉［Khazraj］部落——接受并支持他们；这两个社区建立了第一个伊斯兰国家）。在他的余生中，他继续使用"迁士和辅士"的比喻。

## 衣服、口音和足球：维护内战后的约旦性

　　与这些国家层面的政治事件同时发生的还有社会中的其他发展。正如我们在第二章中看到的，王室正在通过一系列会议重新安排其与该国贝都因部落的关系。此外，越来越受欢迎的约旦电视台（成立于1968年）正在播放许多关于军队的节目以及一些关于约旦"贝都因人的生活"的肥皂剧。

电台也播放了类似的节目。正如已经讨论过的，广播和电视还播放了大量歌曲，颂扬约旦、安曼、军队和侯赛因国王，此外甚至在约旦以外地区也流行起了贝都因歌曲新流派。正是在 1959 年，瓦斯菲·塔尔以约旦广播电台主任的身份组建音乐团体，从"原始来源"中收集民歌。这些团体在作词家拉希德·扎伊德·基拉尼和作曲家陶菲克·尼姆里（Tawfiq al-Nimri）（来自北部城市胡森的外约旦基督徒）的帮助下，重新演绎了这些歌曲，并在收音机上推出了约旦"民谣"歌曲。[141]

人们正在为新的约旦性寻找新流行符号。在官方层面，政府正在建立一些俱乐部来促进"约旦民族文化"的庆祝活动。约旦民间文化复兴俱乐部（Nadi Ihia al-Turath al-Shabi al-Urduni）由瓦斯菲·塔尔的妻子萨迪耶·塔尔领导。于 1971 年夏天组织了第一场约旦民间时尚秀（al-Azia al-Shabiyyah al-Urduniyyah），代表两岸。[142] 例如，在社会层面上，外约旦城市男性青年开始在服装上彰显他们的约旦特色。他们开始戴红白相间的头巾（shmagh）或帽子（hatta）（正如我们在第三章中看到的，最初是由格拉布帕夏创造的专属约旦人的服饰）冬季作为围巾戴在脖子上，以表达民族自豪感。巴勒斯坦约旦人紧随其后，将黑白帽当成围巾；其中那些寻求同化的人使用红白相间的帽子。城市青年戴红白相间的帽子实际上是在追随侯赛因国王的脚步，因为他在 1970 年之后开始更频繁地将它作为头饰佩戴，尤其是当他向部落领袖或军队发表讲话时，或者前往海湾阿拉伯国家旅行时。[143] 此外，国王佩戴头巾的照片出现在约旦的纸钞和邮票上。

然而，服装还不足以维护国家的忠诚。出现了一个全新的标记语料库来更强有力地维护它。这一时期最重要的发展之一是口音之战，或者后来被定义为约旦口音和巴勒斯坦口音的东西。一个例子是古典阿拉伯语中的字母 qaf。鉴于大多数城市巴勒斯坦人在口语中将 qaf 发音为喉塞音（因此 qalb，意思是心脏，发音为 alb），与农村巴勒斯坦人相反，后者根据他们的地区，将 qaf 按原样发音，或发音为 kaf，或发音为 ga（qalb、kalb 或 galb），巴勒斯坦贝都因人将 qaf 发音为 ga，1970 年后大多数约旦男性，无论是城市、农村或贝都因背景，都开始将 qaf 发音为 ga。约旦口音从北到南，在农村人口和贝都因人之间也各不相同，更不用说受过教育的城镇约旦人了，他们从 20 世纪 20 年代到 60 年代在巴勒斯坦和叙利亚城市的巴勒斯坦和叙利亚学校学习，并习得了城市口音。此外，大多数巴勒斯坦和叙利亚约旦人，其家庭自 20 世纪 20 年代或更早以来一直在该国，也带有城市口音。此外，对于许多约旦村民来说，并非所有带有 qaf 的单词都发 ga 音：许多实际上都发 kaf 音。[144]

内战后，这种情况发生了巨大的变化。约旦和巴勒斯坦口音被硬生生地重新定义为民族标志。他们还获得了性别属性。1970 年之后，大多数约旦城市男性开始将所有 qaf 发音为 ga，并将其称为"男性化"和"约旦人"，约旦城市女性则保留其喉塞音作为"女性化"特征。许多年轻的巴勒斯坦—约旦城市男性，因为新的口音配置而感到女性化，开始使用 ga 而不是喉塞音作为对男子气概的维护，尤其是在有男性陪伴时（特别是如果这些男性是外约旦人）。[145] 这种新情况的有趣之处在于，大多数外约旦人和巴勒斯坦约旦人认为，这些确实是必不可少的、严格的口音，是民族标志，而事实上，大量巴勒斯坦难民生活在约旦难民营中，来自南方农村，一直将 qaf 发音为 ga 而不是喉塞音。对于这些巴勒斯坦难民来说，这两种发音之间的区别仍然是城市口音（madani）和乡村口音（fallahi）。越来越多的外约旦民族主义女权主义女性质疑口音的性别标准，开始使用 ga 来断言这个新的约旦民族主义标志的平等获取性质。

这一发展的年龄标准也值得注意。随着口音变得民族化和性别化，使用喉塞音的城市巴勒斯坦和外约旦青春期前的男孩在进入青春期时将他们的发音转换为与 ga 发音一致的发音，作为确认他们新获得的男子气概的另一种方式。大多数城市外约旦人继续使用城市口音说话，并继续使用城市习语，但他们的 ga 发音略有变化。然而，来自非城市背景的外约旦人除了有城市外约旦人不使用的 ga 发音之外，也使用当地的习语和表达方式，因为他们保留了他们的城市表达方式。此外，在排他的民族主义者对 ga 进行意识形态选择之前，巴勒斯坦或外约旦社会中使用 ga 发音的男性和女性之间没有性别差异。性别化是随着民族化的进程而开始的。

重要的是要注意这些判断口音的方式是男性还是女性的视角。尽管外约旦人和巴勒斯坦约旦城市居民都认为 ga 发音是部落和贝都因人的，但贝都因人却从这个视角来判断城市口音是女性化的，这一判断与贝都因人对城市居民的主流看法一致，即贬低和女性化城市居民。这表明国家对将约旦人贝都因化的努力越来越成功，其中不同的人口已经内化了国家强加的民族主义定义。头巾和帽子作为服装的性别符号，用于识别穿着它们的男性，将无性别的、基于地点的口音（城市、农村或沙漠贝都因人）转变为性别化的民族口音（巴勒斯坦人或约旦人）则成为约旦民族身份的普遍听觉标志。

从人类学角度来说，在约旦做的一个有趣的工作是找出每个人的口音中的错误，无论他们是同化的巴勒斯坦—约旦男人还是民族主义的外约旦城市男人和女人，尤其是当他们的 ga 发音变为喉塞音时，新的民族面具变得越来越难以佩戴，因为它的人为性太新了，还没有完全归化。民族化的头巾/帽子以及民族化的口音，因此成为保证民族身份的身体和语言表演。公开肯定这两者已成为外约旦和巴勒斯坦人的日常仪式的一部分。

约旦人口进一步两极分化的另一个方面是将巴勒斯坦约旦人重新称为"Baljikiyyah"，或者，根据口语化的约旦/巴勒斯坦阿拉伯语称为"Baljikiyyih"，意为比利时人。尽管流传着一些故事，但尚不清楚这个反巴勒斯坦绰号的起源是什么。最可信的说法是巴勒斯坦游击队穿着比利时制造的军靴和军服，这使他们与使用美国装备的约旦军队区别开来。其他故事包括在 1970 年内战期间，许多外约旦人建议他们将巴勒斯坦人运往比利时（一个遥远的国家），或者应该有一些武器从比利时运往游击队（事实上没有什么可以支持这种说法）。尽管如此，使用 Baljikiyyih 的目的是让巴勒斯坦约旦人成为外国人——非约旦人和非阿拉伯人——从而剥夺他们的国籍。今天，这个绰号继续被用作对巴勒斯坦约旦人的民族侮辱。

　　20 世纪 70 年代末和 80 年代出现了更多的巴勒斯坦身份的表达，导致约旦国家和巴勒斯坦约旦人之间发生对抗。其中一个例子是巴勒斯坦民俗日委员会，该委员会由尼姆·萨汗（Nimr Sarhan）与其他巴勒斯坦机构合作于 1981 年成立。萨汗是巴勒斯坦民间传说的专家，被政府拘留，后来被监禁。他的护照被没收，并被禁止重返工作岗位。他的民俗展览和其他文化活动被警方取消或成为警方骚扰的对象。[146]

　　巴勒斯坦—约旦和外约旦声援约旦以外的巴勒斯坦人的其他声音也被压制。在以色列 1978 年入侵黎巴嫩期间，许多巴勒斯坦约旦人和外约旦人自愿前往黎巴嫩与巴解组织并肩作战。他们举行了大型示威活动，以推动政府允许志愿者前往黎巴嫩。政府以子弹作为回应，杀死了一些示威者（主要是学生和一名教师）并逮捕了很多人。许多外约旦人参加了这些示威活动，尤其是来自安曼东南部维达特难民营的邻居萨哈布镇。国王进行了干预，责备警察并下令释放被捕者，同时政府发布指令，禁止举行任何公开示威活动。[147]1982 年以色列入侵黎巴嫩后，情况再次重演，当时许多志愿者在护照被没收并受到情报局（约旦无处不在且高效的情报机构）的严密审讯后被约旦政府送回家。[148]

　　此外，由于 20 世纪 70 年代后期在巴勒斯坦和外约旦社区的当地倡议下成立了许多文化团体（舞蹈团和歌唱乐队），国家试图通过新的倡议与他们合作。正是在这种背景下，约旦启动了一年一度的杰拉什文化艺术节（Mahrajan Jarash）项目，于 1981 年夏天开幕。[149] 尽管这个节日充满了商业主义，更不用说外国表演者对约旦艺术家的特权，无论其地理出身如何，一些当地乐队开始出现在国家舞台上，其他人则因没有获得表演许可而气馁。新兴团体包括才华横溢且现在广受欢迎的富海斯乐队（Firqat al-Fuhays，成立于 1982 年），它来自安曼附近的基督教外约旦小镇富海斯（al-Fuhays）。该节日的负责人是米歇尔·哈马纳（Michel Hamarnah）（来自马达巴的外约旦人），因其精英主义受到许多人的批评。[150] 尽管如此，杰拉什文化艺术节还是推动了某些文化表演。贝都因男排舞（Dabkah）和贝都因人的歌曲总是有特色。尽管除了萨米拉·陶菲克的"贝都因"歌曲之外，很少有国家赞助的歌曲曾经流行过，20 世纪 90 年代初，一名新的贝都因歌手出现了，带着一首后来成为约旦人唱过的最受欢迎的歌曲。歌手是奥马尔·阿卜杜拉特，他的歌曲是《哈希姆，哈希姆》（*Hashmi Hashmi* 或 *Hashemite Hashemite*），其副歌"我们的约旦，哈希姆"（Urdunna ya Hashmi）结合对新约旦及其国王的效忠与对约旦哈希姆的肯定。阿卜杜拉特紧随其后的是另一首名为《哦，阿萨德》（*Ya Sad*）的流行"贝都因"歌曲，该歌曲与《哈希姆》一起仍在全国各地的婚宴上（包括巴勒斯坦约旦中上层阶级的婚宴）以及夜总会播放。然而，巴勒斯坦—约旦团体仍然拒绝国家文化委员的这种支持。

从 20 世纪 70 年代到现在，在该国的另一场战斗是足球。与其他国家一样，体育在国内和国际的民族主义动员中发挥了重要作用。约旦在这方面也不例外。正如在许多英国前殖民地和托管地中一样，足球在约旦人的生活中发挥了重要作用。[151] 据说两兄弟（胡斯尼和阿里·西杜·库尔迪，伊拉克库尔德背景，居住在安曼）于 1922 年将该项运动从耶路撒冷带回安曼，他们在耶路撒冷上的高中。[152] 当然，巴勒斯坦人是通过英国人和欧洲传教士学校接触到这项运动的，这些学校在巴勒斯坦的历史比在外约旦的历史更长。

第一支足球队成立于 1926 年，曾经与驻扎在安曼郊外马尔卡的英国球队比赛。1943 年，阿卜杜拉国王对不同的球队（其中许多是切尔克斯球队[153]）产生了兴趣，并于 1944 年开始举办一年一度的比赛（dawri）。[154]那一年，一名年轻的切尔克斯人创立了切尔克斯俱乐部（Ahli Sports Club），他们摆脱了由社区长老控制的切尔克斯慈善协会（成立于 1932 年）。[155]年轻人想称他们的俱乐部为切尔克斯体育俱乐部，但安曼省长反对这个名字。俱乐部的一名成员是埃米尔·阿卜杜拉的司机。他把这件事告诉了埃米尔，埃米尔告诉那个年轻人："我的儿子，你是我的家人［Ahl］，所以叫它阿赫利俱乐部。"[156]阿赫利俱乐部也包括阿拉伯球员。

在 20 世纪 50 年代初期，足球得到了推动。约旦河西岸的吞并带来了许多巴勒斯坦足球队参加年度比赛，此外还有许多加入东岸球队的巴勒斯坦足球运动员，例如加入阿赫利俱乐部的贾布拉·扎尔卡和马库斯·达达斯。[157]扎尔卡曾参加 1934 年世界杯足球赛。[158]此外，在 20 世纪 50 年代，联合国救济和工程处（UNRWA）在两岸的难民营设立了一些青年俱乐部，其中一些（例如，在安曼东部的维达特难民营）在 20 世纪 70 年代成为主要的体育俱乐部。[159]

到 20 世纪 60 年代初，侯赛因国王启动了建设带有足球场的体育城市的计划，因为该国还没有一个体育场。大多数球队曾经在市中心的胡赛尼清真寺广场、城市西部切尔克斯社区的库班操场、安曼山的一些操场（包括男子主教学校的操场）进行比赛，最后，从 20 世纪 40 年代后期，直到 1968 年足球场竣工，在安曼山的伊斯兰学校（al-Kulliyah al-'Ilmiyyah al-Islamiyyah）的操场上。在新球场进行的首场比赛是约旦和埃及国家队之间的比赛，结果是埃及队以 6 比 1 获胜。约旦著名的当代小说家穆尼斯·拉扎兹（Munis al-Razzaz）表示，该国大多数约旦青年（阿拉伯民族主义者）都支持埃及团队。只有少数约旦民族主义者支持约旦队。[160]

为了在该国组织体育活动并为约旦青年制订新的计划，政府于 1968 年颁布了《青年关怀基金会法》。[161]1977 年，该基金会被划入文化和青年部的机构范畴。[162] 约旦政府管理运动员类型的哲学包括以下内容："约旦运动员是一名忠于祖国、爱护父母、家人、邻居、同胞、兄弟姐妹的公民。他捍卫祖国和土地的荣誉，并尽其所能地提高自己的心理、精神、身体和道德能力……约旦运动员是一名男子气概很强的公民［Qawiyy al-Rujulah］，是英雄主义的崇拜者……相信约旦是一个有凝聚力的家庭，而阿拉伯民族［al-Ummah al-Arabiyyah］是一个充满爱心的大家庭。"[163]

很明显，这里的体育运动是民族国家表现性别公民身份的舞台，很快就会清楚的是，由公民—国民自己表演。此外，根据定义，约旦运动员被称为民族主义者，他坚持民族团结（"一个有凝聚力的家庭"），并拥有强烈的男子气概以支持民族团结。这种将性别公民与体育结合起来的目的是将体育和男子气概国有化，并使所有体育活动成为国家表演，这是体育在民族国家模式中的最高功能。

随着阿卜杜勒·纳赛尔去世后阿拉伯民族主义的减弱，约旦足球到 20 世纪 70 年代中后期遇到太多政治问题。联合国救济与工程处的资金削减使难民青年中心失去了指导其活动的带薪工作人员。因此，俱乐部成员承担筹款等活动的责任，他们组建了体育联盟，每年在足球、排球、篮球和拳击方面相互竞争。1975 年，难民营地球队决定与其他约旦东岸俱乐部及其球队竞争。[164]1980 年，当维达特难民营队击败赖姆萨队赢得年度比赛（al-Dawri）时，情况变得极易引起争论。这激励了巴勒斯坦约旦难民，特别是在内战期间受到重大人员伤亡的维达特难民营。[165] 支持维达特或赖姆萨队成为对巴勒斯坦人或约旦人忠诚的国家行为。在没有任何其他合法政治表达的情况下，这些比赛引发了巴勒斯坦人的抗议和对民族认同的宣扬。外约旦球迷和巴勒斯坦—约旦球迷之间爆发了许多冲突和争吵，导致警察干预、许多人被逮捕。正如劳里·布兰德（Laurie Brand）所说，"对于许多球迷，巴勒斯坦人和外约旦人来说，每次难民营队与东岸球队交锋时，在非常基本和情感的层面上，就好像内战又在打"[166]。

在 1986 年发生特别血腥的对抗之后，被占领土事务部要求联合国救济与工程处放弃对青年中心的控制。该部介入并解散了中心的行政委员会，取而代之的是由许多高级政府官员组成的新委员会。哈桑王储将维达特青年中心更名为"两岸俱乐部"（Nadi al-Diffatayn）。根据青年部的建议，外约旦人被纳入俱乐部的管理。在政府的压力和重组后的行政委员会下，大多数人投票赞成王储重新命名该中心的提议。这种情况只持续了很短的时间，因为人们继续将俱乐部和球队称为"维达特"。1988 年，在与西岸脱离接触后，政府和中心的管理人员恢复了俱乐部和球队的原名——Nadi al-Wihdat。值得注意的是，除了维达特和其他难民营球队外，大多数东岸"约旦"球队都包括大量的巴勒斯坦—约旦球员。

足球不仅可以分裂人口，还可以团结他们。1997 年夏天，在贝鲁特举行的阿拉伯足球锦标赛上，约旦国家队（由包括维达特在内的所有约旦俱乐部的最佳球员组成）击败叙利亚国家队夺得冠军。在大部分约旦人在家中或咖啡馆里通过卫星电视观看比赛结束时，成千上万的人和汽车挤满了约旦城镇的街道，尤其是安曼，那里的汽车停在街道中央，年轻男女跳舞，使交通完全停止了几个小时。侯赛因国王包机将球员从贝鲁特接回国。抵达后，球队在一个庞大的车队中游览了安曼的街道，支持者（男性和女性）在所有主要街道上排成一列。许多约旦新闻专栏作家认为这是在约旦身份下巴勒斯坦—约旦团结的标志。法赫德·法尼克（Fahd al-Fanik）是约旦最直言不讳的约旦民族主义者，他强调这种团结是确定的，因为它不是针对非阿拉伯的外国球队，而是针对阿拉伯球队，申明巴勒斯坦约旦人和外约旦人拥有相同的民族认同，至少在国际背景下如此。[167]1999 年 8 月在安曼举行的比赛中，约旦队与巴勒斯坦民族权力机构组建的第一支巴勒斯坦国家队交手。传统上支持约旦队的西岸巴勒斯坦人现在支持新的巴勒斯坦队。巴勒斯坦队以 1 比 4 输给了约旦人。随后在街上发生了球迷之间的一些冲突，但被大量警察控制。有趣的是，约旦队 11 名成员中有 8 名是巴勒斯坦约旦人。比赛期间，人群合声高呼："这是侯赛因国王教给我们的，一个民族，而不是两个民族。"[168] 众所周知，大多数巴勒斯坦约旦人，就像他们的外约旦同胞一样，支持约旦队，特别是因为他们在队伍中有大量代表。

## 缔约国家："断绝关系"之路

20 世纪 70 年代，约旦国家与巴解组织之间的关系一直存在分歧，直到 1977 年安瓦尔·萨达特访问耶路撒冷。1976 年，首相穆达尔·巴德兰（外约旦人）提出了脱离约旦河西岸的尝试，当时他提议约旦政府削减作为国家雇员的约旦河西岸公民的工资。约旦河西岸的巴勒斯坦—约旦支持者反对该措施，该提议没有得到落实。尽管这种策略在 70 年代初期就被使用过，但它们在 1976 年的使用表明约旦意识到约旦河西岸人的约旦性已无法再确定。那一年，在以色列占领下举行的市长选举中，巴解组织在除一个城市以外的所有主要城市担任市长。在约旦，内阁中巴勒斯坦约旦人的比例从二分之一下降到四分之一，许多巴勒斯坦—约旦政府工作人员被解雇，取而代之的是外约旦人。[169] 大约在同一时间，约旦大学开始采用非官方的配额制度来聘用外约旦教授。20 世纪 60 年代和 70 年代，由于巴勒斯坦约旦人的受教育程度高得不成比例，他们在约旦大学的大多数院系中占据主导地位，新的配额制度彻底改变了这些人口统计数据。这种情况在 1989 年之后变得更加具有挑衅性，直到现在，导致约旦国立大学的巴勒斯坦教师被清空，因为巴勒斯坦约旦人几乎没有新职位。[170]

1977 年萨达特上台后，约旦和巴解组织和解。事实上，双方关系升温如此之快，以至于流亡中的巴勒斯坦国会巴勒斯坦全国委员会于 1984 年 11 月 21 日在安曼召开，侯赛因国王本人亲自发表讲话。国王以"幸福和充满爱意的感觉"向巴勒斯坦全国委员会致敬："……在约旦的土地上，以它的名义，我欢迎你；从高处俯瞰 [masharif] 巴勒斯坦，我向巴勒斯坦人民致以忠实的敬意，并通过你们，巴勒斯坦人民的代表，向每一个巴勒斯坦人致敬。[我们] 在安曼，在其人民中欢迎您，或者更确切地说，[我们] 在您的人民、您的部落 [Ashirah]、您的兄弟和家人、您的兄弟和您的连襟中欢迎您；[我们] 在 [巴勒斯坦] 孪生兄弟的广阔中 [rihab] 欢迎你，我们在约旦，人类的灯塔和坚定的城堡欢迎你。"[171] 国王继续回顾巴勒斯坦与约旦的关系，没有提及内战，强调约旦已尽最大努力"向我们的巴勒斯坦兄弟证明约旦承认他们的民族身份，约旦对他们的土地没有野心……你们今天在你们国家委员会的保护下在这里举行的会议证明了巴勒斯坦意志的胜利、巴勒斯坦的合法性、巴勒斯坦的决定以及巴勒斯坦对一个目标即对巴勒斯坦和巴勒斯坦人民的忠诚的决心"[172]。

不到 3 个月后，1985 年 2 月 11 日，约旦和巴解组织就约旦—巴勒斯坦协调达成协议。然而，这种和解并没有持续多久。由于约旦和叙利亚（后者被巴解组织认为是当时其在阿拉伯阵营中的头号敌人）正在恢复友好关系，约旦于 1986 年 2 月开始远离巴解组织，特别是因为美国没有对约旦基于 2 月 11 日协议的倡议做出回应。

约旦开始改变与西岸的关系，在某些情况下也改变与居住在东岸难民营的巴勒斯坦约旦人的关系。这体现在 1986 年的新选举法中，议会席位增加到 142 个，每岸分配了 71 个席位。然而，这一变化是在法律上考虑将东岸营地作为西岸区，因此在分配给西岸的 71 个席位中，有 11 个席位（每个营地一个）保留给东岸营地。这种地理和人口的司法重新安排，其中实际居住在东岸的人被视为西岸人，这是一种奥威尔式的举动，旨在减少所谓巴勒斯坦对东岸的政治"影响"。此外，将难民营与它们所在的地区分开，是将巴勒斯坦—约旦难民与居住在难民营外的巴勒斯坦约旦人和外约旦人分开的法律行为。这是史无前例的举措，因为 1960 年的选举法没有包含任何此类规定。[173] 议会中的一些人也认同这种分离主义情绪。例如，代表北部城市萨尔特的外约旦议员祖海尔·杜坎·侯赛因（Zuhayr Dhuqan al-Husayn）在议会讨论法律时提议，不允许东岸巴勒斯坦约旦人投票给东岸候选人，并且他们只能投票给西岸候选人。他受到西岸代表的严厉批评，他们要求将他的提议从会议记录中删除。议会投票反对侯赛因的措施，并批准将其从会议记录中删除。然而，议会批准了一项提案，禁止西岸巴勒斯坦人为东岸席位提名自己（过去没有候选人这样做过），反之亦然。[174] 尽管如此，许多人反对新的分区措施。其中最著名的是约旦的前首相，直到最近，还是上议院议员的艾哈迈德·乌拜达特。乌拜达特认为这些措施在巴勒斯坦约旦人和外约旦人之间造成分歧。[175]

随着 1987 年 12 月西岸和加沙起义的爆发，以及反对以色列占领和支持巴勒斯坦独立的日益激烈的战斗，约旦政府选择采取其 13 年的言辞和政治措施（自 1974 年承认巴解组织为巴勒斯坦人民的唯一合法代表，无论他们身在何处）以得出合乎逻辑的结论。从 1988 年 4 月下旬爆发的起义开始四个月后，侯赛因国王在该国的部落大会上发表了多次讲话，强调约旦支持巴解组织作为巴勒斯坦人民的唯一合法代表，并支持结束以色列占领和召开有巴解组织代表参加的国际和平会议。[176] 例如，国王在对马弗拉克省部落首领的讲话中强调："至于在这里，在这片土地（东岸）上，每个人都是平等的，因为我们从我们的先辈那里继承了阿拉伯大起义的原则……它的宗旨和目标……因为每个阿拉伯人都是爱国者［watani］，无论他的父亲或祖先来自哪里……他是一名拥有充分权利的约旦人，但也有义务尊重宪法和他所属的［约旦］家庭……我讲这个是为了加强民族团结……至于巴勒斯坦和我们巴勒斯坦血统的约旦兄弟，我们一如既往地与他们在一起，他们在那里的权利将得到恢复。"[177]

1988 年 6 月 7 日，国王在阿尔及尔举行的阿拉伯首脑会议开幕式上发表了另一篇重要的国际演讲，在会上肯定了约旦支持巴解组织的承诺，并谴责了约旦的批评者，这些批评者声称一些约旦机构对起义的帮助是为了实现约旦在西岸的霸权，从而损害巴解组织。[178] 这些系列演讲是为后来被称为断绝东岸和西岸之间法律和行政联系的决定（Qarar Fakk al-Irtibat）的彩排，该决定国王于 1988 年 7 月 31 日发表的著名演讲中宣布，通过皇家法令结束了约旦河西岸和东岸之间持续了 38 年的统一。[179] "断绝"关系的前一天，国王解散了议会。[180]

事实上，正如国王在向约旦人民发表讲话时所确认的那样，"在你们的城市、村庄、营地、部落地区［fi madaribikum］、工厂、学校、办公室和机构"，切断西岸和东岸之间的联系"不会让你们感到惊讶，因为你们中的许多人一直在期待它，你们中的一些人在这一结果出来之前的一段时间就提出了要求"[181]。国王强调，经过对这个问题的长期深入研究，他的政府决定采取一系列措施，旨在"支持巴勒斯坦民族的方向，并突出［ibraz］巴勒斯坦人的身份，旨在通过这些措施实现巴勒斯坦事业和巴勒斯坦阿拉伯人民的利益"。[182] 这些措施将有助于巴解组织"在巴勒斯坦民族土地上具体化巴勒斯坦人的身份"，将导致"西岸与约旦哈希姆王国分离"[183]。国王强调：

> 必须清楚地认识到，我们与西岸有关的措施只涉及被占领的巴勒

斯坦土地及其人民，自然不涉及哈希姆约旦王国的巴勒斯坦裔的约旦公民。所有这些人都拥有完全的公民权利和义务，与任何其他公民一样，无论其出身如何。他们是约旦国家的一部分，他们所属的约旦国家、他们居住的土地以及他们参与的生活和全部活动，不能再被分割[juz la yatajazza]，因为约旦不是巴勒斯坦，巴勒斯坦国将在解放后建立在巴勒斯坦被占土地上，真主保佑……因此，维护民族团结是一件神圣的事情，我们不会松懈[la tahawun fihi]，任何以任何口号或名义操纵[abath]它的企图，只会以牺牲巴勒斯坦和约旦为代价来协助敌人执行其扩张主义政策。因此，支持它[民族团结]是真正的爱国主义[wataniyyah]和真正的民族主义[qawmiyyah]。因此，保护它是每个人的责任，我们中间不会有任何误导性的告密者或别有用心的叛徒，在安拉的帮助下，我们一直以来都是一个有凝聚力的家庭，其成员的特点是兄弟情谊、爱和意识，以及爱国主义和民族主义的共同目标。[184]

由于约旦河西岸和东岸之间的联系被切断，政府采取行动取消居住在西岸的巴勒斯坦约旦人的国籍。他们获得了为期两年的临时约旦护照，以方便他们的国际旅行，据了解，这些护照并不表示是约旦的国民。[185] 然而，断绝关系的决定从未在官方公报上公布，因此它不具有法律地位，也从未以法律形式发布过，尽管有基于它的许多规定（例如，对选举法、护照法的修正）。由于约旦的宪法规定了两岸的统一，许多批评者指出，将约旦河西岸与王国"分离"的决定实际上是违宪的，因此是非法的。直到现在，该政权或议会尚未颁布或甚至未考虑任何宪法修正案。针对政府质疑约旦河西岸及其约旦公民的非国有化是否符合宪法的案件仍在约旦法院审理。

1949 年和 1950 年约旦和巴勒斯坦中部的"统一"，就像 1921 年外约旦的建立一样，通过诉诸阿拉伯哈希姆民族主义在政治上合法化并通过司法措施实现，1988 年西岸与东岸的"分离"是通过呼吁以区域为基础的巴勒斯坦和约旦民族主义以及对阿拉伯哈希姆民族主义的否定实现的，并受到新的司法措施的影响（尽管实际的分离是在法外进行的，如前所述，所有使西岸及其约旦公民非国有化的相应措施都是在法律上进行的）。国家正式采用以东岸为基础的约旦民族主义作为新意识形态（尽管中巴勒斯坦在 1949 年至 1950 年已被并入约旦，但该政权仍自相矛盾地坚持认为，在这种情况下，约旦代表哈希姆阿拉伯，其中包括两岸）大力推动社会力量，这是国家和政权自 20 世纪 40 年代以来一直鼓励的；这些势力呼吁将公民身份与国籍分开，并主张排斥大部分公民人口为非约旦人的排他性民族主义。1989 年，在部分民主开放使新闻和政治进程自由化之后，社会力量得以释放。他们将西岸约旦人的非国有化信号和证据，证明并非所有约旦公民都属于约旦民族，因此，作为外国人，西岸约旦人必须被排除在外。

# 谁是约旦人

许多东岸巴勒斯坦约旦人满足于既是约旦人又是巴勒斯坦人；他们意识到，他们的巴勒斯坦身份完全受到约旦民族背景的影响，对他们中的大多数人来说，约旦是他们所知道的唯一有形的家。他们强烈反对最近通过排他主义的约旦民族主义使他们去巴勒斯坦化的企图。此外，尽管 1970 年有大量巴勒斯坦人支持巴解组织，但许多其他人没有，为该政权服务的人证明了这一点。事实上，数以万计的军事人员中只有 5 000 人（其中包括外约旦人）实际上叛逃到了游击队，作为巴勒斯坦人，他们没有对约旦发动任何叛乱，即使在 1970 年内战期间或之后（1986 年亚尔穆克大学的学生起义被贝都因军队镇压，主要由巴勒斯坦约旦人组成，但也包括外约旦人——共产主义者、伊斯兰主义者和许多其他人）。[186] 如果有的话，正如我们在上一章中看到的那样，对该政权的所有内部军事威胁都来自军队中的外约旦人。最近的民众起义发生在南部，几乎完全是外约旦城市，没有任何巴勒斯坦—约旦人参与。1970 年后，许多巴勒斯坦男性，如外约旦城市男性，开始以巴勒斯坦人和约旦人的混合口音说话；自 1970 年以来，曼萨夫是约旦发明的国菜，城市巴勒斯坦人（与南部农村和贝都因巴勒斯坦人不同，他们以前不知道）和外约旦人经常烹饪这道菜，并且在某些场合（例如婚礼和葬礼）供应，就像在外约旦社区一样；并且两个社区之间的通婚率在城市中是如此之高，以至于除非通过家长式的国籍概念（见第一章），否则很难解开后代的民族"起源"，所有这些都证明了以下结论：国家支持的约旦民族认同的这些方面没有被否定，而是被采纳和内化，并且它们不被视为巴勒斯坦民族认同的替代品或与之竞争，而是作为补充。

事实上，城市和农村的巴勒斯坦约旦人，与城市非贝都因外约旦人一样，很容易受到国家对约旦身份的贝都因化的影响，尤其是在 1970 年之后。他们还利用部落法的某些方面来解决许多社会纠纷（尤其是因车祸和有意或无意枪击造成的死亡），并开创重要的社交场合（例如求娶会面［Jahat al-Tulbah］，男方的家庭代表团向女方求婚进行的会面，此前这种做法仅在农村和贝都因人中进行，而在城市巴勒斯坦人口中并未实施）。事实上，1997 年夏天约旦击败叙利亚足球队也被巴勒斯坦约旦人视为胜利，因为在这种阿拉伯国家背景下，他们承认自己是约旦人，其中许多约旦球员是巴勒斯坦约旦人。当 1999 年巴勒斯坦约旦人支持约旦国家队对抗巴勒斯坦国家队时，这种情况变得更加明显。外约旦的排他民族主义者正用鹰眼观察人群是否有任何民族"不忠诚"的迹象。排他主义者要求的这种试金石是基于他们相信约旦国家队代表排他主义者术语所定义的"约旦"。然而，巴勒斯坦约旦人清楚地认为它是具有包容性的，因此反映了他们自己在该国的民族存在，因此认为支持它没有矛盾。然而，排他主义者所要求的试金石是让巴勒斯坦约旦人以排他主义的方式将球队视为约旦人并仍然支持它。如果一个社区的成员与另一个社区的成员或车臣社区的成员竞争，是否需要对外约旦基督教或穆斯林民族主义者，或外约旦阿拉伯或切尔克斯民族主义者，或外约旦北部或南部民族主义者进行类似的测试，这一点尚不清楚。如果这些测试的结果揭示了约旦民族认同及其构成部分的局限性，那么，为了一致性起见，约旦所有不同社区都应该进行此类测试。巴勒斯坦约旦人是受到审视的主要群体这一事实表明，他们最近作为"他者"的作品已成为构成新约旦"自我"的组织原则。

1989 年 4 月中旬，约旦南部爆发抗议国际货币基金组织实施的经济紧缩措施的反对活动后，约旦政府决定开放其政治体系。这导致约旦公共领域的辩论扩大，媒体，主要是独立报纸，开始从政治领域的各个角落涌现。自那时以来，约旦公共领域最紧迫的辩论之一是约旦民族身份问题以及东岸巴勒斯坦约旦人是否可以成为其中的一部分。[187]1993 年 9 月 13 日亚西尔·阿拉法特和以色列签署《奥斯陆协定》后，这些辩论的基调变得更加激烈，外约旦基督徒的声音是最响亮的（尽管在内战期间，许多外约旦基督徒实际上站在巴解组织一边反对约旦军队，[188] 其中一些人，例如解放巴勒斯坦民主阵线的领导人纳伊夫·哈瓦特玛［Nayif Hawatmah］，成为巴勒斯坦运动的领导人[189]）。法赫德·法尼克和纳希德·哈塔尔是外约旦基督徒社区中最受排斥的两个声音（事实上，哈塔尔因其社论"谁是约旦人？"[190]面临诉讼）。在穆斯林社区中，受到排斥的是艾哈迈德·乌韦迪·阿巴迪[191]（也面临诉讼）以及前公共安全负责人和现任议长阿卜杜勒·哈迪·马贾利，这里仅列出这两人。[192] 哈塔尔在一篇臭名昭著的文章中惊叹约旦政权如何能够将强调"人民不变而政府政权更迭"的"历史公式"转变为一个新公式，即"在约旦，政府不变，人民在变"[193]。对哈塔尔而言，约旦人包括生活在成为外约旦的 3 个奥斯曼省中的人，此外还有叙利亚人、巴勒斯坦人、汉志（指哈希姆人）、切尔克斯人和车臣人，他们"以自然的方式被约旦化，并且融入了这个国家的血肉和伟大"。哈塔尔强调："约旦人……除非通过自然繁殖而不是通过精英政治决定，否则不会增加。"他进而指出，1948 年后被约旦化的巴勒斯坦人在约旦扮演的角色与犹太复国主义者在巴勒斯坦扮演的角色相同。哈塔尔用他对在巴勒斯坦土地上建立巴勒斯坦国的强烈支持来强调这是"巴勒斯坦人的权利——难民和流离失所者 ["Lajiin wa Nazihin"，分别在 1948 年和 1967 年成为难民]——事实上，他们的职责是返回他们的土地和家园"。驱逐 1948 年后的巴勒斯坦约旦人是哈塔尔意识形态的核心，即让约旦回归前巴勒斯坦时代的过去，以此来维护约旦人"对其土地的完全和非缺乏主权"。对他来说，巴勒斯坦人在约旦的存在是犹太复国主义的胜利。因此，"将巴勒斯坦人约旦化意味着巴勒斯坦的犹太化"。哈塔尔得出的结论是，由于所有这些原因，"约旦人，确切地说，特别地和排他性地，是非巴勒斯坦人"。哈塔尔很清楚，现代约旦文化和文化遗产的标志是国家和政权制造的。他认为支持政权及其将巴勒斯坦人约旦化的政策的约旦人不是真正的约旦人，而是政权和国家的构造物，尽管他们可能会"以约旦、约旦性、[贝都因] 咖啡壶、[贝都因] 帐篷和剩菜 [al-Tabkhah al-Baitah Iyyaha，指曼萨夫] 的名义来说"。[194] 哈塔尔提到了 3 个原始省，这表明了他的困惑。正如我们在第二章中看到的，这三个省包括叙利亚和巴勒斯坦的部分地区，并排除了该国南部从马安到亚喀巴三分之一的地区（尽管马安在被纳入汉志和后来于 1925 年并入外约旦之前曾是卡拉卡省的一部分，但亚喀巴在埃及和汉志之间不断易主，直到 1925 年被吞并）。此外，尚不清楚为什么这些所谓省的居民被认为是真正的约旦人。这些居民中的许多人本身都是最近从巴勒斯坦、叙利亚、伊拉克、埃及和高加索抵达的人，他们在建国前的居住时间不超过 4—5 年。如果他们在该国逗留的时间长短是有效标准，那么这同样适用于 1948 年抵达该国的巴勒斯坦约旦人，他们现在已经在约旦生活了几十年。哈塔尔的观点并非独一无二：马万·萨吉特（Marwan al-Sakit）是一名穆斯林外约旦民族主义者，他提议巴勒斯坦约旦人响应巴勒斯坦权力机构的呼吁，接受巴勒斯坦护照，放弃他们的约旦公民身份，并像其他巴勒斯坦人在海湾地区一样在该国作为外国劳工工作。[195]

诚然，排外主义约旦民族主义者的话语有物质基础，这反过来又可以通过民族主义的解释网格来解释的。这可以追溯到该国外约旦—巴勒斯坦关系的开端。首先，他们认为 1948 年巴勒斯坦难民抵达该国对约旦的经济状况产生了负面影响。由于国家财政资源已达到极限，外约旦人遭受了显著的损失。许多外约旦的排外民族主义者指出那个时期同样重要，在那一时期，巴勒斯坦难民作为联合国救济与工程处的赠款接受者，比那些不得不与巴勒斯坦人争夺微薄的国家资源而无法获得联合国救济与工程处福利的贫困外约旦人的境遇要好。此外，商人阶层（主要由巴勒斯坦人和叙利亚人以及少数外约旦人组成）对该政权的影响被视为对大多数外约旦人有害，他们在公共部门（军队和国家官僚机构）大量就业。排外的约旦民族主义者认为，20 世纪 80 年代后期经济的失败和国际货币基金组织引发的私有化运动不利于外约旦人的经济福利，因为私有化的受益者将不可避免地成为该国的商人阶级和外国资本，而官僚机构被牺牲。对于这些民族主义者来说，这标志着官僚权力的丧失，正如前面提到的，这是外约旦在该国影响力的主要支柱之一（与军队一起）。

然而，这些排他主义民族主义者未能解释的是，私有化除了有利于现有的商人阶层之外，实际上还通过优惠待遇加速外约旦人从过度膨胀的官僚机构流向私营部门，从而扩大外约旦资产阶级的行列。国家及其官僚机构征集的大部分新投标都交给了外约旦人（尽管他们拥有定居贝都因人或北部贝都因人的血统），由于外约旦在官僚机构中的霸权，他们也是官僚主义偏袒的受益者。现有商人阶层的成员（主要是巴勒斯坦和叙利亚血统）私下抱怨，业务输给了这个新的外约旦人阶层，以及国家机构的官僚歧视。有些人将私有化视为一种"平权行动"，将财富从现有的商业阶层重新分配到由外约旦人组成的新官僚兼商业阶层。巴勒斯坦—约旦商界精英面临的困难是如此之大，以至于他们最近"求助于雇用外约旦人，这些人的工作是确保公司的官方交易能通过阻碍性的官僚机构"。[196] 最近担任阿卜杜拉二世国王顾问的阿德南·阿布·奥达在最近的一本书中指出："一些巴勒斯坦—约旦商人在伊拉克入侵科威特和海湾战争（1990—1991 年）后返回约旦，他们已经采用了海湾国家的模式，在这种模式下，没有本土合作伙伴就无法开展业务。当这些商人找不到愿意与其一起创业的外约旦人时，他们会用免费股份来吸引外约旦人。外约旦的官方关系越高越好。具有讽刺意味的是，外约旦官僚机构的歧视态度创造了新的就业机会，或许还创造了一种不同的收入再分配方式。"[197]

阿布·奥达的书详细介绍了该国对巴勒斯坦约旦人的歧视，他的书在美国出版后，包括基督教徒、外约旦民族主义者法赫德·法尼克和塔里克·马萨尔瓦（Tariq Masarwah）在内，媒体上发起了一场针对阿布·奥达的重大运动。2000 年 4 月，阿布·奥达被国王要求提交辞呈，他立即就这样做了。巴勒斯坦—约旦专栏作家乌赖卜·兰塔维（'Urayb Rantawi）谈到约旦社会如何分工，其中巴勒斯坦约旦人（主要是雇主并受雇于私营部门）缴纳国家税，而外约旦人（主要受雇于官僚机构和军队）消费它们。[198] 这些民族主义话语完全消除了两个社区的阶级分化。现实情况是，该国南部较贫困的地区，就像约旦城市中的城市贫民一样，正在遭受不成比例的痛苦，因为大多数南部外约旦人更依赖国家就业。随着国家官僚机构的收缩，他们的收入也随之减少。至于贫穷的巴勒斯坦城市约旦人，由于国际货币基金组织和世界银行的政策，无法再在全球化经济中勉强维持生计。

伴随这些事态发展的是第二次海湾战争，导致来自科威特和其他海湾国家的 20 万至 30 万名巴勒斯坦—约旦难民抵达该国，进一步挤压了国家资源并使已经疲软的经济更加恶化。这导致约旦贫困人口（巴勒斯坦人和外约旦人）更加贫困。排他主义民族主义者认为，这使外约旦人在巴勒斯坦人的"海洋"中被"淹没"得更深，这种情况随着时间的推移只会变得更严重。这些排他主义民族主义者的抗议变得更加响亮。

然而，在这种关于民族阶级的民族主义话语中，问题在于，排他主义民族主义者认为，商人阶级的巴勒斯坦部分代表了该国所有的巴勒斯坦人。而商人阶层的外约旦部分在过去 20 年中显著增加（该部门的资本积累源于 20 世纪 70 年代土地投机活动期间获得的利润，因为该国大部分土地为外约旦人所有，以及来自 1989 年以来国际货币基金会引发的私有化活动），这些说法忽略了这种事态发展。事实上，这些排他主义民族主义者之间的阴谋论比比皆是。一种阴谋论认为，巴勒斯坦人在该国购买任何土地都是企图将土地从外约旦人那里转让给巴勒斯坦人，作为将约旦转变为巴勒斯坦国的更大项目的一部分。

约旦基督徒在这些辩论中发挥了非常重要的作用，观点分为共产主义左派和新自由主义右派。贾马尔·沙尔（Jamal al-Shair）、塔里克·马萨瓦（Tariq Masarwah）、穆斯塔法·哈马纳（Mustafa Hamarnah）、马尔万·穆阿什希尔（Marwan Muashshir）和雅库布·扎亚丁（Yaqub Zayyadin）等人在约旦政治中占据非常不同的位置，尽管除了扎亚丁之外，他们仍留在官方机构中（尽管哈马纳最近在拉瓦卜达政府中失宠）。扎亚丁是约旦地下共产党数十年来著名的领导人，最近出来声称巴解组织"破坏了巴勒斯坦人和约旦人之间的关系［在 1970 年］"，并且是约旦右翼反巴勒斯坦的已故首相瓦斯菲·塔尔在外约旦左翼中的复兴事业的支持者——近年来，这一事业在外约旦民族主义者中越来越受欢迎。[199]基督教和穆斯林外约旦民族主义者同样支持这一事业，越来越多的前左翼分子如小说家穆尼斯·拉扎兹（父亲在叙利亚出生、母亲在巴勒斯坦出生的穆斯林）继续批评政权，虽然他的态度是温和的。[200]最近，文化部和约旦研究和信息中心（由比拉尔·哈桑·塔尔领导）主办了纪念瓦斯菲·塔尔和已故首相哈扎·马贾利对约旦历史的贡献的会议。塔尔和马贾利已成为外约旦民族主义的典型人物，巴勒斯坦人或他们的同伙被指责暗杀了他们两人，但这几乎无法削弱这种选择。[201]

　　在与以色列签署和平协议后，约旦政府考虑了 3 位候选人担任该国第一位驻犹太国家大使的职位。这些候选人阿克瑟姆·库苏斯（Aktham al-Qusus）、卡米尔·阿布·贾比尔（Kamil Abu Jabir）和马尔万·穆阿什希尔都是外约旦基督徒。穆阿什希尔最终被选中。许多外约旦民族主义者（尽管肯定不是全部）既支持反巴勒斯坦—约旦沙文主义，也支持建立巴勒斯坦国并反对约旦与以色列的和平协议（纳希德·哈塔尔在这一群体中尤为突出）。他们对非约旦籍巴勒斯坦人的国际支持与他们在国内反巴勒斯坦的立场并不矛盾，因为两者可以互补——如果巴勒斯坦人有一个国家要去，他们不必再待在约旦。事实上，这一立场既不独特也不新颖。自 19 世纪以来，欧洲反犹太主义者（包括后来的纳粹分子）在攻击社区中的犹太人时一直支持犹太复国主义，因为反犹太主义者和犹太复国主义者同样致力于清空欧洲的犹太人并将他们运送到其他地方。这种比较并不是表明排他主义的约旦民族主义者必然像纳粹分子（因为他们中最极端的人除了"遣返"巴勒斯坦人之外从未要求任何其他事情），只是为了说明此类论点的存在非约旦先例。[202]

这种新的反巴勒斯坦排他主义民族主义应该与外约旦人在 20 世纪 20 年代之后，特别是在 20 世纪 30 年代后半期对巴勒斯坦人的支持形成对比，当时巴勒斯坦人上演了他们现在著名的反殖民起义。在那个时期，如第一章所述，反殖民主义的约旦民族主义将自己视为阿拉伯人，而将英国殖民主义视为其"他者"。尽管一些团体试图在 20 世纪 20 年代本土主义斗争的基础上再接再厉，但它们在 20 世纪 30 年代建立排他性约旦民族主义的尝试失败了。正是 20 世纪 30 年代约旦民族主义的这种阿拉伯维度推动它支持巴勒斯坦人。1936 年 6 月，巴勒斯坦起义宣布后，约旦反殖民民族主义者立即在乌姆阿玛迪（Umm al-Amad）举行会议，呼吁收集金钱和武器，还有数百名约旦志愿者一起前往巴勒斯坦与巴勒斯坦人并肩作战。当时，政府无法阻止他们，选择向志愿者开放阿拉伯军团。后来，埃米尔阿卜杜拉阻止了外约旦人前往巴勒斯坦。政府还通过禁止所有政治会议来回应乌姆阿玛迪会议，并威胁要逮捕与会人员。1937 年 9 月，当他们中的许多人参加在叙利亚布鲁丹举行的团结会议时，他们在回国时被捕。此外，许多在外约旦寻求庇护的巴勒斯坦叛乱分子隐藏在人们的家中，并由约旦医生进行治疗。在安曼还举行了声援巴勒斯坦人的大规模示威活动。约旦叛军还发动了一场破坏英国在该国设施的活动，包括切断电话线和轰炸从伊拉克到海法的石油管道。此外，到 1937 年初，约旦叛军袭击了全国各地的政府大楼（在伊尔比德、萨尔特、马达巴、阿杰伦和塔菲拉，甚至在卡夫内吉德［Kafr Najd］、乌姆鲁曼［Umm al-Rumman］和卡里玛等小镇，他们袭击了警察局）。叛乱一直持续到 1939 年春天。格拉布领导下的阿拉伯军团和英国空军被派去紧追叛军，将他们逼到阿杰伦，并杀死了许多人。10 架飞机被用来扫射叛军的阵地。随着巴勒斯坦起义失败，约旦叛军也被击败。他们逃到叙利亚边境，在那里与格拉布的部队交战，造成许多人伤亡。

一些人逃到叙利亚，另一些人被抓获并受审。[203]

约旦反殖民民族主义的阿拉伯维度在 40 年代继续存在，同时自由青年团体（al-Shabab al-Ahrar）兴起，他们受到了国民大会的苏比·阿布-加尼玛名声的影响。这个团体被镇压，导致其许多领导人流亡。那些留下来的人继续攻击名义上 1946 年授予的独立后的托管和殖民关系。他们组建了一个名为约旦阿拉伯党的新政党，但最近自封的阿卜杜拉国王拒绝认可。然而，国王能够通过将一些党员纳入政府大臣的行列来吸纳他们。其中包括苏莱曼·纳布西和当时被称为大马士革知识分子的人（指在大马士革获得高中或大学教育的约旦人）；其中一些人与该政权关系密切，但反对英国在该国的存在。[204]

20 世纪 20 年代，约旦民族认同最初是代表本土主义利益，反对由英国人和邻国阿拉伯人组成的外国英国—哈希姆国家，它后来采用了泛阿拉伯民族主义的愿景，在 20 世纪 30 年代通过积极声援邻国巴勒斯坦人与英国和犹太复国主义者的斗争表现出来，20 世纪 40 年代，继续反对英国人以及他们在 1946 年独立后在约旦的存在。其泛阿拉伯愿景在 20 世纪 50 年代通过阿卜杜勒·纳赛尔的阿拉伯统一民族主义得到进一步加强。然而，伴随着 20 世纪 50 年代巩固的阿拉伯民族主义认同，一种特殊主义 / 排他主义的约旦民族主义趋势正在出现。1948 年巴勒斯坦人的到来以及约旦河西岸的兼并开启了这一趋势，在 1951 年一名巴勒斯坦人暗杀阿卜杜拉国王后，这一趋势得到了推动。排他主义民族主义者试图将 1948 年后的排他民族主义与 20 世纪 20 年代对殖民和哈希姆机构的本土主义反对进行比较。这种趋势在 20 世纪 50 年代一直持续，尽管直到 50 年代末都受到阿拉伯民族主义的制约，但在 20 世纪 60 年代埃及—叙利亚联盟失败后获得了动力，这标志着对联盟主义阿拉伯民族主义的重大打击。巴勒斯坦游击队的出现进一步加强了这一趋势，这些组织威胁约旦政权声称代表巴勒斯坦土

地（西岸）和巴勒斯坦人民（1948 年后成为约旦公民的人），1967 年六月
战争给统一阿拉伯民族主义带来的致命打击也加强了这一趋势。在 1970 年
约旦武装部队与巴勒斯坦游击队之间发生的内战期间和之后，这种特殊主
义 / 排他主义约旦民族主义趋势最终得到巩固。

　　约旦本土主义认同以及随后的约旦阿拉伯民族主义认同将外国殖民势
力视为它们所反对的另一方，而自 20 世纪 50 年代以来发展起来并在 1970
年之后巩固的特殊主义 / 排他主义约旦民族认同，则将巴勒斯坦约旦人作
为它反对的另一方。在 1988 年脱离约旦河西岸和 1989 年政权自由化之后，
排外主义的约旦民族主义者作为巴勒斯坦约旦人的敌人公开出现。对他们
来说，巴勒斯坦约旦人在约旦的存在本身就使约旦的民族认同处于危险之
中。穆斯塔法·瓦巴赫·塔尔在 20 世纪 20 年代的本土主义口号"约旦人
的约旦"被这些排他性民族主义者挪用，并动员人们反对巴勒斯坦人。然
而，他们关于排他主义民族主义的言论不仅基于约旦对其巴勒斯坦—约旦
公民的内部历史，而且因为自 20 世纪 70 年代以来以色列越来越多地声称
约旦是真正的巴勒斯坦，因此应该转变为巴勒斯坦国。随着阿以和平进程
陷入僵局，以及以色列利库德集团领导人、工党领袖海姆·拉蒙（Haim
Ramon，以色列工党的第二人，他在 1999 年声称约旦肯定会在几年内变成
一个巴勒斯坦国）提出的主张，约旦排他主义民族主义者增加了对巴勒斯
坦他者的攻击。[205]

　　随着报刊上反巴勒斯坦的排他主义言论的增多，侯赛因国王恼怒地于
1993 年 9 月 19 日在回应那些在该国助长民族分裂的人时称："在这里，我
们必须专注于民族团结；至于任何人用伤人的话来伤害兄弟，或表现出优
越感［yuzayid］，我将成为他的敌人，直到审判日的到来。"[206] 国王在 10
月重申了类似的观点，并肯定："我们的民族团结太强大了，不会受到损
害……伤害它的不是我们。"[207] 直到他去世，他一直呼吁"所有出身和出

生地"（"min jami al-usul wa al-manabit"）的所有约旦人平等，他的儿子阿卜杜拉二世国王也是如此。[208]

　　然而，约旦的扩张和收缩之旅并没有随着1988年的"断绝关系"而结束。约旦1949年至1950年的领土和人口扩张仅部分逆转，1949年，巴勒斯坦人被询唤为约旦人，其中很大一部分继续居住在东岸，仍然是约旦人。约旦于1988年放弃对约旦河西岸的主权，完全扭转了1950年的领土扩张形势，而约旦河西岸巴勒斯坦人的非国有化只是部分人口收缩。尽管鉴于这种收缩，1988年是新的、排外的外约旦民族主义释放的开始时刻，但这种新的、爆发性的民族主义排他主义并不是针对刚刚被切断的国家部分，而是针对内部的地位仍然脆弱的部分，即1948年后被国有化的巴勒斯坦约旦人，他们是东岸居民。

　　约旦作为领土和民族已被证明是相当有弹性的，在保持不变的领土核心（1925年的约旦）和人口核心（直到1948年生活在该国的各种民族）的同时进行扩张和收缩。这种扩张和收缩是在政治和法律上产生的。尽管如此，成为攻击目标的不仅仅是1948年后的巴勒斯坦约旦人，尽管他们仍然是最容易和最常被选择的目标：许多民族主义者质疑该国许多其他群体的约旦性，包括叙利亚人、切尔克斯人、车臣人，甚至一些贝都因部落。法赫德·法尼克于1994年发起了一场运动，抨击约旦车臣人积极为被俄罗斯军队围困的车臣共和国提供帮助，并呼吁他们选择一个身份，是约旦人还是车臣人，好像这两者需要相互排斥。[209] 还没有人加入法尼克的反车臣调查。艾哈迈德·乌韦迪·阿巴迪（Ahmad Uwaydi al-Abbadi）是用贝都因语写作的知名作者和现任议会议员，直到最近才认为土著约旦阿德旺部落是"非约旦人"。[210] 新的排他主义民族主义者阵营中的许多人，例如阿巴迪和哈塔尔，也质疑哈希姆的约旦身份，以及后者统治国家的权力。[211] 这些争论在约旦继续激烈。建国以来，北方人和南方人之间日益扩大的分歧也很明显。近年来，国王任用来自南方的首相（马贾利来自卡拉克，卡巴里蒂来自亚喀巴）进一步加剧了问题，特别是因为军队一直是南方权力的中流砥柱。阿卜杜拉二世国王最近任命的阿卜杜勒·拉乌夫·拉瓦卜达（Abd al-Rauf al-Rawabdah）和阿里·阿布·拉吉卜（Ali Abu al-Raghib）（均为北方人）似乎恢复了南北平衡。此外，与更繁荣的北方相比，持续落后的经济使南方（历史上被认为更忠于政权）成为不稳定的温床，1989 年、1996年和 1998 年的起义证明了这一点，所有这些起义都在南方城市爆发。

1998 年 2 月在南部城市马安发生的起义在这方面值得注意，特别是与该政权的处理方式有关。由于美国在 1998 年 2 月对伊拉克发动军事袭击的威胁增加，反对美国侵略阿拉伯国家的示威活动开始在整个阿拉伯世界蔓延。这也包括约旦，从北部的伊尔比德到南部的马安，许多城市都发生了示威活动。由于警察和特种部队（当时由国王的长子阿卜杜拉亲王领导）暴力干预以平息政府已宣布为非法的示威活动，马安示威活动变得暴力。一人死亡，25 人受伤，其中包括数名警察。据说，沙特国旗是由示威者挥舞的。国王下令在城内部署军队，立即实行宵禁。政府还切断了所有连接马安与外界的电话线。国王身着全套军装，乘坐直升机飞往马安，会见军队和马安的部落首领，试图安抚（有人说是惩罚）他们。该政权对马安人声称他们的身份是阿拉伯人、他们的他者是殖民主义 / 帝国主义这一说法感到不安。当约旦人再次感到被殖民 / 帝国主义列强包围时，他们的阿拉伯身份重新确立起来，以殖民主义和帝国主义列强的形式表现它的他者，正如它以前在许多其他场合所做的那样（尤其是 20 世纪 50 年代）。国王的策略是提醒马安人，他们首先是约旦人。鉴于马安发生的事件，他强调"骚乱"是对约旦和马安的侮辱，是外国渗透者做的。他与军官交谈，告诉他们一些"渗透者和别有用心的人"在"开始建立王国的马安"挑起了不和。[212] 国王指的是马安早在 1921 年就成为阿卜杜拉民族国家项目的起点。

国王还谈到了"马安的起源"和"马安的历史"。[213] 他进一步补充说，由于美国袭击伊拉克以及以色列可能将巴勒斯坦人向东驱逐，约旦可能会被难民吞没，从而"实现将在约旦完成的替代家园［项目］"。[214] 在这样做时，国王试图将约旦人和马安人的注意力从他们更大的阿拉伯身份（他者是殖民主义）转移到他们排他性的约旦身份（他者是巴勒斯坦人），这种身份尽管有风险，但对于政权的生存更安全。[215]

虽然约旦政府有效地利用 1948 年后的巴勒斯坦约旦人作为他者来巩固约旦民族身份，这一身份是其最初的设计者和随后的赞助人，但它无法再控制这种身份后来获得的独立动力，如果有的话，可能会反对君主制本身，从而重新定义自成立以来围绕君主制组织起来的约旦国家。事实上，自1948 年以来，约旦试图将巴勒斯坦人约旦化的做法在许多时候始终与其明确的政策相矛盾，其政策旨在促进外约旦人和巴勒斯坦人之间的分裂（特别是在 20 世纪 60 年代末和 70 年代初），以防止这两个团体之间的任何阶级联盟可能会反对君主制本身。[216] 然而，虽然巴勒斯坦人在该国的存在是巩固排他性约旦的必要条件，但它不再单独发挥这种作用。约旦的民族认同与所有民族认同一样，如今也在不断变化。作为一种反应性身份——实际上所有身份都是反应性的——相比于它是什么，它对于它不是什么似乎有更好的了解。排他主义民族主义者坚持将国家进一步缩小为越来越小的部分和部落，而巴勒斯坦约旦人为了捍卫自己的公民权利，坚持同时作为巴勒斯坦人和约旦人的地位。尽管该国当前的趋势范围包括在排他主义和包容主义之间徘徊的国家政策、在约旦和巴勒斯坦民族身份之间摇摆不定的巴勒斯坦约旦人，以及排他性的外约旦人，他们希望将国家细分为更小和更有地方观念的群体，约旦国民身份（其中包括巴勒斯坦人和外约旦人）正在等待一个新的定义。这将取决于这些激烈战斗中的最终胜利者或胜利者们。事实上，正如我们在第一章中看到的，这场政治和司法的民族之旅始于英国殖民官员之间关于外约旦是否应该拥有"国籍"，或者它的人口是否应该被称为温斯顿·丘吉尔所说的"外约旦巴勒斯坦人"的辩论，这是一场富有成效的辩论。[217] 最初作为英国—哈希姆国家的想法已经超出了其建筑师的意图、他们的设计，以及最重要的，他们的控制。正如我们在本书中所看到的，这是通过一系列司法和军事程序和措施以及它们产生的文化产品来实现的。这不仅压制了现有的身份和文化习俗，而且还产生了外约旦的民族身份以及这种身份所构成的民族文化。

除非新的约旦民族主义以不反对、不排斥巴勒斯坦约旦人的方式进行重组，并以包容的方式重新定义自己以包括所有国家公民，否则约旦及其巴勒斯坦—约旦公民的未来将远不稳定。通过描绘约旦民族认同的包容性历史，其新的排他主义表现被证明取决于特定的历史条件，以及远非永久性的司法和军事战略。通过包容性政策（尤其是司法和军事）和包容性的民族主义话语，约旦政府和约旦民族主义者或许能够在不相互排斥的身份下统一国家，从而避免第二次内战，在内战中，所有约旦人，无论他们的地理起源如何，都将成为输家。

## 注释

1. 关于阿卜杜拉统治叙利亚和伊拉克并将其与外约旦统一的计划，例如，参见 Kamil 'Mahmud Khillah, *Al-Tatawwur al-Siyasi Li Sharq al-Urdunn, Maris 1921—Maris 1948* (Tripoli, Libya: Al-Munsha'ah al-'Amah Lil-Nashr wa al-Tawzi' wa al-I'lan, 1983), pp. 346—428。关于他接管巴勒斯坦的计划，请参见，例如，Anis Sayigh, *Al-Hashimiyun wa Qadiyyat Filastin* (Beirut: Al-Maktabah al-'Asriyyah wa Jaridat al-Muharrir, 1966), 'Abdullah al-Tall, *Karithat Filastin, Mudhakkarat 'Abdullah al-Tall, Qa'id Ma'rakat al-Quds*, part I (Cairo: Dar al-Qalam, 1959), Sulayman al-Bashir, *Judhur al-Wisayah al-Urduniyyah, Dirasah fi Watha'iq al-Arshif al- Suhyuni* (Beirut: Dar al-Farabi, 1982), 以及 Avi Shlaim, *Collusion Across the Jordan: King 'Abdullah, the Zionist Movement, and the Partition of Palestine* (New York: Columbia University Press, 1988)。

2.《官方公报》附件，议会纪要，Mulhaq al-Jaridah al-Rasmiyyah, Mudhakkarat Majlis al-Nuwwab no. 3 (May 13, 1950), p. 7.

3. Ibid.

4. "Khitab al-'Arsh," in al-Hukumah al-Urduniyyah, *Wihdat Diffatay al-Urdunn: Waqa'i' wa*

*Watha'iq*（约旦河两岸的统一：事件与文件）(Amman: Idarat al-Sahafah wa al-Nashr, June 1950), p. 3.

5. "Rad Majlis al-A'yan 'Ala Khitab al-'Arsh," in *Wihdat Diffatay*, p. 15.

6. Ibid., p. 15.

7. "Khitab al-'Arsh," in *Wihdat Diffatay*, pp. 3—4.

8. Ibid., p. 4.

9. Ibid., p. 5.

10. Ibid., p. 6.

11. Ibid.

12. "Rad Majlis al-Nuwwab'Ala Khitab al-'Arsh," in *Wihdat Diffatay*, p. 18.

13. 这种倾向也可以在阿拉伯民族主义以及其他阿拉伯国家和人民的个别民族主义中找到。有关第二次世界大战后巴勒斯坦民族主义的类似趋势，参见 Joseph Massad, "Conceiving the Masculine: Gender and Palestinian Nationalism," in the *Middle East Journal* 49, no. 3 (summer 1995)。

14. 关于约旦政府将巴勒斯坦中部并入约旦，参见 'Isam Sakhnini, "Damm Filastin al-Wusta Ila Sharqiyy al-Urdunn," *Shu'un Filastiniyyah*, no. 40 (December 1974), pp. 56—83；另见 Munib Madi and Sulayman Musa, *Tarikh al-Urdunn Fi al-Qarn al-'Ishrin, 1900—1959* (Amman: Maktabat al-Muhtasib, 1988), pp. 533—546, and Muhammad Mahafzah, *Al-'Ilaqat al-Urduniyyah al-Filastiniyyah, al-Siyasiyyah, al-Iqtisadiyyah wa al-Ijti-ma'iyyah, 1939—1951* (Amman: Dar al-Furqan wa Dar'Ammar, 1983), pp. 197—223.

15. 关于提案，见 *Al-Athar al-Kamilah Lil-Malik'Abdullah*, 3rd edition (Beirut: Al-Dar al-Muttahidah Lil-Nashr, 1985), p. 390。

16. 例如，参见 Anis Sayigh, *Al-Hashimiyun*, p. 244。

17. 见 Sakhnini, "Damm Filastin," p. 59。

18. 关于安曼会议，参见 Sakhnini, "Damm Filastin," pp. 56—57；另见 Benjamin Shwadran, *Jordan: A State of Tension* (New York: Council for Middle Eastern Affairs Press, 1959), p. 280。施瓦德兰错误地将代表人数报告为 5 000 人，而实际人数为 500 人；参见 Sayigh, *Al-Hashimiyyun*, pp. 272—274, 也参见 Madi and Musa, *Tarikh al-Urdunn*, pp. 535—536。

19. 萨赫尼尼引用了巴勒斯坦代表发送给巴勒斯坦政府的一些电报，解释了约旦政府所使用的镇压措施，引自 Sakhnini, "Damm Filastin," p. 60。

20. 见 Sakhnini, "Damm Filastin," p. 60。

21. 见 Shwadran, *Jordan*, p. 280。

22. 见 Sayigh, *Al-Hashimiyyun*, p. 272。

23. 见 'Abdullah al-Tall, *Karithat Filastin*, pp. 375—376。

24. 'Arif al-'Arif, *Al-Nakbah, Nakbat Bayt al-Maqdis wa al-Firdaws al-Mafqud, 1947—1955*, part IV (Sidon-Beirut: Al-Matba'ah al-'Asriyyah, 1959), p. 877.

25. 'Abdullah al-Tall, *Karithat Filastin*, p. 376.

26. Ibid.

27. Ibid., pp. 378—379.

28. *Al-Ruwwad*, December 3, 1948, 引自 Sakhnini, "Damm Filastin," p. 63。事实上，会议决议有三种不同的版本，一种是由与会者签署的，另外两种是由阿卜杜拉修改和篡改的版本；见 Avi Plascov, *The Palestinian Refugees in Jordan, 1948—57* (London: Frank Cass, 1981), pp. 13—14。

29. 见 Sakhnini, "Damm Filastin," p. 64。

30. 见 Abidi, *Jordan*, pp. 55—56。

31. 1949 年 21 号条例，根据 1939 年第 6 号国防条例发布，发表于《官方公报》第 1002 号

（1949 年 12 月 1 日）。

32. "Qanun Dhayl Qanun Jawazat al-Safar number 11 for the Year 1949," *Official Gazette*, no. 970 (February 14, 1949).

33. *Official Gazette*, no. 1012 (March 1, 1950), p. 92.

34. John Bagot Glubb, *A Soldier with the Arabs* (London: Hodder and Stoughton, 1957), p. 237.

35. *Official Gazette*, no. 1132 (February 1, 1953), p. 518.

36. 参见 Sakhnini, "Damm Filastin," pp. 69—70。

37. 见 "Qanun al-Idarah al-'Amah Fi Filastin #17 for the Year 1949"，发表于《官方公报》第 975 号（1949 年 3 月 16 日）。

38. 参见 Sakhnini, "Damm Filastin," pp. 70—71。在该职位被废除之前，马塔尔的继任者是另一名外约旦人法拉赫·马达哈，最终被阿卜杜拉的支持者、巴勒斯坦人拉吉布·纳沙希比所取代。

39. 发表于《官方公报》第 1003 号（1949 年 12 月 17 日）。

40. 引自 Sakhnini, "Damm Filastin," p. 71。

41.《官方公报》第 987 号（1949 年 7 月 1 日）。1950 年 6 月，部长理事会最终颁布了一项法令，允许仍然持有巴勒斯坦货币的人在 1950 年 8 月之前上交他们的钱并用约旦货币代替；见《官方公报》第 1026 号（1950 年 6 月 17 日）。

42. 参见 *Al-Sharq al-'Arabi*, no. 174 (December 20, 1927), for "Qanun Ihlal al-Naqd al-Filastini Mahal al-Naqd al-Masri wa al-'Uthmani" or "The Law of Using the Palestinian Currency in Place of the Egyptian and Ottoman currencies"。

43. *Official Gazette*, no. 988 (July 16, 1949).

44. Muhammad 'Izzat Darwazah, *Al-Qadiyyah al-Filastiniyyah Fi Mukhtalaf Marahiliha, Tarikh wa-Mudhakkarat wa-Ta'liqat*, vol. II (Sidon: n.p., 1959—1960), p. 307.

45. 引自 Sakhnini, "Damm Filastin," p. 72。

46. "Addition to the Electoral Law, no. 55, 1949"，发表于《官方公报》第 1004 号（1949 年 12 月 20 日）。

47. 见 Sakhnini, "Damm Filastin," pp. 73—74。

48. Glubb, *A Soldier*, p. 351.

49. 见 Sakhnini, "Damm Filastin," p. 75。

50. 见 *Al-Jil al-Jadid*, no. 24, May 1, 1950，引自 Sakhnini, "Damm Filastin," p. 76。

51. 见 Sakhnini, "Damm Filastin," pp. 77—80。

52. 首相办公室于 1950 年 5 月 31 日发表的宣言，发表于《维达特·迪法泰》，第 28 页。

53. 这是基于对阿卜杜拉被暗杀的后果的详细描述，见 Mary C. Wilson, *King Abdullah: Britain and the Making of Jordan* (Cambridge: Cambridge University Press, 1987), pp. 209—215。另见 Robert Satloff, *From Abdullah to Hussein: Jordan in Transition* (New York: Oxford University Press, 1994), pp. 13—14。约翰·巴格特·格拉布对此的印象是，平民在耶路撒冷进行了抢劫和破坏。他说："在耶路撒冷，军队接管之前，有几家商店被洗劫一空。"见 Glubb, *A Soldier*, p. 278。

54. Mary Wilson, *King Abdullah*, p. 209.

55. 关于谁应对暗杀阿卜杜拉国王负责的怀疑，参见 Nasir al-Din al-Nashashibi, *Man Qatala al-Malik 'Abdullah* (Kuwait: Manshurat al-Anba', 1980)。纳沙比希望免除巴勒斯坦人民杀害阿卜杜拉的罪名。他试图找出有关谋杀案幕后黑手的埃及、英国和 / 或约旦政党的可靠证据。

56. Ibid., p. 211. 柯克布莱德于 1939 年至 1946 年担任约旦的英国特派代表，1951 年 12 月之前，他成为外约旦的大臣，后来担任大使。穆萨·阿迪尔·巴克米尔扎·谢尔丹谈到愤怒的约旦人意图杀害巴勒斯坦难民，并表示通过在街头部署军队避免了大屠杀。参见他的回忆录 *Al-Urdunn*

*Bayna'Ahdayn* (Amman: n.p., 1957?), p. 72。

57. 关于这些人口统计数据，参见 Yazid Yusuf Sayigh, *Al-Urdunn wa al-Filastiniyyun, Dirasah fi Wihdat al-Masir aw al-Sira' al-Hatmi* (London: Riyad El-Rayyis Books, 1987), pp. 12—14。

58. 对于此处引用的所有人口统计计算，见 ibid.。

59. Ibid., pp. 34—35。

60. Ibid., pp. 14—16. 萨伊格还提供了伊尔比德和扎尔卡市的数据。

61. 关于巴勒斯坦人和约旦人的识字率、医疗保健标准、政治参与水平、报纸数量等，参见 Shaul Mishal, *West Bank/East Bank: The Palestinians in Jordan 1949—1967* (New Haven: Yale University Press, 1978), pp. 1—9；另见 Naseer Aruri, *Jordan: A Study in Political Development, 1921—1965* (The Hague: Nijhoff, 1972), pp. 49—69。

62. 见 Plascov, *The Palestinian*, pp. 36—37。

63. Shaul Mishal, *West Bank/East Bank*, p. 21. 米沙尔引用了西岸商会就此向政府发送的投诉信。

64. Jamil Hilal, *Al-Diffah al-Gharbiyyah, al-Tarkib al-Ijtima'i wa al-Iqtisadi (1948—1974)*（西岸的经济和社会结构，1948—1974）(Beirut: Markaz al-Abhath, Munazzamat al-Tahrir al-Filastiniyyah, 1975), pp. 133—134. 希拉尔继续详细说明这些政策和项目；见 chapter 3, pp. 77—176。

65. 关于移民的范围，见希拉尔提供的综合分析和统计，ibid., pp. 82—106。

66. Plascov, *The Palestinian*, p. 37.

67. 引自 ibid., p. 36。

68. Yazid Sayigh, *Al-Urdunn*, p. 17.

69. 艾哈迈德·舒凯里被任命为巴勒斯坦驻阿拉伯联盟的代表后，侯赛因国王一开始反对巴解组织或巴勒斯坦实体的想法。侯赛因国王坚持认为不需要这样一个组织，因为据他所说，"我们是巴勒斯坦人，我们就是巴勒斯坦事业……［并且］约旦作为一个国家、一支军队和一个民族，将致力于巴勒斯坦事业，［因此］没有比这更重要的事情了"。参见舒凯里对1963年秋季他们最初会谈的描述，Ahmad Shuqayri, *Min al-Qimmah Ila al-Hazimah: Ma' al-Muluk wa al-Ru'asa' al-'Arab* (Beirut: Dar al-'Awdah, 1971), pp. 20—21。

70. 参见 Yazid Sayigh, *Al-Urdunn*, pp. 22—25。

71.《巴勒斯坦民族主义宪章》第24条。Al-Mithaq al-Qawmi al-Filastini, reproduced in Faysal Hurani, *Al-Fikr al-Siyasi al-Filastini, 1964—1974, Dirasah Lil-Mawathiq al-Ra'isiyyah Li-Munazzamat al-Tahrir al-Filastiniyyah* (Beirut: Markaz al-Abhath, Munazzamat al-Tahrir al-Filastiniyyah, 1980), p. 231; 巴解组织作出的类似声明和承诺，见 Mishal, *West Bank*, pp. 66—69。

72. *Al-Ahram*, January 21, 1964, 引自 'Isa al-Shu'aybi, *Al-Kiyaniyyah al-Filastiniyyah, al-Wa'i al-Dhati wa al-Tatawwur al-Mu'assasati, 1947—1977* (Beirut: Markaz al-Abhath, Munazzamat al-Tahrir al-Filastiniyyah, 1979), p. 117; 有关这一时期巴解组织与约旦关系的精彩概述，参见 ibid., pp. 116—127。

73. 见 Letter of Designation of the Prime Minister, Kitab Taklif Wizarat Wasfi al-Tall, February 13, 1965, published in the *official Gazette* and reproduced in Sa'd Abu-Dayyah, *Al-Fikr al-Siyasi al-Urduni, Namudhaj fi Dirasat al-Fikr al-Siyasi al-Urduni min Khilal Kutub al-Taklif allati Wajjahaha al-Malik Husayn Bin Talal ila Ru'asa'al-Wizarat* (Amman: Dar al-Bashir, 1989), p. 154。

74. *Al-Kitab al-Sanawi Lil-Qadiyyah al-Filastiniyyah li-'Am 1964* (Beirut: Mu'assasat al-Dirasat al-Filastiniyyah, 1966), pp. 10—11, 引自 Shu'aybi, *Al-Kiyaniyyah*, p. 118。

75. *Al-Jihad*, June 4, 1965, 引自 Shu'aybi, *Al-Kiyaniyyah*, p. 120。

76. 1965年10月4日在王宫的办公地发表的演讲，转载于 *Khamsah wa'Ishrun'Am min al-Tarikh, 1952—1977, Majmu'at Khutab Jalalat al-Malik al-Husayn Bin Talal al-Mu'azzam, Malik al-Mamlakah al-Urduniyyah al-Hashimiyyah*, vol. II (London, Amman: Samir Mutawi' Lil-Nashr, 1978),

p. 368。

77. 1965 年 10 月 18 日侯赛因国王写给纳赛尔总统的信，转载于 Mundhir Fa'iq'Anabtawi, editor, *Al-Watha'iq al-Filastiniyyah al-'Arabiyyah Li-'Am 1966* (Beirut: Mu'assasat al-Dirasat al-Filastiniyyah, 1967), pp. 568—571。

78. Shu'aybi, *Al-Kiyaniyyah*, p. 121.

79. 侯赛因国王在阿杰隆师范学院毕业典礼上的讲话，1966 年 6 月 14 日，转载于 *Khamsah wa'Ishrun*, pp. 441—443.

80. Yazid Sayigh, *Al-Urdunn*, pp. 25—27.

81. 有关更详细的统计数据，参见 Yazid Sayigh, *Al-Urdunn*, pp. 34—35。

82. 在卡拉马战役的约旦官方版本中，游击队被粗略地提及，约旦阿拉伯军队则获得大量描述，见 Ma'n Abu-Nuwwar, *Ma'rakat al-Karamah, March 21, 1968*, 3rd edition (Amman: n.p., 1970)。对于巴勒斯坦人的描述，例如，参见 Abu Iyad with Eric Rouleau, *My Home, My Land: A Narrative of the Palestinian Struggle*, translated by Linda Butler Koseoglu (New York: Times Books, 1981), pp. 57—60。另一个试图不那么偏颇的约旦官方军事描述，参见 El-Edroos, Syed Ali, *The Hashemite Arab Army, 1908—1979: An Appreciation and Analysis of Military Operations* (Amman: Publishing Committee, 1980), pp. 438—442。另见 "Shihadat Min Ma'rakat al-Karamah," (Testimonies from the Battle of al-Karamah) in *Shu'un Filastiniyyah*, no. 8 (April 1972), pp. 197—210, 尤其是约旦军官萨阿德·萨伊尔的证词，他谈到国王和他的亲信立即表示低估了费达因在卡拉马战役中的贡献，见第 209—210 页。巴勒斯坦血统的萨伊尔在"黑色九月"期间叛逃到巴解组织。

83. 有关卡拉马战役对巴勒斯坦游击队运动重要性的分析，参见 Munir Shafiq, "Ma'rakat al-Karamah," in *Shu'un Filastiniyyah*, no. 19 (March 1973), pp. 103—110。

84. 采访文本转载于 *Al-Watha'iq al-Urduniyyah 1968* (Amman: Da'irat al-Matbu'at wa al-Nashr, 1973), pp. 152—156。类似的引用被转载于 El-Edroos, *The Hashemite*, p. 442。艾德罗斯称，国王在回应"东岸和陆军领导人要求打击无纪律和过度自信的突击队"时说："我试图施加控制……你希望我做什么？对于一个失去一切的人——被驱逐出境的人，我该怎么办？对他们开枪？我认为我们已经到了这样一个地步：我们都是费达因。"此外，在 1968 年 3 月 23 日在安曼举行的新闻发布会上，在回答有关游击队的问题时，国王表达了类似的情绪，并愤怒地问记者："你是否希望我们杀死他们 ［费达因］并摧毁他们的能力？"引自 *Al-Watha'iq al-Urduniyyah 1968*, p. 99。

85. 最近，华盛顿中东政策研究所（美国亲以色列游说团体的非官方学术机构）的工作人员罗伯特·萨特洛夫开始散布谣言，称"东岸人"将"黑色九月"称为"白色九月"。见 Robert Satloff, "From Hussein to Abdullah: Jordan in Transition," Research memorandum, published by the Washington Institute for Middle East Policy, Washington, DC, no. 38, April 1999, p. 2。虽然他没有引用任何"东岸人"的说法或文字，但这种捏造已经成为"事实"，不仅对以色列游说团体如此，对《纽约时报》也是如此。在一篇关于阿卜杜拉二世国王的文章中，《纽约时报》记者随意地提到外约旦人如何将"黑色九月"称为"白色九月""事实"，对于《纽约时报》来说，似乎通过其强行重复的能力而变得如此。毕竟，约瑟夫·戈培尔（Joseph Goebbels）断言宣传的第一条规则是无休止的重复。参见 Jeffrey Goldberg, "Suddenly a King," *New York Times Magazine*, February 6, 2000。在欧洲，保罗·拉洛（Paul Lalor）在一篇名为《黑色九月／白色九月》的论文中参与了这种新的捏造，该论文在 1997 年 6 月 24 日至 25 日在巴黎现代中东研究中心主办的研讨会上发表，引自 Adnan Abu-Odeh, *Jordanians, Palestinians, and the Hashemite Kingdom in the Middle East Peace Process* (Washington, DC: United States Institute of Peace Press. 1999), p. 290n。也许外约旦民族主义者很快就会了解美国和欧洲的新编造并将其作为自己的！

86. 关于约旦特工，参见 Abu Iyad with Eric Rouleau, *My Home*, p. 75。

87. 关于部落会议，参见 Olivier Carre, *Séptembre Noir: Refus Arabe de la Resistance Palestinienne* (Brussels: Editions Complexes, 1980), p. 60，另见 Khalil Hindi, Fu'ad Bawarshi, Shihadah Musa, and Nabil Sha'ath, *Al-Muqawamah al-Filastiniyyah wa al-Nizam al-Urduni, Dirasah Tahliliyyah Li Ha-jmat Aylul* (Beirut: Munazzamat al-Tahrir al-Filastiniyyah, Markaz al-Abhath, 1971), pp. 129—131。

88. 有关此估计，参见 Olivier Carre, *Séptembre Noir*, p.24。

89. 国王将此声明交给了《世界报》，引自 *Al-Yawmiyyat al-Filastiniyyah*, vol. 4—5, entry date: November 25, 1966 (Beirut: Markaz al-Abhath, Munaz-zamat al-Tahrir al-Filastiniyyah, 1967), p. 238。

90. 萨伊格根据参与卡拉马战役的约旦军官萨阿德·萨伊尔（巴勒斯坦血统）的证词做出了这一估计；见 "Shihadat", p. 210。

91. 见 Sayigh, *Al-Urdunn*, p. 39。侯赛因国王本人可能夸大了这些数字，他在 1973 年 2 月 3 日发表的讲话中说，"巴勒斯坦人占约旦武装部队人数的一半以上"。引自 *Majmu'at Khutab Jalalat al-Malik al-Husayn Bin Talal al-Mu'azzam, Malik al-Mamlakah al-Urduniyyah al-Hashimiyyah*, vol. III (London, Amman: Samir Mutawi' Lil-Nashr), p. 402。

92. *New York Times*, February 19, 1968, 引自 *Al-Muqawamah al-Filastiniyyah wa al-Nizam al-Urduni*, op. cit., p. 35。

93. 巴解组织高级官员阿布·伊亚德承认此类错误，尤其是游击队未能吸引外约旦人；见 Abu Iyad, *My Home*, p. 76。然而，应该指出的是，巴解组织试图让许多外约旦民族主义者参与其活动，邀请他们作为观察员参加巴勒斯坦全国委员会的会议。其中包括许多前民族主义政治家和自由军官，包括苏莱曼·纳布西、赛义德·穆夫提、阿基夫·法伊兹、马哈茂德·鲁桑、贾迈勒·沙伊尔、贾法尔·沙米、达菲·贾马尼、马哈茂德·迈泰等人。法庭历史学家苏莱曼·穆萨声称，巴解组织十分受欢迎，政府中的一些外约旦高级官员会穿着巴解组织制服上班。见 Sulayman Musa, *Tarikh al-Urdunn fi al-Qarn al-'Ishrin, 1958—1995*, vol. 2 (Amman: Mak- tabat al-Muhtasib, 1996), p. 365。

94. 见 "Qanun al-Khidmah al-Wataniyyah al-Ijbariyyah"，发表于《官方公报》第 2069 号（1968 年 1 月 16 日），该法令取代了上一年在《官方公报》第 1988 号（1967 年 3 月 1 日）上发表的 "Qanun al-Khidmah al-Wataniyyah al-Ijbariyyah"。关于服务期限，参见 1968 年法律第 4-A 条，该条法律规定服务期限为两年，1967 年法律第 4-A 条规定服务期限为 90 天。

95. "Qanun Ilgha' Qwanin al-Khidmah al-Wataniyyah al-Ijbariyyah", *official Gazette*, no. 2248 (July 1, 1970)。该法律实际上是在 1970 年 6 月 25 日签署的。

96. 见 "Nizam Munazzamat al-Muqawamah al-Sha'biyyah", *official Gazette*, no. 1305 (November 11, 1956)。

97. 见 *Al-Muqawamah*, pp. 135—137。

98. 有关作为约旦民族运动和巴解组织成员的亲巴勒斯坦外约旦人对巴勒斯坦—约旦关系的评估，参见 'Isam Ahmad al-Fayiz, *Al-Nizam al-Hashimi wa al-Huquq al-Wataniyyah lil Sha'b al-Filastini* (Beirut: Dar Ibn Khaldun, 1974)。法伊兹（他的姓氏表明他属于巴尼·萨克尔部落）将约旦政权认定为负责在两国人民之间制造分歧的一方，并指责该政权助长民族沙文主义（iqlimiyyah）。事实上，法伊兹原来是哈尼·胡拉尼使用的化名，哈尼·胡拉尼是一名约旦人，母亲是巴勒斯坦—约旦人，父亲是叙利亚人，他是解放巴勒斯坦民主阵线活动家（摘自 2000 年 8 月对哈尼·胡拉尼的采访）。

99. 参见 "Nizam al-Jaysh al-'Arabi," *Official Gazette*, no. 2272 (January 2, 1970)。

100. Hindi et al., *Al-Muqawamah*, p. 135。

101. Ibid.

102. 见 Khalil Hindi, "Al-Ta'bi'ah al-Urduniyyah Did al-Muqawamah al-Filastiniyyah Qabl Hajmat Sibtimbar 1970," or "Jordanian Mobilization Against the Palestinian Resistance Before the September 1970 Onslaught," in *Shu'un Filastiniyyah*, no. 4 (September 1971), pp. 31—54。

103. 参见 Carre, *Séptembre Noir*, p. 60。卡雷引用酋长们的话，他们曾向国王施压，"对违抗约旦法律的人进行严厉打击"，同时向他保证他们"全力支持执行国家法律"，ibid。

104. 黎巴嫩报纸 *Al-Muharrir*, May 5, 1970，引自 *Al-Muqawamah al-Filastiniyyah*, p. 130。

105. *Al-Muqawamah al-Filastiniyyah*, p. 130.

106. 公报引自 *Al-Muqawamah al-Filastiniyyah*, pp. 130—131。

107. Adnan Abu-Odeh, *Jordanians, Palestinians*, p. 177.

108. Ibid.

109. 关于南部的事件，重要文章见 Mahjub'Umar, "Aylul fi Junub al-Urdunn" (September in the South of Jordan), in *Shu'un Filastiniyyah*, no. 71 (October 1977), p. 124。

110. Ibid., p. 131.

111. 见 Mahjub'Umar, "Aylul"。该文驳斥巴解组织关于约旦南部部落及其与君主制关系的论据。

112. 詹姆斯·伦特遵循约旦政府对伤亡人数的评估，参见 James Lunt, *Hussein of Jordan: Searching for a Just and Lasting Peace: A Political Biography* (New York: William Morrow, 1989), p. 142。艾德罗斯后来在约旦军队官方历史中修改了死亡人数，称伤亡人数为 5 000—10 000 人，其中包括600 名约旦军队士兵和 1 500 多名伤员。El-Edroos, *The Hashemite Arab Army*, p. 459.

113. 见 *Black September* (Beirut: PLO Research Center, 1971), pp. 131—138；另见 *Newsweek* October 12, 1970。关于"万人坑"，参见 Eric Pace, *New York Times* (September 29, 1970)；另见 Abu Iyad, *My Home*, pp. 95—96，他引用的伤亡人数为 7 000—8 000 人。

114. 关于这些离开岗位的情况，见 El-Edroos, *The Hashemite*, p. 459。

115. 见 'Abbas Murad, *Al-Dawr al-Siyasi Lil-Jaysh al-Urduni, 1921—1973* (Beirut: Markaz al-Abhath, Munazzamat al-Tahrir al-Filastiniyyah, 1973), p. 130。

116. 见黎巴嫩报纸 *Al-Nahar* (November 11, 1971)，引自 Murad, *Al-Dawr*, p. 130。

117. 穆娜告诉她父亲："我为你的所作所为感到羞耻……我不敢相信安曼、萨尔特和扎尔卡正在燃烧。走狗当局正在放火烧它们。青年、妇女、儿童和老人正在被火焚烧。我希望我从未出生；我真希望我从未见过你，以免有人说我是你的女儿——刽子手穆罕默德·达乌德的女儿……父亲，我将加入解放安曼和巴勒斯坦的战士行列。再见父亲。你可能会在凝固汽油弹造成的碎片中找到我——你的炸弹。革命直到胜利。[ 签名 ] 你的女儿。"穆娜的信引自 Black September, p. 77 和 Carre, Séptembre Noir, p. 48。关于达乌德于 9 月 24 日辞去首相和军官职务以及他在利比亚寻求庇护的情况，参见 Black September, p. 78，以及 Lunt, *Hussein of Jordan*, p. 143。

118. 见 *Black September*, p. 5。

119. 关于对 4 名巴勒斯坦刺客的审判，参见 Ahmad Shuqayri, *Al-Nizam al-Urduni Fi Qafas al-Ittiham, Asrar wa Khafaya Masra' Wasfi al-Tall*（被告笼中的约旦政权：瓦斯菲·塔尔之死的秘密和隐藏的事实）(Cairo: Dar Hardot, 1972)。这本书在贝鲁特重新出版，即 *Inni Attahim* (I Accuse) (Beirut: Dar al-'Awdah, 1973)。第二版的书名大概是对埃米尔·佐拉（Emile Zola）在 19 世纪末德雷福斯事件中以"J'accuse"开头谴责法国反犹太主义的著名声明的回应。

120. 关于巴解组织对其在约旦内战中的作用的重新评估，参见 Khalil al-Hindi, "Al-Muqawamah wa al-As'ilah al-Masiriyyah ba'da Aylul," in *Al-Muqawamah*, pp. 255—279；另见 Haytham al-Ayyubi, "Waqfah Naqdiyyah Amam al-Muqawamah Qabla Ahdath Aylul wa Khilalaha wa Ba'daha," in *Al-Muqawamah al-Filastiniyyah*, pp. 280—290, and Fath, "Al-Thawrah Ma' al-Tajribah wa al-Khata'," *Al-Muqawamah*, pp. 309—315。此外，关于解放巴勒斯坦民主阵线的观点和重新评估，参见 al-Jabhah al-Dimuqratiyyah Li Tahrir Filastin, *Hamlat Aylul wa al-Muqawamah al-Filastiniyyah: Durus wa Nata'ij*（九月战役与巴勒斯坦抵抗：教训与结果）(Beirut: Dar al-Tali'ah, February 1971)。

121. 例如，*Al-Fida'iyyun Bayna al-Riddah wa al-Intihar* (Amman: Mudiriyyat al-Tawjih al-Ma'nawi,

1973). 唯一的例外是约旦人赛义德·塔尔（已故首相瓦斯菲·塔尔的兄弟）的作品，Sa'id al-Tall, *Al-Urdunn wa Filastin, Wujhat Nazar'Arabiyyah* (Amman: Dar al-Liwa' Lil-Sahafah wa al-Nashr, 1986), p. 67，作者认为，除了让巴解组织负主要责任之外，"从一开始，人们必须承认，约旦政府必须承担加剧导致冲突的局势的部分责任，一方面，它没有发展出一个能够体现其责任、义务和主权的综合体，另一方面，也不与抵抗运动的责任和义务相容"。

122. 关于逮捕和约旦监狱的条件，参见 Ghazi al-Khalili, *Shihadat 'ala Judran Zinzanah, Yawmiyyat Mu'taqal fi al- Sujun al-Urduniyyah*（监狱牢房墙上的证言：约旦监狱被拘留者的回忆录）(Beirut: Ittihad al-Kuttab wa al-Sahafiyyin al-Filastiniyyin, 1975)。

123. 关于大规模清洗，参见 Asher Susser, *On Both Banks of the Jordan: A Political Biography of Wasfi al-Tall* (Essex: Frank Cass, 1994), pp. 156—160；关于"颠覆者"的大规模逮捕和审判，见 Yazid Sayigh, *Al-Urdunn*, pp. 58—60。

124. 1971 年 9 月 7 日国王的演讲，见 *Majmu'at Khutab*, vol. III, p. 301。请注意，这句话直译是"需要建立一个包括所有人民的儿女在内的一般组织"，指所有约旦男人和女人。

125. Hani Hurani, "'Al-Ittihad al-Watani' wa al-Shakl al-Rahin Lil-Sultah Fi al-Urdunn"（"民族联盟"与约旦当前的政权形式）, in *Shu'un Filastiniyyah*, no. 14 (October 1972), p. 55。

126. Sulayman Musa, *A'lam Minal-Urdunn, Safahat min Tarikh al-'Arabal-Hadith, Hazza' al-Majali, Sulayman al-Nabulsi, Wasfi al-Tall* (Amman: Dar al-Sha'b, 1986), p. 98。

127. Sulayman Musa, "Wasfi al-Tall: Surah Shakhsiyyah," (Wasfi al-Tall: A Personal Portrait), an introduction to Wasfi al-Tall, *Kitabat Fi al-Qadaya All-'Arabiyyah* (Amman: Dar al-Liwa', 1980), pp. 64—65.

128. King's speech opening the National Union Conference, November 25, 1971, in *Al-Watha'iq al-Urduniyyah*, 1971 (Amman: Da'irat al-Matbu'at wa al-Nashr, n.d.), p. 247.

129. 皇家裁决发表于 ibid., pp. 291—292。

130. 关于杜丁在乡村联盟中的角色，参见 David Hirst, *The Gun and the Olive Branch: The Roots of Violence in the Middle East* (London: Faber and Faber, 1984), p. 390。

131. 参见 Adnan Abu-Odeh, *Jordanians, Palestinians*, p. 201。

132. 参见 Hurani, "'Al-Ittihad al-Watani' wa al-Shakl al-Rahin Lil-Sultah Fi al-Urdunn," p. 54。

133. 萨迪耶·贾比里是叙利亚领导人伊赫桑·贾比里的女儿。在嫁给瓦斯菲·塔尔之前，她曾与巴勒斯坦政治人物穆萨·阿拉米结婚。据说她在婚后与瓦斯菲坠入爱河，这导致她与阿拉米离婚。一年后即 1950 年，她与瓦斯菲·塔尔结婚。参见 Sulayman Musa, *A'lam Min al-Urdunn*, p. 115；另见 Sulayman Musa, "Wasfi al-Tall, Surah Shakhsiyyah", in Wasfi al-Tall, *Kitabat Fi al-Qadayah al-'Arabiyyah*, p. 33。

134. 成员名单见 *Al-Watha'iq al-Urduniyyah*, 1971, p. 291。

135. Asher Susser, *On Both Banks of the Jordan*, p. 163. 苏莱曼·穆萨声称它于 1973 年解散；参见 "Wasfi al-Tall, Surah Shakhsiyyah", p. 65。

136. 见 Yazid Sayigh, *Al-Urdunn*, pp. 64—65。关于巴解组织对未来巴勒斯坦国的构想及其对侯赛因国王项目的回应，参见 'Isa al-Shu'aybi, *Al-Kiyaniyyah al-Filastiniyyah*, p. 163；另见 Clinton Bailey, *Jordan's Palestinian Challenge, 1948—1983: A Political History* (Boulder, CO: Westview Press, 1984), p. 63。

137. Yazid Sayigh, *Al-Urdunn*, p. 65.

138. "Rad Majlis al-Nuwwab'ala Khitab al-'Arsh al-Sami"（人民议会对最高统治者演讲的回应），December 8, 1971, published in *Al-Watha'iq al-Urduniyyah*, 1971, p. 281。

139. 关于 1973 年至 1974 年 的 发展，参见 'Isam Sakhnini, "Al-Kiyanal-Filastini," in *Shu'un*

*Filastiniyyah*, nos. 41, 42 (January/February 1975), pp. 70—72。

140. 侯赛因国王 1974 年 11 月 30 日的讲话，转载于 *Khamsah wa'Ishrun'Aman* vol. 3, p. 497。阿德南・阿布・奥达声称，国王在"黑色九月"之后开始使用穆斯林的比喻。见 Abu-Odeh, *Jordanians, Palestinians*, p. 211。

141. Hani al-'Amad, "Al-Fulklur Fi al-Diffah al-Sharqiyyah," in *Da'irat al-Thaqafah wa al-Funun, Thaqafatuna Fi Khamsin'Am* (Amman: Da'irat al-Thaqafah wa al-Funun, 1972), p. 303. 有关政府努力收集约旦文化歌曲数据的结果，参见 Hani al-'Amad, *Aghanina al-Sha'biyyah Fi al-Diffah al-Sharqiyyah Min al-Urdunn* (Amman: Da'irat al-Thaqafah wa al-Funun, 1969)。关于西岸和东岸的音乐和歌唱文化之间的相似性，它们之间的差异并不比东岸的南部和北部之间更大，参见 Tawfiq Abu al-Rubb, *Dirasah Fi al-Fulklur al-Urduni* (Amman: Wizarat al-Thaqafah wa al-Shabab, 1980), pp. 55—102，以及 'Abd al-Latif al-Barghuthi, *Al-Aghani al-'Arabiyyah al-Sha'biyyah fi Filastin wa al-Urdunn* (Jerusalem: Matba'at al-Sharq al-'Arabi, 1979)。关于陶菲格・尼姆里和他对"约旦"歌曲的早期贡献，参见 *Al-Ra'y*, September 23, 1998。

142. Hani al-'Amad, "Al-Fulklur," p. 307.

143. 例如，对比一下国王在 1970 年前的照片，载于 *Uneasy Lies the Head: The Autobiography of His Majesty King Hussein I of the Hashemite Kingdom of Jordan* (New York: Bernard Geis and Random House, 1962)，以及 Vick Vance and Pierre Lauer, *Hussein de Jordanie: Ma "Guerre" avec Israël* (Paris: Editions Albin Michel, 1968)，红白相间的帽子（Hatta）无处可寻，而 1970 年后的照片中，见 James Lunt, *Hussein of Jordan: A Political Biography* (London: Macmillan, 1989) 的封面，以及在阿拉伯语版的 Husayn, Malik al-Mamlakah al-Urduniyyah al-Hashimiyyah, *Mihnati KaMalik*, translated by Ghalib 'Arif Tuqan (Amman: n.p., 1978) 的护封，红白相间的帽子无处不在。

144. 例如，在诸如 katlah（意思是殴打）或 wakit（意思是时间）之类的词中，qaf 发音为 ka，而不是 ga。其他词包括 qum 和 qut，分别被卡拉克人和玛达人读作 kum 和 kut，qaf 和 kaf 在约旦的不同读音，参见 Ruks Za'id al-'Uzayzi, *Qamus al-'Adat, al-Lahajat wa al-Awabid al-Urduniyyah*, vol. I (Amman: Da'irat al-Thaqafah wa al-Funun, 1973—1974), pp. 15—16。

145. 关于贫穷的东安曼农民背景的巴勒斯坦难民的孩子的口音代码转换，请参见 Aseel Sawalha, "Identity, Self and the Other Among Palestinian Refugees in East Amman," in Jean Hannoyer and Seteney Shami, eds., *Amman: The City and Its Society* (Beirut: CERMOC, 1996), pp. 353—354。

146. Laurie Brand, *Palestinians in the Arab World: Institution Building and the Search for a State* (New York: Columbia University Press, 1988), pp. 181—182. 萨汗作品有 *Al-Hikayah al-Sha'biyyah al-Filastiniyyah* (Beirut: Al-Mu'assasah al-'Arabiyyah Lil-Dirasat wa al-Nashr, 1988)。

147. 参见 Ghanim Zurayqat, "Al-Taharruk al-Jamahiri Fi al-Urdunn Khilal Harb al-Junub"（南部战争期间约旦的民众动员），in *Shu'un Filastiniyyah*, no. 78 (May 1978), pp. 190—193。

148. Brand, *Palestinians in the Arab World*, pp. 181—182.

149. 关于约旦为筹办杰拉什文化艺术节所做的努力，参见 Ahmad Muslih, *Malamih 'Ammah Lil-Hayah al-Thaqafiyyah fi al-Urdunn, 1953—1993* (Amman: Manshurat Lajnat Tarikh al-Urdunn, 1995), pp. 98—101. 杰拉什文化艺术节自 1981 年以来每年举行一次，除了 1982 年和 1991 年，分别是由于以色列入侵黎巴嫩和第二次海湾战争。

150. 参见 Fu'ad 'Alim, "Mahrajan Jarash al-Khamis, Min Ajl Jamahiriyyatal-Mahrajan... wa Tathbit Hawiyyatihi al-Thaqafiyyah," in *Al-Urdunn al-Jadid*, nos. 8—9 (fall/ winter 1986), pp. 124—130，以及 Fu'ad'Alim, "Mahrajan Jarash 87: Bila Lawn... wa la Hawiyyah," in *Al-Urdunn al-Jadid*, no. 10 (spring 1988), pp. 73—75。1988 年，艺术节成立了一个由外约旦基督徒阿克拉姆・马萨瓦（Akram Masarwah）领导的独立委员会。

151. 有关板球和足球在其他英国殖民地的重要性，请参见 C. L. R. 詹姆斯的经典著作 *Beyond a Boundary* (Durham, NC: Duke University Press, 1993)。该书最初于 1963 年出版。

152. Kan'an'Izzat and'Umar Bishtawi, *Kurat al-Qadam al-Urduniyyah Fi Nisf Qarn*（半个世纪的约旦足球）(Amman: n.p., 1986), chapter 1, "Nubdhah Tarikhiyyah." 这本书没有标页数。

153. 胡斯尼·西多·库尔迪后来创立了约旦银行（Bank al-Urdunn），娶了沙库姆家族的一位切尔克斯妇女。

154. 见 chapter 2, "Qissat al-Dawri," ibid。此外，有关这些俱乐部的恶劣条件，参见 Muhammad Hamdan, "Al-Riyadah wa al- Shabab," in Hani Hurani and Hamid al-Dabbas, eds., *'Amman, Waqi' wa Tumuh, Qadayah al-Thaqafah, al-Bi'ah wa al-'Imran* (Amman: Markaz al- Urdunn al-Jadid Lil-Dirasat, 1996), pp. 75—78。关于足球在安曼十几岁男孩中的普及程度，参见阿卜杜勒·拉赫曼·穆尼夫在安曼的童年和青年回忆录，*Sirat Madinah*（城市传记）(Beirut: Al-Mu'assasah al-'Arabiyyah Lil-Dirasat wa al-Nashr, 1994), pp. 120—125。

155. Seteney Shami, *Ethnicity and Leadership: The Circassians in Jordan*, doctoral dissertation, Department of Anthropology (Berkeley, CA: University of California, 1982), p. 86.

156. Ibid.

157. Kan'an'Izzat and'Umar Bishtawi, *Kurat al-Qadam al-Urduniyyah Fi Nisf Qarn*, chapter 1, "Nubdha Tarikhiyyah."

158. 感谢维达特俱乐部的吉哈德·叶海亚和萨利姆·哈姆丹提供有关这两名球员的信息。

159. 参见位于伊扎特和比什塔维、库拉特·卡达姆的维达特团队的参赛作品。"Wihdat" 实际上是 widhat sakaniyyah（房屋单位）的缩写，最初指的是难民营，但后来缩写为 "wihdat" 或 "单位"。

160. 穆尼斯·拉扎兹在 1988 年至今与他的多次谈话中告诉我这一点。他还在他的小说《碎片和马赛克》*Al- Shazaya wa al-Fusayfisa'* (Beirut: Al-Mu'assasah al- 'Arabiyyah Lil-Dirasat wa al-Nashr, 1994) 中指出 "约旦公众支持埃及扎马利克［团队］对抗约旦法伊萨利［团队］……为了阿卜杜勒·纳赛尔、乌姆·库勒苏姆和塔哈·侯赛因，" 第 36 页。拉扎兹在其令人绝望的小说《恐龙回忆录》中再次隐含地提到了这种支持。*Mud-hakkarat Dinasur* (Beirut: Al-Mu'assasah al-'Arabiyyah Lil-Dirasat wa al-Nashr, 1994), p. 79.

161. "Qanun Mu'assasat Ri'ayat al-Shabab", 1968 年第 13 号法律，发表于《官方公报》第 2076 号（1968 年 2 月 15 日）。

162. Qarar #8 for the Year 1978，由法律解释特别办公室发行，第 3 条，转载于 Wizarat al-Thaqafah wa al-Shabab（约旦文化和青年部），*Al-Siyasah al-Urduniyyah Lil-Shabab wa al- Riyadah, Nahwa Jil al-Intima' wa al-I'tizaz al-Watani*（约旦的青年和体育政策，旨在培养一代具有民族归属感和自豪感的人）(Amman: Publications of the Ministry of Culture and Youth, 1983), p. 38。

163. Ibid., pp. 26—27.

164. Laurie Brand, *Palestinians in the Arab World*, p. 183.

165. 事实上，在内战之后，营地几乎被军队轰炸夷为平地，政府已经进入营地并拓宽了街道，或者更准确地说是小巷，以便在未来需要时允许坦克进入，因为在 1970 年的对抗中，坦克无法进入营地狭窄的小巷。

166. Brand, *Palestinians in the Arab World*, p. 183.

167. 1997 年 8 月 4 日，我在安曼新约旦研究中心发表了演讲，法赫德·法尼克在讨论中表达了这一观点。

168. "这就是侯赛因教导我们的，是一个民族，而不是两个民族。"

169. Arthur Day, *East Bank/West Bank: Jordan and the Prospects for Peace* (New York: Council on

Foreign Relations, 1986), pp. 61—62.

170. 见 Abu-Odeh, *Jordanians, Palestinians*, p. 215。

171. 侯赛因国王于 1984 年 11 月 21 日在安曼举行的巴勒斯坦全国委员会第十七次会议开幕式上的讲话，转载于 *'Ashrat A'wam min al-Kifah wa al-Bina': Majmu'at Khutab Jalalat al-Malik al-Husayn Bin Talal al-Mu'azzam, Malik al-Mamlakah al-Urduniyyah al- Hashimiyyah, Min Sanat 1977 ila Sanat 1987*（十年奋斗与建设：约旦哈希姆王国国王侯赛因·本·塔拉勒陛下 1977 年至 1987 年演讲集）, collected and edited by'Ali Mahafzah (Amman: Markaz al- Kutub al-Urduni, 1988), p. 590。

172. Ibid., pp. 593, 596.

173. 关于 1986 年选举法，见哈尼·胡拉尼重要而透彻的分析，"Mashru' Qanun al-Intikhab al-Jadid li Majlis al-Nuwwab, Riddah Kabirah lil-Wara''ala Sa'id al-Damanat al-Dimuqratiyyah wa Ikhlal Sarih bi-Iltizamat al-Urdunn al-Qawmiyyah,"（新议会选举法项目：民主保障水平的倒退，明显违反约旦的［阿拉伯］民族主义承诺）, in *Al- Urdunn Al-Jadid*, no. 7 (spring 1986), pp. 27—50。

174. 引用的一份报告发表于 *Journal of Palestine Studies*, no. 60 (summer 1986): 177。

175. 他在议会的声明载于 *Journal of Palestine Studies*, no. 61, Autumn 1986: 214—219；另见 Laurie Brand, *Palestinians in the Arab World*, pp. 174—175。

176. 他于 1988 年 4 月 24 日对伊尔比德省的部落领袖发表讲话；1988 年 4 月 27 日，对扎尔卡省的部落首领发表讲话；1988 年 5 月 2 日，对巴尔卡乌省的部落首领发表讲话；1988 年 5 月 3 日，对首都（安曼）省的部落首领发表讲话；1988 年 5 月 4 日，对马弗拉克省的部落首领发表讲话；1988 年 5 月 8 日，对卡拉克省部落首领发表讲话；1988 年 5 月 11 日，对马安省部落首领发表讲话；1988 年 5 月 18 日，对南部城市塔菲拉的人民发表讲话。上述讲话载于 *Majmu'at Khutab Jalalat al-Qa'id al-A'la, Khilal al-Fatrah 1/1/1987—1/1/1990*, edited and compiled by Qasim Muhammad Sa-lih and Qasim Muhammad al-Duru' (Amman: n.p., n.d.), pp. 179—227。

177. 1988 年 5 月 4 日向马弗拉克省部落首领发表的讲话，ibid., p. 207。

178. 1988 年 6 月 7 日在阿拉伯首脑会议上发表的讲话，*Majmu'at Khutab Jalalat al-Qa'id al-A'la, Khilal al-Fatrah 1/1/1987—1/1/1990*, pp. 229—248。

179. 演讲载 ibid., pp. 253—258。

180. 关于约旦政府在 7 月 31 日演讲后采取的不同措施的讨论，参见 Asher Susser, *In Through the Out Door: Jordan's Disengagement and the Middle East Peace Process* (Washington, DC: The Washington Institute for Near East Policy, 1990), pp. 25—30。

181. Ibid., p. 253.

182. Ibid.

183. Ibid.

184. Ibid., p. 256.

185. 关于公民因剥夺他们的国籍而起诉政府的法庭案件，见 Ibrahim Bakr, *Dirasah Qanuniyyah'an A'mal al- Siyadah, wa Qararat Naz' al-Jinsiyyah al-Urduniyyah wa Sahb Jawazat al- Safar al-'Adiyyah*（对主权行为以及授予约旦公民身份和公民护照持有人的决定的法律研究）(Amman: Maktabat al-Ra'y, 1995)。1995 年 11 月，作为一种善意的姿态，政府恢复了西岸巴勒斯坦人的 5 年护照（但不是他们的国籍），直到巴勒斯坦民族权力机构实现其所希望的"独立"后，他们才获得巴勒斯坦公民身份。

186. 见 Laurie Brand, *Palestinians in the Arab World*, pp. 219—220。

187. 深入研究约旦历史上这个热闹时期的复杂细节超出了本书的范围。有关 1988 年后时期关于民族认同的辩论的信息概述，参见 Marc Lynch, *Contested Identity and Security: The International Politics of Jordanian Identity*, political science dissertation (Ithaca, NY: Cornell University, 1997), chapter

3。另见 Laurie Brand, "Palestinians and Jordanians: A Crisis of Identity," *Journal of Palestine Studies*, no. 96 (summer 1995): 54—60。另见 Schirin Fathi, *Jordan: An Invented Nation? Tribe-State Dynamics and the Formation of National Identity* (Hamburg: Deutsches-Orient Institut, 1994), pp. 201—239，以及 Adnan Abu-Odeh, *Jordanians, Palestinians*, pp. 235—261。

188. 其中包括吉哈德·哈塔尔。参见她的回忆录：Jihad Hattar, *Dhikrayat 'an Ma'rakat Aylul: al-Urdunn 1970*（九月战役回忆录：约旦 1970 年）(Beirut: Al-Ittihad al-'Am Lil-Kuttab wa al-Sahafiyyin al-Filastiniyyin, 1977)。

189. 在巴勒斯坦民族运动中工作的其他著名的外约旦基督徒包括巴解组织作家工会的成员加尼姆·祖拉卡特和约旦最杰出的已故小说家加利卜·哈拉萨。后者 20 世纪 70 年代后期在贝鲁特与巴解组织合作，直到 1982 年，巴解组织因以色列入侵贝鲁特而被驱逐出贝鲁特。他搬到叙利亚，在那里他继续与巴解组织一起研究文化问题。哈拉萨自 1955 年开始流亡，1989 年 12 月在叙利亚去世。他的精彩小说和短篇小说在约旦仍然被禁止，它们被认为是"不道德的"，因为它们具有露骨的色情和政治内容，尽管内容很有品位。他关于巴勒斯坦问题的著作包括 *Azmat Thawrah Am Azmat Qiyadah*，最初于 1983 年至 1984 年在 Al-Ta'mim 杂志上发表的论文文集 (n.p: Manshurat al-Intifadah, circa 1992)，以及 *Naqd al-Adab al-Suhyuni, Dirasah Aydiyulujiyyah wa Naqdiyyah li- A'mal al-Katib al-Suhyuni 'Amus 'Uz* (Beirut: Al-Mu'assasah al-'Arabiyyah Lil- Nashr, 1995)。这两本书都是在他去世后出版的。

190. 见 Nahid Hattar, "Man Huwa al-Urduni?" in *Al-Hadath* (November 1, 1995), p. 9。

191. 见 al-'Abbadi's articles in *Shihan*，例如，参见 "Al-Urduniyyun wa al-Jinsiyyah al-Filastiniyyah," in *Shihan* (February 25, 1995), "Wathiqat al-Milyun Tawqi'," in *Al-Hadath* (November 11, 1995)。关于阿巴迪，另见 Abu-Odeh, *Jordanians, Palestinians*, pp. 244—246。

192. 阿卜杜勒·哈迪·马贾利也是极端民族主义盟约（al-'Ahd）党的领导人，他试图正式区分寻求在被占领土上建立巴勒斯坦国的巴勒斯坦人和那些放弃这一目标以支持约旦"民族团结"的人。他坚持认为，不应允许寻求建立巴勒斯坦国的人在约旦政治机构工作（见 *Al-Dustur*, May 11, 1993）。另请参见 1995 年 12 月在华盛顿特区中东研究协会发表的论文《公开的分离：新约旦的约旦与巴勒斯坦身份》(A Very Public Separation: Jordanian and Palestinian Identities in the New Jordan) 中马克·林奇对马贾利观点的讨论。

193. Hattar, "Man Huwa al-Urduni?" p. 9.

194. 另见哈塔尔对约旦报纸上对他的猛烈攻击的回应，"Filastin lil-Filastiniyyin wa al-Urdunn Lil-Urduniyyin," *Al-Hadath* (November 15, 1995)。哈塔尔称所有批评他的人都是"另类家园理念的伪知识分子"，因为在他看来，他们都支持约旦成为巴勒斯坦人的家园！

195. 见 Marwan al-Sakit, "Muttafiqun Am Mukhtalifun," in *al-Hadath*, December 6, 1995。

196. Abu-Odeh, *Jordanians, Palestinians*, p. 197.

197. Ibid.

198. 'Urayb Rantawi, "Qira'ah fi al-Bu'd al-Dakhili lil'Ilaqah al-Urduniyyah al-Filastiniyyah," *Al-Dustur*, October 3, 1995.

199. *Al-Mithaq* (July 9, 1997), pp. 22—23.

200. 1997 年 7 月，穆尼斯·拉扎兹在文化部办公室与我交谈时表达了这一观点，他在文化部担任顾问。该政权试图重振瓦斯菲·塔尔崇拜的象征是将 20 世纪 80 年代的新安曼花园大道更名为瓦斯菲·塔尔大道。尽管竖立了这样的标志，官方媒体也以新的正式名称来称呼这条街，但大多数安曼人仍坚持将其称为"花园大道"。

201. 会议于 1996 年举行。参见 *Wasfi al-Tall, Fikruhu wa Mawaqi-fuhu*, Waqa'i' al-Nadwah allati Nazzamaha al-Markaz al-Urduni wa al-Islami Lil-Dirasat wa al-Ma'lumat bil Ta'awun ma' Wizarat al-

Tahaqafah (Amman: al-Markaz al-Urduni wa al-Islami Lil-Dirasat wa al-Ma'lumat bil Ta'awun ma'Wizarat al-Tahaqafah, 1996)，以及 *Hazza' al-Majali, Qira'ah Fi Siratihi wa Tajribatihi Za'id al-Mudhakkarat, Waqa'i' al-Nadwah allati Nazzamaha al-Markaz al-Urduni Lil-Dirasat wa al-Ma'lumat bil Ta'awun ma' Wizarat al-Tahaqafah* (Amman: al-Markaz al-Urduni Lil-Dirasat wa al-Ma'lumat ma' Wizarat al-Tahaqafah, 1996)。请注意，约旦研究和信息中心有时自称为约旦和伊斯兰研究和信息中心。

202. 见 Lenni Brenner, *Zionism in the Age of the Dictators: A Reappraisal* (London: Lawrence Hill, 1983)。

203. 关于 1936 年至 1939 年的约旦起义，参见 Kamil Mahmud Khillah, *Al- Tatawwur al-Siyasi Li Sharq al-Urdunn, Maris 1921—Maris 1948* (Tripoli, Libya: Al-Munsha'ah al-'Amah Lil-Nashr wal Tawzi' wal I'lan, 1983), pp. 300—305。

204. Khillah, *Al-Tatawwur*, pp. 305—310. 另见官方文件 al- Shabab al-Ahrar in *Ma'rakat al-Huriyyah Fi Sharq al-Urdunn, wa Aqwal Rijal al-Siyasah Fi Surya al-Kubra*, edited and written by Muhammad Sayf al-Din al-'Ajluni (Damascus: Matba'at Judat Babil, 1947)。

205. 有关以色列主张和约旦排外民族主义者意识形态勾结的有趣讨论，参见 Salamah Ni'mat, "Al-Urdunn wa Maqulat 'Al-Watan al-Badil' lil-Filastiniyyin," *Al-Hayah*, April 4, 2000: 4。

206. 这是国王在新闻发布会上表达的，见 *Al-Ra'y* (September 19, 1993): 14。

207. *Al-Ra'y* (October 13, 1993): 1, 23.

208. 关于阿卜杜拉二世最近的统治，见 Lamis Andoni, "King Abdallah: In His Father's Footsteps?" *Journal of Palestine Studies*, no. 115, spring 2000: 77—90。

209. 法尼克为此写了一些社论，并在会议上重申了这些主张，正如他 1994 年 10 月在安曼约旦大学举行的约旦出版社战略研究中心会议上所做的那样。

210. 阿巴迪引于 Andrew Shryock, *Nationalism and the Genealogical Imagination: Oral History and Textual Authority in Tribal Jordan* (Berkeley, CA: University of California Press, 1997), p. 325。

211. 阿巴迪因他 1996 年 7 月在 *Shihan* 发表的一篇反哈希姆社论而被带上法庭。

212. *Al-Dustur*, electronic edition (February 22, 1998), p. 1.

213. Middle East Broadcasting Corporation, televised news, London (February 22, 1998).

214. *Al-Hayah* (February 23, 1998): 1, 6.

215. 2 月 22 日，也就是国王访问马安的第二天，塔菲拉省的南部城镇的大多数市长会面并向国王发出公报，承诺效忠他和哈希姆领导人，强调约旦人必须在内部与他们的政权联合以应对外部威胁。大多数市长都有代表，但马安的市长除外。见《宪法》电子版（1998 年 2 月 23 日）中的公报全文。

216. 劳里·布兰德的讨论，见 *Palestinians in the Arab World*, pp. 180—185，以及 "Palestinians and Jordanians," pp. 59—60。

217. Letter from John Shuckburgh, assistant secretary to the Colonial Office to the undersecretary of state at the Foreign Office, FO371/6372, p. 26, May 18, 1922, 以及 Despatch no. 280 from Acting High Commissioner of Palestine W. H. Deedes to Winston Churchill, the secretary of state for the colonies, FO371/ 6372, p. 27, April 28, 1922, and Foreign Office to the Undersecretary of State, Colonial Office, FO371/6372, p. 29, June 9, 1922。

# 结　语

本研究展示了殖民时期的法律和军队机构如何在后殖民民族认同和民族文化的构成中发挥压制性和生产性的作用。这是通过司法—规训的二元制度化来实现的，该二元组构成了殖民和后殖民的治理模式。

外约旦是一块从奥斯曼帝国分割出来的领土，在领土和人口上被英国殖民主义和哈希姆埃米尔阿卜杜拉重新安排，并迎来了一个新时代，即民族国家时代。为了使新秩序永久化，国王制定了许多策略，将新身份强加给坚持不同身份的人群，称为民族身份。新身份最初是一项法律发明。通过一些司法和军事战略，这种身份被普遍化，使不同的人口规范化和统一。甚至构成约旦民族文化的东西，一套被确定为"传统"和"民族"的习俗，也是通过这些机构产生的，在这个过程中压制和破坏了现有的文化习俗，同时产生新的文化实践和身份。新的身份和新的民族文化不是作为新产品来部署的，它们实际上是，并且作为一直存在的永恒本质。约旦的大众民族主义，就像亚洲和非洲其他地区的后殖民主义一样，在不承认其最近的司法和军事系统的情况下将新身份及其文化内化。事实上，今天的约旦民族主义是建立在否认这种系统的基础上的，它假定了一段"民族"历史，约旦身份被称为一直存在于其中。

民族认同和民族文化的产生也被证明是一个性别化的项目。女性和男性在其中占据不同的话语位置。男子气概和女性气质被民族化，并被赋予

"民族"价值以反映"过去的传统"。这些由司法—规训国家产生的"传统"决定了民族国家中男女的地位，并指导着今天的公民—国民的行为。

传统的民族认同研究并没有过多关注作为"民族化"机构的法律和军队。一些研究在多大程度上将军队假定为民族化的机构，但他们未能说明军队如何在其队伍内部和外部对社会发挥这种作用。在本书中，我介绍了一种调查模式，有助于阐释法律和军队在殖民和后殖民背景下（即约旦）在构建民族认同和民族文化方面所扮演的复杂角色。虽然这项调查的结果可能是针对约旦的，但它提出的问题并非如此。在使用这种探究模式时，民族主义研究领域的学生不仅能够回答传统方法无法回答的问题，而且能够提出传统方法无法提出的新问题。

本书描述了约旦民族国家为创建对民族国家本身的再生产至关重要的身份使用的不同策略。结果是约旦的民族认同和民族文化以本质主义的方式看待自己。与其他后殖民民族认同一样，约旦民族认同和约旦民族文化是殖民制度的产物并受其影响。也许反殖民民族主义的主要表现形式是它反对殖民统治和殖民种族等级制度，该制度否认被殖民者的代理权。然而，反殖民民族主义的本体论地位随着历史时刻的变化而变化。通过挪用殖民话语，反殖民民族主义能够对其进行颠覆和抵制，从而导致殖民统治的终结。然而，除了它在其中的位置之外，它随后拒绝质疑殖民统治模式和殖民认识论的准则，这意味着它放弃了殖民法律和规训的代理权。反殖民民族主义者没有将他们的反殖民民族主义理解为对抗殖民势力的战略本质主义，而是将他们的民族主义误认为是绝对的本质。[1]

殖民主义结束后，后殖民国家的民族认同和文化不仅是反抗殖民统治的方式，也是殖民主义对被殖民者发挥影响力的证明。具有讽刺意味的是，让我们相信这种殖民征服和主体化的是反殖民主义的力量。

## 注释

1. 关于本质主义的战略用途，参见 Gayatri Chakravorty Spivak, "Subaltern Studies: Deconstructing Historiography," in *In Other Worlds: Essays in Cultural Politics* (New York: Methuen, 1987), p. 205。

# 参考文献

## 政府档案

Public Record Office, London, United Kingdom

## 国际文件

*Treaties of Peace 1919–1923*, vol. II (New York: Carnegie Endowment for International Peace, 1924)

## 报纸和期刊

*Al-Difa'*, Amman, Jordan
*Al-Dustur*, Amman, Jordan
*Filastin*, Amman, Jordan
*Al-Hadath*, Amman, Jordan
*Al-Hayah*, London, United Kingdom
*Al-Jaridah al-Rasmiyyah Li-Hukumat Sharq al-Urdunn*, Amman, Transjordan, 1926–1946
*Al-Jaridah al-Rasmiyyah Lil-Mamlakah al-Urduniyyah al-Hashimiyyah* (Official Gazette), Amman, Jordan, 1946–1998
*Al-Jazirah*, Amman, Transjordan
*Al-Jihad*, Amman, Jordan
*Jordan*, Jordan Information Bureau, Washington, DC

*Jordan Times*, Amman, Jordan

*Journal of the Royal Society of Asian Affairs*, London, United Kingdom

*Al-Manar*, Amman, Jordan

*Al-Mithaq*, Amman, Jordan

*New York Times*, New York

*Al-Ra'y*, Amman, Jordan

*Sahibat al-A'mal wa al-Mihan*, Nashrah Dawriyyah (Business and Professional Women's Newsletter), Amman, Jordan

*Shihan*, Amman, Jordan

*Al-Urdunn al-Jadid*, Nicosia, Cyprus

*Al-Sharq al-'Arabi*, 1921–1926, Amman, Transjordan


## 阿拉伯语文献

Al-'Abbadi, Ahmad 'Uwaydi, *Al-Qada' 'Ind al-'Asha'ir al-Urduniyyah*, part 4 of "Silsilat Man Hum al-Badu?" (Amman: Dar al-Bashir Lil-Nashr wal-Tawzi', 1982).

———, *Fi Rubu' al-Urdunn: Jawlat wa Mushahadat*, part 1 (Amman: Dar al-Fikr, 1987).

———, *Al-'Asha'ir al-Urduniyyah, al-Ard wal Insan Wal Tarikh* (Amman: Al-Dar al-'Arabiyyah Lil Nashr wal Tawzi', 1988).

———, *Min al-Qiyam wal Adab al-Badawiyyah*, part 2 of "Silsilat Man Hum al-Badu," (Amman: Da'irat al-Matbu'at wal Nashr, 1976).

Abu Dayyah, Sa'd, and 'Abd al-Majid al-Nas'ah, *Tarikh al-Jaysh al-'Arabi fi 'Ahd al-Imarah, 1921–1946, Dirasah 'Ilmiyyah Tahliliyyah Watha'iqiyyah* (Amman: n.p., 1990).

———, and 'Abd al-Majid Mahdi, *Al-Jaysh al-'Arabi wa Diblumasiyyat al-Sahra', Dirasah Fi Nash'atihi wa Tatawwur Dawr al-Thaqafah al-'Askariyyah* (Amman: Mudiriyyat al-Matabi' al-'Askariyyah, 1987).

———, *Al-Fikr al-Siyasi al-Urduni, Namudhaj fi Dirasat al-Fikr al-Siyasi al-Urduni min Khilal Kutub al-Taklif allati Wajjahaha al-Malik Husayn Bin Talal ila Ru'asa' al-Wizarat* (Amman: Dar al-Bashir, 1989).

Abu Hassan, Muhammad, *Turath al-Badu al-Qada'iyy, Nazariyyan wa 'Amaliyyan* (Amman: Da'irat al-Thaqafah wal Funun, 1987).

———, "Al-Qahwah wa Atharuha fi Hayat al-Badu al-Ijtima'iyya," *Al-Funun al-Sha'biyya*, no.2, Amman (April 1974).

Abu Kharmah, Khalil, "Al-Mar'ah Fil Naqabat al-'Ummaliyyah," paper presented at the panel; "Working Women," sponsored by the Women's Committee in the Journalists Union, Amman (December 1987).

Abu Khusah, Ahmad, *Al-'Asha'ir al-Urduniyyah wal Filastiniyyah wa Washa'ij al-Qurbah Baynaha* (Amman: n.p., 1989).

Abu-Nuwwar, 'Ali, *Hina Talashat al-'Arab, Mudhakkarat Fi al-Siyasah al-'Arabiyyah, 1948–1964* (London: Dar al-Saqi, 1990).

Abu-Nuwwar, Ma'n, *Ma'rakat al-Karamah, March 21, 1968*, 3rd edition (Amman: n.p., 1970).

Abu Nuwwar, Raja', "Al-Mar'ah al-Urduniyyah Fi Nihayat al-'Aqd al-Dawli Lil-Mar'ah," in *Al-Urdunn al-Jadid*, nos. 3, 4 (spring/summer 1985), Nicosia, Cyprus, pp. 176–177.

Abu al-Rubb, Tawfiq, *Dirasah Fi al-Fulklur al-Urduni* (Amman: Wizarat al-Thaqafah wa al-Shabab, 1980).

Abu Shahut, Shahir, *Qissat Harakat al-Dubbat al-Urduniyyin al-Ahrar (1952-1957)*, unpublished manuscript, 1993 (to be published as part of Silsilat Ihya' al-Dhakirah al-Tarikhiyyah, New Jordan Center for Studies, edited by Hani Hurani, Amman, Jordan).

Abu-'Ulbah, 'Ablah Mahmud, "Al-Mar'ah al-Urduniyyah wa al-Nidal al-Siyasi," paper presented at "Jordanian Women in the Shadow of Contemporary Legislation," a conference sponsored by the General Federation of Jordanian Women, held in Amman on March 23–25, 1992.

Al-'Ajluni, Muhammad Sayf al-Din, *Ma'rakat al-Huriyyah Fi Sharq al-Urdunn, wa Aqwal Rijal al-Siyasah Fi Surya al-Kubra* (Damascus: Matba'at Judat Babil, 1947).

'Alim, Fu'ad, "Mahrajan Jarash al-Khamis, Min Ajl Jamahiriyyat al-Mahrajan . . . wa Tathbit Hawiyyatihi al-Thaqafiyyah," in *Al-Urdunn al-Jadid*, nos. 8, 9 (fall/winter 1986), pp. 124–130.

———, "Mahrajan Jarash 87: Bila Lawn . . . wa la Hawiyyah," in *Al-Urdunn al-Jadid*, no. 10 (spring 1988).

Al-'Amad, Hani, "Al-Fulklur Fi al-Diffah al-Sharqiyyah," in Da'irat al-Thaqafah wa al-Funun, *Thaqafatuna Fi Khamsin 'Am* (Amman: Da'irat al-Thaqafah wa al-Funun, 1972).

———, *Aghanina al-Sha'biyyah Fi al-Diffah al-Sharqiyyah Min al-Urdunn* (Amman: Da'irat al-Thaqafah wa al-Funun, 1969).

'Anabtawi, Mundhir Fa'iq, ed., *Al-Watha'iq al-Filastiniyyah al-'Arabiyyah Li-'Am 1966* (Beirut: Mu'assasat al-Dirasat al-Filastiniyyah, 1967).

Al-'Arif, 'Arif, *Al-Nakbah, Nakbat Bayt al-Maqdis wa al-Firdaws al-Mafqud, 1947–1955*, part IV (Sidon-Beirut: Al-Matba'ah al-'Asriyyah, 1959).

Al-'Atiyyat, 'A'ishah al-Faraj, "Al-Mar'ah Fi Zill Qanun al-Ahwal al-Shakhsiyyah al-Urduni," paper available from the Office of Advisory Services for Women (Maktab al-Khadamat al-Istishariyyah Lil-Mar'ah), Amman, 1984.

Badran, 'Umar Sulayman, *Hakadha Yakun al-Intima' Lil-Watan* (Amman: Mudiriyyat al-Matabi' al-'Askariyyah, 1989).

Bakr, Ibrahim, *Dirasah Qanuniyyah 'an A'mal al-Siyadah wa Qararat Naz' al-Jinsiyyah al-Urduniyyah wa Sahb Jawazat al-Safar al-'Adiyyah* (Amman: Maktabat al-Ra'y, 1995).

Al-Barghuthi, 'Abd al-Latif, *Al-Aghani al-'Arabiyyah al-Sha'biyyah fi Filastin wa al-Urdunn* (Jerusalem: Matba'at Al-Sharq al-'Arabi, 1979).

Al-Bashir, Hayfa', and Hiyam Najib al-Shuraydah, "Al-Musharakah al-Siyasiyyah Li al-Mar'ah al-Urduniyyah wa Ittijahat al-Qita' al-Siyasi Nahwa 'Amalaha Fi Nafs al-Majal," paper presented at Al-Mu'tamar al-Watani Li al-Mar'ah al-Urduniyyah, Waqi' wa Tatallu'at (the National Conference on Jordanian Women, Reality and Vision), held in Amman, May 14–16, 1985.

Al-Bashir, Sulayman, *Judhur al-Wisayah al-Urduniyyah, Dirasah fi Watha 'iq al-Arshif al-Suhyuni* (Beirut: Dar al-Farabi, 1982).

Bunduqji, Riyad Ahmad, *Al-Urdunn Fi 'Ahd Klub* (Amman: Matabi' al-Safadi, circa 1957).

Al-Burini, 'Umar, and Hani al-Hindi, *Al-Mar'ah al-Urduniyyah, Ra 'idat Fi Maydan al-'Amal* (Amman: Matabi' al-Safwah, 1994).

Da'irat al-Thaqafah wa al-Funun, *Thaqafatuna fi Khamsin 'Am* (Amman: Da'irat al-Thaqafah wa al-Funun, 1972).

Darwazah, Muhammad 'Izzat, *Al-Qadiyyah al-Filastiniyyah Fi Mukhtalaf Marahi-liha: Tarikh wa-Mudhakkarat wa-Ta 'liqat*, vol. II (Sidon: n.p., 1959–1960).

Darwish, Sa'id, *Al-Marhalah al-Dimuqratiyyah al-Jadidah Fil Urdunn, Tafasil al-Munaqashat wa Hukumat al-Thiqah* (Beirut and Amman: Dana, a subsidiary of Al-Mu'assasah al-'Arabiyyah Lil Dirasat wa al-Nashr, 1990).

Al-Fayiz, 'Isam Ahmad, *Al-Nizam al-Hashimi wa al-Huquq al-Wataniyyah lil Sha 'b al-Filastini* (Beirut: Dar Ibn Khaldun, 1974).

Ghawanmah, Yusuf Darwish, *Al-Tarikh al-Siyasi Li-Sharqiyy al-Urdunn Fi al-'Asr al-Mamlukiyy: Al-Mamalik al-Bahriyyah* (Amman: Dar al-Fikr lil-Nashr wa al-Tawzi', 1982).

Al-Habashnah Abu-'Ali, Khadijah, "Qanun al-Ahwal al-Shakhsiyyah al-Urduni, Waraqat 'Amal," presented at the conference "Al-Mar'ah al-Urduniyyah fi Zill al-Qawanin wal Tashri'at al-Haliyyah," sponsored by the General Jordanian Women's Union, Amman, March 23–25, 1992.

———, Untitled paper presented to the special panel, "The Jordanian Woman in the Shadow of Contemporary Laws and Legislations," Center for Woman's Studies, Amman, March 1992.

Halasa, Ghalib, *Zunuj, Badu, wa Fallahun* (Beirut: Dar al-Masir, 1980).

———, *Azmat Thawrah Am Azmat Qiyadah*, Manshurat al-Intifadah, (n.p, circa 1992).

———, *Naqd al-Adab al-Suhyuni, Dirasah Aydiyulujiyyah wa Naqdiyyah li-A 'mal al-Katib al-Suhyuni 'Amus 'Uz* (Beirut: Al-Mu'assasah al-'Arabiyyah Lil-Nashr, 1995).

Hallum, Ribhi Jum'ah, *Ha 'ula ' A 'da ' al-Taharrur Fi al-Urdunn*, Silsilat Kutub Qawmiyyah (Cairo: Al-Dar al-Qawmiyyah Lil-Tiba'ah wa al-Nashr, 1962).

Hamdan, Muhammad, "Al-Riyadah wa al-Shabab," in Hani Hurani and Hamid al-Dabbas, eds., *'Amman, Waqi' wa Tumuh, Qadayah al-Thaqafah, al-Bi 'ah wa al-'Imran* (Amman: Markaz al-Urdunn al-Jadid Lil-Dirasat, 1996).

Al-Hattab, Sultan, *Al-Thawrah al-Kubra wa al-Jaysh al-'Arabi kama Yarahuma al-Husayn, Qira'ah wa Nusus, 1953-1992* (Amman: Dar al-'Urubah Lil-Dirasat, 1993).

Hattar, Jihad, *Dhikrayat 'an Ma'rakat Aylul, al-Urdunn 1970* (Beirut: Al-Ittihad al-'Am Lil-Kuttab wa al-Sahafiyyin al-Filastiniyyin, 1977).

Al-Hiddawi, Hasan, *Al-Jinsiyyah wa Ahkamuha Fi al-Qanun al-Urduni* (Amman: Dar Majdalawi lil-Nashr wa al-Tawzi', 1993).

Hilal, Jamil, *Al-Diffah al-Gharbiyyah, al-Tarkib al-Ijtima'i wa al-Iqtisadi (1948–1974)* (Beirut: Markaz al-Abhath, Munazzamat al-Tahrir al-Filastiniyyah, 1975).

Hindi, Khalil, "Al-Ta'bi'ah al-Urduniyyah Did al-Muqawamah al-Filastiniyyah Qabl Hajmat Sibtimbar 1970," in *Shu'un Filastiniyyah*, no. 4 (September 1971).

Hindi, Khalil, Fu'ad Bawarshi, Shihadah Musa, and Nabil Sha'ath, *Al-Muqawamah al-Filastiniyyah wa al-Nizam al-Urduni, Dirasah Tahliliyyah Li Hajmat Aylul* (Beirut: Munazzamat al-Tahrir al-Filastiniyyah, Markaz al-Abhath, 1971).

Al-Hukumah al-Urduniyyah, *Wihdat Diffatay al-Urdunn, Waqa'i' wa Watha'iq* (Amman: Idarat al-Sahafah wa al-Nashr, June 1950).

———, *Al-Watha'iq al-Urduniyyah 1968* (Amman: Da'irat al-Matbu'at wa al-Nashr, 1973).

———, *Al-Watha'iq al-Urduniyyah, 1971* (Amman: Da'irat al-Matbu'at wa al-Nashr, n.d.).

Hurani, Faysal, *Al-Fikr al-Siyasi al-Filastini, 1964–1974, Dirasah Lil-Mawathiq al-Ra'isiyyah Li-Munazzamat al-Tahrir al-Filastiniyyah* (Beirut: Markaz al-Abhath, Munazzamat al-Tahrir al-Filastiniyyah, 1980).

Hurani, Hani, *Al-Tarkib al-Iqtisadi al-Ijtima'i Li Sharq al-Urdunn* (Beirut: Markaz al-Abhath, Munazzamat al-Tahrir al-Filastiniyyah, 1978).

———, " 'Al-Ittihad al-Watani' wa al-Shakl al-Rahin Lil-Sultah Fi al-Urdunn," in *Shu'un Filastiniyyah*, no. 14 (October 1972).

———, "Mashru' Qanun al-Intikhab al-Jadid li Majlis al-Nuwwab, Riddah Kabirah lil-Wara' 'ala Sa'id al-Damanat al-Dimuqratiyyah wa Ikhlal Sarih bi-Iltizamat al-Urdunn al-Qawmiyyah," in *Al-Urdunn al-Jadid*, no. 7 (spring 1986), pp. 27–50.

Hurani, Hani, and Salim Tarawnah, "Hakadha Saqata Hilf Baghdad fi 'Amman," in *Al-Urdunn al-Jadid*, no. 7 (spring 1986), pp.112–163.

Ibn 'Abdullah, Talal, *Mudhakkarat al-Malik Talal*, prepared by Mamduh Rida and edited by Subhi Tuqan (Cairo: Al-Zahra' Lil-I'lam al-'Arabi, 1991).

Ibn al-Husayn, 'Abdullah, *Al-Athar al-Kamilah Lil Malik 'Abdullah*, 3rd edition (Beirut: Al-Dar al-Muttahidah Lil-Nashr, 1985).

Ibn Talal, al-Husayn, *Mihnati Ka Malik*, translated by Ghalib A. Tuqan (Amman: n.p., 1978).

———, *Khamsah wa 'Ishrun 'Am min al-Tarikh, 1952–1977, Majmu'at Khutab Jalalat al-Malik al-Husayn Bin Talal al-Mu'azzam, Malik al-Mamlakah al-Urduniyyah al-Hashimiyyah* (London, Amman: Samir Mutawi' Lil-Nashr, 1978, vols. I, II, III).

————, *Ashrat A'wam min al-Kifah wa al-Bina'*, *Majmu'at Khutab Jalalat al-Malik al-Husayn Bin Talal al-Mu'azzam, Malik al-Mamlakah al-Urduniyyah al-Hashimiyyah, Min Sanat 1977 ila Sanat 1987*, collected and edited by 'Ali Mahafzah (Amman: Markaz al-Kutub al-Urduni, 1988).

————, *Majmu'at Khutab Jalalat al-Qa'id al-A'la, Khilal al-Fatrah 1/1/1987–1/1/1990*, edited and compiled by Qasim Muhammad Salih and Qasim Muhammad al-Duru' (Amman: n.p., n.d).

'Id, Suha Kamil, "Tarikh Nidal al-Mar'ah Fi al-Urdunn Fi Wajh al-Mukhattatat al-Suhyuniyyah," (The History of Women's Struggle in Jordan in the Face of Zionist Schemes), Ministry of Social Development, Amman, October 1983.

'Izzat, Kan'an, and 'Umar Bishtawi, *Kurat al-Qadam al-Urduniyyah Fi Nisf Qarn* (Amman n.p., 1986).

Al-Jabhah al-Dimuqratiyyah Li Tahrir Filastin, *Hamlat Aylul wa al-Muqawamah al-Filastiniyyah, Durus wa Nata'ij* (Beirut: Dar al-Tali'ah, February 1971).

Jamil, Nina, *Al-Ta'am Fi al-Thaqafah al-'Arabiyyah* (London: Riyad al-Rayyis Lil-Kutub wa al-Nashr, 1994).

Khadir, Asma', "Al-Mar'ah al-'Amilah Fi al-Urdunn Waqi'an wa Tashri'an," unpublished paper (Amman, October 1983).

Al-Khalili, Ghazi, *Shihadat 'ala Judran Zinzanah, Yawmiyyat Mu'taqal fi al-Sujun al-Urduniyyah*, Ittihad al-Kuttab wa al-Sahafiyyin al-Filastiniyyin (Beirut, 1975).

Khillah, Kamil Mahmud, *Al-Tatawwur al-Siyasi Li-Sharq al-Urdunn, Maris 1921–Maris 1948* (Tripoli, Libya: Al-Munsha'ah al-'Ammah Lil-Nashr wa al-Tawzi' wa al-I'lan, 1983).

Al-Luqyani, Hashim Isma'il, *Ta'rib Qiyadat al-Jaysh al-'Arabi* (Amman: n.p., 1993).

Madi, Munib, and Sulayman Musa, *Tarikh al-Urdunn Fi al-Qarn al-'Ishrin* (Amman: Maktabat al-Muhtasib, 1959).

Mahafzah, 'Ali, *Tarikh al-Urdunn al-Mu'asir, 'Ahd al-Imarah, 1921–1946* (Amman: Markaz al-Kutub al-Urduni, 1973).

Mahafzah, Muhammad, *Al-'Ilaqat al-Urduniyyah al-Filastiniyyah, al-Siyasiyyah, al-Iqtisadiyyah wa al-Ijtima'iyyah, 1939–1951* (Amman: Dar al-Furqan wa Dar 'Ammar, 1983).

Al-Majali, Hazza', *Hadha Bayanun Lil-Nas, Qissat Muhadathat Timblar* (Amman: n.p., 1956).

————, *Mudhakkarati* (Amman: n.p., May 1960).

Al-Majali, Sahar 'Abd al-Majid, *Al-Jaysh al-'Arabi, 1921–1951, Dawruhu fi al-Sira' al-'Arabi-al-Suhyuni* (Amman: n.p., 1992).

Al-Markaz al-Urduni wa al-Islami Lil-Dirasat wa al-Ma'lumat bil Ta'awun ma' Wizarat al-Tahaqafah, *Wasfi al-Tall, Fikruhu wa Mawaqifuhu*, Waqa'i' al-Nadwah allati Nazzamaha al-Markaz al-Urduni wa al-Islami Lil-Dirasat wa al-Ma'lumat bil Ta'awun ma' Wizarat al-Tahaqafah (Amman: Al-Markaz al-Urduni wa al-

Islami Lil-Dirasat wa al-Ma'lumat bil Ta'awun ma' Wizarat al-Tahaqafah, 1996).

Al-Markaz al-Urduni Lil-Dirasat wa al-Ma'lumat bil Ta'awun ma' Wizarat al-Tahaqafah, *Hazza' al-Majali, Qira'ah Fi Siratihi wa Tajribatihi Za'id al-Mudhakkarat*, Waqa'i' al-Nadwah allati Nazzamaha al-Markaz al-Urduni Lil-Dirasat wa al-Ma'lumat bil Ta'awun ma' Wizarat al-Tahaqafah (Amman: Al-Markaz al-Urduni Lil-Dirasat wa al-Ma'lumat bil Ta'awun ma' Wizarat al-Tahaqafah, 1996).

Markaz al-Urdunn al-Jadid, *Intikhabat 1993, Dirasah Tahliliyyah wa Raqamiyyah*, Report (Amman: Markaz al-Urdunn al-Jadid Press, February 1994).

Al-Masri, Majidah, "Al-Azmah al-Rahinah Lil-Harakah al-Nisa'iyyah fi al-Urdunn," in *Al-Urdunn al-Jadid*, no. 7 (spring 1986).

Mu'adh, Da'id, "Tajribat al-Ittihad al-Nisa'i (1974–1981)," in *Al-Urdunn al-Jadid*, no. 7 (spring 1986).

Mudiriyyat al-Amn al-'Am, *al-Amn al-'Am al-Urduni Fi Sittin 'Aman, Min 1920 Ila 1980* (Amman: n.p. 1981).

Mudiriyyat al-Tawjih al-Ma'nawi, *Al-Fida'iyyun Bayna al-Riddah wa al-Intihar* (Amman: Mudiriyyat al-Tawjih al-Ma'nawi, 1973).

Munazzamat al-Tahrir al-Filastiniyyah, *Al-Yawmiyyat al-Filastiniyyah*, vols. 4–5 (Beirut: Markaz al-Abhath, Munazzamat al-Tahrir al-Filastiniyyah, 1967).

Munif, 'Abd al-Rahman, *Sirat Madinah* (Beirut: Al-Mu'assasah al-'Arabiyyah Lil-Dirasat wa al-Nashr, 1994).

Murad, 'Abbas, *Al-Dawr al-Siyasi Lil-Jaysh al-'Arabi, 1921–1973* (Beirut: Munazzamat al-Tahrir al-Filastiniyyah, Markaz al-Abhath, December 1973).

Musa, Sulayman, *Ta'sis al-Imarah al-Urduniyyah, 1921–1925, Dirasah Watha'iqiyyah* (Amman: Maktabat al-Muhtasib, 1971).

———, *Imarat Sharq al-Urdunn, 1921–1946, Nash'atuha wa Tatawwuruha fi Rub'i Qarn* (Amman: Lajnat Tarikh al-Urdunn, 1990).

———, "Wasfi al-Tall, Surah Shakhsiyyah," introduction to Wasfi al-Tall, *Kitabat Fi al-Qadaya al-'Arabiyyah* (Amman: Dar al-Liwa', 1980).

———, *A'lam Min al-Urdunn, Safahat min Tarikh al-'Arab al-Hadith* (Amman: Matabi' Dar al-Sha'b, 1986).

———, *Tarikh al-Urdunn fi al-Qarn al-'Ishrin, 1958–1995*, vol. 2 (Amman: Maktabat al-Muhtasib, 1996)

———, *A'lam Min al-Urdunn, Hazza' al-Majali, Sulayman al-Nabulsi, Wasfi al-Tall* (Amman: Dar al-Sha'b, 1986).

Al-Muslih, Ahmad, *Malamih 'Ammah Lil-Hayah al-Thaqafiyyah Fi al-Urdunn (1953–1993)* (Amman: Manshurat Lajnat Tarikh al-Urdunn, 1995).

Naffa', Emily, "Dawr al-Mar'ah al-Urduniyyah Fil Nidal al-Siyasi," presented at *Al-Mar'ah al-Urduniyyah Fi Zill al-Qawanin wal Tashri'at al-Haliyyah* conference held in Amman, March 23–25, 1992.

Al-Nashashibi, Nasir al-Din, *Man Qatala al-Malik 'Abdullah* (Kuwait: Manshurat al-Anba', 1980).

Al-Nimri, Tawfiq, "Al-Musiqa wa al-Ghina'," in Da'irat al-Thaqafah wa al-Funun, *Thaqafatuna fi Khamsin 'Am* (Amman: Da'irat al-Thaqafah wa al-Funun, 1972).

Nusayrat, Sulayman, *Al-Shakhsiyyah al-Urduniyyah, Bayna al-Bu'd al-Watani wa al-Bu'd al-Qawmi* (Amman: Manshurat Wizarat al-Thaqafah, 1997).

Qassad, Fatimah, "Al-Mar'ah wa Ba'd al-Tashri'at," unpublished paper (Amman, n.d.).

Al-Rawi, Jabir Ibrahim, *Sharh Ahkam al-Jinsiyyah Fil-Qanun al-Urduni, Dirasah Muqarinah* (Amman: Al-Dar al-'Arabiyyah Lil-Tawzi' wa al-Nashr, 1984).

Al-Razzaz, Mu'nis, *Al-Shazaya wa al-Fusayfisa'* (Beirut: Al-Mu'assasah al-'Arabiyyah Lil-Dirasat wa al-Nashr, 1994).

———, *Mudhakkarat Dinasur* (Beirut: Al-Mu'assasah al-'Arabiyyah Lil-Dirasat wa al-Nashr, 1994).

Sakhnini, 'Isam, "Damm Filastin al-Wusta Ila Sharqiyy al-Urdunn," *Shu'un Filastiniyyah*, no. 40 (December 1974).

———, "Al-Kiyan al-Filastini," in *Shu'un Filastiniyyah*, nos. 41, 42 (January/February 1975).

Salamah, Mazin, "Al-Fashal Yulahiq Mu'tamarat al-Mughtaribin," in *Al-Urdunn al-Jadid*, no. 10 (spring 1988), pp. 70–73.

Sarhan, Nimr, *Al-Hikayah al-Sha'biyyah al-Filastiniyyah* (Beirut: Al-Mu'assasah al-'Arabiyyah Lil-Dirasat wa al-Nashr, 1988).

———, "Ta'am al-Mansaf Fil Ma'thurat al-Sha'biyyah al-Filastiniyyah," in *Al-Turath al-Sha'bi*, Baghdad, no. 9, vol. 9 (1978), pp. 79–84.

Sayigh, Anis, *Al-Hashimiyun wa Qadiyyat Filastin* (Beirut: Al-Maktabah al-'Asriyyah wa Jaridat al-Muharrir, 1966).

Sayigh, Yazid Yusuf, *Al-Urdunn wa al-Filastiniyyun, Dirasah Fi Wihdat al-Masir Aw al-Sira' al-Hatmi* (London: Riad El-Rayyes Press, 1987).

Sayil, Sa'd, "Shihadat Min Ma'rakat al-Karamah," in *Shu'un Filastiniyyah*, no. 8 (April 1972), pp. 197–210.

Shafiq, Munir, "Ma'rakat al-Karamah," in *Shu'un Filastiniyyah*, no. 19 (March 1973), pp. 103–110.

Al-Shar', Sadiq, *Hurubuna ma' Isra'il, 1947–1973, Ma'arik Khasirah wa Intisarat Da'i'ah, Mudhakkarat wa Mutala'at Al-Liwa' al-Rukn al-Mutaqa'id Sadiq al-Shar'* (Amman: Dar al-Shuruq Lil-Nashr, 1997).

Shirdan, Musa 'Adil Bakmirza, *Al-Urdunn Bayna 'Ahdayn* (Amman: n.p., 1957?).

Al-Shu'aybi, 'Isa, *Al-Kiyaniyyah al-Filastiniyyah, al-Wa'i al-Dhati wa al-Tatawwur al-Mu'assasati, 1947–1977* (Beirut: Markaz al-Abhath, Munazzamat al-Tahrir al-Filastiniyyah, 1979).

Shuqayri, Ahmad, *Min al-Qimmah Ila al-Hazimah, Ma' al-Muluk wa al-Ru'asa' al-'Arab* (Beirut: Dar al-'Awdah, 1971).

———, *Al-Nizam al-Urduni Fi Qafas al-Ittiham, Asrar wa Khafaya Masra' Wasfi al-Tall* (Cairo: Dar Hardot, 1972).

————, *Inni Attahim* (Beirut: Dar al-'Awdah, 1973).

Al-Surayhin, Faruq Nawwaf, *Al-Jaysh al-'Arabi al-Urduni, 1921–1967* (Amman: n.p., 1990).

Suwaylih, Yasin, *Al-Rababah Fi Hayat al-Badiyah* (Damascus: Dar al-Hasad, 1994).

Al-Tandawi, Samir, *Ila Ayna Yattajihu al-Urdunn?* (Cairo: Al-Dar al-Misriyyah Lil-Kutub, 1958?).

Al-Tall, 'Abdullah, *Karithat Filastin, Mudhakkarrat 'Abdullah al-Tall, Qa'id Ma'rakat al-Quds*, part I (Cairo: Dar al-Qalam, 1959).

Al-Tall, Ahmad Yusuf, *'Abdullah al-Tall, Batal Ma'rakat al-Quds* (Amman: Dar al-Furqan, 1999), two volumes.

Al-Tall, Sa'id, *Al-Urdunn wa -Filastin, Wujhat Nazar 'Arabiyyah* (Amman: Dar al-Liwa' Lil-Sahafah wa al-Nashr, 1986).

Al-Tall, Suhayr Salti, *Muqaddimah Hawl Wad'iyyat al-Mar'ah wa al-Harakah al-Nisa'iyyah Fi al-Urdunn* (Beirut: Al-Mu'assassah al-'Arabiyyah Lil-Dirasat wal-Nashr, 1985).

————,"Dirasah Hawl Awda' al-Mar'ah al-Urduniyyah," paper presented at the Arab Institute for Human Rights in Tunis, 1994.

————, "Al-Siyasah al-I'lamiyyah wa Qadayah al-Mar'ah," in *Al-Urdunn al-Jadid*, no. 7 (spring 1986), pp. 70–73.

'Ubaydat, Mahmud, *Al-Urdunn Fi al-Tarikh: Min al-'Asr al-Hajariyy Hatta Qiyam al-Imarah*, part I (Tripoli, Lebanon: Jarrus Bars, 1992).

Al-'Ubaydi, 'Awni Jaddu', *Jama'at al-Ikhwan al-Muslimin Fi al-Urdunn wa Filastin 1945–1970, Safahat Tarikhiyyah* (Amman: n.p., 1991).

'Umar, Mahjub, "Aylul fi Junub al-Urdunn," in *Shu'un Filastiniyyah*, no. 71 (October 1977).

Al-'Uzayzi, Ruks Za'id, *Qamus al-'Adat, al-Lahajat wa al-Awabid al-Urduniyyah*, vols. I, II, III (Amman: Da'irat al-Thaqafah wa al-Funun, 1973–1974).

Wizarat al-I'lam, *Al-Mar'ah al-Urduniyyah* (Amman: Mudiriyyat al-Matbu'at, 1979).

Wizarat al-Thaqafah wa al-Shabab, *Al-Siyasah al-Urduniyyah Lil-Shabab wa al-Riyadah, Nahwa Jil al-Intima' wa al-I'tizaz al-Watani* (Amman: Wizarat al-Thaqafah wa al-Shabab, 1983).

Wizarat al-Thaqafah wa al-I'lam, *Al-Urdunn Fi Khamsin 'Am, 1921–1971* (Amman: Da'irat al-Matbu'at wal-Nashr, 1972), pp. 49–50.

Zibyan, Taysir, *Al-Malik 'Abdullah Kama 'Araftahu* (King 'Abdullah as I Knew Him), 2nd edition (Amman: n.p., 1994).

Ziyadat, 'Adil, "Al-Khadamat al-Tibbiyyah Lil-Jaysh al-'Arabi fi 'Ahd al-Imarah, 1921–1946," *Abhath al-Yarmuk* 7, no. 2, 1991, pp. 177–195.

Al-Zu'bi, Naji, "Lamhah Tarikhiyyah 'an Musiqat al-Quwwat al-Musallahah al-Urduniyyah," unpublished paper (Amman, 1994).

Zurayqat, Ghanim, "Al-Taharruk al-Jamahiri Fi al-Urdunn Khilal Harb al-Junub," "Popular Mobilization in Jordan During the War in the South," in *Shu'un Filastiniyyah*, no. 78 (May 1978), pp. 190–193.

## 英语和法语文献

Abidi, Aqil Hyder Hasan, *Jordan: A Political Study, 1948-1957* (New Delhi: Asia Publishing House, 1965).

Abu Iyad, with Eric Rouleau, *My Home, My Land: A Narrative of the Palestinian Struggle* (New York: Times Books, 1981).

Abu Jaber, Kamal, Fawzi Gharaibeh, and Allen Hill, eds., *The Badia of Jordan: The Process of Change* (Amman: University of Jordan Press, 1987).

Abu Nowar, Ma'an, *The History of the Hashemite Kingdom of Jordan*, vol. 1: *The Creation and Development of Transjordan: 1920–1929* (The Middle East Center, Oxford: Ithaca Press, 1989).

Abu-Odeh, Adnan, *Jordanians, Palestinians, and the Hashemite Kingdom in the Middle East Peace Process* (Washington, DC: United States Institute of Peace Press, 1999).

Abu Odeh, Lama, *Crimes of Honor and the Construction of Gender in Arab Societies*, doctoral dissertation, Harvard Law School, Harvard University, 1995.

Adorno, Theodor W., *Introduction to the Sociology of Music* (New York: Continuum, 1976).

Althusser, Louis, "Ideology and Ideological State Apparatuses (Notes Toward an Investigation)," in Louis Althusser, *Lenin and Philosophy and Other Essays* (New York: Monthly Review Press, 1971).

Amawi, Abla, *State and Class in Transjordan: A Study of State Autonomy*, doctoral dissertation, Department of Government, Georgetown University, 1993.

Anderson, Benedict, *Imagined Communities: Reflections on the Origin and Spread of Nationalism* (London: Verso, 1991).

Anderson, J. N. D., "Recent Developments in Shari'a Law VIII, The Jordanian Law of Family Rights 1951," *Muslim World*, vol. xlii (1952).

Anderson, Lisa, *The State and Social Transformation in Tunisia and Libya, 1830–1980* (Princeton, NJ: Princeton University Press, 1986).

Andoni, Lamis, "King Abdallah: In His Father's Footsteps?" *Journal of Palestine Studies*, no. 115, spring 2000, pp. 77–90.

Anglo-American Committee of Inquiry, A *Survey of Palestine: Prepared in December 1945 and January 1946 for the Information of the Anglo- American Committee of Inquiry*, vol. I. (Washington, DC: Institute for Palestine Studies, 1991).

Arberry, Arthur J., translator, *The Koran Interpreted* (New York: Collier Books, 1955).

Aruri, Naseer, *Jordan: A Study in Political Development (1921–1965)* (The Hague: Martinus Nijhoff, 1972).

Al-Azmeh, Aziz, *Islam and Modernities* (London: Verso, 1993).

———, ed., *Islamic Law: Social and Historical Contexts* (London: Routledge, 1988).

Balibar, Etienne, and Immanuel Wallerstein, eds., *Race, Nation, Class, Ambiguous Identities* (London: Verso, 1991).

Bailey, Clinton, *The Participation of the Palestinians in the Politics of Jordan*, doctoral dissertation, Department of Political Science, Columbia University, New York, 1966.

Bailey, Clinton, *Jordan's Palestinian Challenge, 1948–1983: A Political History* (Boulder, CO: Westview Press, 1984).

Bell, Sir Gawain, *Shadows on the Sand: The Memoirs of Sir Gawain Bell* (New York: St. Martin's Press, 1983).

Benjamin, Walter, "The Work of Art in the Age of Mechanical Reproduction," in Walter Benjamin, *Illuminations, Essays and Reflections*, edited by Hannah Arendt (New York: Schocken Books, 1969).

Bhabha, Homi, *Nation and Narration* (New York: Routledge, 1990).

———, "DissemiNation: Time, Narrative, and the Margins of the Modern Nation," in *Nation and Narration*, edited by Homi Bhabha (New York: Routledge, 1990).

———, "Of Mimicry and Man: The Ambivalence of Colonial Discourse," *October*, no. 28 (spring 1984).

Bhabha, Jacqueline, Francesca Klug, and Sue Shutter, eds., *Worlds Apart: Women Under Immigration and Nationality Law* (London: Pluto Press, 1985).

Bocco, Riccardo, *État et Tribus Bedouines en Jordanie, 1920–1990, Les Huwaytat: Territoire, Changement Économique, Identité Politique*, doctoral dissertation, Institut d'Études Politiques de Paris, 1996.

Bocco, Riccardo, and Tariq M. M. Tell, "Pax Britannica in the Steppe: British Policy and the Transjordan Bedouin," in *Village Steppe and State: The Social Origins of Modern Jordan*, edited by Eugene Rogan and Tariq Tell (London: British Academic Press, 1994).

———, "Frontière, Tribus et État(s) en Jordanie Orientale à l'Époque du Mandat," in *Maghreb-Machrek*, no. 147, January-February, 1995, pp. 26–47.

Brand, Laurie, *Palestinians in the Arab World: Institution Building and the Search for a State* (New York: Columbia University Press, 1988).

———, "Palestinians and Jordanians: A Crisis of Identity," *Journal of Palestine Studies* no. 96 (summer 1995), pp. 54–60.

Brenner, Lenni, *Zionism in the Age of the Dictators: A Reappraisal* (London: Lawrence Hill, 1983).

Butler, Judith, *Gender Trouble: Feminism and the Subversion of Identity* (New York: Routledge, 1990).

Carre, Olivier, *Séptembre Noir: Refus Arabe de la Resistance Palestinienne* (Brussels: Editions Complexes, 1980).

Chair, Somerset De, *The Golden Carpet* (New York: Harcourt, Bruce, 1945).

Chatterjee, Partha, *Nationalist Thought and the Colonial World: A Derivative Discourse* (Minneapolis: University of Minnesota Press, 1993).

———, *The Nation and Its Fragments: Colonial and Postcolonial Histories* (Princeton, NJ: Princeton University Press, 1993).

Collins, Larry, and Dominique Lapierre, *O Jerusalem* (New York: Simon and Schuster, 1972).

Dann, Uriel, *Studies in the History of Transjordan, 1920–1949: The Making of a State* (Boulder, CO: Westview Press, 1984).

Day, Arthur R., *East Bank/West Bank: Jordan and the Prospects of Peace* (New York: Council on Foreign Relations, 1986).

Debord, Guy, *The Society of the Spectacle* (New York: Zone Books, 1994).

Derrida, Jacques, "Force of Law: The Mystical Foundation of Authority," in *Cardozo Law Review*, vol. 11, nos. 5, 6 (1990).

————, "Devant La Loi," in *Kafka and the Contemporary Critical Performance: Centenary Readings*, edited by Ulan Udoff (Bloomington: Indiana University Press, 1987).

————, "Declarations of Independence," in *New Political Science*, no. 15 (summer 1986).

Dragnich, George S., *The Bedouin Warrior Ethic and the Transformation of Traditional Nomadic Warriors into Modern Soldiers Within the Arab Legion, 1931–1948*, masters thesis in history, Georgetown University, Washington, DC, 1975.

Dummett, Ann, and Andrew Nicol, *Subjects, Citizens, Aliens and Others: Nationality and Immigration Law* (London: Weidenfeld and Nicholson, 1990).

El-Edroos, Syed Ali, *The Hashemite Arab Army, 1908-1979, An Appreciation and Analysis of Military Operations* (Amman: The Publishing Committee, 1980).

Engels, Frederick, *The Origin of the Family: Private Property and the State* (Peking: Foreign Language Press, 1978).

Epstein, Eliahu, "The Bedouin of Transjordan: Their Social and Economic Problems," *Journal of the Royal Central Asian Society*, vol. XXV, part II (April 1938).

Fabian, Johannes, *Time and the Other: How Anthropology Makes Its Object* (New York: Columbia University Press, 1983).

Fanon, Frantz, *The Wretched of the Earth* (New York: Grove Press, 1968).

Fathi, Schirin, *Jordan: An Invented Nation?* (Hamburg: Deutsches Orient-Institut, 1994).

Fischbach, Michael, "British Land Policy in Transjordan," in *Village, Steppe and State: The Social Origins of Modern Jordan*, edited by Eugene Rogan and Tareq Tell (London: British Academic Press, 1994).

Foucault, Michel, *Discipline and Punish: The Birth of the Prison*, translated by Alan Sheridan (New York: Vintage Books, 1979).

————, *The History of Sexuality*, vol. I: *An Introduction*, translated by Robert Hurley (New York: Vintage Books, 1980).

————, "Governmentality," in *The Foucault Effect: Studies in Governmentality, With Two Lectures by and an Interview with Michel Foucault*, edited by Graham Burchell, Colin Gordon, and Peter Miller (Chicago: University of Chicago Press, 1991).

Freud, Sigmund, *The Standard Edition of the Complete Psychological Works of Sigmund Freud* (London: Hogarth Press, 1953–1974).

————, *Leonardo da Vinci and a Memory of His Childhood*, in *The Standard Edition of the Complete Psychological Works of Sigmund Freud* (London: Hogarth Press, 1953–1974), vol. XI, pp.83–84.

————, "Fetishism," in *The Standard Edition of the Complete Psychological Works of Sigmund Freud* (London: Hogarth Press, 1953–1974), vol. XXI.

Garber, Marjorie, "The Chic of Araby: Transvestism and the Erotics of Cultural Appropriation," in Marjorie Garber, *Vested Interests: Cross-Dressing and Cultural Anxiety* (New York: Harper Perennial, 1993).

Gellner, Ernest, *Nations and Nationalism* (Ithaca, NY: Cornell University Press, 1983).

Gibbon, Edward, *The History of the Decline and Fall of the Roman Empire*, edited by J. B. Bury, vol. VI (London: Methuen, 1912).

Giddens, Anthony, *The Nation-State and Violence: Volume Two of A Contemporary Critique of Historical Materialism* (Berkeley: University of California Press, 1987).

Glubb, John Bagot, *The Story of the Arab Legion* (London: Hodder and Stoughton, 1948).

————, *A Soldier with the Arabs* (London: Hodder and Stoughton, 1957).

————, *Britain and the Arabs: A Study of Fifty Years 1908–1950* (London: Hodder and Stoughton, 1959).

————, *War in the Desert: An R.A.F. Frontier Campaign* (New York: W.W. Norton, 1961).

————, *Arabian Adventures: Ten Years of Joyful Service* (London: Cassell, 1978).

————, *The Changing Scenes of Life: An Autobiography* (London: Quarter Books, 1983).

————, "Relations Between Arab Civilization and Foreign Culture in the Past and To-day," *Journal of the Royal Central Asian Society*, vol. XXIV (July 1937).

————, "The Conflict Between Tradition and Modernism in the Role of Muslim Armies," in *The Conflict of Traditionalism and Modernism in the Middle East*, edited by Carl Leiden (Austin: University of Texas Press, 1966).

————, "The Bedouins of Northern Iraq," *Journal of the Royal Central Asian Society* vol. XXII, part I (January 1935).

————, "The Mixture of Races in the Eastern Arab Countries," The J. L. Myers Memorial Lecture was delivered at New College, Oxford, on April 25, 1967, Oxford, 1967.

————, "Arab Chivalry," *The Journal of the Royal Central Asian Society*, vol. XXIV, part I (January 1937).

————, "The Economic Situation of the Trans-Jordan Tribes," *Journal of the Royal Central Asian Society*, vol. XXV, part III (July 1938).

Government of the United Kingdom, *The Statutes*, Second Revised Edition, vol. XII, From the Session of the Thirty-First and Thirty-Second to the session of the Thirty-Fourth and Thirty-Fifth years of Queen Victoria A.D., 1868–1871 (London, 1896).

————, *The Statutes Revised*, Great Britain, vol. 23, 2 and 3 GEO V. to 6 and 7 GEO V., 1912–1916 (London: Wymans and Sons, 1929).

————, *The Statutes Revised*, Great Britain, vol. 24, 6 and 7 GEO V. to 10 and 11 GEO V., 1917–1920 (London: Wymans and Sons, 1929).

Graham-Brown, Sarah, *Palestinians and Their Society 1880–1946: A Photographic Essay* (London: Quartet Books, 1980).

Gramsci, Antonio, *Selections from the Prison Notebooks of Antonio Gramsci*, edited and translated by Quintin Hoare and Geoffrey Nowell Smith (New York: International, 1971).

————, "The Intellectuals," in *Selections from the Prison Notebooks*, edited and translated by Quintin Hoare and Geoffrey Nowell Smith (New York: International, 1971).

————, "The Modern Prince," in *Selections from the Prison Notebooks*, edited and translated by Quintin Hoare and Geoffrey Nowell Smith (New York: International, 1971).

————, "State and Civil Society, Observations on Certain Aspects of the Structure of Political Parties in the Period of Organic Crisis," in *Selections from the Prison Notebooks of Antonio Gramsci*, edited and translated by Quintin Hoare and Geoffrey Nowell Smith (New York: International, 1971).

Gubser, Peter, *Politics and Change in Al-Karak, Jordan: A Study of a Small Arab Town and Its District* (New York: Oxford University Press, 1973).

Habermas, Jürgen, *The Structural Transformation of the Public Sphere: An Inquiry into a Category of Bourgeois Society*, translated by Thomas Burger (Cambridge, MA: MIT Press, 1991).

Hannoyer, Jean, and Seteney Shami, eds., *Amman: The City and Its Society* (Beirut: CERMOC, 1996).

Hatem, Mervat, "The Enduring Alliance of Nationalism and Patriarchy in Muslim Personal Status Laws: The Case of Egypt," in *Feminist Issues* (spring 1986), vol. 6, no. 1, pp. 19–43.

Hill, Enid, "Islamic Law as a Source for the Development of a Comparative Jurisprudence: The Modern Science of Codification (1): Theory and Practice in the Life and Work of 'Abd al-Razzaq Ahmad al-Sanhuri (1895–1971)," in Aziz al-Azmeh, ed., *Islamic Law: Social and Historical Contexts* (London: Routledge, 1988).

Hirst, David, *The Gun and the Olive Branch: The Roots of Conflict in the Middle East* (London: Faber and Faber, 1984).

Hobsbawm, Eric, *Nations and Nationalism Before 1780: Programme, Myth, Reality* (Cambridge: Cambridge University Press, 1990).

Hobsbawm, Eric, and Terrence Ranger, eds., *The Invention of Tradition* (Cambridge: Cambridge University Press, 1983).

Huntington, Samuel P., *Political Order in Changing Societies* (New Haven, CT: Yale University Press, 1968).

Ibn Talal, Husayn (King Hussein), *Uneasy Lies the Head: The Autobiography of King Hussein I of the Hashemite Kingdom of Jordan* (New York: Bernard Geis, Random House, 1962).

James, C. L. R., *Beyond A Boundary* (Durham, NC: Duke University Press, 1993).

Jarvis, C. S., *Arab Command: The Biography of Lieutenant-Colonel F. G. Peake Pasha* (London: Hutchinson, 1942).

Jayawardena, Kumari, *Feminism and Nationalism in the Third World* (London: Zed Press, 1986).

Jureidini, Paul A., and R. D. McLaurin, *Jordan: The Impact of Social Change on the Role of the Tribes* (Washington, DC: Praeger, 1984).

Kasfir, Nelson, "Explaining Ethnic Political Participation," *World Politics*, vol. 31, no. 3 (1979).

Khalidi, Walid, *Before Their Diaspora: A Photographic History of the Palestinian People 1876-1948* (Washington, DC: Institute for Palestine Studies, 1991).

Al-Khazendar, Sami, *Jordan and the Palestine Question: The Role of Islamic and Left Forces in Foreign Policy-Making* (Berkshire: Ithaca Press, 1997).

Klug, Francesca, " 'Oh to be in England': The British Case Study," in Nira Yuval-Davis and Floya Anthias, eds., *Woman-Nation-State* (London: Macmillan, 1989).

Konikoff, A., *Transjordan: An Economic Survey* (Jerusalem: Economic Research Institute of the Jewish Agency for Palestine, 1946).

Laroui, Abdulla, *The Crisis of the Arab Intellectual: Traditionalism or Historicism?* (Berkeley, CA: University of California Press, 1976).

Lawrence, T. E., "Twenty-Seven Articles," first published in the *Arab Bulletin*, #60, August 20, 1920, reproduced in John E. Mack in *A Prince of Our Disorder* (London: Weidenfeld and Nicolson, 1976).

Layne, Linda, *Home and Homeland: The Dialogics of National and Tribal Identities in Jordan* (Princeton, NJ: Princeton University Press, 1994).

Lias, Godfrey, *Glubb's Legion* (London: Evans Brothers, 1956).

Lowenthal, Abraham F., and J. Samuel Fitch, eds., *Armies and Politics in Latin America*, Revised Edition (New York: Holmer and Meier, 1986).

Lunt, James, *Hussein of Jordan: A Political Biography* (London: Macmillan, 1989).

————, *Glubb Pasha: A Biography* (London: Harvill Press, 1984).

Lynch, Marc, "A Very Public Separation: Jordanian and Palestinian Identities in the New Jordan," paper presented at the Middle East Studies Association, in Washington, DC, December 1995.

————, *Contested Identity and Security: The International Politics of Jordanian Identity*, doctoral dissertation, Department of Political Science, Cornell University, Ithaca, NY, 1997.

Marx, Karl, "The Fetishism of Commodities and the Secret Thereof," in Karl Marx, *Capital, vol. 1: A Critical Analysis of Capitalist Production*, edited by Frederick Engels (New York: International, 1967).

————, *The German Ideology*, reproduced in Robert C. Tucker, ed., *The Marx-Engels Reader* (New York: Norton Press, 1978).

Mackinnon, Catherine A., *Toward a Feminist Theory of the State* (Cambridge, MA: Harvard University Press, 1989).

Massad, Joseph, "Conceiving the Masculine: Gender and Palestinian Nationalism," *Middle East Journal*, vol. 49, no. 3 (summer 1995), pp. 467–483.

———, "The 'Post-Colonial' Colony: Time, Space and Bodies in Palestine/Israel," in *The Pre-Occupation of Post-Colonial Studies*, edited by Fawzia Afzal-Khan and Kalpana Seshadri-Crooks (Durham, NC: Duke University Press, 2000).

Mishal, Shaul, *West Bank /East Bank: The Palestinians in Jordan 1949–1967* (New Haven, CT: Yale University Press, 1978).

Mitchell, Timothy, *Colonising Egypt* (Berkeley, CA: University of California Press, 1991).

———, "The Limits of the State: Beyond Statist Approaches and Their Critics" *American Political Science Review* 85, no. 1 (March, 1991).

Mogannam, E. Theodore, "Developments in the Legal System of Jordan," *Middle East Journal* 6, no. 2 (spring 1952):194–206.

Mohanty, Chandra Talpade, "Introduction, Cartographies of Struggle, Third World Women and the Politics of Feminism," in Chandra Talpade Mohanty, Ann Russo, and Lourdes Torres, eds., *Third World Women and the Politics of Feminism* (Bloomington, IN: Indiana University Press, 1991).

Mosse, George, *Nationalism and Sexuality: Respectability and Abnormal Sexuality in Modern Europe* (New York: Howard Fertig, 1985).

Nasir, Jamil, *The Islamic Law of Personal Status* (London: Graham and Trotman, 1986).

Ohannessian-Charpin, Anna, "Strategic Myths: Petra's B'doul," in *Middle East Report*, no. 196 (September-October 1995), pp. 24–25.

———, "Les Arméniens à Amman: La Naissance d'une Communauté," in Jean Hannoyer and Seteney Shami, eds., *Amman: The City and Its Society* (Beirut: CERMOC, 1996).

Palestine Liberation Organization, *Black September* (Beirut: PLO Research Center, 1971).

Parker, Andrew, Mary Russo, Doris Summer, and Patricia Yaeger, eds., *Nationalisms and Sexualities* (New York: Routledge, 1992).

Pateman, Carole, *The Sexual Contract* (Stanford, CA: Stanford University Press, 1988).

Peake, Frederick G., *History and Tribes of Jordan* (Coral Gables, FL: University of Miami Press, 1958).

———, "Transjordan," *Journal of the Royal Central Asian Society*, vol XXVI, part III (July 1939).

Plascov, Avi, *The Palestinian Refugees in Jordan, 1948–57* (London: Frank Cass, 1981).

Poulantzas, Nicos, *State, Power, Socialism*, translated by Patrick Camiller (London: NLB, 1978).

Ranger, Terrence, "The Invention of Tradition in Colonial Africa," in *The Invention of Tradition*, edited by Eric Hobsbawm and Terrence Ranger (Cambridge: Cambridge University Press, 1983).

Rogan, Eugene, and Tareq Tell, eds., *Village, Steppe and State: The Social Origins of Modern Jordan* (London: British Academic Press, 1994).

Royle, Trevor, *Glubb Pasha* (London: Little Brown, 1992).

Ryan, Sheila, and Muhammad Hallaj, *Palestine Is, But Not in Jordan* (Belmont, MA: The Association of Arab-American University Graduates Press, 1983).

Said, Edward, *Orientalism* (New York: Vintage Books, 1979).

————, *The World, The Text and the Critic* (Cambridge, MA: Harvard University Press, 1983).

Salibi, Kamal, *The Modern History of Jordan* (New York: I. B. Tauris, 1998).

Satloff, Robert, *Troubles On the East Bank: Challenges to the Domestic Stability of Jordan* (New York: Praeger, 1986).

————, *From Abdullah to Hussein: Jordan in Transition* (Oxford: Oxford University Press, 1994).

————, "From Hussein to Abdullah: Jordan in Transition," Research Memorandum, no. 38, April 1999, published by the Washington Institute for Near East Policy.

Sawalha, Aseel, "Identity, Self and the Other Among Palestinian Refugees in East Amman," in Jean Hannoyer and Seteney Shami, eds., *Amman: The City and Its Society* (Beirut: CERMOC, 1996).

Schlumberger, Gustave, *Renaud de Chatillon, Prince d'Antioche, Seigneur de la Terre d'Outre-Jourdain* (Paris: Plon-Nourrit, 1923).

Shami, Seteney, "The Circassians of Amman: Historical Narratives, Urban Dwelling and the Construction of Identity," in Jean Hannoyer and Seteney Shami, eds., *Amman: The City and Its Society* (Beirut: CERMOC, 1996).

————, *Ethnicity and Leadership: The Circassians in Jordan*, doctoral dissertation, Department of Anthropology, University of California, Berkeley, 1982.

Shaw, Stanford, and Ezel Kural Shaw, *History of the Ottoman Empire and Modern Turkey*, vol. II: *Reform, Revolution and Republic: The Rise of Modern Turkey, 1808–1975* (Cambridge: Cambridge University Press, 1977).

Shlaim, Avi, *Collusion Across the Jordan: King Abdullah, the Zionist Movement, and the Partition of Palestine* (New York: Columbia University Press, 1988).

Shoup, John, "The Impact of Tourism on the Bedouin of Petra," *Middle East Journal* 39, no. 2 (spring 1985).

Shryock, Andrew, *Nationalism and the Genealogical Imagination: Oral History and Textual Authority in Tribal Jordan* (Berkeley, CA: University of California Press, 1997).

Shwadran, Benjamin, *Jordan: A State of Tension* (New York: Council for Middle Eastern Affairs, 1959).

Silverman, Kaja, "White Skin, Brown Masks: The Double Mimesis, or With Lawrence in Arabia," in Kaja Silverman, *Male Subjectivity at the Margins* (New York: Routledge, 1992), pp. 299–338.

Sinai, Anne, and Allen Pollak, eds., *The Hashemite Kingdom of Jordan and the West Bank: A Handbook* (New York: American Academic Association for Peace in the Middle East, 1977).

Smith, Neil, *Uneven Development: Nature, Capital and the Production of Space* (Cambridge, MA: Basil Blackwell, 1984).

Snow, Peter, *Hussein* (Washington: Robert B. Luce, 1972).

Soja, Edward, *Postmodern Geographies: The Reassertion of Space in Critical Social Theory* (London: Verso, 1989).

Spivak, Gayatri Chakravorty, *Outside in the Teaching Machine* (New York: Routledge, 1993).

————, *In Other Worlds: Essays in Cultural Politics* (New York: Methuen, 1987).

Stepan, Alfred, *Rethinking Military Politics: Brazil and the Southern Cone* (Princeton, NJ: Princeton University Press, 1988).

Susser, Asher, *On Both Banks of the Jordan: A Political Biography of Wasfi al-Tall* (Essex: Frank Cass, 1994).

————, *In Through the Out Door: Jordan's Disengagement and the Middle East Peace Process* (Washington, DC: The Washington Institute for Near East Policy, 1990).

Tabachnick, Stephen Ely, "The Two Veils of T. E. Lawrence," *Studies in the Twentieth Century*, no. 16 (fall 1975).

Tilly, Charles, *Coercion, Capital and European States, AD 990–1992* (Cambridge, MA: Blackwell, 1992).

Thornton, Thomas Henry, *Colonel Sir Robert Sandeman: His Life and Work on an Indian Frontier: A Memoir, with Selections from His Correspondence and Official Writings* (London: John Murray, 1895).

Vance, Vick, and Pierre Lauer, *Hussein de Jordanie: Ma "Guerre" avec Israël* (Paris: Editions Albin Michel, 1968).

Vatikiotis, P. J., *Politics and the Military in Jordan: A Study of the Arab Legion, 1921–1957* (New York: Frederick A. Praeger, 1967).

Vernier, Bernard, *Armée et Politique au Moyen-Orient* (Paris: Payot, 1966).

Weir, Shelagh, *Palestinian Costume* (Austin: University of Texas Press, 1989).

Welchman, Lynn, "The Development of Islamic Family Law in the Legal System of Jordan" *International and Comparative Law Quarterly* 37, part 4 (October 1988).

Wilson, Mary, *King Abdullah, Britain and the Making of Jordan* (Cambridge: Cambridge University Press, 1989).

Young, Peter, *Bedouin Command: With the Arab Legion 1953–1956* (London: William Kimber, 1956).

————, *The Arab Legion* (Berkshire: Osprey Publishing, 1972).

Yuval-Davis, Nira, and Floya Anthias, eds., *Woman-Nation-State* (London: Macmillan, 1989).

Zinn, Howard, *A People's History of the United States* (New York: Harper and Row, 1980).

Zubaida, Sami, "National, Communal and Global Dimensions in Middle Eastern Food Cultures," in Sami Zubaida and Richard Tapper, eds., *Culinary Cultures of the Middle East* (London: I. B. Tauris, 1994).

**图书在版编目(CIP)数据**

殖民的影响 ：约旦民族认同的塑造 ／（美）约瑟夫
·A. 马萨德（Joseph A. Massad）著 ；江琪译. -- 上海 ：
上海人民出版社，2025. --（地区研究丛书）. -- ISBN
978-7-208-19145-7

Ⅰ. K379.0

中国国家版本馆 CIP 数据核字第 2024LG6970 号


**责任编辑**　史桢菁
**封面设计**　安克晨


地区研究丛书

**殖民的影响:约旦民族认同的塑造**

[美]约瑟夫·A. 马萨德 著

江　琪 译

出　　版　上海人民出版社
　　　　　（201101　上海市闵行区号景路 159 弄 C 座）
发　　行　上海人民出版社发行中心
印　　刷　苏州工业园区美柯乐制版印务有限公司
开　　本　720×1000　1/16
印　　张　24.5
插　　页　2
字　　数　308,000
版　　次　2025 年 1 月第 1 版
印　　次　2025 年 1 月第 1 次印刷
ISBN 978 - 7 - 208 - 19145 - 7/D·4395
定　　价　108.00 元